KB272228

명작
시나리오의
비밀은
시퀀스에
있다

SCENARIO

명작
시나리오의
비밀은
시퀀스에
있다

SEQUENCE

For Peachie and Pootie
피치와 푸티를 위해

목차

감사의 글

많은 사람들이 이 여정을 도와주었다. 우선 용기와 힘이 되어준 사랑하는 부인 샬라와 나의 뮤즈인 소중한 딸 지나에게. 그리고 이 글을 쓰도록 조언해 준 폴 볼란스키에게. 이 책의 구상과 집필 내내 친절한 가이드가 되어준 워렌 버크랜드와 앨리슨 맥마흔에게. 계속 분전하게끔 도와준 조이스 비반스와 충실한 지지자였던 리차드 허만에게. 그리고 처음부터 함께해주신 부모님과 수년간 나와 배움의 과정을 함께 해온 제자들에게 진심어린 감사의 말을 전한다.

이 책은 영화제작에서의 '시퀀스sequence'의 활용에 대한 고찰이다. 시퀀스들의 본질과 기능, 그리고 그에 연관된 스토리텔링의 기법들(역사적, 비평적, 이론적 그리고 실질적인)에 대한 요점들을 설명하기 위하여 나는 특히 중요하게 여겨지는 영화들에서 몇 개의 이미지들을 차용했다. 각 이미지는 장편 극영화의 실제 프레임에서 발췌한 것이며 '공정 사용 원칙'에 준하여 교육적인 목적으로 사용되었다.

나의 책은 여기에 실린 영화들에 참여한 연기자, 연출자, 제작자, 혹은 시나리오 작가 들과는 협력이나 제휴 관계에 있지 않으며, 그 영화들을 제작하고 배급한 스튜디오들 또한 마찬가지이다. 아울러 여기 사용된 실제 프레임 이미지들은 논평과 해설의 목적으로만 사용되었음을 밝힌다.

이 영화사적으로 중요한 작품들을 온전하게 즐기고 싶은 독자들에겐 공인된 출처들에서 이 영화들의 사본을 구입, 혹은 대여해 감상할 것을 적극 권장한다.

그것은 아이디어로 시작한다. 그 아이디어는 쉽게 떨어져나가지 않고 당신을 괴롭히며, 고요한 순간들 위로 범람하면서 사라지기를 거부한다. 자양분을 공급받으며 점점 성장한 그것은 비옥한 상상력 속에 보금자리를 잡고 자신을 펼쳐내 스스로만의 독특한 세계를 만들어낸다. 그러고나면 캐릭터들이 도착하기 시작한다. 때론 그들은 머릿속의 안개로부터 모든 걸 갖춘 채 걸어나오기도 하고, 때론 처음부터 빚어져야 할 진흙덩어리로 나타나기도 한다. 당신은 그들에게 목소리를 주고 싶어 참을 수 없어지게 된다. 당신은 그들의 이야기를 쓰고 싶어 견딜 수 없어지게 된다.

그 다음에는 텅 빈 페이지의 공포가 엄습해 온다. 만일 당신이 초보 시나리오 작가라면 '120페이지나 되는 분량을 무슨 수로 다 채울 수 있을까?'하는 지점이 제일 궁금할 것이고, 당신이 어느 정도 숙련된 작가라면 '나의 이야기를 120페이지밖에 안 되는 분량 안에 어떻게 다 구겨 담지?'가 제일 고민될 것이다. 그리고 당신이 누구이든간에 역시나 가장 걱정될 부분은 '어떻게 하면 잘 쓸 수 있을까?'일 것이다. 이는 당신을 저지방 라테가 기다리고 있는 스타벅스를 향해 달려가게 하고, 정작 해야 할 일은 미뤄대며 그곳에서 오후 내내 끙끙대게끔 만들기에 충분할 것이다.

　　1990년 가을, 나는 머릿속엔 이야기들로 가득했지만 그
것들을 어떻게 시나리오로 옮겨야 할지에 대해선 막막한 채로
USC(University of Southern California)의 시나리오 작법 대학원 프로그
램에 등록했다. 그 즈음 나는 인기 있는 시나리오 작법서들은 거
의 다 독파했었으며, 모든 사건이 '필요한' 지점에서 벌어지긴
하나 그럼에도 불구하고 임팩트라고는 전혀 느껴지지 않는 조
악한 시나리오도 몇 편은 써 본 상태였다. 어쨌든 나는 운 좋게
도 USC에서 그 분야의 명교사 중 한 명인 프랭크 대니얼에게서
시나리오 작법의 기술을 배울 수 있었는데, 마침 그는 그 프로
그램의 커리큘럼을 시퀀스 어프로치에 맞추어 구성하고 있었던
것이다.

　　표면상으로 볼 때, 시퀀스 어프로치는 대본을 구축하면서
그저 따라하기만 하면 된다는 식의, 또 하나의 판에 박힌 접근
방식으로 보여질 수도 있다. 그러나 이것은 큰 착각이다. 시퀀
스 어프로치는 어디서 많이 본 듯한 생기 없는 구조만을 제공하
는 대신, 작가들에게 자신들의 이야기를 추진시킬 수 있는, 역동
적이고도 극적인 엔진들을 창조할 수 있게끔 돕는다. 또한 요즘
유행하는 시나리오 작법의 여타 접근방식들과는 달리, 관객들이
이야기를 어떻게 경험할 것이며 그 경험을 더욱 탁월하게 만들

기 위해 작가는 무엇을 어떻게 해야 하는가에 초점을 맞춘다. 시퀀스 어프로치가 제공하는 명료한 시각은 작가들에게 극적 긴장감의 개념을 이해시킴과 동시에 그것을 통해 최대한의 효과를 얻을 수 있게끔 하는데, 이는 시퀀스 어프로치가 관객들의 기대감을 쥐어짜고 그것에 따른 희망과 두려움을 통제할 수 있게 해주기 때문이다.

또한 시퀀스 어프로치는 시나리오를 더 나아지게 하는 것에 그치지 않고 시나리오를 더 쉽게 쓸 수 있도록 돕는데, 그것은 시퀀스 어프로치가 캐릭터의 동기와 욕구를 명확하게 하는데 도움을 주며, 어떤 신들이 극적으로 필요하며 어떤 신들이 그렇지 않은가를 알기 쉽게 조명해주기 때문이다. 따라서 시퀀스 어프로치가 적용되면 120페이지짜리 괴물이 어느 순간 다루기 수월한 구획으로 나누어지고, 작가들이 2막이란 늪지대를 헤쳐나갈 수 있게끔 판독하기 쉬운 로드맵이 제공되는 것이다.

내가 USC시절 시나리오 작법의 대가에게 배웠던 이 내용을 이제 폴 굴리노는 종이와 잉크를 통해 너무나도 유용한 책으로 만들어냈다. 이 책에서 그는 시퀀스의 개념에 대해 철저하면서도 간결한 소개를 제공할 뿐만 아니라 모든 극적 스토리텔링을 관통하는 이론까지 설명하고 있다. 더 나아가, 그는 몇 편의 중요한 장편 극영화들을 상세하면서도 통찰력 있게 분석하여 이런 이론들의 활용에 관한 구체적인 예증을 제시한다. 이 대목에서 그는 결국 진정한 스승들은 그 형식의 숙련자들일 뿐이라는 프랭크 대니얼의 가르침을 다시 한 번 재현하고 있으며, 그 형식들을 어떻게 공부해야 하는지를 배우는 것이야말로 평생 계속될 발견과 풍요로움의 원천임을 역설한다.

나는 나를 더 나은 이야기꾼이자 더 나은 시나리오 작가로 성장하게 해준 것에 대해 프랭크 대니얼과 USC 시절의 전임 강사들, 그리고 시퀀스 어프로치에게 매우 감사해하고 있으며 이 책의 내용이 내게 도움을 주었던 만큼 다른 이들에게도 도움을 주길 바란다.

나의 지난 작품들을 되돌아보았을 때, 시퀀스 어프로치를 적용했던 나의 시나리오들은 제법 좋은 결과들을 가져왔다는 사실을 발견하였다. 그러나 내가 다른 길로 벗어나기 시작했을 때는… 나의 시나리오들 또한 그러했다.

-앤드류 W. 말로우Andrew W. Marlowe*

...

* 할리우드 시나리오 작가. 주요 작품으로 <에어포스 원>, <엔드 오브 데이즈>, <할로우 맨> 등이 있다.

SCENARIO

1장

시퀀스란 무엇인가

SEQUENCE

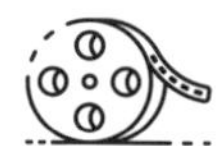

왜
시퀀스인가

장편 극영화를 위한 시나리오를 쓰는 데 있어 필연적으로 마주
치게 되는 크나큰 난제는 1페이지에서 120페이지까지 계속 관
객들의 감정적 참여를 유지시켜야 한다는 점이다. 많은 작가들
은 10~15분 길이의 대본 정도는 그리 많은 계획을 세우지 않고
도 쉽게 끝낼 수 있다. 그러나 길이가 1시간에서 그 이상으로 늘
어나기 시작하면 대본의 전체적인 구조를 잡고 각각의 신들을
작성하기는 매우 어려워진다. 대부분의 전문 시나리오 작가들은
이 문제를 해결하기 위해 여러 가지 도구들을 사용한다. 트리트
먼트, 아웃라인, 스텝 아웃라인, 비트 시트[1] 등을 작성하거나 파
일 카드들을 사용하는 것 등이 그것으로, 이것들은 작가들이 특
정한 신들을 붙잡고 씨름하고 있는 와중에도 작품을 전체적으로
조망할 수 있게 해 준다.

극영화를 막으로 나누는 관행(요즘은 대개 3막으로, 각각 일반적인 발

단, 전개, 결말에 상응한다) 또한 작가들이 작품의 전체 분량을 계속 신경쓰지 않으면서도 120페이지라는 방대한 양을 소화 가능한 조각으로 나눠 하나씩 각개격파할 수 있게 하는 방법 중 하나이다.

그러나 3막 접근법을 사용할 경우에도 시나리오의 내부를 수월히 헤쳐나가는 것은 쉽지 않은 일이다. 보편적인 3막 접근법에서 1막은 처음 30페이지, 2막은 그 다음 60페이지, 그리고 3막은 마지막 30페이지를 차지한다. 많은 작가들에게 있어 시나리오의 진정한 핵심 부분인 이 2막의 60페이지야말로 매우 심각한 문제들을 안겨주는 지점으로, 이곳은 잘못된 진로 변경에 따른 위험과 막다른 골목들, 그리고 개미지옥과도 같은 함정들이 가득 차 있다. 이렇게 무한한 선택의 늪으로 당황스럽게 굴러 떨어지다 보면, 작가는 종종 그곳에서 이야기를 뽑아내지 못한 채 갇히게 되고 만다.

시퀀스 어프로치는 바로 이 문제를 해결하는 데 있어 중요한 도구이지만 그동안 간과되어 왔던 것 또한 사실이다. 일반적인 2시간짜리 영화는 8에서 15분 길이의, 자체 구조를 지닌 구획인 시퀀스들로 이뤄져 있다. 시퀀스들이란 한마디로 긴 영화의 내부에 자리한 짧은 영화들이라고 볼 수 있으며 각 시퀀스는 그것만의 프로타고니스트(protagonist: 중심인물, 주동자), 긴장감, 액션의 상승, 그리고 결말을 가지는데, 이는 영화의 전체 구조와도 매우 흡사하다. 시퀀스와 15분 길이의 독립적인 단편영화와 다른 점은, 시퀀스의 내부에서 일어난 갈등과 문제점들은 시퀀스 안에서는 부분적으로만 해결된다는 점이다. 그리고 그것들의 해소는 주로 새로운 문제점들을 불러오며, 그것은 다시 뒤따르는 시퀀스들의 주제로 변한다.

　장편 극영화가 일련의 짧은 영화들로 이뤄져 있다는 개념을 이해함으로써 얻게 되는 장점은 바로 무정형의 것으로밖에 보이지 않던 2막의 문제점들이 완화된다는 사실이다. 보편적으로 2시간 길이의 영화는 1막 안에, 15분 길이의 시퀀스 2개를 지니며, 2막에서는 4개, 그리고 3막에선 2개를 갖는다. 영화마다 시퀀스의 길이와 개수에 따른 편차가 존재하긴 하지만 이런 보편적인 배치를 통한 접근 방법은 장편 극영화를 구상하고 쓰는 데 있어 매우 유용하리라고 본다.

　뒤에 이어질 부분에서 나는 시퀀스의 개념을 세부적으로 조사할 것이다. 시퀀스들이 어떻게 규정되는지, 그것들의 역사적 유래는 무엇인지, 그리고 시나리오의 가장 기본적인 임무 - 즉 독자나 관객의 마음을 사로잡기 위해 그것들이 어떻게 기능하는지도 살펴볼 것이다.

　또한 시퀀스들을 이해하기 위해서는 스토리텔링의 몇 가지 기본적인 원칙들에 관한 이해도 필요하므로, 시나리오가 관객의 관심을 끌어내기 위해 어떻게 작용하는지에 대한 의문을 유지하면서 그 원칙들을 알아볼 것이다. 그런 다음 폭넓은 스타일과 시대상을 대표하는 11편의 영화들을 분석하여 그 각각의 작품들 안에서 시퀀스들이 어떻게 기능하는지 설명하고자 한다.

　장편 극영화의 시나리오 작법에서의 시퀀스 어프로치는 학문적으론 1980년대 초반에 컬럼비아 대학에서, 지난 10년간

USC에서, 그리고 최근에는 채프먼 대학에서 교육되었다. 이것의 교육적인 도구로써의 활용은 미국 필름협회AFI의 초대 학장을 지냈고 나중에 컬럼비아 대학과 USC 영화 프로그램의 수석首席을 역임한 프랭크 대니얼의 경험에서 비롯되었다. 그는 시나리오 작법을 위해 3막 접근법을 가르치는 것이 위에서 검토된 난관들을 낳을 뿐이라는 사실을 알아내고, 이에 따라 학생들이 더 성공적인 시나리오를 쓸 수 있도록 돕기 위해 시퀀스의 개념을 부활시켰다. 실제로 이 책에서 분석되는 영화 중 하나인 〈에어포스 원Air Force One〉은 USC 대학원의 시나리오 작법 프로그램에서 이 기법을 학습한 앤드류 W. 말로우의 작품이다.

시퀀스 어프로치에 관한 첫 책을 출간함에 있어 나의 희망은 큰 영화들은 작은 영화들을 가지고 만들어진다는 이 매우 간단한 사실이 장편 극영화를 구상하고 집필하는 모든 작가들에게 도움이 되었으면 하는 것이다.

...

1 아웃라인outline은 1페이지 정도의 시놉시스를 뜻하는 것이고, 트리트먼트treatment는 40페이지 정도의 단편소설 같은 형식이다. 스텝 아웃라인step outline은 트리트먼트보다는 더 디테일하지만 누구에게 보여주기보다는 작가 자신이 시나리오를 쓰기 위해 사용하는 중간단계의 성격이 더 짙다. 비트 시트beat sheet 또한 스텝 아웃라인의 기능과 비슷하지만 시나리오의 매우 작은 단위인 비트까지 기록한다.

시퀀스들의
유래

태초에 시퀀스가 있었다.

또는 정확히 얘기하자면 한 릴짜리one-reeler 영화가 있었다.

영화의 영사라는 개념이 탄생한 1897년 당시, 이미지를 간직한 셀룰로이드는 천 피트 정도가 감기는 스풀에 감겨 사용되었다. 이 정도 분량의 필름은 초당 18프레임으로 영사될 경우 10에서 15분 정도의 지속시간을 지녔다.

1910년대 초반 무렵, 예술적인 동시에 경제적인 이유 때문에 영화는 분량이 한 릴 이상으로 연장되었다. 하지만 당시엔 대부분의 극장들이 영사기를 한 대씩밖에 보유하고 있지 않았기 때문에 릴이 한 개 이상일 때에는 영사기사가 영사기를 멈추고 릴을 교체한 다음 상영을 재개해야 했으며 그 시간 동안 관객들은 어둠 속에서 기다리거나 혹은 막간을 이용한 실황 공연들을 관람하였다.

예술적인 측면에서 영화제작자들은 첫 번째 릴의 마지막 부분에 페이드 아웃을, 그리고 두 번째 릴의 시작에 페이드 인을 삽입함으로써(주로 '1막의 끝End of Act I'과 '2막의 시작Start of Act II'이라고 표기된 타이틀과 함께) 이러한 막간에 대한 문제를 해결했으며 그 대신 내러티브를 이런 제약에 맞춰 조정해야 했다.

이런 조정은 한 작품을 하룻밤에 다 끝내기보다는 한 회당 한 개 혹은 두 개의 릴씩 마치 현대의 TV 연속극처럼 몇 주의 기간에 걸쳐 감상되게 되자—장편 극영화의 초기 시절(1913-1920)에는 영화가 이렇게 연재물 형식으로 상영되는 경우가 많았다—특별히 필요하게 된 것이다. 따라서 각각의 릴들은 개별적으로 고유의 내용을 지녀야했다.

그 당시의 시나리오 작법서 중 몇몇은 실제로 이런 릴들의 분할에 맞춰 작품의 구조를 잡을 것을 작가들에게 조언했다.[2] 장편 극영화가 영화산업을 지배하기 시작한 1920년대 후반 무렵에는 거의 모든 극장들이 기본적으로 영사기를 두 대 갖추게 되었고, 따라서 영화 관람은 더 이상 막간이 필요없게 되었다. 이러한 상황에서 각각의 릴을 독립적으로 집필한다는 원칙은 엄격히 고수할 필요가 없게 되었지만 그 와중에도 그 구조는 살아남았고, 그 흔적이 알파벳(A, B, C 등)으로 분류되는 시퀀스들로 영화 대본을 구성하는 관습으로 남아 1950년대까지 지속되었다.

극영화의 각본을 시퀀스 단위로 쓰는 개념이 1913년 이후 약 15년간 동안 주도적 역할을 담당했다고 한다면, 시나리오 작법의 기술은 1927년 유성영화의 도입 이후 극적인 변화를 겪게 된다. 그때까지 작가들은 물리적 액션과 자막만을 대본에 포함시키면 그만이었다. 그러나 이 새로운 기술적 혁신 때문에 그들

...

---

2 Ben Brewster, "Traffic in Souls: An Experiment in Feature-Length Narrative Construction," *Cinema Journal* 31, No. 1, Fall 1991, p. 39. Brewster cites Articles by Epes Winthrop Sargent in *The Movie Picture World* (22 June 1912 and 24 February 1912), and Sargent's manual *Technique of the Photoplay*, 2d ed. (New York: Moving Picture World, 1913), p. 121-24.

은 이제 대사를 써야 했으며, 할리우드의 프로듀서들은 이 문제를 해결하기 위해 전문가들에게 도움을 구하게 된다. 그 전문가들이란 당시 브로드웨이에서 왕성하게 활동하고 있던 극작가들이었다. 그들은 아리스토텔레스의 3막 구조 안으로 시나리오 작법을 끌어들였으며, 그 결과는 3막 구조와 합치되는 8개의 시퀀스 구조였다.

실제로 그 밑에 깔려 있는 구조(장편 극영화 속에 존재하는 8개의 시퀀스들)는 그 기원과 관습이 잊혀진 지 오래인 오늘날까지도 살아남아 있다. 몰리에르의 〈부르주아 젠틀맨The Bourgeoise Gentleman〉에 나오는 조르단 씨가 자신이 40년 동안 산문체로 말을 해왔으면서도 그 사실을 뒤늦게 알게 되고 놀란 것처럼, 장편 극영화의 시나리오 작가들은 부지불식간에 시퀀스의 순서대로 영화의 구조를 잡고 있으며 오히려 그렇게 하지 않을 때 곤경에 처하게 되는 경우가 많다.

이렇듯 끈질기게 이어져 내려온 시퀀스 구조의 존재는 단순히 영화가 우연히 천 피트짜리 릴과 함께 등장했기 때문이라는 이유만으로는 설명되지 않고, 뭔가 더 심오한 것이 작용하고 있음을 암시한다. 장편 극영화가 8개의 부분을 지니고 있는 것은 기타의 다른 극적 이론들과 마찬가지로 인류 생리학과 밀접한 관계가 있다. 드라마는 2천 5백년 이상 1시간 반에서 3시간의 길이로 유지되어왔다. 그 분량을 넘어서게 되면 사람들은 조바심을 내고 불편해 하며, 따라서 집중도가 떨어진다.

2시간을 10분에서 15분 길이의 시퀀스들로 나누는 것 역시 인간의 이런 집중력의 한계를 대변한다. 즉 시퀀스들이 제공하는 긴장의 변화가 없으면 관객은 스크린 위에 펼쳐지는 내용에 매혹되기보다는 지치고 무감각해져 버릴 수 있다는 것이다.

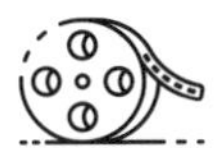

시나리오는
어떻게 작용하는가

이 책에서는 장편 극영화를 8개의 구획으로 나누는 방식을 제안함과 동시에 그것을 명료하게 설명하고자 한다. 시나리오 작법에 대한 많은 논의는 아리스토텔레스의 영향력 있는 작품 〈시학Poetics〉이나 그보다 더 최근 작품인 시드 필드의 〈시나리오란 무엇인가Screenplay〉(1979)로부터 시작된다고 볼 수 있는데, 이 두 가지는 극작품을 나누는 방법의 서로 다른 방향을 제시한다. 아리스토텔레스는 극을 '전체적인 활동'이라고 묘사했는데, 그가 '전체'라고 지칭한 것은 '시작, 중간, 그리고 결말이 있는 것'이었다. 이것이야말로 드라마를 간명하게 세 부분으로 묘사한 시초이다. 더 나아가 그는 극을 5개(프롤로그, 에피소드, 엑소드, 파라도스 그리고 스타시몬)로 분할했는데 처음의 3가지가 대략 시작, 중간 그리고 결말에 부합한다면, 나머지 2가지는 극 중간에 삽입된 부분으로, 코러스가 등장해 합창하던 지점을 표시한다.

반면 시드 필드의 책은 시나리오의 3막 분할을 시작, 대립, 그리고 해소로 묘사했고, 그것들은 각각 전환점으로 나뉘어져 있다. 시나리오를 막으로 나누는 개념을 그가 최초로 제시한 것은 아니지만 그의 책의 인기가 3막 구조를 제일 보편적인 모델로 만드는 데 일조한 것은 사실이다. 1979년 이후 발행된 다른 시나리오 작법서들 또한 3막 개념을 채택했고 3막 구조가 의미하는 바와 시나리오를 쓰는 데 있어 그것이 담당하는 기능들에 대한 여러 가지 다양한 통찰들을 제공했다.

그러나 물론 다른 의견들도 존재한다. 크리스틴 톰슨은 그녀의 세심하고도 풍부한 정보로 가득한 책 〈스토리텔링 인 더 뉴 할리우드Storytelling in the New Hollywood〉(1999)에서 1910년대부터 1990년대에 걸쳐 제작된 100편이 넘는 작품을 검토한 끝에 3막이 아니라 4막이라고 할 수 있는 구조를 발견해냈다(그녀는 이를 배치, 분규를 일으키는 액션, 전개 그리고 절정이라 일컫는다). 또한 데이비드 보드웰은 〈픽션 필름에서의 내레이션Narration in the Fiction Film〉(1985)에서 그 자신이 '표준적'이라고 일컫는 스토리 포맷의 여섯 부분을 다음과 같이 명명했다. 환경과 인물들의 소개, 현상황에 대한 설명, 분규를 일으키는 액션, 뒤따르는 사건들, 결과, 결말.

이 책들로부터 많은 것을 배울 수도 있지만 초보 작가들은 단순히 이들의 관념과 충고를 따르는 것이 그들의 주된 임무이며 자칫 이를 실패할 경우 자신들도 실패할 것이라고 생각할 수도 있다.

　물론 아리스토텔레스의 〈시학〉이나 다른 어떤 극작 지침서도 참고하지 않고 매우 큰 성공을 거둔 극작가들도 있다. 이들은 그리스 드라마의 황금기에 활약한 소포클레스, 아이스킬로스, 아리스토파네스, 그리고 에우리피데스 등이다. 아리스토텔레스는 그들의 수많은 작품들을 검토해 자신의 논문을 만들어낸 것이다.

　그리고 물론 영화제작의 역사 중 대부분의 시기에 작가들은 시드 필드의 책을 구할 수도 없었으며 더욱이 시나리오 작법서는 할리우드의 황금기였던 1930년대와 1940년대에는 비교적 희귀한 것들이었다.

　물론 아리스토텔레스 이전에 활약한 극작가들과, 시드 필드 이전에 활약한 시나리오작가들 역시 특정한 관습과 공식들로 이뤄진 구조 안에서 작업했다. 하지만 그 관습과 공식들의 본질적인 임무는 작가를 속박해 작업시키는 것이 아니었다. 반대로 작가에게 더욱 힘을 부여해 그의 비전을 현실화시키는 데 기여하는 것이었다.

　E. M. 포스터는 1927년에 발표한 〈소설의 양상Aspects of the Novel〉에서 다소 신랄하게 이야기의 근원적인 본성을 묘사했다. "소설의 가치라는 건 한 가지밖에 없다. 그것은 독자들이 다음에 무슨 일이 일어날지 알고 싶어지게 만드는 것이다. 거꾸로 말하자면 실패할 수 있는 지점도 하나밖에 없다. 그것은 독자들이 다

음에 무엇이 일어날지 알고 싶어지게 만들지를 못하는 것이다."[3]

이보다 약 10년 전, 연극 비평가이자 이론가인 윌리엄 아처는 그의 책 〈플레이메이킹Playmaking〉(1912)에서 드라마의 필수적인 특질을 구성하는 궁극적 요소에 대해 고민하다가 결국 '극적dramatic'이라는 용어를 이렇게 정의했다. "극장에 모인 일반적인 관객들로부터 흥미를 유발하는 것이 가능하다면 상상속 인물들의 그 어떠한 묘사도 '극적'이라고 지칭할 수 있다."[4]

영화와 관련해서는, 할리우드가 1916년경 영화산업의 세계적 리더로 부상하게 된 시기를 논하면서 크리스틴 톰슨이 다음과 같이 서술한 바 있다. "이 시기에 개발된, 연속성을 중시하는 편집, 세트 디자인, 그리고 조명 등은 단지 매력적인 이미지를 제공하기 위해서일 뿐만 아니라, 그때그때 관객의 주의를 내러티브상의 주요 사건들로 향하게 하기 위해 개발된 것이다."[5]

위의 세 가지는 스토리텔러의 업무의 본질에 대한 폭넓은 진술들이다. 그리고 그것들의 공통된 맥락은 '관객에 대한 집중'이다. 모든 성공적인 희곡과 영화는 다른 장점들을 고려하기 이전에 우선 이런 식으로 관객의 마음을 끄는 데 성공한 작품들이며, 만일 이 임무를 완수하지 못했다면 그 작품들은 끝까지 기억되지 못했거나 대형 비디오 체인점의 할인 코너에서나 찾아볼 수 있을 것이다. 그리고 말할 것도 없이, 만일 시나리오가 그것을

...

3   E. M. Forster, Aspects of the Novel (New York: Harvest/HBJ, 1927), p. 27.

4   William Archer, Play-Making: A Manual of Craftsmanship (Boston: Small, Maynard & Co., (1912), p. 32.

5   Kristin Thompson, Storytelling in the New Hollywood (Cambridge: Harvard University press, 1999), p. 1.

읽는 독자나 제작자가 다음에 무슨 일이 일어날지 계속 궁금해지게 만드는 일마저 실패한다면 그보다 훨씬 못한 운명을 맞게 될 것이다. 즉 영사기의 전구나 비디오 스크린의 빛도 보지 못한 채 이미 퇴짜맞은 시나리오 더미 위로 보내지게 되는 것이다.

이것이 바로 작가의 기본적인 임무(관객의 관심을 다음 일어날 일을 향해 고정시키는 것)임을 이해하는 사람은 자신의 상상력과 창의력이 허락하는 만큼 어떤 곳으로든 자유롭게 갈 수 있다. 따라서 극의 이론이나 시나리오 작법서(이 책을 포함해)에서 맞닥뜨리게 되는 그 어떤 패턴이나 법칙도 이러한 목적을 위한 단순한 도구일 뿐이라는 사실을 깨닫는 순간, 작가는 법칙이나 공식을 우선시할 때보다 이 도구를 훨씬 흥미로운 방식으로 활용할 수 있는 능력을 갖게 된다.

앞으로 이어질 영화 분석에서 나는 이처럼 관객의 참여를 끌어내기 위해 다양한 기법들의 조합을 사용한 영화들을 살펴볼 것이다. 그중에는 접근방식이 꽤 독특한 작품들도 몇 편 있지만 모두 관객에게 사랑받았다는 공통점을 갖고 있다.

성공적인 시나리오는 관객에게 기대감을 안겨주기 위해 '작용한다works'라는 점에서 살아 있는 것이라고 할 수 있으며, 그렇다면 질문은 '그것은 과연 어떻게 작용하는가?'라는 것이다. 이 질문은 시퀀스를 이해하기 전에 답변되어야 하는데, 이는 시퀀스들뿐만 아니라 장편영화 전체에도 고스란히 적용되기 때문이다.

극작가와 시나리오 작가 들은 수년간 각종 기법들을 써왔지만, 관객의 관심을 다음 장으로 향하게 하는 데 매우 성공적이었던 것은 네 가지 주요 기법들이었다. 중요도의 오름차순에 따라 차례로 소개해 보겠다.

텔레그래핑

텔레그래핑telegraphing은 가리키기pointing 혹은 광고하기 advertising로도 알려져 있다. 내러티브의 미래에 무슨 일이 일어날지 관객에게 확실히 알리는 것이며, 대사로 실현된 예를 들면 한 캐릭터가 다른 캐릭터에게 "다섯 시에 제리의 쥬스테리아에서 만나세."라고 말하는 것이다(이 예는 텔레그래핑의 한 형태인 '약속 appointment'에 해당한다). 시각적으로 실현된 예를 들면 등장인물이 주행을 위해 자신의 오토바이를 준비하는 모습을 보여주는 것이다. 둘 다 이야기가 진행되는 방향을 제시하며 영화의 난점 중의 하나인 선택성(selectivity: 스크린 위에 보여지는 것은 전체 상황 중 매우 작은 부분일 뿐이라는 것)을 해결하는 데 도움을 준다. 만일 관객이 한 캐릭터가 다른 누구와 쥬스테리아에서 만나기로 했다는 것을 알고 있다면, 우리는 그 신 안에서 왜 우리가 갑자기 거기 있는지 설명하려고 또 다른 엑스포지션(exposition: 해설, 설명부)을 제공하지 않고도 곧바로 그 장소로 장면을 전환할 수 있다.

또한 이 기법은 '거짓' 텔레그래핑으로도 사용되어질 수 있다. 즉 관객에게 이야기의 진행 방향을 거짓으로 알린 다음 그 결과가 반대로 나타나게 하는 것이다. 자신의 어머니와 브로드웨이 공연을 보러 가기 위해 준비하던 캐릭터가 갑자기 유괴당해 예기치 못한 전개를 가져오는 것이 좋은 예이다. 이런 예상

밖의 전개는 영화사의 초창기에 매우 많이 등장했다. 이 같은 '비틀기twists'는 관객이 뭔가를 예상하고 있을 때만 성립될 수 있다. 따라서 영화의 오프닝 샷에 캐릭터가 유괴당하는 것은 예상외의 전개가 될 수 없는데, 왜냐하면 아직 아무 기대감도 형성되어 있지 않기 때문이다.

텔레그래핑의 또 다른 형태는 데드라인 혹은 '째깍거리는 시계'이다. 한 인물이 다른 인물에게 "자네는 듀크를 금요일 자정까지 끌고 와야 하네."라고 말하는 것이 이것의 예이다. 이것은 관객에게 스토리가 어디로 향하고 있는지를 알려줄 뿐 아니라 캐릭터를 시간적으로 압박해 관객의 감정적 몰입을 고조시키는 기능을 한다.

텔레그래핑은 스토리의 내러티브적 흐름을 돕는 보조 시스템의 한 부분으로 많이 사용되어 왔지만 때로는 보다 의미심장한 역할로 사용되기도 했다. 〈아메리칸 뷰티American Beauty〉(1999)에서 주인공 레스터 번햄은 오프닝 타이틀 바로 직후에 보이스오버voice-over 내레이션으로 다음과 같이 선언한다. "나는 일 년 후에 죽을 것이다." 이 (말 그대로인) 데드라인은 순식간에 긴장감을 형성하고 스토리에 형태를 부여한다. 영화가 어느 정도 진행되었을 때 레스터는 관객에게 "나는 일주일 후에 죽을 것이다."라고 알리고, 더 후에는 "오늘은 내 인생의 마지막 날이다."라고 밝힌다. 나는 이 결정적인 세 개의 대사가 없었다면 관객의 참여도가 매우 위태로웠을 것이라고 본다. 왜냐하면 관객의 주의를 미래로 몰아가기 위한 다른 요소가 이 영화에서는 별다르게 존재하지 않기 때문이다.

상기되는 원인

이 기법은 텔레그래핑보다 더 많은 감정적인 내용들을 담당한다. 20세기 첫 10년 동안 할리우드 영화들은 인과관계로 연결된 일련의 사건들로 이뤄진 내러티브 모델의 활용이 두드러졌다. 남성이 여성에게 구혼을 하고(원인), 그녀는 그의 구혼을 받아들이거나 거절한다(결과). 1910년도가 되면서 영화들이 더 긴 형태로 진화하자 '상기되는 원인dangling cause'의 사용이 개발되기 시작했다. 나중이 되어야만 그 결과가 가시화 되는 이 원인은 실제적으로 다른 상황들이 중간에 끼어드는 와중에도 관객의 머릿속에 붙어 계속 '상기된다'. 예를 들어 남자가 여자에게 구혼하겠다고 선언하지만, 당장이 아니라 다음 혹은 여러 신이 지나고 나서야 그렇게 하는 것 같은 경우이다. 이때, 선언을 하는 행위 자체가 바로 상기되는 원인의 예이다.

일반적인 경우, 상기되는 원인은 계획이나 경고, 협박, 그리고 희망 혹은 두려움, 또는 예언 등의 표현으로, 관객들의 머릿속에 결과에 대한 궁금증을 유발하지만 즉각적인 대답은 제공되지 않는 것을 가리킨다. 그것은 호기심을 자극하여 관객의 관심을 미래로 향하게 만든다. 〈뻐꾸기 둥지 위로 날아간 새One Flew Over the Cuckoo's Nest〉(1975; 9장 참조)의 초반부에서, 맥머피는 랫치드 간호사에 대해 "그년을 질리게 해서 두손 두발 다 들게 만들어 주겠어!"라고 하며 다른 환자들과 내기를 한다. 이런 형태의 상기되는 원인은 '대사고리dialogue hook'라고도 하는데, 이 대사 고리는 다음 신으로의 전환을 제공한다. 그 다음 신에서는 맥머피가 랫치드 간호사의 건너편에 있는 의자에 널브러져 앉은 채 내기를 이행할 준비가 돼 있는 듯한 모습이 비춰진다. 그럼으로써 궁금증이 시작된다. 그는 과연 그가 선언한 것을 행동으로 옮길 수 있을까?

그러나 보통의 상기되는 원인은 이와는 달리 생성된 후 곧바로 효력이 발현되지 않는 것이 대부분이다. 〈아라비아의 로렌스Lawrence of Arabia〉(1962; 7장 참고)에서는 사막으로의 파견을 앞두고 "이번 일은 재미있을 것"이라고 단언하는 로렌스에게 그의 친구 드라이덴이 사막은 신과 베두인들만 살 수 있는 '뜨겁고 이글거리는 용광로'라면서 로렌스는 신도 베두인도 아니라고 경고한다. 이 장대한 영화의 진행 과정에서 갖가지 상황에 처하게 되는 로렌스가 그때그때 자기가 신이며 동시에 베두인임을 입증할 때마다 이 상기되는 원인은 여러 번 되풀이된다. 그리고 결국 그것은 영화의 주제와 동일한 "당신은 누구인가?"라는 질문으로 재차 돌아오게 된다.

극적 아이러니

전지적 서술법이라고도 알려진 이 기법은 초보 시나리오 작가들에게 간과되는 경우가 많다. 그 이유는 그들이 시나리오의 캐릭터들은 모든 정보를 관객과 동시에 알게 되어야 한다고 생각하기 때문이다. '극적 아이러니dramatic irony'는 관객이 영화 속의 캐릭터 한 명 혹은 다수보다 더 많은 정보를 갖고 있을 때 발생하는 것으로, 이런 조건이 충족되면 그 사실이 결국 밝혀졌을 때 무슨 일이 일어날지에 관한 기대감이 생겨나 관객의 주의를 미래로 향하게 만든다. 이런 기대감을 '아이러니에서 오는 긴장감ironic tension'이라고도 하는데, 이는 '새로운 사실의 신'(scene of revelation: 캐릭터가 모르는 정보가 관객에게 제공되는 순간)과 '인지의 신'(scene of recognition: 캐릭터가 관객이 이미 알고 있는 정보를 알게 되고 그로 인해 아이러니에서 오는 긴장감이 해소되는 순간) 사이에 존재한다. 극적 아이러니에는 두 가지 풍미가 있다. 관객에게 공포심을 불어넣는 서스펜스와, 오해를 적극적으로 활용하여 웃음을 유발하는 코믹이 그것이다.

〈모퉁이 가게Shop Around the Corner〉(1940)[6]에서처럼 한 직장에서 일하며 서로를 싫어하는 두 직장동료가 실은 서로에게 러브레터를 쓰고 있었다는 사실을 관객이 알게 되면, 두 사람이 그 사실을 알게 되었을 때 과연 무슨 일이 일어날 것인가 하는 의문이 자연스럽게 발생한다. 또한 극적 아이러니의 부가적인 장점은 평범한 대사들에 숨겨진 의미를 부여해 그 신을 풍성하게 만들 수 있다는 데 있다. 〈메리에겐 뭔가 특별한 것이 있다There's Something About Mary〉(1998)에서, 테드는 자신이 히치하이커를 차에 태웠기 때문에 체포된 줄로 알지만 관객은 그가 사실 살인사건에 관해 경찰에게 취조 받고 있다는 것을 알고 있다. 그래서 평소에

...

6　1998년에 <유브 갓 메일You've Got Mail>로 리메이크 되었다.

는 아무렇지도 않을 그의 대답들, 즉 "그 전에도 몇 번 해 봤는데요."와 "뭐 대수로운 일 아니에요."가 웃음을 유발시키게 된다.

숙련된 이야기꾼들은 정보의 체계를 활용해서 극적 아이러니를 구축하는데, 이때 관객과 캐릭터들 사이의 정보뿐만 아니라 극 중 캐릭터들 간의 정보들도 조작이 가능하다. 〈북북서로 진로를 돌려라North by Northwest〉(1959; 6장 참조)에서 로저 손힐은 이브 켄달을 만나게 되고 그녀는 그가 경찰을 피하는 과정에서 마치 천사처럼 도움을 준다. 그러나 그 후 관객은 그녀가 실은 그를 죽이려고 하는 자들을 위해 일하고 있다는 사실을 알게 된다(첫 번째 새로운 사실의 신). 그리고 그 후 이어지는 신들에서는 로저가 알지 못하는 위험을 우리가 느끼게 되면서 아이러니에서 오는 긴장감이 고조된다. 이러한 아이러니에서 오는 긴장감이 매우 강력했기 때문에, 그 다음 펼쳐지는 농약살포기의 시퀀스가 한 사람이 옥수수 밭 근처에서 누구를 기다리는 것 외에 별다른 행위가 없는데도 불구하고 알프레드 히치콕 감독이 무려 5분 이상을 지속시킬 수 있었던 것이다. 그 다음 이어지는 앰배서더 이스트 호텔의 신에서 로저는 비로소 이브가 자신의 적이라는 것을 알아차리게 된다. 이 인지의 신은 이전에 존재하던 아이러니한 긴장감을 해소하지만 이번엔 로저가 그녀에게 이 사실을 알리지 않기 때문에 새로운 정보의 레이어가 생겨난다. 즉 이제는 그가 그녀가 모르는 것을 알고 있는 것이다. 이런 아이러니에서 오는 긴장감의 층은 뒤따르는 신에서 해소되는데, 로저가 경매장에서 이브와 대면하는 인지의 신이 바로 그것이다.

극적 아이러니는 텔레그래핑이나 상기되는 원인보다 훨씬 위력적인 기법이다. 거의 독립된 힘으로 장편 극영화를 지탱할 수도 있지만 그럴 경우 주로 서스펜스보다는 코믹일 경우가 많다. 〈모퉁이 가게〉〈유브 갓 메일〉과 마찬가지로 〈졸업The Graduate〉(1967; 8장 참조), 〈탑 햇Top hat〉(1935), 〈하비Harvey〉(1950), 〈챈스Being There〉(1979)등은 관객의 참여도를 유지하기 위해 극적 아이러니를 상당 부분 활용한 코미디들이다.

극적 긴장감

이 기법은 네 가지의 주된 기법들 중 제일 강력한 것으로, 몇 천 년 동안 장편 극화에 대한 관객들의 감정적 동참을 이끌어 내고 유지시키는 가장 일반적인 요소로 사용되어 왔다. 이것의 활용에 대해서는 시나리오나 연극 대본 작법에 관한 대부분의 책들이 주된 주제로 다루고 있다. 프랭크 대니얼은 이것에 관해 다음과 같이 간단하고도 우아하게 표현한 바 있다. "누군가 무엇을 매우 얻고 싶어 하지만 실제로 그것을 얻기는 매우 어렵다." 대니얼은 극적인 스토리를 추적과 도주 두 가지로 구분한 바 있으나, 실은 이것들은 같은 것의 두 가지 버전일 뿐이다. 즉 누군가 무엇을 원하지만 그것을 얻는 데 힘들어 하는 것과, 뭔가로부터 도망치고 싶어 하지만 그러기가 매우 힘든 것이다.

이미 앞에서 논한 바 있는, 시나리오를 막act이라는 큰 구획으로 나누는 개념은 '극적 긴장감dramatic tension'에 대한 연구와 매우 밀접한 관계를 가진다. 이 책에서는 8개의 시퀀스에 대한 개념을 탐구하게 될 것이지만 이 시퀀스들은 장편 극영화의 더 큰 구획들 속에서 작용하기 때문에, 이 책에서는 3막이라는 구획을 통해 극적 긴장감이 대입되거나 예로 들기가 가장 적합하다고 본다. 캐릭터가 뭔가를 원할 때, 그 캐릭터는 과연 그것을 얻을 수 있을까 그럴 수 없을까 하는 의문이 생겨나게 되는데, '극적 의문dramatic question'이라고 알려진 이것이 3개의 구성요소를 가지고 있기 때문이다. 의문의 제기, 그 의문에 대한 숙고, 그리고 의문에 대한 답이 바로 그것이다. 이런 의문은 다른 요소를 더 필요로 하지 않으며 이보다 요소가 적게 되면 완전하지 못하다. 따라서 첫 번째 막에서는 의문의 제기가 이뤄진다. 과연 캐릭터가 자신이 원하는 것을 갖게 될 것인가? 그리고 두 번째 막에서는 캐릭터가 원하는 것을 얻기 위해 난국을 헤치면서 그 의문을 풀어내는, 즉 '숙고deliberation'가 이뤄지며, 세 번째 막에서는 그것에 대한 답이 제공된다. 이처럼 극적 긴장감은 의문의 답에 대한 기대를 이용해 관객의 관심을 미래로 향하게 만든다.

극적 긴장감을 3개의 부분으로 이해하는 것은 매우 유용하다. 그것은 극적인 작업의 더 작게 나눠진 구획들에서도 그 개념이 되풀이되기 때문인데, 성공적으로 이뤄진 시퀀스들과 신들도 마찬가지로 각각의 극적 긴장감을 지니고 있다. 즉 그 하나하나가 모두 '3막 구조'(뭔가를 갈구하는 캐릭터와 장애물, 그 두 가지의 대립에서 파생되는 긴장감, 그리고 그것이 해소되면서 또 다른 새 긴장감이 생겨나는 구조)를 보유하고 있는 것이다. 〈이중배상Double Indemnity〉(1944; 4장 참조)의 1막의 마지막 부분에서, 네프는 필리스가 돈을 위해 남편을 죽이는 것을 도움으로써 그녀와 함께하려는 결심을 한다. 이로써 극적인 의문이 제기된다. 그는 과연 성공할 것인가? 바로 다음에 뒤따르는 시퀀스는 또 다른 극적 의문을 제공한다. 그들은 과연 들키지 않고 살인을 준비할 수 있을까? 여기에는 또 일련의 장애물이 뒤따른다. 살인을 준비하는 동안 보여지는 각각의 신마다 소소한 장애물들이 존재하고 그것들에 의해 작은 단위들의 극적 긴장감들이 생겨난다. 예컨대 그것들은 디트릭슨 씨가 계약서에 서명을 하게 만들 수 있을까? 혹은 네프는 키이즈가 의심을 품기 전에 전화를 끊을 수 있을까? 등이다. 극적 긴장감이 존재할 때는 언제나 3개의 요소가 필요하다. 긴장감이 설정 혹은 '셋업set up' 되어야 하고(의문이 제기됨), 그 긴장감이 펼쳐져야 하며(의문이 숙고된다), 그리고 해소되어야 한다(의문의 답이 제공된다). 따라서 영화에서의 '3막 구조'는 포개진 구조들이 3개의 다른 평면에서 계속 되풀이되는, 기하학에서의 프랙탈fractal의 개념과 흡사하다고 볼 수도 있다.

극적 긴장감을 3개의 기본적인 부분으로 이해하는 것의 마지막 장점은 아리스토텔레스의 '전체whole'라는 개념을 파악할 수 있게 해준다는 데 있다. 즉 영화를 80개의 분리된 신들이나 120개의 독립된 분分들로 이뤄진 경험이 아닌, 하나의 통일된 작품처럼 느껴지게 하는 것이 무엇인지를 알려주는 것이다. 관객의 관심을 끌기 위한 주된 기법으로 극적 긴장감이 사용될 경우, 극적 의문과 그로부터 생겨나는 긴장감, 즉 '주 긴장축main tension'을 신들과 시퀀스들에서 생겨나는 여러 가지의 마이너

한 '긴장감'들로부터 차별화시키는 것이 그 열쇠이다. 다시 말해 이 주 긴장축이 영화를 하나의 작품으로 느끼게 만드는 것이며, 이야기를 하나로 통합해 주는 것이다. 바로 이것이 영화를 단순한 부분들의 합 이상인 그 무엇으로 승화시키며(아리스토텔레스의 용어에 의하면 유기적 통일성을 부여하는 것) 우리는 이야기에 대해 설명할 때 이것을 종종 사용하곤 한다. 〈북북서로 진로를 돌려라〉가 무엇에 대한 영화인지 설명할 때 '부당하게 살인 누명을 쓴 사내가 경찰과 적의 요원들에게 쫓기면서 자신이 결백하다는 걸 밝히려 한다'라고 묘사한다면, 이것은 주 긴장축의 내용을 되풀이한 것에 지나지 않는다. 동시에 여기에는 '그는 과연 성공할 것인가?'라는 의문이 수반된다. 〈라이언 일병 구하기Saving Private Ryan〉(1998)의 경우에는 '장교 한 명이 구조대원들을 이끌고 적진 너머로 들어가서 미국 군인을 찾아내 무사히 구출해와야 한다'이며, 〈카비리아의 밤Nights of Cabiria〉(1957; 5장 참조)의 경우는 '하급 매춘부가 사랑과 존엄성을 갈구한다'가 될 것이다.

뒤의 영화 분석에서 구체적으로 드러나겠지만, 성공적인 장편 극영화에서 압도적으로 나타나는 패턴은 첫 번째 막이 영화의 첫 25%를 차지하고 두 번째 막이 가운데의 50%를 차지하며 세 번째 막이 마지막 25%를 차지하는 것이다. 그리고 또 주목할 만한 점은 주 긴장축이 영화의 엔딩에서 해소되지 않고 주로 2막의 끝부분에서 해소된다는 사실이다. 실제로 주 긴장축의 해소 자체가 2막의 특성 중 하나이며 3막에서는 거의 예외 없이 새로운 극적 긴장감이 모습을 드러낸다. 위의 세 가지 예를 활용해 분석해본다면 〈북북서로 진로를 돌려라〉에서 자신의 결백을 증명하기 위해 로저가 벌이는 노력을 둘러싼 긴장감은 영화가 77% 진행되었을 때 해소되고, 3막은 이브를 구출할 수 있을 것인지의 의문을 둘러싸고 진행되는 것을 볼 수 있다. 〈라이언 일병 구하기〉에서는 영화의 70% 정도 되는 지점에서 밀러 대위가 자신의 임무를 단념하기로 마음먹는다. 그리고 3막의 긴장감은 독일군들로부터 다리를 사수하는 내용으로 이뤄져 있다. 〈카비리아의 밤〉에서는 영화의 82% 지점에서 카비리아가 꿈에 그리던 남자의 프로포즈를 받음으로써 자신이 원하던 사랑과 존엄성을 얻게 된다. 그리고 3막은 임박한 그녀의 결혼식과 그것의 결과를 다루고 있다.

상기되는 원인처럼 극적 긴장감은 관객의 호기심을 자극하지만, 상기되는 원인과 다른 지점이라면 극적 긴장감은 그 효과를 달성하기 위해 관객과 주인공(프로타고니스트) 사이에 감정적인 유대감이 형성되어야 한다는 점이다. 1막의 기능은 크리스틴 톰슨의 용어를 인용하자면 '설정'이고, 데이비드 보드웰에 의하면 '캐릭터들과 배치에 대한 소개', 그리고 '사건의 현재 상황에 대한 설명'으로, 프로타고니스트를 소개함과 동시에 그 인물과 관객 사이에 감정적인 유대감을 형성시키는 데 그 목적이 있다. 이 유대가 성립되고 나면 관객은 단순한 호기심보다 훨씬 강력한 감정적 이해관계를 갖게 되는 것이 가능하며, 이는 장편 극영화의 상영시간 내내 관객의 참여도를 유지시킨다.

지금까지 이야기한 것들이 스토리텔러의 네 가지 기본적인 기법들이다. 물론 이것 말고도 각본이나 영화를 더욱 풍부하게 경험할 수 있게 해주는 또 다른 기법들도 존재한다. 그것들은 차후 여기에 소개된 영화들을 분석하면서 설명하겠다. 여기에 이 네 가지 기법을 소개한 이유는 이 기법들이 시나리오 작가의 기본적 임무(다음에 무슨 일이 일어날지 관객들을 계속 궁금하게 만드는 것)를 수행하는 데 필수불가결하기 때문이며, 또한 시나리오가 작용하는 데 있어 이 기법들이 가장 기본적인 역할을 담당하기 때문이다.

시퀀스들은
어떻게 작용하는가?

시퀀스는 극을 집필하는 데 있어 계속해서 재발되는 기본적 문제 중 하나를 해결하는 데 유용하다. 그 문제는 바로 모든 극은 실제로는 고안된 것이면서도 고안된 것처럼 보이면 실패한다는 사실이다.

관객의 눈앞에서 펼쳐지는 극중의 상황들이 자연스러워(어떤 것이라도 일어날 수 있을 듯이) 보이는 한계가, 바로 극의 결과가 어떻게 나오든 불가피하고 따라서 만족스러운 결과라고 관객을 설득시킬 수 있는 한계이다. 이와 같은 맥락에서 보면, 우연히 일어난 상황들이 주인공을 해치는 경우는 넘어갈 수 있지만, 반대로 그 상황들이 주인공을 돕게 되면 수상하게 느껴지는 이유를 알 수 있다.

전체적인 극적 긴장감 속에서 극적 의문을 연속적으로 배치함으로써 시퀀스들은 실제의 결말이 나오기도 전에 관객들에게 매우 여러가지 가능한 결과들을 제시한다. 극작가들은 가끔 영화가 무엇에 대한 것인지 캐릭터들이 모르게 하라는 조언을 듣기도 한다. 이는 흡인력 있는 극을 창조하기 위해서는 영화가 캐릭터들의 희망이나 예상과는 별개로 일어나는 일처럼 보여야 하기 때문인데, 이야기를 시퀀스 단위로 생각해냄으로써 이것을 달성할 수 있다. 예컨대 작가는 결혼한 남성이 영화의 설정 부분에서 한 여자에게 집착하게 되고 그녀를 얻기 위해서라면 무엇이든 할 수 있다고 마음먹는 이야기를 생각해 낼 수 있다. 이때 '이 여인을 향한 캐릭터의 추구를 어떻게 하면 60에서 90분간 지속시킬 수 있을까?'라고 고민하는 것보다는 '이 캐릭터가 이 여인을 얻을 수 있는 제일 빠르고도 쉬운 길은 무엇일까?'라고 자문하는 편이 작가에게는 훨씬 더 효율적이다.

인간의 본성이 원래 그러하듯 사람은 가장 쉬운 방법을 제일 먼저 택하고자 할 것이고, 그것이 실패했을 때에만 그보다 더 어려운 방법을 시도할 것이다. 그러나 그 '제일 쉬운 방법'은 상영시간의 15분 정도밖에 차지하지 않을 수도 있다. 이야기를 발전시킬 때 작가는 만일 프로타고니스트가 그 시간 안에 목적을 달성했다면 15페이지밖에 진도가 나가지 않았을 때에도 2막을 끝낼 수 있는 용기가 필요하다. 그러고나면 이 결과를 방해하는 새로운 전개들을 생각해 내는 것이 훨씬 수월해질 것이다.

〈존 말코비치 되기Being John Malkovich〉(1999; 11장 참조)의 첫 35분이 경과한 지점에서 크레이그는 그의 이상형인 맥신을 얻을 수 있는 방법을 생각해낸다. 그것은 '말코비치 통로' 사업체에서 그녀와 단 둘이 밤늦게까지 일하며 친해지려는 것이며, 이를 통해 그녀를 얻기 위한 그의 노력은 곧 이뤄질 것처럼 보인다. 그러나 그로부터 15분의 상영시간이 지난 후, 그의 부인은 성 전환을 하겠다고 선언하고 자신도 맥신을 사랑한다고 밝힌다. 이어지는 세 개의 시퀀스에서는 크레이그가 자기 대신 자신의 부인을 선택한 맥신의 거절을 당하는 과정과 부인의 납치에 성공하는 크레이그(이로 인해 말코비치 본인에게 위협당하게 된다), 그리고 말코비치를 조종하는 방법을 알아낸 그가 결국 맥신을 손에 넣는 데 성공하는 것을 보여준다. 크레이그가 마지막에 그녀의 사랑을 획득하는 수단은 그가 처음에 그녀와 함께 사업을 시작할 당시에는 생각조차 못했을 것이다. 하지만 면밀하게 구축된 상황들이 마지막에 그가 자신을 극한까지 밀어붙이게 만드는 것이다. 보편적인 2시간 길이의 영화에서 8개의 시퀀스를 가지는 구조는 다음과 같다. 물론 이것은 가장 보편적인 패러다임이자 이상적인 배치도일 뿐이며, 다양한 변주들도 매우 효과적으로 이뤄진 바 있다. 그러나 우선 시작점으로 사용되기엔 충분할 것이다.

시퀀스 A

영화의 첫 15분 동안은 누구, 무엇, 언제, 어디, 그리고 무슨 상황에서 영화가 진행될 것인가 등의 의문들에 대한 답이 제공된다. 그것은 즉 설명 혹은 엑스포지션이다. 하지만 이런 엑스포지션이 시작되기 전에 관객을 '낚아hook' 영화를 계속 보게 만드는 것은 매우 중요하며, 첫 번째 시퀀스에서 이것을 달성하기 위해 가장 많이 사용되는 방법은 호기심의 이용이다. 성공적인 영화들은 대개 관객에게 수수께끼를 던지는 것으로 시작해, 관객들의 머릿속에 의문이 일어나게 하는 동시에 또한 그것에 대한 해답을 약속한다. 〈차이나타운Chinatown〉(1974)은 한 커플이 섹스를 하는 사진들을 보여주는 것과 동시에 스크린 밖에서 괴로움에 찬 신음소리가 들려오는 것으로 시작한다. 또한 〈선셋 대로 Sunset Boulevard〉(1950)는 경찰차들이 어디에 황급히 도착하는 것으로 시작한다. 차에서 내린 경관들은 얼굴을 물에 처박은 채 수영장에 떠 있는 사내 주위로 신속하게 모인다.

호기심을 이용해 관객들을 영화 속으로 끌어당기는 데 성공하고 나면, 이야기가 정식으로 시작될 수 있도록 중요한 의문들에 답하는 엑스포지션(배경에 대한 설명)을 제공할 기회가 생길 것이다.

예외가 없지는 않으나, 거의 언제나 첫 번째 시퀀스에서는 주인공이 소개되고, 또한 스토리 자체가 시작되기 전에 이미 진행 중인 그의 일상의 흐름이 보여진다. 효과적인 첫 번째 시퀀스는 스토리로 이끄는 사건들의 간섭이 없었다면 프로타고니스트의 일상이 어땠을지 느끼게 해준다. 실제로 영화 초반부에서 전달되는 일상생활의 느낌이 강하면 강할수록 스토리를 진행시키기 위해 일상에 끼어들어 불안정을 야기하는 사건들은 더 충격적으로 느껴질 것이다. 〈북북서로 진로를 돌려라〉는 그 훌륭한 본보기로, 영화의 첫 4분 안에 주인공 로저 손힐의 하룻밤과 다음날의 일정이 꽉꽉 채워 넣어져 있다. 이로 인해 우리는 그의 일상의 흐름을 희미하게나마 엿볼 수 있게 되지만, 실제로 이 일정들은 영화상에서는 하나도 실현되지 않는다.

보통 첫 번째 시퀀스의 끄트머리에는 '개시점point of attack' 혹은 '도발적 사건inciting incident'이라 불리는 순간이 발생한다. 이 지점은 기존의 일상의 흐름에 처음으로 파문이 이는 순간으로, 프로타고니스트는 어떤 식으로라도 이에 반응을 하지 않을 수 없다. 〈북북서로 진로를 돌려라〉에서 그것은 로저 손힐의 납치이고, 〈차이나타운〉에서는 제이크 기티스가 자신이 속았다는 사실을 알게 되는 지점이다.

시퀀스 B

2시간짜리 영화의 25% 정도 지점에서 끝나게 되는 두 번째 15분은 거의 반드시 주 긴장축을 설정하는 데 초점을 맞추며, 동시에 영화의 나머지 부분에 형태를 부여하는 극적 의문을 제기한다. 또한 두 번째 시퀀스의 마지막은 그 자체가 1막의 마지막이 되곤 한다.

보통, 첫 번째 시퀀스에서 소개된 프로타고니스트는 영화의 첫 15분에 자신의 인생에 끼어들어 균형을 깨트리려는 요소

를 해결하기 위해 고심한다. 그 캐릭터는 문제가 곧 해결될 것이
며, 따라서 이야기가 곧 끝날 것이라는 기대를 할 수도 있지만
인생은 그리 호락호락하지않다. 두 번째 시퀀스에서 프로타고니
스트가 시도하는 해결책은 그를 오히려 더 큰 문제 또는 곤경에
봉착하게끔 만들 따름이다. 이는 1막의 끝을 표시하면서 2막의
내용을 차지하게 되는 주 긴장축을 설정한다.

〈차이나타운〉에서, 기티스는 누가, 어째서 자신을 고용했는
지를 알아내기 위해 노력하다가 결국 진짜 멀레이 부인에게, 그
녀의 남편이 시체로 발견된 후 고용되는 처지가 되고 만다.

시퀀스 C

영화의 세 번째 15분 길이 시퀀스에서 주인공은 1막의 끝
에서 제기된 문제를 해결하기 위해 첫 번째 시도를 벌인다. 앞에
서 언급한 바 있듯이 인간적인 습성 때문에 캐릭터들은 우선 문
제 해결에 있어 제일 쉬운 해결책을 택하고 그 문제가 즉각적으
로 해소되길 바란다. 따라서 등장인물은 세 번째 시퀀스(다른 시퀀
스들에서도 마찬가지이지만)에서 코앞에 당면한 문제는 해결할 수 있
을지 몰라도 한 문제의 해결로 인해 더 크고 더욱 심각한 문제를
야기시키곤 한다. 〈미드나잇 런Midnight Run〉(1988)에서 잭 월쉬는
그의 죄수를 뉴욕에서 캘리포니아까지 비행기에 태워 데려올 수
없게 되자 기차를 택한다. 그러나 이것은 곧 그의 라이벌에 의해
방해당하고, 이로 인해 대신 버스를 타게 되지만 다시 마피아와
FBI에게 습격을 당해 어쩔 수 없이 차를 빌리게 된다. 점점 더

바람직하지 못한 운송 수단을 선택하는 것은 곧 잭의 어려움이 점차 심화되는 것을 반영한다.

시퀀스 D

네 번째 15분 길이 시퀀스에서는 문제해결을 위한 첫 번째 시도가 실패했음이 밝혀지며, 따라서 프로타고니스트가 자신의 일상을 원래대로 돌려놓기 위해 한 가지나 그 이상의 필사적인 조치를 취하는 모습을 보여준다.

네 번째 시퀀스의 말미에서는 종종 '첫 번째 극점first culmination', 혹은 영화의 '중간 극점midpoint culmination'에 이르게 된다. 이것은 프로타고니스트의 임무를 더욱 고되게 하는 의외의 새로운 사실이나 운의 역전일 수도 있다. 성공적으로 구현된 시나리오들은 종종 이 시점에서 극적 의문(프로타고니스트가 자신의 문제를 해결할 수 있으리라는 희망)의 답에 대한 매우 명확한 느낌을 관객에게 제시하지만, 결국 주변 상황들 때문에 이야기는 보통 그와는 반대로 진행되곤 한다. 이런 의미에서 첫 번째 극점은 영화의 실제 결말에 대한 힌트일수도, 혹은 그 정반대일수도 있다.

〈투씨Tootsie〉(1982)의 중반부에서 마이클 도시는 직업적으로는 성공의 정점에 도달했지만 실제로는 거짓으로 이뤄진 삶을 살고 있으며 줄리와 연애를 하고 있지도 못하다. 그러나 이 작품의 결말부에서 그의 상황은 이것과는 거울에 비친 것처럼 정반대가 된다. 즉 성공은 사라졌지만 더이상 거짓말을 하지 않아도 되며 위태롭긴 하지만 줄리와 연애를 하게 되는 것이다.

시퀀스 E

이어지는 15분 남짓한 시간 동안, 주인공은 첫 번째 극점에서 새롭게 발생한 복잡한 상황들을 해결하기 위해 노력한다. 훌륭하게 고안된 시나리오들은 이 시점에서 다시 한 번 앞으로 닥칠 성공이나 실패에 대한 느낌을 슬쩍 보여주기도 하지만 첫 번째 극점에서처럼 그렇게 확연하지는 않다. 이 부분은 간혹 스토리상에서 새 캐릭터들과 새로운 기회들이 모습을 드러내는 곳이기도 하다. 또한 서브 플롯들이 존재하는 경우, 이 시퀀스와 시퀀스 F는 그것들이 주가 되어 극을 이끌어나가는 지점이기도 하다.

어떤 영화들에서는 첫 번째 극점의 경험이 너무나 강렬한 나머지 주인공의 목적이 그 전과는 정반대가 되어버리는 현상을 보이기도 한다. 〈선셋 대로〉의 2막의 앞쪽 절반에 해당하는 부분에서 길리스는 자기를 잡아두려는 노르마의 노력에도 불구하고 그녀가 대본을 쓰는 것을 도움으로써 탈출을 시도한다. 그러나 영화의 중간 지점에서 그녀가 자살 시도를 하자 그는 2막의 후반 절반에 해당하는 분량에 걸쳐 자신을 노르마와 떼어놓으려는 베티의 노력에도 불구하고 노르마와 함께 있으려 한다.

다른 시퀀스들과 마찬가지로 이 시퀀스의 긴장감이 해소된다고 해서 주 긴장축이 해소되는(즉 주인공의 문제가 해결되는) 것은 아니며, 오히려 보통 더 어려우며 위험 수위도 높은 새로운 분규를 낳게 될 뿐이다.

시퀀스 F

2막의 이 마지막 시퀀스에서는 지금까지 긴장을 해소하기 위해 사용되었던, 손쉬워 보였던 해답들이 모두 사라지고 상황이 최악으로 치닫게 됨으로써 결국 주인공은 어쩔 수 없이 주 긴장축의 해소를 위해 움직이기 시작하고 그로 인해 극적 의문에 대한 대답이 제공된다. 따라서 이 여섯 번째 시퀀스의 마지막은 동시에 2막의 마지막이기도 하며, '두 번째 극점second culmination'이라 일컬어지기도 한다. 또한 이 부분은 그 자체로 관객에게 가능성이 있는 또 다른 결말의 힌트를 제공할 때도 있다.

두 번째 극점은 첫 번째 극점과 흡사하게 영화의 실질적인 결말을 어렴풋이 제시하거나, 또는 더 전형적으로, 완전 정반대의 것을 제안하기도 한다. 〈선셋 대로〉의 이 지점에서, 길리스와 베티는 키스를 한다. 이 행위는 그들 관계의 최고점을 표시하지만, 나중에 모든 것을 잃은 길리스가 죽어서 수영장 위에 둥둥 떠 있게 되는 영화의 결말과는 완전히 반대인 것이다. 〈미드나잇 런〉의 잭은 이 부분에서 FBI에게 체포되고 조나단 마두카스를 라이벌에게 빼앗기게 되지만, 이는 영화의 결말과는 완전히 정반대인 상황이다. 나중에 그는 결국 시간에 맞춰 LA에 도착하는 데 성공하고, 자유의 몸으로 30만 달러를 손에 쥐게 되기 때문이다.

2막의 엔딩이 이야기상에서 '최저점low point'이 되어야 한다는 속설은 일반적으로 그릇된 통념이다. 여러 영화를 분석하면서 나는 이것이 결코 사실이 아니란 것을 알아냈다. 이 책에서 소개된 작품들 중에서도 세 편(〈토이 스토리〉, 〈아라비아의 로렌스〉, 그리고

〈졸업〉)만이 이 패턴을 지니고 있다. 스토리를 발전시킬 경우, 나는 작가가 이야기상의 이 지점을 고안할 때에는 주 긴장축과의 관계를 중대하게 다뤄(주 긴장축을 완전히 해소시키든가 그 긴장축의 틀을 매우 크게 바꾸어버리는 식으로) 접근하는 것이 훨씬 유용하다는 것을 알아냈다. 따라서 이 부분을 단순히 '최저점'이라고 한정지어 생각한다면 스토리의 수많은 가능성들이 차단될 수 있다.

시퀀스 G

시퀀스 A부터 E까지의 긴장감들의 해소가 그랬던 것처럼, 시퀀스 F에서 주 긴장축이 해결되었다고 해서 그것이 최종적인 결말을 뜻하는 것은 아니다. 그 해결 때문에 생각지도 못했던 결과들이 다시금 튀어나오게 되고, 앞에서 설정되었던 다른 스토리 축들과 상기되는 원인들이 새로우면서도 더욱 어려운 문제들을 야기하고, 어떨 때는 캐릭터에게 기존의 목표와는 상반되는 행동을 취하게 만드는 경우도 있다. 결국 이로 인해 때로는 스토리 자체가 거꾸로 뒤집어질 때도 있으며, 따라서 우리는 매우 새로운 각도에서 그것을 살필 수 있게 된다. 이 일곱 번째 시퀀스는 계속 높아지는 위기감과 더욱 격앙되는 진행속도가 그 특징이며 그 결말 역시 뜻밖의 전개를 보이는 경우가 대부분이다. 〈브로드웨이를 쏴라Bullets Over Broadway〉(1994)에서 데이빗의 연극은 성공하지만(따라서 주 긴장축이 해소된다) 그로 인해 그는 새롭게 생겨난 뜻밖의 결과와 맞닥뜨려지는데, 그것은 올리브에 대한 치치의 노여움이며 이런 전개는 결국 그가 그녀를 쏴 죽임으로써 끝난다. 〈아파트먼트_{Apartment}〉(1960)에서 백스터는 기업 사회에서 성공을 거두지만 결국 야망을 버리고 쿠벨릭을 향한 애정을 따르기로 마음먹는다. 하지만 이 결정은 그의 상관에 의해 방해를 받게 된다.

시퀀스 H

여덟 번째이자 마지막인 이 시퀀스는 거의 예외없이 영화의 결말을 내포한다. 이 부분은 개시점에서 생겨난 불균형감이 긍정적으로든 부정적으로든 마침내 청산되는 지점이다. 지금까지 첫 번째와 두 번째 극점들과, 그보다는 약하지만 각 시퀀스들의 끝부분에서도 결말에 대한 실마리를 엿볼 수 있었지만 이제야 가까스로 충분하고도 완전하게 긴장감이 해소가 된다. 영화에 따라서, 남자는 여자를 얻거나(《투씨》), 혹은 영원히 얻지 못하게(《차이나타운》) 되기도 한다.

또한 시퀀스 H는 거의 언제나 에필로그 혹은 피날레를 포함한다. 이것은 아직 미결인 이야기의 가닥들을 매듭짓는 짧은 신이나 일련의 신들로, 남아 있는 서브 플롯이나 상기되는 원인들을 종결지음으로써 관객들이 방금 겪은 강렬한 경험에서 천천히 감정을 가라앉힐 수 있게 해준다.

몇 가지 추가적인 언급

영화의 시작과 끝을 구별하기는 쉽다. 그러나 하나의 막이 언제 시작되고 끝나는지 구분하기는 쉽지 않으며, 그 중에서도

2막의 끝이 가장 까다롭다. 시나리오를 3막보다 더 세분화할 경우 정확히 어디에서 구획되는지에 관해 약간의 의견차는 자연히 생겨나게 마련이며 그것은 분할을 규정짓는 개념이 명확한 경우에도 마찬가지일 것이다. 어떤 영화들의 경우에는 이 책에서 정의된 시퀀스 구조가 명백하게 드러난다. 그것들은 주로 여정이 수반되는 영화들(이 책에서 분석된 것들 중에서는 〈아라비아의 로렌스〉와 〈반지원정대Fellowship of the Ring〉)이며 서브 플롯이 없거나, 있더라도 별반 많지 않은 것들도 그러하다. 서브 플롯이 많은 영화들(여기에서는 〈모퉁이 가게〉와 〈존 말코비치 되기〉)은 여러 해석에 따라 좌우될 여지가 있긴 하지만 그 패턴 자체는 유지되는 것을 볼 수 있을 것이다. 나는 독자들이 각자 직접 분석해보고 그 결과를 서로 비교해볼 것을 권유한다.

이런 식의 분석에서 더욱 주목해볼 만한 지점은 명백하게 시퀀스 기법을 활용해 쓰인 고전 시나리오들(이 책에서는 〈모퉁이 가게〉와 〈이중배상〉)과 나의 분석 사이의 일치되지 않는 부분이다. 1930년대에서 1950년대 사이에 씌어진 시나리오들을 검토한 결과, 그 시기에는 시퀀스에 대한 다양한 정의들이 있었으며 그 정의들은 때로는 길이, 때로는 주제, 또 때로는 장소에 부합했던 것으로 보인다. 〈모퉁이 가게〉와 〈이중배상〉의 시나리오에서 시퀀스들이 나뉘어진 방식과 내 분석과의 비교는 해당되는 장에서 제공될 것이다. 더 나아가 명심해 둬야 할 중요한 사실은 이 책에서 분석된 작품들 중 〈모퉁이 가게〉, 〈이중배상〉, 그리고 〈에어포스 원〉을 제외한 나머지 영화들은 시퀀스를 의식하고 씌어지지 않았다는 점이다. 그럼에도 불구하고 그 영화들 안에 존재하는 시퀀스 구조를 밝혀내는 것이 이 책의 분석들이 지향하는 바이다.

채프먼 대학과 USC 시절의 동료들과도 동의한 바 있지만 나의 작가로서의, 그리고 교육자로서의 경험을 토대로 보았을 때, 이 시퀀스 어프로치는 학생들이 시나리오를 발전시키는 데 매우 귀중한 도구가 될 수 있다. 이 책에 포함시킨 차트들은 정확한 시간 측정과 퍼센티지를 보유하고 있지만 어쩌면 테크닉 자체가 본질보다 더욱 정확할 것이라는 그릇된 느낌을 줄 우려가 있다. 분, 초 단위의 시간측정과 퍼센티지들을 포함시킨 것은 매우 폭넓은 영화들의 스펙트럼 속에서 패턴을 비교하기 위한 토대를 확보하기 위한 것이므로 자신의 시나리오를 개발하는 데 있어 이런 견본에 너무 집착할 필요는 없다.

〈토이 스토리〉의 경우를 제외하고, 이 책에 소개된 영화들은 연대순으로 배치하였다. 또한 이 영화들은 다양한 스토리텔링 스타일과 형식, 그리고 주제를 대표하기 때문에 선택했음을 밝혀둔다.

SCENARIO

2장

<토이 스토리>

효과적이며 강력한 8개의 시퀀스

SEQUENCE

1995년 말 극장에서 첫선을 보인 〈토이 스토리〉는 컴퓨터 애니메이션의 사용으로 획기적인 혁신을 이룩했다는 찬사를 받았으며 동시에 엄청난 상업적 성공을 거뒀다. 그러나 이 성공은 기술력만으로 얻어진 것이 아니다. 〈토이 스토리〉의 각본은 의심할 여지 없이 지난 1세기 간 집필된 시나리오 중 최상위권에 위치하는 수작이다. 이 정도로 각본이 좋지 못했더라면 제아무리 컴퓨터 그래픽이 뛰어났다 해도 그다지 주목받지 못했을 것이다.

이 작품은 여러가지 이유 때문에 시나리오 분석을 위한 좋은 시작점이 될 수 있다. 첫 번째, 애니메이션으로 이뤄진 작품이기 때문에 페이지 위의 계획과 스크린 위의 완성품 사이에 그렇게 많은 단계가 존재하지 않았다. 미술감독이 현장에 도착하고나서야 그 장소가 신에 적합하지 않음을 발견하는 일도 없었고 변덕스런 날씨가 문제를 일으킬 일도 없었으며, 또한 〈토이 스토리 2〉의 엔딩 크레딧에서 패러디된 것처럼, 배우들이 장난을 피우며 현장에서 시나리오를 고치려 들 일도 없었다. 즉 처음 쓰인 시나리오 그대로 스크린 위에 상영될 수 있었으니, 〈토이 스토리〉는 이러한 사실들에서 매우 큰 이득을 볼 수 있었다.

이 영화가 좋은 시작점이 될 수 있는 또 다른 이유는

1950년대 이후 씌어진 대부분의 시나리오들과 마찬가지로 시나리오에 시퀀스들이 표시되어 있지 않음에도 불구하고 3막과 8개 시퀀스의 패러다임이 너무나 훌륭하게 실현되었기 때문이다. 또한 이 영화는 네 가지 주요 기법들을 뚜렷하게 적용시켜 상당한 임팩트를 끌어내는 데 성공하고 있으며 캐릭터와 주제를 다루는 솜씨 또한 매우 뛰어나다.

시퀀스 A
: 모두가 원하지 않는 선물

약 13분 30초 동안 지속되는 오프닝 시퀀스는 타이틀이 뜨기 전의 프리타이틀pre-title 시퀀스와 함께 시작되며, 이는 엄밀히 말하면 시퀀스 A의 일부라기보다는 이 이야기가 펼쳐질 극중 현실에서의 지루한 일상을 확립시키는 프롤로그의 역할을 한다.

거의 모든 영화들은 대체로 야외의 롱 샷, 혹은 그보다는 드물지만 실내의 클로즈업으로 시작된다. 이는 상황을 파악하려는 관객의 필요에 의한 것이다. 외부의 모습은 그 이야기가 어디에서 펼쳐지는가에 대한 느낌을 갖게 도우며 실내의 클로즈업 역시 같은 필요를 충족시킨다. 관심의 초점은 하나의 특정한 사물에서 시작되고 이후 우리가 처한 상황을 파악할 수 있을 때까지

점차적으로 넓어진다. 이와는 대조적으로 오프닝을 실내의 미디엄 샷로 시작하는 경우는 매우 드물다. 그런 오프닝은 심하면 영사기사가 릴을 잘못 바꾸어 틀지 않았는가 하는 의심마저도 낳을 수 있다.

〈토이 스토리〉는 실내(그러나 처음에는 야외로 보인다)에서 시작되며 파란 하늘과 솜사탕 같은 하얀 구름들은 얼마 지나지 않아 앤디의 방에 도배된 벽지의 무늬임이 밝혀진다. 여기에서 호기심의 이용이 보여진다. 우리는 여러 가지 장난감들을 사용한 가상의 놀이의 도중 혹은 끝부분에 들어오게 된 것이다. 물론 이 게임 속에도 극적 긴장감은 존재하지만(미스터 포테이토 헤드가 다른 장난감들을 인질로 잡고 있다) 우리는 아직 여기에 연관된 캐릭터들을 알지 못하기 때문에 극적인 수준에서의 흥미를 갖게 되지는 못한다. 그러나 이 오프닝이 흥미로운 이유는 우리에게 퍼즐을 던지기 때문이다. 우리는 대체 어디에 와 있는 것일까? 누가 이 놀이를 하고 있는 것일까? 그리고 그 이유는 무엇일까?

성공적이지 못한 많은 대본들은 지체없이 이야기를 진행시키기 위해 설명적인 대사와 갈등으로 시작한다. 이와는 반대로, 1장에서 논해진 바 있듯 성공적인 작품들은 대개 자연스럽게 관객의 호기심에 호소해 관심을 끈 다음, 호기심이 자극되고 나서야 본론을 시작한다.

오프닝의 놀이 신에 이어 테마음악과 함께 타이틀이 올라가고 앤디가 가장 좋아하는 장난감인 우디의 역할이 보인다. 이는 앤디가 즐기는 그 놀이에서뿐만 아니라 그 후에 그들이 함께 집 안을 뛰어다니는 모습에서도 표현된다. 이 활동은 오프닝 샷에서 던져진 퍼즐, 즉 그 놀이를 하고 있던 이가 누구이며 그 놀이가 어떤 장소에서 진행되고 있는가에 대한 답을 제공한다.

앤디가 우디를 아래층으로 데려오자, 텔레그래핑이 처음으로 사용된다. '생일 축하해, 앤디'라고 적혀 있는 플랜카드와 임박한 이사에 대한 대사가 데드라인을 발생시킨다. 이리하여 영화가 시작된 지 6분, 그리고 대본의 4페이지가 경과하고나서야 관객의 관심은 의문의 답을 찾는 것부터 미래에 대한 기대로 이동하기 시작한다.

타이틀의 종료(침대 위에 놓인 우디와 함께 종료됨)는 영화가 정식으로 시작되었다는 것을 표시한다. 지루하고 평범한 일상세계의 모습이 묘사되고 난 다음, 갑자기 우디가 침대 위에서 일어나 생일 파티 걱정을 하는 장면이 보이면서 마법이 시작되는 것이다. 여기서는 극적 긴장감보다는 오히려 다시 한 번 호기심이 사용된다. 우리는 생일 파티가 근심거리라는 것은 재빨리 알게 되지만 반면에 그 이유는 설명되지 않기 때문이다. 그 수수께끼(왜 생일 파티가 문제인가?)가 던져지고 난 다음에야 우리는 영화에서 처음으로 제대로 된 엑스포지션을 접하게 된다. '직원회의' 직전에 주어지는 우디의 발표에서, 매년 돌아오는 크리스마스와 생일들이 장난감들에게는 정신적인 고통거리이며 이는 그들이 새로운 장난감들에 의해 퇴출될 것을 두려워하기 때문이라는 사실이 밝혀지는 것이다. 우디의 발표는 텔레그래핑(그는 장난감들에게 이사까지 앞으로 일주일이 남았다는 것을 상기시킨다)을 포함하며, 또한 그 와중에는 상기되는 원인도 처음 사용된다. 즉 미래를 향한 감정이 포함된 예견인, 어떤 장난감도 퇴출당하지 않을 것이라는 그의 보증이 바로 그것이다.

하지만 불안감을 진정시키려는 우디의 노력에도 불구하고 계속되는 장난감들의 혼란은 이야기를 이 시퀀스 내 1막[1]의 끝이라 여겨질 수 있는 지점으로 향하게 한다. 만일 모두가 침착해질 것을 약속한다면 병사들을 투입시키겠다고 우디가 제안하는 것이다. 이제 이 시퀀스의 프로타고니스트는 우디임이 분명해지며(그는 우리와 가장 많은 시간을 함께 하는 인물이며 문제를 인지하고 회의를 소집하는 것도 그이다) 그의 욕구 또한 명확하다. 그는 장난감들을 진정시키고 싶어한다. 이런 극적 긴장감의 끈은 타이틀이 다 올라가고 5분 후에 시작되어 시퀀스의 마지막까지 암묵적인 극적 의문과 함께 흘러간다. 과연 우디는 그들을 진정시키는 데 성공할 수 있을 것인가?

이 극적 의문은 영화의 주 긴장축과는 별다른 연관이 없으며, 큰 위험이나 극한 액션, 감정을 동반하지는 않지만 영화의 첫 13분을 하나로 묶어주는 결정적인 실마리를 제공한다. 그것은 또한 직원회의 신 안에서의 갈등의 원천이며 병력 투입을 정당화하는 기능을 담당하기도 하고, 그 후에 우디가 침대 위에서 밀려 떨어진 다음의 신에서도 갈등을 제공한다. 더 나아가 여기서 장난감들을 진정시키기 위해 우디가 사용하는 논점들(아무도

...

1   시퀀스를 세 부분으로 나눴을 때 그 각 부분 역시 1막, 2막, 3막이라고 부르기로 한다.

퇴출되지 않을 것이라는 보장과, 제일 중요한 것은 장난감들이 무엇을 원하느냐가 아니라 앤디가 무엇을 원하느냐는 것)은 이 영화의 주 긴장축과 그 속에서 우디가 겪게 되는 곤경의 핵심이 되며 동시에 영화의 주제(사랑과 그것을 억지로 이루려는 집념)가 탐구되기 위한 기반으로서의 구조를 제공한다.

병력이 소집되자 극적 긴장감은 약간 이동을 하여 병사들의 목적(아래층의 파티를 정찰하는 것)과 장애물(그들은 발각되지 않아야 한다)에 집중하게 된다. 이 장애물은 병사들이 부엌 입구에서 노출되자 움직임을 멈춰야 하는 상황에서 훌륭하게 극화되며 이 영화 속 세계의 법칙에 대한 중요한 엑스포지션을 제공한다. 즉 장난감들은 인간들에게는 비밀인 생활을 영위하며 평상시에는 못 움직이는 척할 뿐이라는 내용이다. 이 법칙은 영화 전체에 아이러니에서 오는 긴장감을 불어넣으며(물론 관객에게는 그 비밀이 밝혀지지만) 영화의 3막에서 이 법칙이 깨질 때 이야기상 매우 중요한 역할을 담당한다.

병사들의 임무는 일단 성공인 것처럼 보이지만 그때 엄마가 깜짝 선물을 꺼냄으로써 위층 침실에서 엿듣고 있던 장난감들을 소스라치도록 놀라게 만든다. 이리하여 기존의 장애물에서 새로운 장애물이 파생된다. 불안해하는 장난감들 중 제일 신경 과민인 렉스가 탁자 위의 무전기를 떨구고, 그로 인해 병사들로부터의 정보가 차단되고 만다. 이는 짧은 막간의, 아이러니에서 오는 긴장감을 발생시키는데, 관객은 앤디와 그의 친구들이 위층으로 올라가는 것을 보지만 장난감들은 그 사실을 알지 못하고, 이미 이 시점에서 우리는 그들이 인간들 앞에서는 못 움직이는 척해야 한다는 법칙을 인지하고 있기 때문이다.

이 아이러니에서 오는 긴장감은 장난감들이 간발의 차로 무전기를 다시 작동시켜 아이들이 위층으로 올라오고 있는 것을 알게 되고, 그로 인해 모두 제자리로 돌아가는 소동이 일어나면서 해소된다. 앤디와 친구들은 방으로 들어와 정체를 알 수 없는 장난감을 침대 위에 올려놓은 다음 다시 재빨리 퇴장하고, 이 시퀀스는 이렇게 종료된다.

시퀀스의 긴장감(우디는 과연 장난감들을 진정시킬 수 있을까?)은 마지막 선물이 전혀 해롭지 않아 보이는 배틀쉽 게임[2]임이 밝혀지자 긍정적으로 해소된다. 긴장이 풀린 장난감들은 축제 분위기를 만끽하며 우디는 그들의 성공적인 리더임이 다시 한 번 증명되는 듯하다. 그러나 엄마가 깜짝 선물을 내놓자 이 분위기는 역전되고 돌연 시퀀스의 엔딩으로 치닫게 된다. 파티가 갑작스럽게 끝나고 정체불명의 장난감이 침대 위 우디의 자리를 대신 차지하자 이 시퀀스의 극적 의문 자체는 결국 무의미해지고 만다.

〈토이 스토리〉의 첫 번째 시퀀스는 시나리오 작법의 눈부신 성과이다. 그것은 금방 눈에 띄는 장점들(재치 있는 대사들과 흥미롭고 관심을 끄는 캐릭터들) 때문만은 절대 아니다. 할리우드에서는 재기 넘치는 대사들과 흥미로운 캐릭터들에만 치우친 엉성하기 그지없는 대본들이 어마어마하게 버려진다. 〈토이 스토리〉가 매우

...

---

2 보드게임의 일종.

특별한 이유는 첫 도입부부터 관객의 흥미를 끌기 위해 네 가지
의 중요한 기법들을 노련하게 사용한다는 점이다. 결정적인 엑
스포지션(이 이야기가 벌어질 세계의 특징과 법칙들, 주요 인물들과 그들의 관계,
그리고 일상)은 스크린 위로 비춰지는 캐릭터들의 걱정, 동경, 그리
고 반전 등에 관객이 마음을 빼앗기고 있는 동안 솜씨 있게 영화
속으로 밀반입된다. 또한 이 오프닝 시퀀스에서는 '준비'의 효과
적인 사용이 그 변형 중의 하나인 '지연'을 통해 선보인다('엑스포
지션' 참고).

오프닝 시퀀스에서 보여지는 '대조를 통한 준비'의 예는 마
지막 선물이 개봉되고 선물을 받는 행사가 끝났음에도 불구하고
어떠한 장난감도 퇴출될 위협을 받지 않게 됨으로써 벌어지는
축제의 분위기가 될 것이다. 장난감들의 희망이 이런 식으로 고

엑스포지션 - Exposition

고대 그리스에서 드라마가 태동할 시기에 '엑스포지션(관객들이 감정적으로 연극에 몰입하기 위해
필요한 캐릭터들과 그 주위의 상황에 대한 정보)'은 '프롤로그prologue'라고 불린 캐릭터에 의해 다뤄졌다.
그는 무대 위에 올라와서 이 정보를 관객에게 직접 전달하곤 했다. 그 이후로 작가들은 이러한 정보를
관객 모르게 극중에 밀반입해 도입하는 데 훨씬 숙련되어졌다. 현대의 시나리오 작가들이 이러한 정보를
취급하는 방법 중 주된 두 가지는 갈등을 갖고 있는 신('엑스포지션을 탄약처럼 사용하는')의 활용과,
관객에게 수수께끼를 던지고나서 어떤 캐릭터가 그 의문을 풀어주며 정보를 전달하게 만드는 방식이다.
<토이 스토리>의 스토리텔러들은 이 두 가지를 다 사용한다. 우디가 슬링크에게 이유는 설명하지 않고
문제가 있다고 할 때 그것은 수수께끼를 불러일으킨다. 그리고 그가 종래에 그 이유를 밝히자 격렬한
논쟁이 발생한다. 그는 장난감들에게 아무도 대체되지 않을 것이라고 안심시키는 동시에 이런 일이 매년
돌아오는 생일과 크리스마스에 반복된다는 정보를 전달하고 있는 것이다.
엑스포지션을 전달하고 있는 대사가 서브텍스트subtext, 즉 그 밑에 깔린 다른 행위(예를 들어 공격, 방어,
설득, 유혹, 장담 등)를 갖고 있는 한 관객은 엑스포지션을 전달받고 있다는 사실을 인지하지 못할 것이다.
여기에서 피해야 할 유일한 서브텍스트는 설명이다. 이는 너무 따분하고, 활기 없는 신을 가져오게 될
것이 뻔하다. 무엇보다 나쁜 것은 관객이 설명을 받고 있다는 사실을 분명히 알아챌 것이라는 점이다.

조되자마자, 앤디의 엄마가 깜짝 선물을 내놓고 그 결과, 두려움이 희망의 자리를 대체하게 된다.

지연의 효과적인 사용은 바로 그 뒤에서 나타난다. 엄마가 깜짝 선물을 준비했다는 새로운 사실이 밝혀진 후 2분 이상이 지난 뒤에야 우리는 가까스로 침대 위의 버즈를 볼 수 있게 된다. 이러는 동안 앤디의 장난감들 사이에서는 당황과 불안함이 섞인 흥분된 움직임들이 발생하며 재치 있는 앵글들의 선택이, 새로운 장난감이 무엇인지를 예측하려 하는 관객의 노력을 좌절시킨다. 이 장면은 쉽게 잘려나갈 수도 있고, 마지막 장난감은 버즈 라이트이어임을 관객과 장난감들이 금세 알게 되어도 플롯 자체는 손상을 입지 않을 것이다. 오히려 버즈가 제일 먼저 개봉된 장난감이었을 수도 있으며, 만일 그랬다면 플롯에 영향을 주지 않으면서도 상영시간을 몇 분이나 더 단축할 수 있었을 것이다. 허나 이런 식으로 관객을 애타게 함으로써 버즈의 등장이 가져오는 효과는 대단히 증폭된다.

앞에서 언급된 바 있지만, 많은 초보 시나리오 작가들이 오해하는 점들 중 하나는 어떤 정보가 제공될 때 관객과 캐릭터들이 동시에 함께 알게 해야 한다고 생각하는 것이다. 실제로, 숙련된 시나리오 작가는 어떤 정보를, 어떤 시점에서 제한해야 하고 최고치의 효과를 위해 또 언제 드러내야 하는지 알고 있다. 이런 지식은 연습, 실험, 그리고 경험을 거쳐야만 획득할 수 있으며, 영화대본을 개발할 때 이런 사항을 고려해 이야기를 가지고 실험해 보는 것은 매우 가치있는 일이다.

첫 번째 시퀀스는 또한 모티프 혹은 복선의 능숙한 사용이 두드러진다('복선' 참조). 작가에 의해 주로 넌지시 소개된('씨 뿌려진') 소품들이나 대사들, 또는 인물들의 습성은 나중에 다른 상황에서 다시 다뤄지게(거둬지게, 혹은 페이오프되게) 된다.

오프닝 시퀀스에서 소개된 모티프들은 슬링크와 체커 게임을 하는 우디의 습관, 스케치의 그림을 그리는 재주, 미세스 포테이토 헤드에 대한 미스터 포테이토 헤드의 갈망, 그리고 무서운 고함소리를 익히고 싶어하는 렉스의 욕구 등이다. 모든 모티프들은 뒤따르는 시퀀스들에서 다양한 방법으로 페이오프되고, 이것들이 얼마나 수월하게 대본 안에 녹아들어가 있는지를 보면 이 작품이 슬기로운 장인들에 의해 얼마나 다듬어지고 또 다듬어졌는가를 알 수 있다.

<hr>

준비 - Preparation

관객의 영화 감상의 경험치를 크게 증대시킬 수 있는 매우 중요한 기법인 '준비의 신scene of preparation'은 관객에게 기대의 감정(주로 희망과 두려움)을 일으킬 수 있도록 특수하게 고안되며 나중에 기대대로 페이오프될 수도 있고(우리는 매우 무서운 일이 일어날 것이라고 예상하고 결국 그렇게 된다) 정반대로 페이오프될 수도 있다(우리는 매우 끔찍한 일이 일어날 것이라고 예상하지만 대신 뭔가 멋진 일이 일어난다거나, 그 반대의 경우도 가능하다. 이것은 전형적인 '반전reversal'이다). 이런 신들은 플롯에 아무런 영향도 끼치지 않고 완전히 삭제될 수 있는 것이지만 영화가 전달하는 감정적 임팩트를 매우 크게 향상시킨다. '지연retardation'은 미리 약속된 사건(어떤 캐릭터의 도착이나 특정한 정보를 폭로할 예정 따위)을 관객에게 알리고, 그 다음에는 일부러 그것을 기다리게 하여 기대감이 점차 증가되게 만드는 기법이다. 맑스 브라더스의 영화 <애니멀 크래커스Animal Crackers>를 보면 스팔딩 선장의 예정된 도착이, 그가 나타나기 전까지 흥분된 토론과 화려한 노래 두 곡의 주제를 제공한다. 하지만 이 준비 자체는 정반대로 페이오프된다. 왜냐하면 그는 도착하자마자 자기가 떠날 것임을 사람들에게 알리기 때문이다.

<hr>

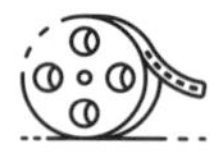

시퀀스 B
: 폼나게 추락하기

두 번째 시퀀스는 6분으로 그 길이가 짧으며, 또 한 번 극적 긴장감을 사용해 통합을 시도한다. 즉 버즈보다 자신이 우위라는 우디의 주장으로 인한 이전까진 존재하지 않았던 논쟁점이 떠오르는 것이 바로 그것이다.

아이들이 서둘러 방을 나가자 장난감들은 숨어 있던 곳에서 나와 경외어린 시선으로 침대 위를 바라본다. 우디는 침대 밑에서 고개를 내밀고, 그걸 본 장난감들은 우디가 퇴출되었다고 (그것은 사실 우디가 침대 위에서 밀쳐졌을 때 일어난 일 그대로다) 생각한다. 한편 우디는 아무렇지도 않다는 듯 침대 위로 올라가서 버즈에게 인사를 청한다.

버즈의 등장은 영화의 개시점을 구성한다. 오프닝 시퀀스의 안정적이었던 세계는 이제 그 안정을 해칠 가능성이 있는 새로운 요소를 맞이한 것이다. 영화가 전체적으로 무엇에 관한 것인지는 이 시점에서는 아직 확실하지 않지만, 버즈의 등장 자체가 캐릭터들이 정상적 상태 혹은 안정성을 되찾기 위해 맞서야 하는 문제라는 것은 명백해진다.

두 번째 시퀀스가 약 2분 30초 경과한 지점에서 우디는 버즈에게 뭔가 오해가 있다고 밝힌다. 즉 버즈가 차지한 침대 위의 장소는 원래 자신의 것이라고 주장하는 것인데, 바로 이 순간이 이 시퀀스 내 1막의 종료를 표시한다. 우디는 다시 한 번 시퀀스의 프로타고니스트 역할을 하며 그의 목적은 장난감들 위에 군림하는 자신의 위치를 향한 버즈의 위협을 제거하는 것이다. 이 시퀀스의 남은 분량동안 그는 처음에는 단순한 논의를 통해 목적을 달성하려 하지만, 다른 장난감들이 버즈의 기술적 특질들에 점점 관심을 갖자 급기야 버즈를 격렬히 비난하고 버즈가 날 수 없다는 조롱 섞인 주장을 하기에 이른다. 그러나 곧바로 버즈가 방 안에서 성공적인 '비행'을 하는 장면이 뒤따른다.

버즈의 비행(이는 매우 중요한 복선을 심는 역할을 한다)과 그 뒤에 이은 보 핍의 대사, 즉 "이제 내 이사 친구를 찾은 거 같네."는 두 번째 시퀀스의 긴장감의 해소를 가져온다. 그러나 그것은 결국 부정적인 방향인 것으로 밝혀진다. 가장 높이 평가되는 장난감으로서의 자신의 위치를 지키려던 우디의 노력은 결국 실패하기 때문이다. 이 시퀀스는 우디의 선언으로 끝을 맺는데, 이는 상기되는 원인의 전형적인 예 중 하나인 대사고리이다. "두고 보자. 며칠 안 가 모든 게 다시 원래대로 될 거야. 앤디가 제일 좋아하는 장난감은 아직 나라구." 이 선언은 영화 1막의 마지막을 표시한다. 중요한 내용인 만큼 프로타고니스트의 클로즈업을 통해 전달되는데, 이는 통상 1막의 끝부분에서 종종 일어나는 일이다.

이제 극적인 위기상황에 필요한 요소들은 모두 소개되었다. 우리는 이것이 누구의 이야기인지 알고(우디), 그가 무엇을 원하는지 알고 있으며(우디는 앤디가 제일 좋아하는 장난감의 위치를 되찾고 싶어한다), 그리고 우리는 무엇이 장애물이 될 지도 알고 있다(버즈가 바로 장애물이다). 이리하여 극적 의문이 제기된다. '과연 우디는 앤디에게 가장 사랑받는 장난감의 위치를 다시 되찾을 수 있을까?' 그리고 이에 따라 영화의 주 긴장축이 시작된다. 관객의 희망과 두려움은 우디가 자신의 목적을 이루는 과정에서 갖게 될 희망과 두려움에 묶여 함께 가게 될 것이다.

영화에서의 3막 구조를 논의할 때는 연극의 경우와는 달리 막의 종료를 알리는 커튼이 없다는 사실에 주목할 만하다. 그러나 어떤 영화들은 커튼 역할을 하는 것들을 보유하고 있는데 〈토이 스토리〉도 그중 하나이다. 그것은 바로 자기가 아직 앤디가 제일 좋아하는 장난감이라는 우디의 선언 뒤에 따르는(그러나 실제로 그 선언과는 모순되는) 음악 몽타주이다. 이 음악 몽타주는 오프닝 시퀀스에서 심어진 몇 개의 모티프들을 페이오프한다. 스케치의 그림 실력, 더 효과적인 고함소리를 갖고 싶어하는 렉스의 욕구, 우디와 슬링크의 체커 게임이 그것이다. 이 모든 페이오프들은 직접적이거나 간접적으로 장난감들 사이에서의 우디의 위치를 위협한다.

시퀀스 C
: 한 방 맞은 버즈

시퀀스 B와 마찬가지로, 이 세 번째 시퀀스 또한 비교적 짧은데, 음악 몽타주를 포함해 9분 남짓한 길이이다. 그 몽타주는 이 시퀀스 1막의 부분적인 기능을 담당한다. 즉 이 시퀀스의 극적 긴장감을 설정하기 위한 정보들을 관객에게 제공하며 이때 그 정보는 우디가 사실상 앤디와 장난감들의 인기 순위에서 버즈에게 밀려버렸다는 사실이다.

이 몽타주는 중요한 복선의 '씨뿌리기'와 함께 끝이 난다. 그것은 버즈가 다른 장난감들에게 자신의 발 밑창에 앤디가 자기 이름을 적어 놓았다는 것("그것도 지워지지 않는 잉크로!")을 보여주는 대목이다. 이는 앤디가 버즈를 인정했다는 것을 시각적으로 확인시켜 준다. 이에 대한 우디의 민감한 반응은 장난감들 사이에서 정상으로 군림했던 자기 위치를 되찾기 위한 그의 첫 시도를 유발한다. 즉 대화를 통한 버즈와의 대립이다. 우디의 이 시도는 이 시퀀스 내 1막의 종료를 표시한다. 시퀀스의 프로타고니스트는 우디이며 그의 욕구는 자신의 주도권을 위협하는 버즈를 제거하는 것이다. 그리고 장애물도 매우 명백하다. 앤디와 장난감들 사이에서 떠오른 버즈의 인기이다. 따라서 극적 의문이 제기된다. 우디는 과연 위협적인 존재인 버즈를 제거할 수 있을까?

　　이 경우, 시퀀스의 긴장감과 영화 전체의 주 긴장축이 일치하는데 이는 시퀀스 C에서는 종종 볼 수 있는 상황이다, 왜냐하면 시퀀스 C는 주 긴장축이 설정되고 난 후 곧바로 이어지는 시퀀스이기 때문이다. 따라서 새로운 목표로 무장하게 된 프로타고니스트는 그것을 제일 빠르고도 수월하게 해결하고자 한다. 이 첫 시도에 의해 발생하는 사건의 분규들은 나중에 뒤따를 시퀀스들에서의 긴장감들을 만드는데, 그것들은 그때그때의 필요에 따라 주 긴장축과 일치하지 않을 수도 있다. 우디의 말싸움은 육체적인 대결로까지 비화될 뻔 하지만 그것은 장난감들을 폭력적으로 다루는, 정서가 불안한 옆집아이 시드의 등장으로 인해 방해를 받는다. 장난감들이 모두 지켜보는 가운데 시드가 행하는 컴뱃 칼의 처형 장면은 모든 장난감들에 대한 그의 위협을 극화시키는 동시에 그가 자신의 목적을 위해 폭약을 사용한다는 복선을 심어놓는다.

　　이 신은 텔레그래핑과 함께 마무리된다. 장난감들 중 하나가 얼마 안 있어 이사를 하게 되는 것에 대해 감사를 표하는 것이다. 저녁시간으로의 디졸브 후, 엄마가 앤디를 피자 플래닛에 데려갈 것을 제안하자 더 많은 텔레그래핑이 생겨나며, 이는 관객에게 이야기가 어느 방향으로 향하고 있는지 정확히 설명해준다. 앤디는 단 한 개의 장난감만을 가져갈 수 있기 때문에 우디는 자기가 선택받기를 바라면서도 그렇게 되지 못할까봐 두려워한다. 이것은 또 하나의 상기되는 원인이다. 직접적인 대립을 통해 버즈를 타도하려 했던 첫 시도가 실패로 돌아갔기 때문에 이번에 우디는 다른 시도를 한다. 바로 속임수이다. 그의 책략(버즈로 하여금 책상 뒤로 떨어진 장난감을 구하게 만드는 것)은 버즈를 창밖으로 날려보내는 예상 밖의 결과를 가져온다. 이리하여 세 번째 시퀀스의 긴장 해소가 가까워오며 이는 우디의 입장에서 보면 역시 부정적이다. 그는 앤디의 애정의 경쟁자인 버즈를 제거하긴 하지만 동료 장난감들에게 살인자로 낙인찍혀 미움을 받고 집단에서 버림을 받게 되기 때문이다.

시퀀스의 마지막에서는 스케치가 교수대의 밧줄을 그리는 것으로 그의 그림 실력이 다시 한 번 페이오프되며, 이렇게 시퀀스 C는 상기되는 원인과 함께 마무리된다. 이 경우는 바로 위협에 해당한다.

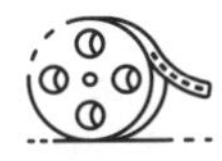

시퀀스 D
: 피자 플래닛의 경품 세트

네 번째 시퀀스는 약 10분 남짓이며 버즈가 집의 차 위로 기어오르는 것으로 시작한다. 잠시 후 앤디, 엄마, 우디 그리고 버즈를 태운 차는 큰 주유소로 이동을 하고, 여기에서 짧게나마 아이러니에서 오는 긴장감이 발생하는데, 버즈가 차에 타고 있다는 사실을 관객은 알지만 우디는 그렇지 못하기 때문이다. 한편 이 아이러니는 버즈가 선루프 위에서 우디를 향해 뛰어내림으로써 재빨리 해소된다.

네 번째 시퀀스가 1분 조금 넘게 경과된 이 시점에서, 시퀀스 D의 1막이 다음과 같이 종료된다. 버즈를 발견한 우디가 자신의 목적을 밝히는 것이다. "잘 됐어! 앤디가 널 발견할 거고, 그 아이가 우리를 방으로 다시 데려갔을 때 네가 거기서 모든 게 다 오해였다는 걸 설명하면 돼!" 우디는 또 다시 이 시퀀스의 프로타고니스트이다. 그리고 그의 목적은 자신의 결백을 증명하기 위해 버즈를 집에 데려가는 것이다. 따라서 극적 의문은 다음과 같다. '과연 우디는 버즈를 데리고 집에 돌아갈 수 있을까?' 영화 전체를 관통하는 우디의 전반적인 목적은 그대로 유지된다. 즉, 앤디와 장난감들에게 사랑과 존경을 받던 자신의 위치를 되찾는 것이다. 그러나 이 시퀀스 내에서의 그의 특정한 목적은 훨씬 제한적이다. 그는 일단 버즈를 집에 데려가야 하는 것이다. 그리고 여기서의 주된 장애물은 자신을 창밖으로 떨어뜨린 우디를 향한 버즈의 분노이다. 자신의 목적을 밝힘과 동시에 우디는 이야기의 미래를 텔레그래핑하고 있기도 한데, 이 경우 그것이 '가짜' 텔레그래핑이었다는 것은 나중에 밝혀진다. 여기에서 밝혀진 그의 희망사항들이 뒤따르는 상황들에 의해 방해되기 때문이다. 그럼에도 불구하고 이것은 기대감(관객의 관심을 미래로 향하게 하는)을 일으키는 역할을 수행한다.

이 중요한 부분에서, 작가들의 노련한 솜씨가 다시 한 번 보여진다. 그들은 이야기를 교묘히 조정해 프로타고니스트와 안타고니스트를 함께 얽매이게끔 만든 것이다. 따라서 프로타고니스트는 안타고니스트(이 세상에서 자신이 제일 싫어하는 자)를 자신과 협력하게 만들어야 하는 어려운 위치에 놓이게 된 것이다. 이러한 배치는 우연이 아니며 이런 스토리텔링상의 선택에 따라 대본은 성공이나 실패를 할 수 있다. 예를 들어, 〈모퉁이 가게〉(3장 참조)에서는 프로타고니스트와 안타고니스트가 같은 가게에서 함께 일해야 하기 때문에 가깝고도 일정한 범위 안에 밀어넣어진다. 반면 1998년의 리메이크작인 〈유브 갓 메일〉에서 작가들은 그들을 상호 분리된 두 개의 라이벌 회사에 배치해 놓았으며 그 결과, 드라마나 코미디 양 측면에서 모두 강렬함이 희석된, 오리지널보다 못한 리메이크가 돼버렸다.

우디가 자신의 계획을 설명하지만 버즈는 협력을 거부하고, 얼마 안 있어 주먹다짐이 이어진다. 이것은 또 하나의 더욱 심각한 문제로 이어진다. 앤디가 출발해버림으로써 우디와 버

요약의 신 - Recapitulation Scenes

영화들은 가차 없을 정도로 앞으로만 진행하는 경향이 있다. 따라서 놓친 부분이 있어도 시청자가 뒤로 돌아가 그 장면을 다시 볼 것이라고는 기대하기 힘들다. 그것을 가능하게 하는 DVD나 비디오의 보급에도 불구하고 말이다. 영화를 만드는 이들은 내러티브 극영화의 초기 시절부터 이 문제를 다뤄왔는데, 그것은 중요한 정보를 신중하게 반복하는 방법을 통해서였다. 간혹 중요한 정보와 미래에 올 액션을 셋업하기 위해 아예 신 하나가 온전히 사용되는 경우가 있는데 이것을 '요약의 신'이라고 부른다. 전형적으로, 이런 신에서는 하나 혹은 다수의 캐릭터가 지금까지의 스토리가 어떻게 진행되어 왔는지 간결하게 되돌아보며, 그것은 보통 다음 행보를 어떻게 가져가야 할 것인가를 생각해내려는 노력 중에 일어난다. 따라서 이것은 복습과 함께 미래에 대한 기대감을 일으키기 위해 기능한다. 이런 신들은 미스터리나 스릴러에서 흔히 볼 수 있는데, 그것은 그런 장르의 극들이 복잡한 플롯을 갖고 있으며 관객을 혼란하게 하는 비틀기와 반전들을 수반하고 있기 때문이다.

즈는 미아가 돼버리기 때문이다. 우디의 목적은 그 전과 변함이 없다. 버즈를 집으로 데려가려는 것이다. 그러나 이번엔 훨씬 더 어려운 장애물이 모습을 드러낸 것이다. 잠시 후 도착한 연료 트럭이 우디를 거의 압사시킬 뻔하고나서 버즈와 우디는 다시 대립을 재개하는데, 이는 전형적인 요약의 신('요약의 신' 참조)이다. 우디가 버즈에게 지금은 말 그대로 당황해야 할 시점이라며, "나는 길을 잃었지, 앤디는 사라졌지, 게다가 그들은 이틀 안에 이사할 거란 말이야…"라고 얘기함과 동시에 영화를 추진시키는 중요한 요소들이 명확하고도 힘있게 재차 서술된다.

그들의 대립에 이어 대조를 통한 준비의 신이 뒤따른다. 둘

간접적 접근법 - Indirection

이 극적 기법에는 두 종류가 있다. 시각으로 이뤄진 것과 대사로 이뤄진 것이다. 간접화법의 활용은 작가가 '너무 솔직한' 대사(캐릭터가 자신이 뜻하는 바를 너무나 직접적인 말투로 표현하는 것)를 쓰는 것을 피할 수 있게 해 주는 수단이다. 솔직한 대사는 따분한 것은 차치하고라도 비현실으로 보이는 경우가 많다. 왜냐하면 사람들이 감정을 표현하는 방식은 실제로는 훨씬 복잡하기 때문이다.

'간접적 접근법'은 초고에서보다 재고에서 사용하기 더 수월한 또 다른 기법이다. 대사가 너무 직접적인 신과 마주했을 때 작가들이 할 수 있는 유용한 훈련법은 반대를 시도해 보는 것이다. 즉 화가 난 캐릭터가 감정을 표현할 때 그냥 평범하게 화난 모습을 드러내는 것보다 빈정대거나 희롱하는 태도를 가질 수도 있지 않을까 생각해 보는 것이다.

간접적 접근법은 신 안에서 캐릭터들의 필요에 의해 생겨날 수도 있다. <토이 스토리>에서 주유소에 버려진 우디는 버즈에게 그의 고향 별로 돌아가기 위한 계획을 설명하며 그러기 위해선 배달 트럭 위에 올라타야 한다고 얘기한다. 하지만 관객은 사실은 그가 버즈를 앤디의 집으로 데려가려는 비밀 작전을 간접적으로 묘사하고 있다는 사실을 깨닫는다.

또 다른 유형의 간접적 접근(시각적인 것)은 사건들을 보여주기보다 암시하는 것이다. 이것은 그 사건의 영상보다는 소리를 들려주는 것이라든지, 행위 자체보다는 그것에 대한 반응을 보여주는 것 등을 뜻한다. 이에 대한 효과적인 예는 <토이 스토리>의 시퀀스 C에서 시드가 컴뱃 칼을 폭파시키는 장면에서 찾아 볼 수 있다. 화약이 터지는 순간 비춰지는 영상은 컴뱃 칼이 아니라 그걸 창가에서 지켜보고 있는 장난감들이다. 폭발음이 들리고 카메라가 흔들리며 파편이 날리면서 장난감들이 이리저리 넘어지지만 결국 우리는 폭발 자체는 보지 못하는 것이다.

이 결국 각자 다른 길을 떠남으로써 모든 희망이 끝났다고 우리가 믿게 만드는 것이다. 이 시점에서 우디는 피자 플래닛의 배달 트럭을 발견하는데, 이로부터 반전이 일어난다. 우디가 버즈를 협력시킬 수 있는 방법을 생각해내어 절망이 희망으로 바뀌는 것이다. 피자 플래닛의 트럭에 올라타도록 버즈를 유혹하는 우디의 노력에서 우리는 다시 한 번 텔레그래핑의 예를 엿볼 수 있다. 그것은 바로 우디가 트럭의 경로를 설명하는 부분이다("트럭이 우선 우리를 급유 스테이션으로 데려간 뒤에 그 다음 집까지 데려다 줄 거야."). 이 대사는 간접적 접근의 예이기도 하다('간접적 접근법' 참조).

피자 플래닛의 트럭을 타기 직전, 버즈는 우디에게 안전장치가 없으니 뒤쪽에 타지 말라고 경고한다. 이 상기되는 원인은 피자 플래닛으로 향하는 과정에서 우디가 겪는 짧지만 고통스러운 여정을 통해 그 결과가 드러난다.

그들이 목적지에 도착하고 난 뒤에는 또 하나의 대조를 통한 준비의 신이 시작되는데, 이번에는 관객의 희망을 고조시키는 동시에 관객을 영화의 첫 번째 극점으로 인도한다. 우디와 버즈는 피자 플래닛 안으로 숨어 들어가는 데 성공하고 앤디와 가까운 위치를 확보한다. 여기에서 관객은 영화의 결말에 대한 명확한 느낌을 갖게 된다. 우디와 버즈가 안전하게 집에 돌아가고, 우디는 장난감들과의 오해를 풀 것이라는 긍정적인 결말이다. 그러나 희망이 최고조에 달했을 때(앤디 여동생의 유모차가 둘에게 다가왔을 때) 버즈는 방 건너편에 있는 또 다른 흥미거리 때문에 사라진다. 이로 인해 우리는 이 시퀀스의 부정적 결말에 도달한다.

버즈는 장난감 외계인이 가득 들어차 있는 인형뽑기 기계 안에 들어간다. 이 때문에 우디는 집으로 갈 수 있는 확실한 기회를 버리고 어쩔 수 없이 버즈를 구하러 간다. 그리고 최악의 상황에서 옆집 아이 시드(이전 시퀀스에서 솜씨있게 소개되었던)가 나타나 우디와 버즈를 둘 다 경품으로 획득한다.

따라서 이 시퀀스의 극적 의문의 해답이 제공된다. 즉 우디는 자신에 대한 오해를 풀기 위해 버즈를 집에 데려가는 데 실패한 것이다. 그리고 시퀀스 C에서처럼 자신의 근원적인 문제(동료들 사이에서 자신의 위치를 되찾기 위한)를 해결하기 위해 노력하던 우디는 또 다른 문제점들과 직면하게 되고, 그 문제점들은 더 커다란 어려움을 가져온다. 이 시퀀스에서 특히 주목해야 할 지점은 작가들이 관객에게 정보(스토리상에서 우리가 어느 지점에 와 있는지, 방금 일어난 일이 어떠한 상황이며 그것이 무엇을 뜻하는지, 미래에 대한 캐릭터들의 계획과 이에 대한 그들의 희망과 두려움 등)를 전달하기 위해 얼마나 노력하는가이다. 이러한 지점들을 고려하는 데 실패하는 작가들은 관객들을 길을 잃고 혼란에 빠지게 하며 이야기에 쏟는 집중력까지 잃게 만든다.

이 시퀀스는 시드가 시퀀스 E로 연결시키는 대사고리를 지껄이면서 끝이 난다. "우리 집에 같이 가서… 놀자구."

시퀀스 E
: 폼 구기며 추락하기

다섯 번째 시퀀스는 상기되는 원인과 함께 시작한다. 그것은 우디가 버즈와 외계인 장난감에게 던지는 경고이다. "너희는 왜 이렇게 말을 못 알아먹는 거야? 시드의 집에 들어가면 우린 다시는 나올 수 없다고!" 이는 미래에 대한 명백한 예상이며 준비의 신(시드의 집에 대한 공포감의 조장)에 기여하는데, 이는 음산한 음악으로 시작해 시드가 탐욕스런 자기 개에게 외계인 장난감을 던져줌으로써 더욱 발전한다.

시드의 방에 도착한 우디와 버즈는 시드가 자기 여동생 해나의 인형에게 '더블 바이패스 뇌 이식수술'을 시술하는 것을 지켜본다. 이 수술은 중요한 복선이며 이후 두 번이나 중요하게 페이오프 된다.

잠시 후 시드가 방을 나가면 우리는 셋업 또는 시퀀스 E 1막 종결부에 도달하는데, 약 9분 30초짜리 시퀀스가 3분 정도 경과한 이 지점에서 우디는 버즈에게 이렇게 얘기한다. "여기 계속 있다가는 죽을 거야. 난 나갈 거라고." 우디는 또 다시 시퀀스의 프로타고니스트이며 그의 목적은 시드의 집에서 버즈와 함께 탈출하는 것이다. 그 전과 마찬가지로 이것은 결국 우디의 최종적인 목표(장난감들 사이에서 정상의 위치를 되찾는 것)를 얻기 위한 것이

긴 하지만 동시에 또 다른 긴장감이면서 큰 목표를 향해 가는 도중 거쳐야 할 구체적이면서도 작은 임무이다.

이후 우디와 버즈는 몇 번의 탈출을 시도하지만 그때마다 새로운 장애물이 그들을 방해한다. 문은 잠겨 있고, 방 안에는 무섭고 기형적으로 생긴(언뜻 보기에 식인종처럼 보이는) 장난감들이 거주하고 있으며, 스커드라는 이름의 개 또한 그들의 탈출을 가로막는다. 그들이 이 장애물들과 하나씩 싸워가는 와중에 앤디의 방으로 장면 전환이 일어난다. 그곳에서 우디가 실종되었다는 소식을 듣게 된 다른 장난감들은 그것을 그의 죄책감의 발로라고 못박는다. 이 장면전환은 주인공들이 시드의 집에서 탈출하기 위해 좀 더 지엽적인 문제를 해결하는 와중에도 관객에게 우디의 최종 목적을 상기하는 역할을 한다.

캐릭터 아크 1 - Character Arc 1

이 개념은 캐릭터가 '원하는 것'과 '필요로 하는 것'을 대비시키고 이 두 가지의 관계가 이야기 진행에 따라 어떻게 전개되는지를 뜻한다. 이 패러다임은 다음과 같이 진행된다. 2막이 시작될 때 캐릭터는 의식적인 욕구(우디는 장난감 무리들의 리더 자리로 복귀하고 싶어한다)와 무의식적인 욕구(우디는 억지로 앤디의 사랑을 받을 수는 없다는 것을 깨달아야 한다. 즉, 그는 그 그룹 안에서의 자기의 위치를 그것이 어디이던 간에 받아들어야만 한다)를 갖게 된다. 그리고 자신의 욕구를 추구해 가는 동안 그는 비로소 자신에게 필요한 것을 깨닫고 원하는 것을 포기할 만큼 충분히 고생을 겪는다. 이 탈바꿈의 과정이 바로 '캐릭터 아크'이다. <토이 스토리>에서는 우디, 버즈, 시드, 이 세 캐릭터가 매우 두드러진 변화를 겪게 되며, 몇몇 보조 캐릭터들도 작은 변화를 갖는다.

작가가 캐릭터 아크에 대해 고민할 때 주의할 지점은 자신이 짠 계획에 맞춰 캐릭터들에게 변화를 강요하고픈 유혹이다. 그것은 결국 피상적인 캐릭터들과 뻔히 예측이 가능한 결과를 가져오게 된다. 이것에 대한 최선의 대비책은 캐릭터에게 상당히 힘든 노력을 요하는 스토리를 개발해 그런 변화를 하지 않을 수 없게 만드는 것이다.

프로타고니스트의 캐릭터 아크는 영화의 주제 자체를 정의내리는 경우가 많으며, 그것은 통상 캐릭터가 자신의 변화를 경험하고 나서야 깨닫는 진실 속에 들어 있다.

스커드에게서 도망을 치던 중에 우디와 버즈는 갈라지고 버즈는 잠시 몸을 숨긴 방 안의 텔레비전에서 버즈 라이트이어 인형의 광고를 보게 된다. 이는 중요한 극점 중 하나로 이어진다. 그것은 바로 버즈의 '캐릭터 아크character arc'상에서의 전환점이다('캐릭터 아크 1' 참조). 처음부터 자신이 단순한 장난감이 아니라 진짜 슈퍼 히어로라는 착각 속에서 지내온 버즈는 우연찮게 이 텔레비전 광고를 목격하면서 각성하게 되고, 이 각성의 느낌은 창문을 통해 날아가려는 그의 시도가 실패하면서 더욱 강화된다(이는 두 번째 시퀀스에서 보인 그의 '비행'에 대한 첫 페이오프다).

비행 시도가 실패한 뒤 버즈는 해나에게 수거되며 이와 동시에 시퀀스가 마무리된다. 우디의 목적(시드의 집에서 버즈와 함께 탈출하려는)은 부정적으로 해소되었다. 탈출과는 오히려 더 멀어져, 우디는 숨어있는 처지가 되고 버즈는 갑작스레 직면하게 된 현실에 큰 충격을 받는다.

이렇듯 미몽에서 깨어나게 되는 버즈의 경험은 주목할 만하다. 그 이유는 영화의 분위기와 톤에 중대한 변화를 가져오기 때문이다. 버즈의 깨달음과 그로 인해 취하는 그의 행동들(음악으로 한층 더 강조되는)은 우리를 코미디에서 빠져나와 한 발 물러설 수 있게 해 준다. 우울한 장면만 계속된다면 타격을 입기 때문에 드라마에서 '코믹 릴리프'의 순간을 활용하는 것과 마찬가지로, 코미디 또한 계속해서 웃기기만 한다면 관객들이 지칠 수 있다는 이유로 이러한 '드라마틱 릴리프'의 장면들이 필요한 것이다.

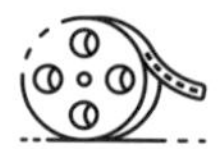

시퀀스 F
: 더 빅 원

여섯 번째 시퀀스는 11분 남짓한 길이이며 바로 전의 시퀀스와 비교할 때 긴장감에 있어 미묘하면서도 중대한 변화가 일어난다. 프로타고니스트의 주된 목적은 그대로 유지된다. 우디는 버즈를 데리고 시드의 집에서 도망치길 원한다. 그러나 이 시퀀스에서 우디는 새롭고도 심각한 장애물을 맞이한다. 환상에서 깨어난 버즈가 탈출에 대해 흥미를 잃은 것이다. 따라서 이 시퀀스의 극적 의문은 다음과 같이 변한다. 과연 우디는 버즈와 함께 시드의 집에서 탈출하기 위해 비협조적인 버즈의 태도를 극복할 수 있을까? 이 긴장감은 시퀀스 E에서는 존재하지 않았던 새로운 것이다.

이 시퀀스는 옷장에서 빠져나온 우디가 해나의 목 없는 인형들(시드의 '더블 바이패스 뇌 이식 수술'의 페이오프)과 함께 다과회에 앉아 있는 버즈를 발견하는 장면에서 시작된다. 우디는 버즈를 구하기 위해 속임수를 써서 해나를 방에서 나가게 하고 그러자마자 이 새로운 문제(만사에 흥미를 잃은 버즈의 태도)가 모습을 드러낸다. 시퀀스 F의 1막은 2분이 경과된 지점에서 이렇게 종료된다. 이 새로운 문제를 타개하기 위해 우디는 우선 몸통에서 떨어진 버즈의 팔로 그를 한 방 먹여 정신을 차리게 한 다음 시드의 방으로 이끈다. 그곳에서는 마치 탈출을 약속하듯 열린 창문이 그들을 기다리고 있다. 우디는 크리스마스 전구들이 달린 전선을 마당 건너편, 앤디의 장난감들이 있는 곳으로 던지는 데 성공하고, 이로써 우리는 결말에 대한 또 다른 가능성을 엿보게 된다. 탈출이 너무나 쉽게 성공할 것 같기 때문이다.

그러나 협조를 거부하는 버즈는 우디의 필사적인 부탁들을 외면한다. 그리고 그 결과, 앤디의 장난감들은 우디를 퇴짜 놓는다. 이 과정에서 관객의 기대는 희망에서 두려움으로 변하는데, 이는 반전의 전형적인 예이다('반전' 참조). 앤디의 장난감들이 우디를 버리고 난 후 얼마 안 있어 시드가 새롭고 더욱 강력한 폭발물(바로 전의 시퀀스에서 미리 기대감이 형성되어졌던)을 갖고 방으로 들어오면서 상황은 급격히 악화된다. 우디는 재빠르게 숨는 데 성공하지만 버즈는 도망치는 것을 거부하여 시드에게 희생자로 선택된다.

때맞춰 불어오는 폭풍우(이 작품에서 보기 드물게 프로타고니스트를 돕는 우연 중 하나)가 예정된 폭파행사를 지연시키고 이에 시드는 자명종을 맞추며 데드라인을 설정한다. "내일의 일기예보는? 맑음입니다." 여기서 폭풍우의 선택은 주목할 만한 점이다. 어둡고 비바람이 치는 분위기는 캐릭터들이(관객들도 마찬가지로) 곧 느끼게 될 절망적인 감정을 고조시킨다.

이 시퀀스의 3막은 시드가 잠든 후 버즈는 테이프로 로켓에 묶여 있고 우디는 우유 상자 속에 갇힌 상태로 시작된다. 여기서 우디는 버즈에게 마지막으로 도와달라고 요청한다. "네가 여기서 날 나가게 도와주면 우린 같이 도망칠 수 있다고!" 그러나 버즈는 또다시 협력을 거부하고, 결국 모든 것을 포기한 우디는 버즈에게 자기는 잊고 혼자라도 도망치라고 종용한다. 아울러 앤디에게 사랑받지 못하는 것에 대한 자신의 두려움과 그것의 덧없음을 처음으로 고백한다.

우리는 이 지점에서 영화의 두 번째 또는 주 극점인 2막의 마지막에 도달하는데, 바로 여기에서 주 긴장축('우디는 과연 앤디가 가장 아끼는 장난감으로서의 위치를 되찾을 수 있을 까?')이 해소된다. 이는 앤디가 우디를 받아들이거나 거부했기 때문이 아니라 우디가 자신의 목표를 포기했기 때문이다. 최악의 비참한 상황(모든 희망이 사라진 것 같은 상태)에 처한 우디는 괴로운 각성을 맞이하게 된다. 이는 억지로 앤디가 자신을 사랑하게 만들 수 없다는 것과, 그렇게 만들기 위해 자신이 지금까지 기울여 왔던 모든 노력들(이런 그의 행동들이 이야기를 구성하는 재난들을 초래했지만)이 헛된 것이었다는 깨달음이다. 이 지점에서 프로타고니스트의 욕구(앤디가 제일 좋아하는 장난감으로서의 위치를 되찾는 것)와 그의 필요(앤디의 사랑을 강요할 수 없다는 사실과, 깨달음을 얻는 길은 그것을 받아들임에 있다는 것) 사이의 불일치가 해소되고 이로 인해 영화의 주제, 즉 영화가 탐구하고 표현하려는 기본적인 진실이 뚜렷해진다.

이 절망의 순간에, 스페이스 레인저보다 장난감이 되는 것이 얼마나 더 나은가에 대한 우디의 얘기를 들으면서 버즈는 앤디의 이름이 적혀 있는 자신의 발 밑창을 들여다본다. 이것은 희망에 대한 약간의 암시이다. 이 시각적인 페이오프는 3막에서 이어질 긴장감의 주된 변화를 셋업한다.

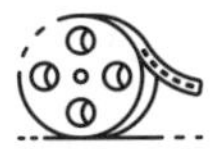

시퀀스 G
: "장난감들이 살아 있어!"

폭풍우가 그치고 새벽이 찾아오는 기상적인 지점들은 3막의 시작과 함께 분위기의 변화를 강조하기 위한 요소들이다. 우디는 계속 자포자기 상태이지만 이번에는 새로 기운을 차린 버즈가 구조 노력을 시작한다. 이는 바로 전 시퀀스의 상기되는 원인(우디의 도움 요청)에 대한 답이다. 버즈는 그의 동참을 또 하나의 상기되는 원인을 이용해 선언한다. "기운 내자고, 보안관. 저쪽 집에는 우리를 필요로 하는 아이가 있잖아." 버즈가 우디를 꺼내주기 위해 우유상자를 밀고 있는 와중에도, 이웃 앤디의 집에는 이삿짐센터 트럭이 도착해 얼마 남지 않은 데드라인을 관객에게 상기시킨다. 한편 이전의 신들에서 심한 대립을 지속했던 두 캐릭터가 갑자기 손을 잡으면서 영화에는 대단한 감정적 파동이 일어난다.

그러나 우디가 우유상자에서 탈출하자마자 새 문제가 출현한다. 구출과정에서 발생한 소음 때문에 시드가 거의 깨어날 뻔한 것이다. 대조를 통한 준비의 재빠른 예로, 시드는 다시 잠에 들고 우디와 버즈는 안도의 한숨을 쉬지만, 그때 자명종 시계가 울려서 결국 시드는 잠에서 깨어난다. 버즈가 아래층에서의 로켓 발사를 위해 시드에게 잡혀가 버리자, 우디는 시드의 장난감들에게 도와줄 것을 요청하고, 또 하나의 상기되는 원인("우리는 몇 가지 규칙을 어겨야 할지도 모르지만…")과 함께 시퀀스 G 내 1막의 종결점에 도달하게 된다. 시퀀스 자체의 긴장감은 이 지점에서 이미 진행되고 있다. 우디는 과연 시드에 의해 폭파될 위험에 처한 버즈를 구해낼 수 있을까?

낙심한 앤디가 자신이 제일 아끼는 장난감 두 개를 찾지 못한 채 집을 나서는 모습을 보여주는 장면 전환은, 코앞에 닥친 버즈의 죽음 뒤에 배경으로 깔린 이사의 데드라인을 다시 상기시키는 동시에 우디가 목적을 달성하지 못할 경우의 위태로운 느낌을 강조한다.

이 장면 전환은 나중에 시드의 장난감들과 작전 회의를 하는 우디에게로 되돌아왔을 때 작가들이 관객에게 자신들의 계획이 정확히 어떤 것인지 숨길 수 있게 해 준다. 이 경우, 작가들은 아이러니보다는 미스터리를 택한 것이다. 여기에서 가능한 또 다른 선택은 이 작전을 관객에게 세세히 알린 다음, 그 실행 자체에서 긴장을 만들어내고 각각의 국면들이 진행됨에 따라 우리의 두려움과 희망을 활용하는 것이 될 것이다.

그 대신, 목적(버즈를 구하는 것)은 명확하게 제시되지만 그 방법에 대해서는 끝까지 비밀이 유지되고, 기대감은 극적 긴장감(그들은 버즈를 구출할 수 있을까?)을 통해서만 생겨나는 것이 아니라 미스터리(정확히 그들의 계획은 무엇인가?)의 해답을 제공하는 데에서도 찾을 수 있게 된다. 이렇게 함으로써 관객은 극적 아이러니에 있어 중간적인 위치를 차지하게 된다. 즉 우리는 시드보다는 많이 알고 있지만 우디보다는 적게 알고 있는 것이다. 여기서 선택된 접근방식은 영화의 진행상 속도가 매우 중요한 이 부분에서 시간을 절약하는 효과를 가져 오기도 한다. 3막은 종종 템포가 가속화되는 경향이 있는데, 이는 결말을 감정적인 극점으로 끌고 올라가야 하기 때문이다. 이 지점에서 구출 계획을 매우 디테일하게 설명하면 시퀀스를 쳐지게 할 위험이 있지만 원래 씌어진 대본대로 만들어진 이 시퀀스는 길이가 약 8분 30초밖에 되지 않는다.

구출작전의 실행이 이 시퀀스 내 2막의 대부분을 구성한다. 우디와 다른 장난감들은 자신들의 목적을 위해 행동하고 장애물들을 극복하면서 버즈의 목숨을 살리는 데 성공한다. 그 과정에서 시드는 자신의 캐릭터 변화를 체험한다. 즉 장난감에 대한 인식과 태도가 바뀌는 것이다.

시퀀스의 긴장감이 긍정적으로 해소되었음을 표시하는 우디와 버즈의 악수에 이어, 클랙숀 소리가 그들(그리고 관객들)에게 이사에 대한 데드라인을 다시금 상기시킨다. 그리고 마지막 시퀀스가 시작된다.

시퀀스 H
: 하늘 높이 솟아오르는 피날레

〈토이 스토리〉의 마지막 시퀀스의 추격 장면은 10분이 조금 안 되지만 영화사상 가장 성공적으로 구현된 것들 중 하나이다. 시퀀스의 긴장감은 처음 시작부터 명확하며 그간 이야기가 진행되어 오는 와중에 신중하게 설정되고 발전되어 온 것이다. 우디와 버즈는 이사 트럭이 사라지기 전에 그 위에 올라타야 하며 그렇지 못할 때에는 영영 미아가 되고 만다. 이 시퀀스는 희망과 두려움, 맞닥뜨린 장애물들과 극복된 장애물들, 그리고 새로운 장애물들이 차례차례 신속하게 교차되며 진행된다. 많은 장애물들과 그에 따른 해결책들은 극중에서 미리 설정되거나 심어진 요소들에서 생겨난다.

가족의 이사에 관한 데드라인은 영화가 시작된 후 불과 몇 분만에 소개된 것이다. 첫 번째 장애물(시드의 개 스커드의 방해)은 버즈를 구하기 위한 우디의 계획이 의도치 않게 초래한 결과이다. 버즈가 우디를 위해 자기 목숨을 내놓을 의지를 보이며 스커드 위에 올라타자 이제는 완벽하게 변화한 둘의 관계가 뚜렷하게 묘사된다. 스커드의 방해에 대한 우디의 해결책(리모컨으로 조작되는 장난감 차 RC를 사용해 버즈를 구출하는 것)은 시퀀스 C에서 버즈를 곤경에 빠트리는 데 RC가 사용됐던 것의 페이오프다. 우디가 RC를 사용해 버즈를 구출함으로써 생겨난 희망은 다른 장난감들이 우디에게 대항해 이 구출을 방해하면서 다시 실패로 바뀐다. 이것은 우디의 진실된 의도에 대한 묵은 오해의 페이오프이다. 우디가 버즈와 새롭게 갖게 된 긍정적인 관계를 그들은 모르기 때문이다.

장난감들이 우디를 트럭에서 내던지자 생겨나는 새로운 장애는 우디가 RC의 위로 떨어지면서 우연히 해결되며, 우디는 다시 한 번 버즈와 연합하게 된다. 다른 장난감들은 셋(RC, 우디, 그리고 버즈)이 함께 뒤따라오는 것을 목격하고 인지의 순간을 맞으며, 그래서 지금까지 자신들이 실수하였음을 깨닫게 된다. 그제야 그들은 구출에 동참하게 된다.

이 전개로 인해 생겨나는 희망은 또 다른 반전을 위한 기회로서 작가들은 여기서 또 한 번 멋지게 그것을 끌어낸다. 구출을 눈앞에 놓인 상황에서 RC의 배터리가 바닥나기 시작한 것이다. 트럭이 코너를 돌자 '늘어나는 개'인 슬링크는 한계까지 늘려지고 이로 인해 재앙이 닥친다. 결국 슬링크는 손을 놓치고 우디, 버즈, 그리고 RC는 멀리 사라지는 이삿짐 트럭을 바라보며 길 한복판에 멈춰선다. 그때 우디가 순간적으로 해결책을 찾는다. 바로 추진력을 위해 로켓에 불을 붙이는 것이다. 더구나 그는 시퀀스 G에서 미리 심어졌던 성냥마저 가지고 있는 상태이다. 이 새롭게 찾은 희망은 또 한 번의 반전을 위한 기회인데, 왜냐하면 지나가던 차가 일으킨 바람에 성냥불이 허무하게 꺼지기 때문이다.

여기서 우리는 간혹 3막의 후반부에서 모든 희망이 사라진 것처럼 보이는 '블랙 모멘트black moment'라 불리는 상황에 도달한다. 이 지점에서 작가들은 또 다른 페이오프(시드가 앞에서 우디에게 사용했던 돋보기)에 의존하여 다시 한 번 반전을 이끌어낸다. 버즈의 헬멧을 돋보기 대용으로 사용해 우디는 로켓을 점화하는 데 성공하고, "로켓은 폭발하잖아!"라는 우디의 불길한 대사와는 상관없이 관객의 희망은 말 그대로 하늘 높이 치솟는다. 이 데드라인이 실현되기 바로 직전, 버즈는 로켓으로부터 분리하고, '폼나게 추락하기'에 대한 두 번째 페이오프와 함께 이 영화의 결말이 임박해 온다.

우디와 버즈가 앤디의 옆자리에 안전하게 착륙했을 때는 모든 중요한 극적 긴장감들과 상기되는 원인들, 그리고 데드라인들이 다 해결되거나 결말지어진 뒤이다. 인간들이 장난감들의 비밀 생활에 대해 알지 못한다는, 아이러니에서 오는 긴장감의 축이 아직 남아있긴 하지만 우디와 버즈가 그저 장난감인 척하며 '얼어붙자' 이 긴장감마저 무의미해진다.

에필로그는 매우 간결하지만 이 엄청난 감정의 롤러코스터 같은 시퀀스가 끝난 뒤에는 매우 필요한 부분이다. 그 다음 크리스마스에 벌어지는 이 에필로그는(첫 시퀀스에서 생일과 크리스마스가 장난감들에게는 매우 괴로운 행사라고 한 우디의 발언에 대한 페이오프다) 페이오프의 기술을 다시 한 번 솜씨 있게 활용하고 있다. 병사들은 또 다시 자신들의 임무를 수행하고 있고, 장난감들은 그들의 보고에 귀를 기울이고 있다. 보 핍은 드디어 우디와 이어지고(오프닝 시퀀스에서 등장한 상기되는 원인인 그녀의 초대["언제든지 놀러 와요, 난 몇 블록 밖에 안 떨어져 있으니까."]가 결국 결실을 맺는다), 마지막으로 미스터 포테이

토 헤드는 그토록 원하던 미세스 포테이토 헤드를 얻게 된다(오
프닝 시퀀스에서의 또 하나의 페이오프).

토 헤드는 그토록 원하던 미세스 포테이토 헤드를 얻게 된다(오
프닝 시퀀스에서의 또 하나의 페이오프).

〈토이 스토리〉 시퀀스 분석

시퀀스	설명	길이	경과시간
	1막		
A	오프닝 타이틀에서부터 침대 위에 버즈가 도착하는 지점까지. 통합하는 요인: 극적 긴장감 프로타고니스트: 우디 목적: 장난감들에게 생일파티가 위협이 되지 않는다는걸 알려 안심시키려 함. 개시점 : 버즈의 도착	13:40	13:40 (18%)
B	아직 자기가 앤디의 최애 장난감이라는 우디의 주장에 반하는 버즈의 출현. 통합하는 요인: 극적 긴장감 프로타고니스트: 우디 목적: 자신의 위치에 버즈가 가져오는 위협을 제거하고자 함. 문제점: 버즈는 앤디가 가장 좋아하는 장난감으로서의 우디의 자리를 빼앗음. 우디는 자신의 위치를 되찾으려 노력해야 함.		
	2막 주 긴장축: 과연 우디는 정상에 있던 자신의 위치를 되찾을 수 있을까?		
C	음악과 함께 하는 간극이 버즈의 신분상승을 보여준다. 버즈를 말과 행동으로 공격하는 우디의 시도가 이어지고, 결국 그의 실수로 버즈는 창밖으로 떨어지게 된다. 통합하는 요인: 극적 긴장감 프로타고니스트: 우디 목적: 자신의 위치를 탈환하기 위해 버즈를 공격하는 것.	9:20	29:00 (37%)
D	버즈와 우디는 주유소에서 미아가 되고, 피자 플래닛에 도착하지만 결국 시드에게 잡히고 만다. 통합하는 요인: 극적 긴장감 프로타고니스트: 우디 목적: 버즈를 다시 집으로 데려가려는 것. 첫번째 극점: 우디는 피자 플래닛에서 유모차에 버즈를 끌어들이는 데 거의 성공한다.	9:48	38:48 (51%)

E	우디와 버즈는 몇 번의 탈출시도를 하나 실패하고, 이는 우연히 자신이 진짜 버즈 라이트이어가 아니라는 버즈의 자각으로 이어진다. 통합하는 요인: 극적 긴장감 프로타고니스트: 우디 목적: 버즈를 데리고 시드의 집에서 탈출하는 것.	9:45	48:33 (63%)
F	우디는 버즈의 기운을 돋우려고 하나 도리어 시드에게 갇히게 되고 파멸을 맞이한다. 통합하는 요인: 극적 긴장감 프로타고니스트: 우디 목적: 시드의 집에서 탈출하기 위해 버즈를 협력하게끔 만드는 것. 두 번째 극점: 탈출에 실패한 우디는 갇히게 된다. 버즈는 낙심한 채 최후를 기다린다.	10:54	59:27 (78%)
	3막		
G	주 긴장축은 우디의 욕구의 측면에서 해소되었다. 그는 더 이상 앤디가 가장 좋아하는 장난감의 위치를 되찾기 위해 버즈를 억압하려 들지 않게 되었다. 따라서 이제 긴장축은 방향을 바꾼다. 과연 우디와 버즈는 앤디네가 이사하기 전에 함께 돌아갈 수 있을까? 이 시퀀스에서 시드를 물리치기 위한 작전을 세우는 우디는 다른 장난감들의 협력을 얻어 성공적으로 계획을 실행시킨다. 통합하는 요인: 극적 긴장감 프로타고니스트: 우디 목적: 자신의 계획을 실행해 버즈를 구하는 것.	7:46	1:07:13 (89%)
H	이삿짐 트럭을 향한 추격 통합하는 요인: 극적 긴장감 프로타고니스트: 우디 목적: 버즈와 함께 트럭에 올라타는 것.	9:16	1:16:29 (100%)

SCENARIO

SEQUENCE

3장

<모퉁이 가게>

분열되는 대칭성

시나리오 작가 샘슨 라파엘슨과 에른스트 루비치 감독의 여섯 번째 합작품인 이 영화는 1940년에 첫 선을 보인 헝가리 출신의 극작가 미클로스 라즐로의 희곡에 기초하였다. 이 영화의 기본적인 콘셉트(서로 싫어하는 두 라이벌이 부지불식간에 사랑에 빠지게 된다)는 〈굿 올드 서머타임In the Good Old Summertime〉(1949)과 좀 더 최근작인 〈유브 갓 메일〉(1998)등으로 리메이크 되면서 이미 시대를 초월한 지속성을 인정받은 바 있다.

이 작품은 학습을 위한 좋은 예이다. 〈토이 스토리〉처럼 고전적 구조를 갖는 작품에서 보여지는 패러다임을 여러 지점에서 위반하고 있기 때문이다. 실제로 이 작품에서는 시나리오 작법의 제일 기본적인 '법칙' 중 몇 가지가 어겨진다. 강한 목표를 지닌 프로타고니스트가 존재하지 않고 뭔가 매우 위태로운 상황이 설정되어 있지도 않으며 목적 달성을 위해 장애물들을 계속해 뛰어넘게 만드는, 가차없는 추진력도 결여되어 있다.

이런 위반들에도 불구하고 매우 성공적인 결과를 얻은 작품이기 때문에 이를 연구하는 것은 관습적 규범을 넘어 더 깊은 단계에서 영화가 관객과 소통할 수 있는 새로운 시각을 제시할 수 있다. 이 경우, 더 깊은 단계란 네 번째의 주요 기법인 극적 긴장감보다는 세 번째 기법인 극적 아이러니의 사용이다. 이렇 듯 다른 기법의 사용이 영화의 지형을 매우 크게 바꿔놓긴 하지 만 그래도 제일 기본적인 목적을 달성하게끔 하는 데는 변함이 없다. 그것은 즉 관객들이 다음에 무슨 일이 일어날지 궁금하게 만드는 것이다.

〈모퉁이 가게〉는 시퀀스들의 구성 또한 〈토이 스토리〉와 대 조를 이룬다. 시퀀스들 중 여섯 개에 통일성을 부여하는 극적 긴 장감은 비교적 그 강도가 덜하고 대신에 극적 아이러니가 관객 의 흥미를 받쳐주고 있으며, 그중 두 개는 '군상극ensemble piece' 으로 이뤄진 부분으로서 프로타고니스트와 그의 목적보다는 시 간과 장소에 의해 통합된다. 더 나아가, 〈모퉁이 가게〉는 주요한 서브 플롯을 지니고 있다. 그 결과, 모든 시퀀스들은 메인 플롯 에 더해 그 주요 서브 플롯에 관한 요소를 포함하고 있으며 시퀀 스들 중 두 개는 메인 플롯보다는 오히려 주요 서브 플롯에 집중 하고 있다.

관객의 주의를 끄는 데 있어 보편적이지 않은 접근법을 택 했다는 사실 외에도 〈모퉁이 가게〉는 몇 가지 또 다른 시나리오 기법들의 풍부한 견본이라는 점에서 매우 중요한 연구대상이다. 간접적 접근법의 사용(주로 대사를 중심으로 한 방법 - '간접적 접근법' 참조), 배우들을 위한 소품들과 '일거리'(business: 신들을 다이나믹하게 유지시 키기 위해 가방류나 다른 판매물품들 또는 서류, 연필, 열쇠 등을 처리하고 분류하는 일)들의 철저한 활용, 그리고 복선(혹은 모티프)의 씨뿌리기와 거둬 들이기(혹은 페이오프) 등이 그것이다.

시퀀스 A
: 친숙해지기

첫 번째 시퀀스의 지속시간은 약 8분 30초이며 장소(가게)와 시간(어느 날 아침)으로 인해 통일성을 지닌다. 여기에는 이렇다 할 프로타고니스트는 존재하지 않으며 극적 긴장감의 실마리도 없다. 영화는 희곡상에는 존재하지 않는 자막과 함께 시작한다. '이것은 마더첵 상회(마더첵 씨와 그를 위해 일하는 직원들)에 대한 이야기다. 이 상회는 헝가리 부다페스트의 안드라시 가와 발토 가 사이의 코너에 위치해 있다' 이 자막을 보면 그 당시의(그리고 지금까지의) 관객들이 익숙해 있는 주된 스토리텔링 패턴(목적을 지닌 캐릭터)을 작가가 간접적으로나마 인정하고 있음을 알 수 있으며, 아울러 이 자막은 관객에게 이제부터 좀 다른 것을 접하게 될 거라고 신호하는 역할을 한다.

실제로 1막의 엔딩 부분은 예기치 못한 전개의 형태로 제시되며 그때까지 이야기의 진행 방향에 대한 아무 힌트도 주어지지 않기 때문에 그 이전에는 관객의 주의가 다른 곳으로 흘러갈 위험마저 존재한다. 따라서 이 타이틀은 스토리텔러들이 일을 제대로 하고 있음을 알림으로써 미묘하게나마 관객을 안심시키는 역할을 한다. 즉 플롯 중심의 관점에서 바라보았을 때 영화가 느리게 시작되는 것처럼 보일 수도 있지만 그것은 실수가 아님을 알리고 있는 것이다.

이 작품의 1998년도 리메이크작인 〈유브 갓 메일〉에서는 그 예기치 못한 전개를 제거함으로써 이 문제를 해결했다. 즉 주인공 남녀가 라이벌이라는 것을 우리(그들 또한)가 알아내기도 전에 그들이 서로 사랑하는 사이라는 사실을 처음부터 드러낸 것이다. 이 선택 때문에 작가들은 대가를 치르게 되었는데, 이야기의 방향이 처음부터 명확하게 설정된 반면, 이제 관객은 캐릭터들보다 정보면에서 훨씬 앞서가게 된 탓에 그들이 따라잡기를 기다리게 되었다. 따라서 이는 영화에 더디고도 예측 가능한 느낌을 가져온다.

〈토이 스토리〉에서처럼 〈모퉁이 가게〉의 오프닝 장면은 일종의 퍼즐을 제공한다. 배달용 자전거를 탄 젊은 남자가 분주한 거리를 지나, 인도에서 홀로 기다리고 있는 다른 남자 옆에 와서 멈추는 것이다. 자전거의 측면과 그들 뒤의 가게에 인쇄되어 있는 활자('마더첵 상회: 장신구와 가죽제품')는 두 사람에 대한 첫 번째 정보를 제공한다. 그 뒤를 잇는 엑스포지션 기법은 '엑스포지션을 탄약처럼' 사용하는 방법('엑스포지션' 참고)이다. 대사 속에 쉽게 인지할 수 있는 서브텍스트가 내포되어 있는데 그 서브텍스트는 외견상으론 하찮은 수다로밖에 보이지 않는다. 페피의 첫 대사, "언제나 제일 일찍이군요, 음?"은 무의미한 말이 아니다. 그것은 교묘한 공격이어서 피로비치가 방어를 하게 만든다. "일찍 와서 나쁠 건 없잖나." 페피의 대답은 다시 또 다른 공격이다. "어째서요? 누가 당신을 보죠? 나라구요. 누가 나를 보죠? 당신이죠. 그게 우리한테 무슨 소용이죠? 우리가 일찍 나왔다고 서로에게 급료를 인상해 줄 수 있나요? 그렇지 않잖아요." 그들이 서로 비난을 주고받는 것을 통해 우리는 그들이 마더첵 씨의 가게에서 일하며, 그 중 한 명인 피로비치는 언제나 사장에게 잘 보이려고 노력하고 또 다른 한 명인 페피는 업무 시간에 마더첵 씨의 부인을 위해 심부름을 하고 있다는 사실도 알게 된다. 잠시 후 플로라가 등장하고, 다음으로 드디어 크랄릭이 나타난다. 크랄릭은 도착하자마자 페피에게 약국에 가서 소다수 한 병(나중에 이 신 안에서 두 번 사용되는 모티프)을 사오라고 시킨다. 그다음 바다쉬가 도착한다. 그의 화려한 의복과 건방진 태도는 그가 뺀질이이며, 다른 직원들과의 관계에서는 적대적 인물이라는 것을 설명한다. 전날 밤에 크랄릭이 사장과 함께 한 저녁식사에 관한 대화는 더 많은 정보를 제공하는데, 이번에는 크랄릭에 대한 것이다. 그는 사장이 제일 신임하는 직원이며(따라서 모든 사람보다 한 단계 위에 위치한다) 능동적이고 열린 사고방식의 소유자라는 내용이다.

페피는 소다수를 사서 돌아오고(이 모티프의 첫 번째 페이오프) 바다쉬는 그것을 마더첵 부인의 요리 솜씨가 형편없다는 것을 뜻한다며 크랄릭을 공격하는 수단으로 삼는다. 뒤이은 논쟁 도중에 마더첵 씨가 택시를 타고 도착하는데, 이는 또 다른 모티프를 심기 위한 기회를 제공한다. 사장을 위해 문을 열려는 피로비치의 노력이다(그는 이번에는 페피에게 그 기회를 빼앗긴다). 마더첵 씨는 페피에게 소다수를 사오라고 시킨 다음(이 모티프의 두 번째 페이오프) 모든 직원들을 거느리고 가게 안으로 들어간다.

　4분이 약간 넘는 시간 안에 상회의 모든 직원들과 그들의 다양한 관계들이 다 소개된다. 어떤 한 캐릭터가 지닌 목적이 신을 진행시키는 대신, 처음에는 호기심을 동원하여, 그 다음에는 캐릭터들 사이의 여러가지 갈등을 펼쳐놓음으로써 관객의 참여를 유도한다.

　상회 안에 들어오고 난 후, 크랄릭은 피로비치에게 그가 익명의 여인과 '지적인 주제들'에 대해 서신 왕래를 해왔다는 사실을 털어놓는다. 여기서 엑스포지션의 전달에는 논쟁보다는 호기심이 사용된다. 크랄릭은 피로비치에게 비밀스럽게 묻는다. "저기, 재밌는 얘기 하나 해 줄까요?" 그 다음 크랄릭은 출처는 밝히지 않은 채 어떤 편지에서 몇 부분을 발췌해 읽어 준다. 피로비치가 호기심을 보이자(동시에 관객의 호기심도 반영하며) 크랄릭은 설명을 하는 대신 브라질 사람들이 어떻게 사는지 알고 싶어 백과사전을 구입하려고 신문을 뒤적였다는 두서없는 얘기를 꺼내 수수께끼를 더 심화시킨다. 결국 피로비치가 완전히 어리둥절해진 다음에야 크랄릭은 수수께끼에 대해 해명한다. 현재 익명으로 한 여성과 편지를 주고받고 있으며 두 사람 다 서로의 직업을 모른다는 것이다. 이는 바로 이어질 상황을 관객이 해석할 수 있게 하기 위한 결정적인 정보다. 이와 동시에 이 신은 크랄릭이 지적 호기심을 갖고 있으며 자기계발을 중요하게 여긴다는 느낌을 제공한다.

　그 신은 마더첵 씨에 의해 중단된다. 그는 도매상에서 구매하려는 담배상자에 대한 크랄릭의 의견을 듣고 싶어한다. 중요한 모티프인 이 담배상자는 영화 전체에 걸쳐 여러 번 되풀이되어 다뤄진다. 여기에서 담배상자의 사용은 소품, 즉 시각적인 요소가 마더첵 씨와 크랄릭, 그리고 가게 안의 다른 인물들의 관계들을 드러내 보인다는 점에서 매우 의미심장하다. 마더첵 씨는 크랄릭의 의견을 존중하지만 때로는 크랄릭이 너무 똑똑하기 때문에 불쾌감을 느낄 때도 있으며, 반면 가게 안의 다른 직원들은 통찰력이 부족하고 사장에게 맞설 용기도 없다.

이 신은 영화에서 극적 긴장감이 사용되는 첫 번째 신이다. 마더첵 씨는 이 신에서 프로타고니스트의 역할을 맡고 있으며 그의 목적은 담배상자를 구매하려는 자신의 결정에 대해 크랄릭의 동의를 얻는 것이다. 이때 장애물은 상자 구매에 대한 크랄릭의 정직한 반대의견이다. 이에 마더첵 씨는 다른 직원들을 자기편으로 만들어 대응한다. 그러나 결과는 부정적이다. 그는 결국 크랄릭을 동의하게 만드는 데 실패한다. 신의 종결부에서는 담배상자의 판매자로부터 전화를 받은 마더첵 씨가 거절 의사를 밝힌다. 크랄릭이 논쟁에서 승리한 것이다. 그리고 이 신은 또 하나의 모티프를 소개한다. '정직한 의견'을 원한다는 마더첵 씨의 대사와 이에 대한 피로비치의 소심한 반응이다.

시퀀스 B
: "나는 일자리가 필요해요"

여성 주인공 클라라의 등장은 두 번째 시퀀스의 시작을 표시한다. 이 시퀀스는 극적 긴장감으로 인해 통일된다. 프로타고니스트는 클라라이며 그녀의 목적은 직장의 확보이다. 이 시퀀스의 첫 신은 4분이라는 짧은 시간 안에 작가 라파엘슨이 시나리오 작법의 네 가지 주요 기법들(극적 긴장감, 아이러니에서 오는 긴장감, 상기되는 원인, 그리고 텔레그래핑)을 모두 활용했다는 점에서 매우 주목할 만하다.

클라라의 극적 목표(이 신과 시퀀스 내에서 동일한)는 그녀의 등장 후 첫 2분 사이, 그녀가 사장을 보고 싶다고 하면서 명확해진다. 한편 그녀의 의도를 잘못 해석한 크랄릭은 그녀에게 여러 가지 제품들을 판매하려고(그럼으로써 또 다시 소품들이 활용된다) 노력한다. 그녀가 크랄릭에게 자신의 진짜 의도를 밝히고 나면 엑스포지션이 본격적으로 가동되며(우리는 클라라의 세일즈우먼으로서의 상당한 경험과 함께 크랄릭이 마더첵 상회에서 9년간 근무했다는 사실을 알게 된다) 이는 떠들썩한 말다툼 속에서 부지불식간에 관객에게 전달된다.

신의 후반부에 크랄릭이 클라라에게, 마더첵 씨를 자기가 너무나 잘 알고 있기 때문에 그의 반응까지 예측할 수 있다고 장담하는 것을 마더첵 씨가 우연히 듣게 되면서 극적 아이러니로 인한 짤막한 막간 희극이 제공된다. 클라라가 상회에 뭔가를 사러 왔다고 지레짐작한 마더첵 씨는 우선 그녀를 자리에 앉힌 다음, 자기 사전에 '불가능'이란 단어는 없다며 그녀를 안심시키려 한다. 이것은 이 신의 도입부(클라라는 직장을 구하려고 하고 있었지만 관객은 그것을 몰랐던 시점)를 아이러니란 프리즘을 통해 관객이 다시 되돌아 볼 수 있게 한다. 왜냐면 우리는 이제 무슨 일이 일어날지 알고 있지만 마더첵 씨는 모르기 때문이다.

마더첵 씨가 자신을 고용해 달라는 클라라의 요구에 "불가능하오!"라고 답변함으로써 신의 긴장감은 부정적으로 해소된다. 클라라는 일자리를 구하지 못한 것이다. 그 후 클라라는 크랄

복선 - Motifs

시네마는 철저하게 '명확한concrete' 매체이다. 추상적 매체인 단어로 이루어진 시나 소설과는 달리, 영화는 촬영된 이미지들을 사용하기 때문이다. 그러나 '복선(혹은 모티프motif)'의 사용은 시나리오 작가에게 시詩적일 수 있는 기회를 부여하고 시에서의 운율과 유사하게 영화 전체를 관통하는 반향을 만들어 낸다. 그것들은 대체적으로 두 개의 형태로 나타나는데, 언어(대사 자체 혹은 대사로 표현된 생각들) 혹은 시각적인 것(소품 또는 행동방식 들)이 그것이다. 그것들은 작가에 의해(주로 은밀하게) 소개('씨뿌려지게planted')되며, 나중에 다른 상황에서 다시 다뤄지게('페이오프paid off')된다. 복선들은 한 번으로 그치기보다 여러번 페이오프될 수도 있다. 또한 코믹적 효과 때문에 변화하며 되풀이되는 복선은 '반복되는 개그running gag'라 불린다.

<토이 스토리>와 <모퉁이 가게>는 이러한 복선 혹은 모티프들이 풍부하게 깔려 있다. 각본을 집필할 때 이러한 복선을 소개할 기회가 나타나는 것을 항상 주시하는 것은 매우 좋은 습관이며 그로 인해 보다 통일성 있고 강렬한 시나리오가 탄생할 수 있게 된다. 하지만 초고를 쓸 때부터 복선을 어디에 소개할 것인지 작가가 미리 예상하기는 어려운 일이다. 그 단계에서는 복선이 들어가면 좋을듯한 지점들을 표시만 해두고 다시 고쳐 쓸 때 삽입하는 것이 좋다. 보통 작가는 복선의 페이오프를 어디서 할 것인지 먼저 발견하게 되고, 그 다음에 앞쪽 어디에 그것을 씨뿌려놓는 게 좋을지 생각하게 된다. 이 때문에 시나리오는 '거꾸로 씌어진다'고 일컬어지기도 한다. 즉 엔딩까지 가고나서야 작가는 그 엔딩을 어떻게 셋업할지 알게 되기 때문이다.

차후에 계속되는 각색 작업이 복선을 더 풍부하게 깔수 있는 기회를 제공한다. <모퉁이 가게>에서의 담배상자는 작품 전체를 통틀어 일곱 번이나 페이오프 되는 모티프이다.

사진 1. 〈모퉁이 가게〉(1940)의 시퀀스 B는 마더첵 상회에서 일자리를 얻으려는 클라라의 욕구로 통일된다. 그녀가 사용하는 수단(그녀의 세일즈 기술을 증명해 보이는)은 오프닝 시퀀스에서 소개되었던 소품(담배상자)의 사용이다. 담배상자나 지갑, 그리고 보너스 등의 모티프들이 계속해 씨뿌려지고 거둬지면서 이 영화는 보기 드물게 풍부한 질감을 갖게 된다. (실제 프레임 확대)

릭에게 "나는 일자리를 구해야만 해요!"라고 얘기하고(이로써 상기 되는 원인이 발생한다) 그는 그녀에게 2주 후에 있을 재고품 조사 때 에 부르겠다고 답한다. 이는 텔레그래핑의 한 형태인 '약속'이다.

크랄릭은 마더첵의 사무실로 불려가고 마더첵 씨는 전날 저 녁 파티에 대해 이것저것 묻는다. 이 대화는 간접적 접근법을 매 우 능숙하게 사용한 예이다. 표면상으로 마더첵 씨는 크랄릭에 게 전날 저녁 파티가 어땠냐고 묻고 있지만 서브텍스트 상으로는 자기 부인에게 손대지 말 것을 경고하고 있다. 그는 다음과 같은 대사로 끝을 맺는다. "내 아내는 자넬 끔찍이 생각하고 있고, 나는 내 아내를 끔찍이 여기고 있다네."

이 신은 바다쉬로 인해 중단된다. 그는 논쟁의 대상인 담배상자(이것의 첫 번째 페이오프)를 사려는 구매자가 나타났다고 한다. 그 '구매자'가 아직도 가게에서 떠나지 않고 있던 클라라인 것이 밝혀지자, 마더첵 씨는 이전처럼 그 상자가 좋은 제품이란 사실을 그녀에게 동의시키려 한다. 그녀는 그 상황을 자신의 숙련된 세일즈 기술을 증명하기 위한 기회로 삼고 다른 고객에게 그 상자를 명시된 가격보다 더 높은 가격으로 파는 데 성공한다. 클라라의 성공은 신과 시퀀스를 긍정적인 결말로 이끈다. 클라라는 일자리를 얻는다(하지만 이는 암시된 것일 뿐이다. 이 결정에 대한 확인은 다음 시퀀스가 되어야만 알 수 있기 때문이다). 이미 모티프로 심어져 있던 담배상자를 클라라가 일자리를 얻는 수단으로 삼도록 작가가 선택한 것은 우연이 아니다. 가게 안은 수많은 장식품들이 들어차 있으며, 그중 어떤 것이라도 같은 기능을 할 수 있었을 것이다. 그러나 담배상자는 마더첵 씨와 크랄릭의 논쟁의 대상이었던 과거로 인해 이미 의미가 부여되어 있는 것이다. 그것을 이 지점에서 활용함으로써 담배상자에는 또 다른 의미의 층이 더해지고 그 잠재적 효과도 커진다. 이런 식의 디테일들이 진실로 걸출한 시나리오와 단지 필요 요소를 충족시키기에 급급한 시나리오와의 차이를 드러내는 지점이다.

이 시퀀스는 마더첵 씨가 다시 한 번 크랄릭의 정직한 의견

을 요구하면서 끝이 난다. 이 요구를 어쩌다 듣게 된 피로비치는
재빨리 그 자리에서 도망을 친다. 그 모티프의 두 번째 페이오프
이다.

시퀀스 C
: 드러난 사실

세 번째 시퀀스는 16분 조금 넘게 지속되며 극적 긴장감을 통해
시퀀스 전체에 통일성을 부여한다. 프로타고니스트는 크랄릭이
며 그의 목적은 그날 밤 일찍 퇴근하는 것이다. 또한 이 시퀀스
는 영화의 주 긴장축이 시작되게 만드는 의외의 새로운 사실을
내포하고 있다.

　시퀀스의 초반 부분의 기능은 오프닝 시퀀스의 기능과 동
일하다. 엑스포지션이다. 이러한 배치의 이유는 이전 신으로부
터 몇 달이라는 시간이 흘렀기 때문에 그간 일어난 상황을 관객
이 따라잡아야 하기 때문이다. 따라서 이 영화는 처음과 동일한
장소와 시간대에서 피로비치가 가게 문이 열리기를 기다리고 있
는 장면을 되풀이한다. 가게의 윈도에는 담배상자들이 전시되어
있지만 그것들의 가격은 전보다 현저히 인하되어 있다. 이것은
그 모티프의 두 번째 페이오프이다. 이 하나의 이미지가 이야기

를 전달하는 것이다. 담배상자에 대한 논쟁에서 이긴 것은 클라라이지만 결국 옳았던 건 크랄릭이었다는 내용이다(사진 2 참고).

가게에 도착한 크랄릭은 그날 밤 8시 반에 저녁식사 약속이 있다는 사실을 밝힌다. 이 예정은 앞으로 뒤따를 세 개의 시퀀스의 주된 관심의 대상이 된다. 피로비치는 사장과의 약속일 거라고 짐작하지만 크랄릭은 사장은 더이상 자기를 초대하지 않는다고 답한다. 이를 들은 피로비치는 근래 들어 사장과 지내기가 더욱 어려워졌다고 한다. 이는 얼마 안 있어 시작될 'B' 플롯에 대한 중요한 정보이다. 이어 크랄릭은 마더첵 씨에게 봉급 인상을 요구할 계획임을 밝히고(이는 봉급 인상에 대한 논쟁이 일어났던 오프닝 시

사진 2. 〈모퉁이 가게〉의 시퀀스 C의 오프닝 신은 그 전 시퀀스에서 남겨진 두 개의 상기되는 원인을 마무리 짓는다. 담배상자를 구입하려던 마더첵 씨와 그것이 좋은 투자가 아니라고 한 크랄릭의 예측이다. 이 이미지는 마더첵 씨가 구매를 진행하긴 했지만 결국 크랄릭이 옳았음을 보여준다. 잠시 후 클라라가 일자리를 구하는데 성공했다는 사실이 밝혀지며 시퀀스 B의 긴장감에 대한 해답이 제공된다. (실제 프레임 확대)

퀸스를 다시 상기시키는 역할을 한다) 그럼으로써 뒤의 두 개의 시퀀스들에서 계속 다뤄질 상기되는 원인도 발생된다.

이 지점에서 클라라가 노란 물방울 무늬의 초록색 블라우스를 입고 등장한다. 크랄릭은 클라라와 이 옷에 대해 논쟁을 벌이는데 이것은 작가에게 더 많은 엑스포지션을 숨겨 들여올 수 있는 기회를 제공하는 동시에 시각적 모티프를 심어놓는 역할을 한다. 이 엑스포지션의 요점은 클라라와 크랄릭이 그간 매우 적대적인 관계였다는 내용이다.

그런 다음, 피로비치와의 대화에서 크랄릭은 자신과 익명으로 서신을 주고받던 여인에게 청혼할 계획임을 밝힌다. 그들의 대화는 미래에 대한 내용으로 가득 차 있다. 크랄릭은 자신의 기대—그녀가 아름다웠으면 좋겠지만 동시에 너무 아름답지는 않았으면 하는(만일 그렇다면 자신을 좋아하지 않을 수도 있기 때문에)—와 두려움—자기가 그녀를 매력적으로 느끼지 못하면 어쩔까 하는—을 펼쳐놓는다. 그는 그녀를 아직 봉투 속에 들어 있는 보너스 수표와 비교한다. 즉 봉투를 열기 전까진 그 수표의 가능성은 무한하다는 것이다. 이 비유의 사용은 보너스에 대한 모티프를 심어놓으며, 이는 마지막 시퀀스에서 말 그대로 봉급처럼 '페이오프'되는 동시에 봉급 인상의 모티프를 다시 한 번 상기시킨다.

이제 택시가 도착한다. 오프닝 신에서의 또 다른 모티프의 페이오프로 피로비치가 재빨리 택시로 다가가 문을 열지만 마더첵 씨가 아닌 바다쉬가 택시에서 내린다. 바다쉬는 전보다 더 사치스러운 옷을 걸치고 있으며 두툼한 현찰 뭉치를 자랑한다. 요즘 들어 사장을 대하기가 더 어려워졌다는 피로비치의 대사와 마찬가지로 바다쉬의 태도는 마더첵 부인과 관련된 주요 서브 플롯을 위한 셋업의 일부이다.

잠시 후 마더첵 씨가 도착한다. 피로비치가 문을 열려고 하지만 또다시 페피에게 기회를 빼앗긴다. 쇼윈도의 진열 상태를 불만스러운 눈으로 바라보던 마더첵 씨는 가게를 새롭게 꾸미기 위해 그날 밤 모두 야근을 할 것을 선언한다. 이는 크랄릭의 저녁 약속을 위협하는 지시이다. 크랄릭은 이 말을 듣고 매우 불안해하는데, 한편 그에게는 알려지지 않지만 클라라 또한 그와 마찬가지의 반응을 보인다. 그녀는 자기가 저녁 8시 반에 데이트가 있어서 반드시 퇴근을 해야 한다고 일로나에게만 밝힌다. 이것은 몇 신이 경과한 후 다뤄질 상기되는 원인이다.

크랄릭과 클라라가 상대가 누군지 모른 채 서로 편지를 주고받았다는 사실이 밝혀지면서 우리는 1막의 마지막에 도달한다. 프로타고니스트는 크랄릭이다. 그리고 그가 원하는 것은 그동안 편지로 사귀어온 여인이다. 문제는 그가 자신이 원하는 여인이 바로 자기가 싫어하는 여인과 동일인임을 모른다는 사실이다. 이것이 바로 프로타고니스트에게는 보이지 않는 문제점의 예이다. 1막의 마지막에서 주인공이 자신의 목표를 깨닫고 그것을 추구하기 시작하는, 극적 긴장감에 의존하는 영화와는 달리, 아이러니에서 오는 긴장감에 의존하는 영화의 주인공들은 자신이 직면한 문제를 인지하지 못한다. 이 경우 주 긴장축은 관객들 사이에서만 존재하고 스크린 위의 캐릭터들 사이에는 존재하지 않는다. 물론 크랄릭에게는 다른 문제들도 존재하며 그 문제들도 그에게 긴장감을 부여할 수 있다. 예컨대 그는 영화에 추진력을 제공하는 위기, 즉 주 긴장축은 인지하지 못하면서도 자신과 편지를 주고받고 있는 여인이 매력적일까 걱정하고 있는 것이다. 따라서 주 긴장축은 다음과 같이 규정될 수 있을 것이다. '과연 이 오해에도 불구하고 크랄릭은 클라라와 맺어질 수 있을까?' 따라서 관객들에게 있어 영화 중반부까지의 지배적인 의문은 다음과 같다. '진실이 밝혀지고 나면 과연 어떻게 될 것인가?'

사진 3. 〈모퉁이 가게〉 시퀀스 C의 이 신에서는 배우들의 배치가 극적 아이러니를 구축하는 데 도움을 주고 있다. 크랄릭은 방금 페피에게 일찍 퇴근하라고 허락을 했고, 이는 그에게 같은 요구를 하도록 클라라를 자극한다. 크랄릭은 등을 돌리고 서 있어서 클라라의 반응을 볼 수 없지만 관객은 그것이 가능하다. 배우들에 의한 소품의 활용도 주목할 지점이다. 각본 안의 거의 모든 신들은 배우들을 위한 '일거리'를 지정한다. (실제 프레임 확대)

여기서, 관객들의 기대(그들이 맺어질 것이다)와 그들의 근심(그들이 맺어지지 못할 것이다)은 프로타고니스트의 기대와 근심과는 별개로 진행되는데, 이는 영화의 많은 부분에서 프로타고니스트가 이 상황에 대해 알지 못하기 때문이다.

긴장축이 관객들 사이에서만 존재하기 때문에 생겨난 또 하나의 특징은, 이 영화에서는 명확하게 구별되는 개시점이 없다는 사실이다. 즉, 문제점이 설정되기 전까지는 이야기의 방향에 대한 아무 힌트가 없다. 이런 경우, 이렇게 힌트를 배제하는 것은 매우 중요하다. 그렇지 않다면 놀라움이 사라져버리게 되기 때문이다. 앞에서 거론되었듯이 사실상 오프닝의 자막 자체가 미묘하게나마 개시점의 역할을 수행하고 있다. 매우 대략적이긴 하지만 그 자막이 이 이야기가 무엇에 관한 것인지, 즉 상회에서 근무하는 사람들의 이야기라는 것을 말해주기 때문이다. 클라라의 등장도 개시점으로 볼 수 있는데, 그녀의 등장 이후로 이야기가 펼쳐지기 시작하기 때문이다. 그러나 클라라의 등장은 우리가 과거를 되돌아보았을 때에야 그런 기능을 한다는 것을 알 수 있다. 그녀가 등장했을 당시에는 그녀는 직업을 구해 생계를 꾸리려고 노력하는 사람들 중 한 명에 불과했다.

문제점은 통상 시퀀스의 끝 부분에 설정되는데 이는 각 시퀀스의 기능이 캐릭터가 극 중에서 갖는 전체 목적의 하위 단위라는 사실을 반영하는 지점이다. 그러나 여기에선 문제점이 시퀀스의 중간에 발생하기 때문에 적어도 영화의 이 지점에서는 전체적인 주 긴장축과 각각의 시퀀스의 긴장감 사이에 괴리가 있음이 증명된다. 〈토이 스토리〉에서 세 번째 시퀀스의 긴장감은 주 긴장축과 동일하다. 우디는 침입자 버즈에 대항해 장난감들의 리더였던 자기의 자리를 되찾으려 한다. 그러나 〈모퉁이 가게〉에서 세 번째 시퀀스의 긴장감은 크랄릭이 과연 일찍 퇴근할 수 있는지를 놓고 진행된다.

관객이 크랄릭과 클라라가 익명의 연인 사이라는 사실을 알아챈 순간부터 영화가 끝나기 바로 직전까지 그들이 연관된 모든 신들은 극적 아이러니를 띠게 된다. 이 새로운 사실이 밝혀지고 난 뒤의 클라라의 첫 번째 대사(그날 밤 물방울무늬 블라우스를 입고 카페에 나갈 거라는 선언)조차 모티프의 단순한 페이오프와는 다르게 변화한다. 그것은 부가적 의미를 지니게 되기 때문인데, 왜냐하면 그녀가 그 블라우스를 입고 좋은 인상을 주려는 남자는 그녀가 모르는 사이에 이미 그 옷을 비판했기 때문이다.

시퀀스의 남은 시간 동안, 크랄릭과 클라라가 심각하게 고민을 하는 와중에도 마더첵 부인에 대한 주요 서브 플롯 역시 점차 두드러진다. 허나 이는 메인 플롯에서 완전히 독립되어 진행되기보다는 오히려 꿈에 그리던 여인을 얻으려는 크랄릭의 목표에 장애물로 나타나게 된다.

모두 가게에 들어온 뒤 마더첵 씨가 부인과 전화통화를 하는 모습이 보인다. 그리고 그녀는 어째서인지 돈을 꽤 낭비하고 있는 듯 하다. 그는 그녀에게 돈을 더 보내주겠다고 약속하며 이것은 이 시퀀스의 마지막에 다뤄질 상기되는 원인이다. 그가 전화를 끊고 나자, 크랄릭이 급료 인상을 요구하려고 등장한다. 따라서 이전 신에서 발생한 상기되는 원인이 다뤄지게 된다.[1] 마더첵 씨는 그가 요구사항을 얘기하기도 전에 차갑게 그를 내몬다. 그 후 크랄릭은 피로비치에게 불만을 털어놓고 이에 피로비치는 경솔한 행동은 하지 말라고 경고한다. 한편 그들의 대화를 듣던 바다쉬는 마더첵 씨가 부인과 문제가 있는 것이 아닐까 하는 피로비치의 추측에 불안하게 반응한다. 마더첵 씨가 전화상으로 부인과 나눈 대화와 마찬가지로, 이것도 불륜의 서브 플롯을 위한 셋업의 일부분이다.

피로비치는 크랄릭을 진정시키는 데 성공하고 크랄릭은 클라라와 페피와 함께 일하기 위해 창고로 향한다. 여기서 페피는 자신이 아직 어리다는 이유를 들어 일찍 퇴근시켜달라고 요청한다. 이에 크랄릭은 사장에게 잘 말해보겠다며 그를 안심시킨다. 페피가 수월하게 퇴근 허락을 받아낸 것에 클라라는 즉시 주목하지만 크랄릭은 이런 그녀의 반응을 눈치채지 못한다. 그 결과로 발생하게 되는 신에서는 극적 긴장감과 아이러니에서 오는 긴장감, 그리고 간접적 접근법의 노련한 사용이 보인다.

이 신의 프로타고니스트는 클라라다. 그녀의 목적은 일찍 퇴근하는 것이며 주된 장애물은 그녀에게 그 목적을 실현시켜 줄 수 있는 인물이 바로 자신의 안타고니스트인 크랄릭이라는 것이다. 따라서 그녀는 자신의 목적을 추구하기 위해 간접적 접

...

---

1 이 신에서 크랄릭이 마더첵에게 부탁하려는 것이 무엇인지는 확실하지 않다. 급료의 인상일 수도, 야근의 면제일 수도 있다. 시나리오에서 크랄릭은 그가 사장에게 이야기 하려는 것이 '자신에게 매우 중요한 것'이라고만 언급한다.

근을 사용한다. 그에게 단도직입적으로 부탁하는 대신, 그녀는 매우 친절하게 굴며 그가 좋은 상사라고 칭찬한다. 그에게 많은 것을 배웠다고 밝히고, 나아가 노란 물방울 무늬의 초록색 블라우스를 입지 말라고 조언해 준 것에 대해 감사하기까지 한다(그 모티프에 대한 두 번째 페이오프다). 이 내용을 모두 전달하는 와중에도 그녀는 그가 여행 가방들을 정리하는 것을 돕는다. 이는 대사로만 이루어진 배우들의 상호 커뮤니케이션을 보다 풍부하게 하고 동시에 움직임을 불어넣어 장면을 시각적으로 만드는 것을 돕기

서브 플롯 - Subplots

장편 시나리오의 영감이 떠오른 작가가 그것을 어떻게 발전시킬지 고민하기 시작할 때, 그는 언제나 기본적인 선택을 놓고 고민하게 된다. 그것은 이야기를 길게 만들 것인가 아니면 넓게 만들 것인가 하는 것이다. '긴long' 이야기는 꼬리에 꼬리를 물고 일어나는 사건들을 프로타고니스트가 경험하는 것에 주된 초점이 맞춰지고, '넓은broad' 이야기는 프로타고니스트의 이야기와 평행으로 진행되는 '서브 플롯'들을 하나 혹은 그 이상 소개하며 거기에는 다수의 서브캐릭터들이 엮인다. 둘 중 하나를 선택하는 것은 영화 한 편의 길이와는 무관하게 이뤄지며 보통 서브 플롯들은 할리우드의 경우 간단히 알파벳으로 이름 붙여진다. 메인 플롯을 'A' 플롯이라고 하면 서브 플롯은 'B' 플롯, 하나가 더 있으면 'C' 플롯, 이런 식으로 나아가게 되는 것이다.

서브 플롯들도 극적으로 구성된 메인 플롯처럼 목적을 지닌 프로타고니스트가 있으며 발단, 전개, 결말의 동일한 3막 구조를 따르고(따라서 거의 모든 경우 최소 3개의 신을 요한다), 또한 서브캐릭터의 변화를 가져오게 되는 '극점culminating moment'도 종종 나타나는데, 이는 프로타고니스트의 캐릭터 아크에 대한 반향의 축소판이라고도 볼 수 있다. 서브 플롯은 기본적으로 세 가지 기능을 지니고 있다. 첫 번째는 플롯적인 기능으로서 메인 플롯과 교차하며 프로타고니스트를 돕거나 방해하는 역할을 한다. 두 번째는 테마적인 기능으로서 프로타고니스트가 직면하고 있는 상황에 대해 다른 캐릭터들이 어떻게 다른 방식으로 반응하는지를 보여줌으로써 영화의 메인 테마에 대한 변주를 제시한다. 그리고 세 번째는 구조적인 기능이다. 서스펜스가 고조되어 있는 지점에서 메인 플롯에서 서브 플롯으로 전환함으로써 작가는 액션의 진행을 늦추는 것이 가능하며, 이런 지체를 이용해 기대감을 고조시킬 수 있다.

<모퉁이 가게>의 서브 플롯은 이 모든 기능을 수행한다. 프로타고니스트는 마더첵 씨이며, 그의 목적은 자기 아내와 바람을 피우는 자가 누구인지 알아내 징벌하는 것이다. 이 서브 플롯은 크랄릭에게는 매우 큰 장애물로 등장하는 동시에 영화의 테마인, 은밀한 연인들과 잘못 파악된 신원에 대한 변주를 제공한다. 또한 이는 크랄릭과 클라라의 관계를 둘러싼 서스펜스가 매우 고조되어 있는 중요한 시점들에서 장면을 전환시키기 위해 종종 사용된다.

위해 작가가 부여한 '일거리'이다. 크랄릭에게 부탁하기 위해 클라라가 마음에도 없는 말을 하고 있다는 극적 아이러니에 더해, 이 신 전체에는 또 다른 느낌의 미묘한 아이러니가 깔려 있다. 그것은 클라라는 모르고 있지만, 그녀가 일찍 퇴근해 만나려는 남자가 바로 그녀가 일찍 퇴근시켜달라고 부탁해야 하는 남자라는 사실이다.

이윽고 이때라고 판단한 그녀가 숨겨뒀던 퇴근 이야기를 한다. 이것은 크랄릭에게 있어 깨달음의 순간이다. 그녀의 계략을 알아차린 그는 격분하여 그녀의 부탁을 거절하고, 이리하여 극적 긴장감과 아이러니에서 오는 긴장감이 둘 다 동시에 해소된다. 뒤따르는 매우 소란스러운 여파의 장면에서 클라라는 그에게 물방울 무늬 블라우스를 입겠다고 선언하고(그 모티프에 대한 세 번째 페이오프다), 마더첵 씨에게 직접 얘기하기 위해 가게 안으로 향한다. 크랄릭도 뒤쫓아 가서 자기도 일찍 퇴근하겠다고 요구하자 화가 난 마더첵 씨는 열변을 토하며 폭발한다. 이는 한 고객과의 코믹한 단락과, 안 좋은 타이밍에 걸려온 피로비치의 사적 전화 때문에 잠시 중단된다. 결국 마더첵 씨는 크랄릭에게 독설을 퍼붓고, 이에 크랄릭은 "아무래도 오늘은 여기까지 하는 게 좋겠군요."라고 답한다. 이는 다음 시퀀스에서 다시 다뤄지게 될 상기되는 원인이다.

이 시퀀스의 극적 긴장감(과연 크랄릭은 일찍 퇴근을 할 수 있을까?)는 긍정적으로 해소된 것처럼 보이지만 이를 위해 치러야 했던 괴로움은 이것이 절반의 승리일 뿐임을 보여준다. 이 지점에서 마더첵 부인으로부터 다시 전화가 온다. 그녀는 마더첵 씨에게 돈을 더 보내는 것을 잊지 말라고 당부한다. 이에 마더첵 씨는 바다쉬에게 돈을 갖다주라고 지시하며, 이로 인해 시퀀스의 도입부에서 소개된 상기되는 원인이 종결된다.

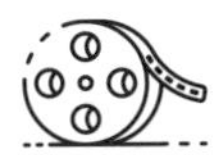

시퀀스 D
: 사장이라서 좋은 점

주요 서브 플롯, 혹은 'B' 플롯(마더첵 부인의 문제)이 바로 이 14분 길이 시퀀스의 가장 주된 내용이다. 이는 극적 긴장감으로 인해 통합된다. 이 서브 플롯의 명백한 프로타고니스트인 마더첵 씨는 목적도 지니고 있다. 바로 자기 부인과 바람을 피우는 자가 누구인지 알아내는 것이다. 그가 첫 번째로 행하는 일은 자신이 의심하고 있는 크랄릭의 해고이다. 크랄릭이 해고되기 전, 짧은 대조를 통한 준비의 신이 있는데, 거기에서 크랄릭은 사장실로 들어가기 전에 넥타이를 매만지며 다른 직원들은 그에게 격려의 신호를 보낸다. 그 후 사장실에서 나온 크랄릭은 상황을 간접적으로 전달한다. 그들에게 자신의 해고를 직접 밝히는 대신, 마더첵 씨가 자신에게 준 추천장을 읽어주는 것이다. 그러고나서 그는 일련의 소품들을 사용해 자신의 속내를 표출한다. 연인과 만날 때 자신을 나타내는 신호로 쓸 예정이었던 카네이션을 밟아버리고(카네이션 모티프의 첫 번째 페이오프), 직장에서 쓰던 소품들인 판매 기록부, 연필들, 그리고 열쇠를 반납한다. 여기에서 열쇠는 두 시퀀스 후 페이오프 될 모티프를 깔아놓는 것이기도 하다. 크랄릭은 작별인사를 하고 피로비치는 그들이 나중에 다시 보게 될 것이라고 장담한다. 이는 이 시퀀스의 후반부에 다시 다뤄지게 될 상기되는 원인이다.

크랄릭의 뒤로 문이 소리내어 닫히면 모든 직원들이 말없이 서서 지켜보는 짧고 조용한 '여파의 신aftermath scene'('여파의 신' 참조)이 발생한다. 이 상황은 마더첵 씨에게 온 전화 때문에 중단된다. 마더첵 씨는 흥분한 목소리로 전화를 건 이에게 당장 상회로 오라고 한다. 이것은 결국 마더첵 씨로 하여금 모든 직원을 퇴근시키게 만든다. 퇴근 전, 피로비치는 크랄릭에게 그날 밤 들르겠다는 메시지를 남긴다. 이는 앞에서 발생한 상기되는 원인

<hr>

여파의 신 - Aftermath Scene

이 책에서 다뤄진 기법들 중 대부분은 기대감을 만들어내고 관객의 주의를 미래를 향하게 하는데 주력하고 있지만, 뭔가 일어날 것을 예상하는 신이 아니라 방금 일어난 상황에 대해 반응하는 신을 잠시 검토해보는 것도 매우 유용할 것이다. 그것은 바로 '여파의 신' 혹은 '여파의 비트aftermath beat'이다. 준비의 신과 마찬가지로 여파의 신은 스토리상의 강조점을 제공하여 스토리텔러에게 중요한 순간순간들을 역설할 수 있게 허락한다. 이것은 주로 감정적으로 고조되었던 신 뒤에 나타나는데, 주된 특징으로는 대사와 행동이 적거나 아예 없고 분위기가 매우 농후하며 음악을 사용해 효과를 극대화시키는 경우가 많다는 것을 들 수 있다. 매우 유명한 여파의 신들 중 두 개가 이 책에 소개된 영화들 중에 포함되어 있다. 바로 <카비리아의 밤>과 <졸업>의 마지막 신들이다. 준비의 신처럼 여파의 신 역시 플롯에 아무 영향도 주지 않고 삭제하는 것이 가능하지만 이 신들은 영화가 갖는 감정적 임팩트에 매우 깊은 울림을 제공한다.

의 결과이며 동시에 약속의 지정이기도 하다. 뒤이어 바다쉬는 마더첵 씨에게 접근하여 저녁식사에 초대받으려고 노력하는데, 이는 또 하나의 간접화법의 예이다. 그는 마더첵 씨의 집 식탁이 아름답다고 하며 디너파티를 열 때 그것이 얼마나 멋지게 보일 것인지 얘기하지만 마음속 의도는 정확히 표현하지 않는다. 이 모티프(누군가 식사에 초대받기 위해 노력하는)는 영화의 마지막 시퀀스에서 페이오프된다.

모두가 떠난 뒤 사립탐정이 등장해 마더첵 씨에게 사실을 보고한다. 자기 아내가 크랄릭과 바람을 피운다고 확신했던 마더첵의 생각과는 달리 진범은 바다쉬였다는 내용이다. 사립탐정을 내보낸 마더첵 씨는 망연자실하여 자살을 시도한다. 이 시도는 때맞춰 나타난 페피의 등장으로 인해 좌절된다. 이 자살 신은 시각적인 간접적 접근법으로 다뤄지고 있다. 우리는 총소리를 듣고 샹들리에가 파손되는 것을 보지만 마더첵 씨가 총을 발사하는 장면 그 자체는 보여지지 않는 것이다.

마더첵은 혼란스러운 상태지만 다친 곳은 없으며, 이를 응시하는 페피를 비추는 짧은 여파의 신이 이 시퀀스를 종결한다.

시퀀스 E
: 분열되는 대칭성

이 10분 길이 시퀀스에선 'A' 플롯이 다시 재개되며 다시 한 번 극적 긴장감에 의해 통일 된다. 프로타고니스트는 크랄릭이며 그의 목표는 연인과의 관계를 지키는 것이다. 시퀀스는 크랄릭이 피로비치와 함께 카페에 도착하면서 시작된다. 이는 피로비치가 익명의 연인에게 크랄릭 대신 쪽지를 전달할 수 있도록 하기 위해서이다. 인지의 순간(적어도 크랄릭에게 있어)이 코앞에 닥치며, 그 순간에 대한 관객의 기대치가 지연의 사용 때문에 극대화 된다('준비' 참조). 즉 식당 안의 여러 여인들에 대한 피로비치의 평가와, 클라라를 잘 알아보지 못하게 만드는 불리한 조망 위치, 그리고 마지막으로 크랄릭에게 사실을 전달하면서 피로비치가 사용하는 완곡한 표현("자네가 클라라 양을 좋아하지 않는다면 그녀도 좋아하지 않을 거라고 지금 당장 말해 줄 수 있네.") 등이 그것이다.

결국 인지의 순간이 크랄릭에게 닥치면 아이러니에서 오는 긴장감의 주된 라인은 부분적으로만 해소된다. 이제 크랄릭은 진실을 알지만 클라라는 그렇지 못하기 때문이다. 이 아이러니에서 오는 긴장감의 비대칭적 처리는 주목할 만하다. 이 극적 아이러니는 계속 대칭적으로 진행될 수도 있었을 것이다. 다시 말해 작가는 두 캐릭터 모두 마지막까지 사실을 모르고 있다가 결말에 가서야 이 실수를 알아채게 할 수도 있었을 것이다. 그러나 이런 식으로 대칭을 분열시킴으로써 작가는 이야기를 계속 진행시키면서, 동시에 기존의 전제를 새로운 시각에서 탐구하는 것이 가능하게 만든다. 그 결과 관객에게 영화 한 편을 보는 가격으로 두 편을 보게 하는 효과를 가져온다. 첫 번째 영화가 동일한 오해를 가진 연인들에 관한 이야기라면, 두 번째 영화는 어떤 여인에 관한 비밀스런 정보(자신에 대한 그녀의 환상)를 지닌 남자가 그녀를 추구하는 이야기이다. 전제를 탐구하는 데 있어 이런 시각의 변화는 많은 영화들의 성공에 중심적인 역할을 한다. 이런 변화가 결핍되면 영화는 예측이 가능해져 지루해질 수 있다. 이 신은 결국 클라라를 바람맞히려고 마음먹은 크랄릭이 쪽지를 다시 주머니에 집어넣고 카페를 떠나는 모습과 함께 종료된다.

영화는 이제 카페의 실내로 장면이 바뀐다. 그곳에서는 클라라와 웨이터 사이에 또 하나의 준비의 신이 생겨난다. 카페에서 있었던 블라인드 데이트[2]들에 대해 이야기하는 웨이터는 성공했던 경우와 실패했던 경우를 클라라에게 설명해 준다. 이 이야기들은 예정된 데이트에 대한 클라라의 걱정을 증폭시키는 것 이상의 기능을 한다. 그것은 관객들에게도 무엇을 기대하고 무엇을 두려워해야 할지 알려 주는데, 이것이 바로 준비의 신의 역할이다. 여기에 더해 그녀를 그곳에 내버려 두려는 크랄릭의 의도가 신 전체에 무겁게 드리워진다.

...

2   blind date: 서로를 모르는 남녀가 만나는 미국식 소개팅.

그러나 웨이터가 퇴장하고서 얼마 후 크랄릭이 카페 안으로 들어와 클라라와 우연히 만난 척한다. 이때부터 이 신은 전통적인 극적 형태를 갖추기 시작한다. 프로타고니스트는 크랄릭이며 그의 목적은 클라라와의 화해이다. 또한 이 신의 감정적 임팩트는 크랄릭이 바로 자기가 기다리던 사람이라는 것을 모르는, 클라라의 무지에서 생겨난 아이러니로 인해 당연히 증대된다.

크랄릭은 클라라에게 이 사실을 알리고 둘 사이의 관계를 복구하기 위해 간접적 접근을 사용한다. 처음부터 자신이 바로 편지의 '친애하는 친구'임을 밝히는 대신, 그는 두 사람이 얼마나 서로를 잘 모르고 있으며 그녀가 처음 일을 시작했을 때 자신이 얼마나 그녀를 높이 평가했는지 이야기한다. 그리고 그녀에게, 사람들은 내면의 진실을 알아내기 위해 표면을 긁어내는 수고를 어지간해서는 안 하려 한다고 지적한다. 이는 영화의 주제를 간결하게 요약한 대목이기도 하다. 그 와중에 크랄릭은 그 사람이 나타나지 않는다면 자신이 그를 대신해 그녀와 데이트를 하겠다고 제안한다. 이는 자신에 대한 진실을 밝히지 않는 한도 내에서 그가 진심을 내비칠 수 있는 최고치이다. 불행히도 그녀는 그를 '하찮은 점원'이라고까지 낮춰 칭하며 퇴짜 놓는다. 따라서 결국 이 신은 부정적으로 해소된다. 크랄릭은 그녀에게 구애하는 데 실패한 것이다. 더 나아가 그는 자신이 '친애하는 친구'라는 사실도 밝히지 못하기 때문에 신이 종료되고 나서도 그 아이러니에서 오는 긴장의 선은 지속된다.

이 순간은 영화의 58% 정도 되는 지점에 위치하며 이는 첫 번째 극점의 범위 안에 있다. 이 지점은 대단히 의미심장하면서도 가능성 있는 이야기의 결말을 제시한다. 즉, 크랄릭과 클라라는 맺어지지 못할 수도 있다는 것이다. 이것은 사실 영화의 마지막에 제시되는 진짜 결말의 정반대이다. 그러나 이 순간은 사실상 두 개의 기능을 충족시킨다. 전체 구조의 측면에서 볼 때, 이 부분은 중간점 근처에서의 격정적인 감정을 제공하지만 메인 플롯의 측면에서 보면 실질적으로 두 번째 극점의 기능을 수행하고 있다. 즉, 2막의 마지막 부분인 것이다. 뒤따르는 시퀀스는 다시 주요 서브 플롯으로 복귀하고 나중의 시퀀스 G에서 영화가 다시 한 번 메인 플롯으로 되돌아갔을 때에는 극적 의문(오해에도

사진 4. 클라라는 카페에서 크랄릭을 '하찮은 점원'이라 부름으로써 그가 그녀를 단념하게 자극한다. 시퀀스 E의 마지막에 일어나는 이 순간은 두 사람의 관계에 있어 가장 최저점이며 영화의 결말에 대한 있을 법한 가능성을 얼핏 제시한다. 즉 두 사람은 결코 맺어지지 않으며 클라라는 그녀의 펜팔/연인의 정체를 끝까지 알아내지 못한다는 것이다. 물론 사실상의 결말은 이와는 정반대이다. (실제 프레임 확대)

불구하고 크랄릭은 클라라와 맺어질 수 있을까?)이 매우 중대한 변화를 겪고 난 뒤이다.

시퀀스 F
: 왕국으로의 열쇠

이 11분 길이 시퀀스는 앞의 두 시퀀스의 드라마틱 릴리프와는 대조적으로 보다 경쾌하면서도 희극적인 톤으로 복귀한다. 극적 긴장감으로 인해 통일성을 갖지만 그 긴장감 또한 과한 것은 아니다. 프로타고니스트는 크랄릭이며, 그의 목적은 사업의 주도권을 잡는 것이지만, 그 과정에 이렇다 할 장애물은 존재하지 않는다.

의사와 우스꽝스러운 대화를 짧게 주고받은 뒤에 페피는 침대신세를 지고는 있지만 기분은 좋아진 마더첵 씨에게 크랄릭을 데리고 들어간다. 크랄릭을 다시 고용한 마더첵 씨는 그를 가게의 매니저로 승진시키고 가게 열쇠를 건넨다. 이 소품의 사용은 크랄릭이 직원들에게 작별을 고할 때 설정된 모티프의 페이오프임과 동시에 그들의 관계에 찾아온 변화를 시각적으로 표현하는 방법이기도 하다. 세 개의 상기되는 원인이 신의 끝을 표시한다. 이번 크리스마스 판매고가 가게 역사상 최고가 될 것이라는 크랄릭의 약속, 마더첵 씨에게서 승진을 얻어내는 데 성공하는 페피, 그리고 바다쉬를 조용하게 해고하라는, 크랄릭에게 내린 마더첵 씨의 지시이다.

이들 중 가장 후자의 것이 제일 처음 다뤄진다. 기분 좋게 가게로 돌아와 모두에게 축하를 받은 크랄릭은 바다쉬에게 시간을 잡아먹을 뿐 별 의미 없는 일을 할당한다. 이 신에는 극적 아이러니가 부여된다. 크랄릭이 비아냥거리며 장난을 칠 때에도 바다쉬는 그가 자신의 불륜에 대해 안다는 것과 자신이 곧 해고가 될 것이라는 사실을 알지 못하는 것이다.

다음의 상기되는 원인은 페피가 비싸 보이는 새 옷과 모자(그의 지위가 변했음을 알리는 시각적 근거)를 걸치고 나타나면서 해소된다. 그는 바다쉬의 불륜과 마더첵 씨의 자살미수에 대한 정보를 간접적 접근법을 통해 전달한다. 즉 자신의 전화 내용을 일부러 다른 이들에게 들려주는 것이다. 이어서 크랄릭은 결국 바다쉬를 해고할 구실(그가 클라라를 비판한 것)을 찾는다. 그 결과로 일어난 난투 중에, 바다쉬는 담배상자의 진열대와 부딪쳐 넘어진다. 담배상자 모티프의 또 다른 페이오프다.

시퀀스 G
: 클라라를 향한 구애의 시작

남아 있는 두 시퀀스는 이야기의 초점을 메인 플롯, 즉 클라라에게 구애하는 크랄릭의 노력으로 되돌린다. 이렇듯 관심을 다시 되돌리는 것은 2막에서 3막으로의 변환을 표시하는 것이기도 하다. 앞에서 명시한 바 있듯이 주 긴장축은 대칭성에 전제를 두고 있었다. 크랄릭과 클라라 두 사람 다 진실을 모르고 있었으며, 관객의 희망과 두려움은 그 오해가 그들의 관계를 파멸로 몰고 가지 않을까 하는 의문과 밀접하게 연관되어 있었다. 그러나 이제 대칭성이 분열됨으로써 크랄릭에게는 이 상황에 대한 정보가 제공되지만 클라라에게는 그렇지 않으며, 따라서 새로운 의문이 과거의 것을 대체한다. 그것은 '과연 크랄릭은 오해에도 불구하고 클라라에 대한 구애를 성공할 수 있을까?'이다. 따라서 3막의 '목적을 지닌 캐릭터'의 패턴이 막 자체에 극적 긴장감을 부여하지만, 극적 아이러니 역시 관객의 참여라는 측면에 있어 영화의 마지막까지 매우 중요한 요소로 남는다.

이 시퀀스는 클라라가 텅 빈 우체통 안을 절망스럽게 살펴보는 장면에서 시작한다. 직장으로 돌아온 그녀는 크랄릭이 매니저가 되었다는 사실을 알고 기절한다. 클라라는 침대 신세를 지게 되고 크랄릭은 그런 그녀를 찾아가 구애를 시작한다. 여기서 그는 또 한 번 간접적 접근법을 사용한다. 자신의 정체(그들의 편지에서의 '친애하는 친구'라는 것)가 무엇인지 단도직입적으로 밝히는 대신 편지를 써서 그녀를 유혹하고자 하는데, 그녀에게는 자신이 쓴 게 아니라고 속이지만 편지의 내용에서는 자신을 매우 칭찬하고 있다(그는 자기 자신을 '매우 매력적인 젊은이'라고 묘사한다). 이 신에는 극적 갈등이 존재하지 않으며 그 대신 극적/코믹적 아이러니의 사용으로 진행된다(클라라는 크랄릭에게 "그 사람 같은 남자를 당신 같은 남자에게 설명하기란 매우 어렵다."라고까지 말한다). 크랄릭의 접근방법은 이전에 클라라가 그에게 두 번이나 사용했던 세일즈 기법(첫 번째 만남에서 일자리를 얻으려 했을 때와 나중에 그를 구슬려 이른 퇴근을 얻어내려 했을 때 사용한 방법)을 어렴풋하게나마 상기시킨다.

이 편지는 클라라의 넋을 빼앗을 정도로 효과를 발휘한다. 그녀는 크랄릭에게 다음날 당장 직장에 돌아가 어느 때보다 훨씬 많은 매출을 올리겠다고 장담한다. 이는 이 시퀀스의 후반부와 다음 시퀀스에서 다뤄지게 될 상기되는 원인이다. 또 신 안에서는 모티프들이 활용되기 시작한다. '심리적'이란 단어가 여기에서 모티프로 심어지고 또 한 번 담배상자가 페이오프되는데, 이번에는 자신의 '친애하는 친구'에게 크리스마스 선물로 담배상자를 선물하겠다는 클라라의 선언이 그것이다. 또한 가족사진이 들어있는 지갑에 대한 모티프가 새로 소개된다.

영화는 이제 낮 시간의 상회 앞으로 장면이 전환되고, 페피가 신참인 루디에게 시간을 엄수하라고 꾸짖고 있는 와중에 크리스마스가 임박했음을 관객에게 알린다. 가게 안에서는 크랄릭이 마더첵 씨의 상태가 매우 좋아졌다고 직원들에게 알린다. 이렇게 그의 근황에 관한 정보를 제공하는 것은 마지막 시퀀스에서 마더첵 씨가 가게에 나타났을 때 일어날 수 있는 혼란을 미리 처리하기 위해서이다.

이 12분 길이 시퀀스에서는 '친애하는 친구'를 위해 담배상자를 사주려는 클라라로 인해 상기되는 원인이 재개되고, 그것을 다루는 신과 함께 시퀀스가 마무리된다. 클라라에게 담배상자 대신 지갑을 사주라고 권하면서 피로비치는 여느 때처럼 간접적 접근법을 사용한다. 자기가 싫어하는 친척에게 매우 볼품없는 선물을 사주려는데 거기에 담배상자가 딱 어울린다며 운을 띄우는 것이다. 이 신이 끝난 후, 피로비치는 크랄릭에게 자기가 성공했다고 알리는데, 이것은 이 상황에서 두 사람이 처음부터 한통속이었음을 밝히는 의외의 전개이다.

시퀀스 H
: 1928년 이후 최고의 크리스마스

영화의 마지막 시퀀스는 첫 번째 것과 동일하게 장소와 시간으로 인해 통일성을 지닌다. 이 경우에는 크리스마스 이브의 가게이다. 이 시퀀스는 크리스마스 이브의 부산함 속에서 마더첵 씨가 자신의 가게 앞에 도착하는 것으로 시작된다. 여기서 다시 간접화법이 사용된다. 그는 지나가는 구경꾼인 척하며 여인 두명에게 슈트케이스를 사게끔 설득하려 한다. 이 시도가 실패한 뒤 가게 안으로 들어온 마더첵 씨는 1928년 이후 최고의 크리스마스 판매 실적을 달성한 것에 대해 모두를 치하한다. 뒤따르는 신들―보너스의 할당과 (시퀀스 B에서의 모티프의 페이오프) 크리스마스 이브를 함께할 사람을 구하려는 마더첵 씨의 노력 (바다쉬에 의해 심어진 식사초대 모티프의 페이오프)을 포함하는―이 에필로그를 이루며 여기서 시나리오는 이야기 속에서 발생했던 상황들을 되짚음으로써 마지막으로 여러 캐릭터들을 조명한다(크랄릭은 다른 약속이 있고 피로비치는 가족과 함께 집에서 지낼 것이며 페피는 데이트를 위해 나간다. 새 심부름꾼인 루디만 갈 곳이 없다). 이렇듯 이야기의 결말 전에 에필로그가 등장하는, 이런 생소한 배치는 남아 있는 긴장감이 대부분 아이러니에서 온다는 사실 때문이다. 클라라가 사실을 알게 되면 과연 어떤 일이 일어날 것인가? 그 긴장감의 해소는 이보다 더 극적으로 추진된 작품(〈토이 스토리〉의 예처럼)에서와 같은 감정적 임팩트를 불러오지는 않기 때문에, 관객을 고조된 감정의 정점에서 내려올 수 있게 하는 에필로그의 필요성은 그렇게 크지 않다. 이렇듯 엔딩 이전에 에필로그를 위치시킴으로써 마지막까지 남아 있는 결말에 대한 긴장감이, 관객의 흥미를 유발시키지 못할 수도 있는 에필로그에 감정적 힘을 부여하게 된다.

크랄릭과 클라라 두 사람만 가게 안에 남게 되면 이제 남은 것이라곤 클라라의 인지의 순간 뿐이다. 진실을 알게 되면 그녀는 과연 어떻게 반응할 것인가? 그녀는 그의 정체를 알게 된 후에도 '친애하는 친구'를 계속 사랑할 것인가? 여기서 시나리오 작가는 최고의 효과를 위해 이 상황을 이용한다. 거의 10분 동안 인지의 순간을 지연시킨 뒤에야(이 상황의 코믹함과 극적인 아이러니를 쥐어짜며) 비로소 결말을 제공하는 것이다.

처음 크랄릭은 클라라가 '친애하는 친구'를 위해 담배상자가 아니라 지갑을 포장하고 있는 것을 본다. 이는 선물에 대한 상기되는 원인을 매듭짓는 역할을 한다. 클라라는 자기가 다음 번에 가게에 올 때에는 약혼반지를 끼고 올지도 모른다고 하며, 크랄릭은 자기도 그날 밤 누구를 만나기로 했으며 그것 역시 진지한 일이라고 말한다. 이에 클라라는 두 사람 다 월요일에는 약혼을 한 몸일 수도 있겠다고 말한다. 이는 매우 코믹하고 아이러니하게 전달되는 상기되는 원인이다. 대화 도중, 크랄릭은 때맞춰 그녀로부터 자기를 처음 보았을 때 호감을 가졌다는 엑스포지션을 얻게 된다. 이 와중에 '심리적 혼란'의 모티프가 두 번이나 페이오프 된다.

이 사실을 알고나서 크랄릭은 마침내 그녀를 얻기 위해 다시 간접화법을 사용한다. 그는 클라라의 연인인 이른바 '폽킨씨'를 이미 만났다는 허구의 이야기를 꾸며내고 그에 대해 별로 근사하지 않은 디테일을 묘사함으로써 그녀를 괴롭게 만든다. 여기서 그는 자신이 최상의 세일즈 기술을 가진 것을 입증한다. 우선 그녀의 허구의 연인에 대해 너무나도 음울한 이미지를 조작함으로써 결국에 진실이 밝혀졌을 때 그 자신이 훨씬 더 나은 선택인 것처럼 보이게 하는 것이다.

이 마지막 아이러니에서 오는 긴장감이 해소되자 카페에서 심어졌던 모티프의 페이오프인 크랄릭의 안짱다리에 관한 짤막한 개그만이 남고, 영화는 두 사람의 사랑에 가득 찬 포옹으로 마무리 지어진다.

원작 시나리오의 시퀀스들과의 비교

1940년 당시의 보편적인 관례에 따라 샘슨 라파엘슨의 오리지널 시나리오에는 시퀀스가 표기되었다. 그것들은 모두 A~F까지 여섯 개로 6분에서 23분까지 다양한 길이를 지닌다. 시퀀스 A는 내가 맨 처음 제시한 두 개의 시퀀스이다. 군상극으로 이뤄진 셋업과 직장을 찾는 클라라의 노력이 그것이다. 이것들을 하나로 분류하는 것은 이 두 개가 함께 영화 전체의 설정을 담당한다는 점에서 볼 때 설득력이 있다. 그러나 위에서 기술한 바 있듯이 클라라의 등장은 액션의 중대한 변화를 표시한다. 실제로 크랄릭과 마더첵 사이에서 벌어지는 약 1분 30초의 짤막한 신을 제외하고는, 클라라는 처음 등장하고 나서 담배상자를 판매하는 데 성공할 때까지 계속 스크린 위에 등장해 있으며 그녀의 목적(일자리를 구하는 것)은 모든 액션에 영향을 준다(이는 크랄릭과 마더첵 사이의 짤막한 신에도 마찬가지이다). 그러나 작가의 입장에서 보았을 때, 이 두 개의 부분은 하나의 큰 이야기 덩어리보다는 순서대로 다뤄져야 할 두 개의 독립적인 시퀀스로 인지하는 편이 훨씬 편리하다.

　　시나리오의 시퀀스 B와 내 분석상의 시퀀스 C(일찍 퇴근하기 위해 노력하는 크랄릭과 클라라)는 서로 일치한다. 그리고 시나리오의 시퀀스 C는 나의 시퀀스 D와 E 두 개가 합쳐진 것이다. 이렇듯 시퀀스를 나누는 것은 처음에는 그 논리를 파악하기 어려울 수도 있다. 이 24분의 상영시간 중, 14분은 가게 안에서 벌어지며 'B' 플롯(마더첵 씨는 크랄릭을 해고하고, 이어 죄를 지은 사람이 바다쉬란 것을 알고 자살을 기도한다)을 다루고 있다. 그리고 다음 9분은 새 장소(카페)로 이동하며 'A' 플롯(클라라가 바로 '친애하는 친구'였음을 크랄릭이 알게 되는)으로 복귀한다. 이러한 차이에도 불구하고 이것들을 하나의 시퀀스로 취급한 것은 아마도 주제의 동일성에 주목했기 때문인 듯하다. 즉 두 시퀀스 모두 남자가 사랑하는 여인에 대해 새로운 사실을 발견하는 내용을 다루고 있는 것이다. 하지만 작가의 입장에서 본다면 이런 두 구획은 각기 독립적으로 다루는 것이 훨씬 수월할 것이다.

　　시나리오의 시퀀스 D와 E는 나의 분할(시퀀스 F와 G)과 크게 차이점이 없다. 또한 마지막 시퀀스에서는 나의 분석과 시나리오의 경계선이 정확히 일치한다.

〈모퉁이 가게〉 시퀀스 분석

시퀀스	설명	길이	경과시간
	1막		
	(각본상의 시퀀스 A)		
A	영화의 오프닝(1분 17초 길이의 타이틀을 제외한)에서 마더 첵씨가 전화상으로 미클로스 브라더스에게 담배상자를 원하지 않는다고 거절하는 지점까지. 통합하는 요인: 시간과 장소 프로타고니스트: 출연자들 모두(앙상블)	8:39	8:39 (9%)
	개시점: 클라라의 등장		
B	클라라가 등장하여 직장을 구하기 위해 노력한다. 그녀는 여성 손님에게 담배 상자를 판매함으로써 이에 성공한다. 통합하는 요인: 극적 긴장감 프로타고니스트: 클라라 목적: 직장을 구하는 것.	8:50	17:29 (18%)
	(각본상의 시퀀스 B)		
	2막 주 긴장축: 과연 크랄릭과 클라라는 둘 사이의 불화에도 불구하고 잘 지낼 수 있을까?		
C	크랄릭과 클라라는 물방울무늬 드레스를 놓고 말다툼한다. 크랄릭은 자신이 마더첵 씨에게 봉급인상을 요청하려 한다는 것과, 그 후 자신의 펜팔을 만나려 한다는 내용을 피로비치에게 알린다. 문제점: 크랄릭은 부지불식간에 자기가 싫어하는 여인과 사랑에 빠진 것이다(23:45-25%). 마더첵 씨는 전화로 부인과 통화를 하는데 그녀는 돈을 계속 요구한다. 크랄릭은 마더첵 씨에게 봉급인상의 요구를 거절당하고, 또한 마더첵 부인에게 돈을 전달해 주겠다는 자신의 제안 또한 거부당한다. 통합하는 요인: 극적 긴장감 프로타고니스트: 크랄릭 목적: 일찍 퇴근하는 것.	16:19	33:48 (35%)

(각본상의 시퀀스 C)

D	크랄릭을 해고하고, 나머지 사람들도 귀가시킨 마더첵 씨는 부인이 만나고 있는 남자의 정체를 알아내고 자살을 시도한다. 통합하는 요인: 극적 긴장감 프로타고니스트 : 마더첵 목적: 누가 자신의 부인과 동침하고 있는가를 알아내려는 것.	9:48	38:48 (51%)
E	피로비치와 크랄릭은 함께 카페에 도착한다. 크랄릭은 익명의 펜팔 친구가 다름아닌 클라라였음을 알게 된다. 크랄릭은 그녀에게 말을 붙여보지만 그녀는 그를 '하찮은 점원'이라 지칭하며 퇴짜를 놓는다. 통합하는 요인: 극적 긴장감 프로타고니스트: 크랄릭 목적: 클라라와의 사랑의 희망을 유지시키는 것. 첫 번째 극점: 클라라는 크랄릭을 '하찮은 점원'이라고 조롱하고, 크랄릭은 카페에서 퇴장한다(56:22 - 58%).	9:51	56:31 (58%)

(각본상의 시퀀스 D)

F	병원에 입원해 있는 마더첵에 의해 다시금 채용된 크랄릭은 바다쉬를 해고한다. 통합하는 요인: 극적 긴장감 프로타고니스트: 크랄릭 목적: 마더첵 상회의 지휘권을 잡는 것.	10:42	1:07:13 (70%)

3막

G	영화는 다시 주된 플롯으로 돌아가 클라라를 추구하는 크랄릭에게 초점을 맞추며, 이로써 3막의 긴장감이 개시된다. 크랄릭은 새롭게 획득한 권력과 위치를 이용해 둘의 관계를 구제하려 한다. 이 시퀀스에서, 텅 빈 우체통 안에 손을 넣어본 클라라는 크랄릭이 새로운 상사가 되었다는 사실을 알고는 혼절한다. 크랄릭은 몸겨누은 그녀를 병문안한다. 클라라가 다시 출근을 하자 크랄릭은 피로비치의 도움을 얻어 그녀로 하여금 자신에게 지갑을 선물하도록 유도한다.	11:50	1:19:03 (82%)

(각본상의 시퀀스 E)

통합하는 요인: 극적 긴장감 프로타고니스트: 크랄릭 목적: 클라라 두 번째 극점: 크랄릭은 침대 신세를 지고 있는 클라라를 방 　　　　　　문한다(1:09:30 - 72%).	9:48	38:48 (51%)

(각본상의 시퀀스 F)

H	크리스마스이브에 상회 앞에 도착한 마더첵 씨는 안으로 들 어가 모두에게 축하의 말을 건네고 보너스를 나눠준 다음, 그날 밤을 함께 보낼 사람을 얻는다. 클라라와 홀로 남게 된 크랄릭은 그녀를 유혹하여 가상 속 의 연인에게서 마음이 떠나게 만들고, 마지막에 자신과 편 지들에 대한 진실을 털어놓는다. 통합하는 요인: 장소 프로타고니스트: 출연자들 모두(앙상블)	17:47	1:36:50 (100%)

에필로그: 마더첵 씨는 직원들이 낸 우수한 성과에 대해 치 　　　　하하고, 보너스를 준 뒤 크리스마스 이브를 같이 　　　　보낼 사람을 얻는다.

결말: 클라라가 크랄릭을 껴안는다.

SCENARIO

4장

<이중배상>

미래로의 플래시백

SEQUENCE

영화로 만들기엔 너무 외설적이라는 평을 듣던 제임스 M. 케인의 소설을 각색, 1944년에 공개된 〈이중배상〉은 일곱 개의 아카데미상을 수상했으며, 그중에는 최우수 각본상도 포함되어 있다. 이 작품은 고전 필름 느와르 장르를 탄생시킨 빌리 와일더(감독)와 레이몬드 챈들러(각본을 집필한 추리소설가)의 합작품이라는 점에서 주목할 만하다.

플래시백의 원리를 사용하고 있기 때문에, 〈이중배상〉은 극적 긴장감의 기본적 이론(극적 의문, 즉 '주인공은 과연 그가 원하는 것을 얻을 수 있을까?'에 대한 희망과 두려움을 그들의 마음속에 심어줌으로써 관객의 관심을 획득한다는 원칙)을 시험한다. 이 영화의 프로타고니스트인 월터 네프는 도입부에서 자신의 여정의 결과를 밝혀 버리지만 그럼에도 불구하고 이 영화는 매우 강렬한 몰입도를 유지한다. 그것은 관객이 이미 최종적인 결과를 알고 있더라도 그것이 언제, 무슨 상황에서 일어나는지는 모르기 때문이다. 따라서 스토리텔러가 여전히 희망과 두려움을 조정하기는 하지만 신들이 전개되면서 관객에게 던져지는 의문은 관객이 결과를 모르는 경우와는 약간 다르다. 네프가 장애물과 맞닥뜨릴 때마다 의문은 '그는 이 장애물을 극복할 수 있을까?'보다는 '과연 이것이 그에게 파멸을 가져다

주는 장애물인가?'이기 때문이다. 따라서 희망은 동일하게 유지된다. 그가 그 장애물을 극복했으면 하는 것이다. 그리고 그가 성공하지 못했을 경우에 대한 두려움은, 무엇보다도 관객이 네프가 결국 파멸당한다는 것을 알고 있기 때문에 오히려 증대된다.

시퀀스 A
: 거실에서의 과속

첫 번째 시퀀스는 14분 동안 지속되며 극적 긴장감으로 인해 통합된다. 프로타고니스트는 네프이며 온전한 하나의 신 안에서 보이는 그의 목적은 필리스가 보험을 가입하도록 만드는 것이다. 시퀀스의 첫 6분은 나중에 나오는, 필리스와의 신을 이해하기 쉽게 만들기 위해 우선 네프의 상황을 설정한다.

영화의 오프닝은 퍼즐과 함께 시작된다. 이는 성공적인 영화들에서 흔히 찾아볼 수 있듯이 관객의 호기심을 자극하는 데 주된 목표를 두고 있다. 타이틀 시퀀스 자체도 목발을 짚은 사람의 실루엣이 관객을 향해 불길하게 다가오는 영상과 함께, 장중하면서도 강렬한 음악이 배경에 흐름으로써 어둡고 위험하며 서스펜스로 가득한 영화의 주제가 예고된다. 목발을 짚은 사내에 대한 수수께끼가 풀리기도 전에 곧 또 다른 퍼즐이 그 자리를 차지한다. 야심한 밤의 비 내린 도로 위를 위험하게 달리는 차가 비춰지는 것이다. 누가 운전을 하고 있는가? 어째서? 무엇이 문제인가? 누가 그를 쫓고 있는가?

차가 급정차를 하고 문이 열릴 때에도, 우리는 차에서 내리는 인물의 얼굴을 볼 수 없다. 따라서 그 미스터리는 1분 남짓 더 지속된다. 잠시 후 엘리베이터 안에서 드디어 수수께끼의 해답이 어느 정도 제공된다. 사내의 이름은 네프이고, 보험업계에서 일하고 있다.

수수께끼에 대한 좀 더 실질적인 해답은 영화가 시작되고 거의 5분이 경과한 뒤 네프가 친구인 키이즈를 위해 메모를 녹음하면서 비로소 제공된다. 그러나 이 시점에서도 단서들은 감질나는 퍼즐의 일부로서 주어지며 더구나 중요한 부분은 빠져 있다. 디트릭슨 건에 대해 얘기를 꺼내면서 네프는 그것이 살인이었다는 사실과, 자신이 그 사건과 관련해 유죄임을 고백한다. 이 자백에서 자기에 대해 분명히 이미 잘 알고 있는 친구에게 얘기하면서도 네프는 보험업계의 용어들을 사용해 자신의 나이, 신장, 직업, 건강 등을 묘사한다. 이 대사에서의 아이러니의 사용 (자신의 친구가 이런 내용들을 모르는 듯 행동하는 네프)은 괴로운 자백에 추가로 심각한 느낌을 부여하는 것 이외에도, 동시에 관객에게 엑스포지션을 제공하는 역할을 한다. 즉 이런 방식을 통해 프로타고니스트에 대한 사실들이 부지불식간에 관객에게 전달되는 것이다. 자신이 유죄임을 자백한 후 네프가 이야기를 풀어놓기 시작하면서 내러티브는 과거로 돌아간다. 시퀀스가 6분이 경과하고나서야 비로소 영화의 본론이 시작되는 것이다.

네프의 도입부 독백은 2분 남짓한 길이이며, 단순한 독백임에도 불구하고 그 안에 서브텍스트가 존재한다. 그것은 네프가 정보를 전달하려는 것 이외에 따로 의도하는 그 무엇이다. 그것은 결국 키이즈와의 논쟁과 연관이 있는데, 네프는 키이즈가 "나는 이런 엉터리 청구는 한번에 알아본다."라며 얼마나 본인을 과대평가했는지 깨우쳐 주려 하는 것이다. 따라서 네프가 "모든 건 지난 5월에 시작되었지…"라며 이야기를 시작하면, 그는 오래된 친구에게 흥미로운 이야기를 전달하는 그 이상을 하고 있다. 그는 키이즈가 어떻게 실수를 저질렀는지 들춰내고자 하는 것이다. 이 상기되는 원인은 영화의 마지막에서 키이즈가 "모든 걸 다 알아낼 수는 없잖나, 월터."라고 인정함으로써 마무리된다.

플래시백에서, 네프는 필리스의 남편에게 보험을 팔기 위해 그녀의 집에 도착한다. 이 신은 단순한 극적 방식으로 전개된다. 프로타고니스트인 네프는 필리스에게 보험을 들게 하려는 목적을 갖고 있으며 주된 장애물은 필리스를 향한 그의 성적 관심이다. 네프의 시시덕거림에 필리스가 "제한 속도를 넘었군요."라는 비난으로 답하고 나면 간접화법의 매우 유명한 예가 그 뒤를 따른다. 교통신호에 대한 표면상의 대화가 그 아래에서 벌어지는 성적 논쟁을 숨기고 있는 것이다. 이 신에서 필리스의 발찌와 사고보험에 대한 복선이 '씨뿌려진다'. 사실상, 사고보험에 대한 필리스의 질문과, 그것에 관해 네프가 계속 생각을 하게 되는 지점이 이 영화의 개시점을 구성한다. 초반의 네프의 고백 역시 개시점의 역할을 수행하는데, 관객의 관심을 미래로 향하게 하는 동시에 이 이야기가 무엇에 관한 것인지 관객에게 매우 강한 느낌을 제공하기 때문이다. 이 신은 약속과 함께 종료된다. 즉 네프는 목요일 밤 8시에 그녀의 남편과 자동차보험 갱신에 관해 의논하기 위해 다시 방문할 것이라는 내용이다. 네프는 사무실로 돌아오고, 거기에서 키이즈가 거짓 청구를 제출한 갈로피스라는 이름의 트럭 운전사를 취조하고 있는 장면을 목격한다. 여기서 엉터리 청구를 밝혀내는 키이즈의 재능이 드러나며, 그의 안에 들어 있다는 '꼬마 친구'에 대한 복선과 담뱃불을 붙여주는 일상의 시각적 복선도 제공된다. 이 시퀀스는 자신의 사무실에 도착한 네프가 약속을 변경하자는 필리스의 전갈이 와 있는 것을 발견하면서 종료된다. 보이스오버에서 네프는 약속에 응하려는 자신의 의도를 내비치며 이는 첫 번째 시퀀스를 두 번째와 연결시키는 대사 고리이다.

시퀀스 B
: 빨갛게 달궈진 부지깽이

영화의 다음 16분은 첫 14분과는 꽤 다른 긴장의 라인을 소개, 발전시킨다. 이런 이유 때문에 오리지날 시나리오 상의 시퀀스

A가 이 지점에서 두 개로 나눠질 수 있는 것이다. 첫 14분이 관객을 호기심으로 사로잡고 네프가 보험을 팔려고 노력하는 것을 보여주었다면, 다음 16분은 필리스의 살인 음모에 가담하는 유혹으로부터 네프가 저항하는 모습을 보여준다. 그리고 그 저항은 결국 헛된 것이었음이 판명된다.

이 시퀀스는 이전 신에서 설정된 약속을 위해 네프가 필리스의 집에 도착하는 장면과 함께 시작한다. 표면상으로는 자동차보험을 팔기 위해 온 것이지만, 얼마 안 있어 그는 필리스가 뭔가 다른 의도를 가진 것을 알아차린다. 그는 그것을 자신을 향한 성적 관심으로 오해한다. 따라서 이 신에서의 그의 목적은 그녀와의 간통이며 주된 장애물은 보험에 대한 그녀의 끈덕진 질문들이다. 그녀가 정확히 무엇에 대해 묻고 있는지를 결국 깨닫고 나자(그녀의 남편을 살해하고 큰 액수의 돈을 지급받을 수 있게 해주는 남편 명의의 사고보험) 네프는 원래의 성적 목표를 포기하고 물러난다.

따라서 시퀀스의 극적 긴장감은 4분이 경과한 지점에서 셋업된다. 네프는 필리스와 그녀의 교활한 유혹에 저항해야 하는 것이다. 그는 처음엔 먹고 마시는 것과 볼링으로, 그리고 필리스가 자신의 아파트에 도착했을 때는 그런 음모가 발각될 수 있는 점들을 조목조목 지적함으로써 유혹에 저항하려 한다. 그녀가 남편을 살해하고 보험금을 청구했을 때 키이즈가 어떻게 대응할 것인지 묘사하는 네프는 단순히 필리스를 포기시키려고 설득하는 것만이 아니다. 그는 관객을 위한 엑스포지션을 몰래 들여오면서(그들 앞에 나타날 장애물들을 설명함으로써) 동시에 반전을 준비시키고 있는 것이다.

이 반전은 매우 중요하다. 왜냐하면 영화의 전제 자체가 받아들이기 어려운 것이기 때문이다. 과연 무엇이 윤리적으로 문제될 것 없이 지금까지 지내온 한 시민으로 하여금, 자기가 당장 필요하지도 않는 돈과 방금 만났을 뿐인 여인을 위해 생판 모르는 사람을 죽이는 것에 동의하게끔 만들 수 있을 것인가? 물론 작가는 몇 가지의 옵션들을 택할 수도 있었다. 네프가 무슨 이유에서건 돈이 필요하게 만들 수도 있었으며, 그에게 전과를 부여하거나 디트릭슨 씨와 원래 개인적으로 원한이 있는 관계로 설정할 수도 있었다. 그러나 작가는 캐릭터와 그를 둘러싼 상황을 케인의 원작 소설에서 묘사된 그대로 유지시켰고, 그 대신 반전을 택했다. 그럼으로써 우선 프로타고니스트로 하여금 최대한 유혹에 저항하게 하여 관객에게 또 다른 결말의 힌트를 제공하고(그는 저항하는 데 성공한다), 그리고 나서야 그를 유혹에 굴복하게 만든 것이다.[1] 현재의 시점으로 장면이 전환되면, 여전히 키이즈를 위한 녹음을 하고 있는 네프가 관객에게 추가적인 변명을 제공해 정당화를 꾀한다. 네프는 그 전부터 "도박장을 털고 싶었다."고 밝힌다. 자신이 그 업계의 생리를 훤히 꿰뚫고 있기 때문이라는 것이다.

결국 네프가 필리스에게 살인을 도울 것을 동의함으로써

···

1 케인의 원작에도 존재하긴 하나, 이 반전은 소설에선 훨씬 약하게 발전되어 있다.
2 Dictaphone : 속기용 구술 녹음기 브랜드

시퀀스의 극적 긴장감은 부정적으로 해소된다. 그 후 이 시퀀스의 에필로그 부분인 3분 동안, 네프는 일련의 상기되는 원인들을 발생시켜 이 시퀀스를 뒤에 오는 시퀀스들과 연결시킨다. 그들은 잡히지 않을 것이다. 왜냐면 그가 어떻게 해야 할지 모두 알고 있기 때문이다. 따라서 모든 것이 완벽해야 한다(아무것도 대충 처리하거나 실수하는 일이 없어야 한다). 즉 그와 필리스는 절대로 같이 있는 모습이 발각돼서는 안 되며, 모든 행동을 조심하여 빈틈없이 처리해야 한다.

빗속에 멀어져가는 필리스의 차를 네프가 바라보는 장면과 함께—시각적 간접적 접근법(우리는 멀어지는 차의 소리를 들을 수는 있지만 그걸 바라보는 네프의 얼굴만 보여진다)과 여파의 신(대사는 별로 없고 그 대신 분위기로 충만한 신을 뜻한다.)의 전형적인 예이다—시퀀스와 1막이 함께 종료된다. 그리고 〈토이 스토리〉에서처럼 여기에서도 막들 사이에 커튼 비슷한 것이 존재한다. 이 경우, 딕터폰[2]에 대고 그들이 세운 계획의 다음 단계를 설명하는, 현재의 네프로의 장면 전환이다.

시퀀스 C
: 살인을 준비하다

2막의 시작부터 주 긴장축은 명확하다. 과연 네프는 여인과 돈을 손에 넣을 수 있을까? 이것은 두 가지 목적이 같아 보이지만 사실상 두 개가 서로 엮여 있어 하나라고 볼 수 있다. 물론 이 의문에 대한 답은 오프닝의 딕터폰 신에서 네프에 의해 제공된 바 있으며 당시 관객을 이야기에 끌어당긴 것은 호기심이다. 즉 그가 목적을 달성할 수 있을지 그 여부보다는 오히려 그가 어떻게 실패했는지에 대한 의문이다. 그러나 이 시점에 와서는 극적 긴장감과 아이러니에서 오는 긴장감, 두 가지 모두 관객의 감정적인 참여를 유발시키기 위해 사용된다. 우리가 결과를 이미 알고 있기에 생겨나는 아이러니가 기대감을 유발시키며, 극적 긴장감 역시 네프가 마주치는 장애물들 중 어떤 것이 그의 파멸을 초래할지 관객이 모르기 때문에 극적 긴장감의 중요 요소인 희망과 두려움이 계속 작용하게 된다.

시퀀스 C의 14분간은 살인을 준비하는 네프와 필리스, 그리고 두 개의 반전을 담고 있다. 그중 두 번째 반전은 이야기를 시퀀스 D와 실제 살인의 방향으로 나아가게 한다. 오프닝 신은 보이스오버 내레이션으로 셋업된다. 즉 네프는 디트릭슨이 진실을 알아채지 못하게 하면서 그의 서명을 받아내야 하고, 동시에 그 자리에 몇 명의 증인이 함께해야 한다는 내용이다. 신의 나머지는 주로 극적 아이러니를 이용하여 관객의 관심을 끌어내고 있다. 신 안에는 디트릭슨에게 사고보험을 들게 하려는 네프와 이를 거부하는 디트릭슨, 그리고 그를 두 번 서명하게 만들려는 네프의 노력 같은 비교적 작은 갈등들만 존재한다. 오히려 이 신에서의 감정적 힘은, 음모에 대해 관객이 사전에 인지하고 있다는 점과, 디트릭슨이 자신의 서명이 무엇을 뜻하는지 알아차릴 수도 있다는 두려움에서 발생한다. 또한 디트릭슨에 의해 밝혀진 작은 정보 하나가 즉시 큰 중요성을 띠게 된다. 그의 예정된 팔로 알토행 여행이다. 디트릭슨의 서명을 받아내는 데 성공한 네프는 필리스에게 '이중배상'의 조항을 설명한 다음, 디트릭슨이 기차를 타야만 한다고 주장한다. 이는 매우 강력하게 상기되는 원인이다.

집을 나선 네프는 첫 번째 잠재적 장애물과 조우한다. 디트릭슨의 딸인 롤라가 차를 얻어 탔으면 하고 조수석에 앉아 있는 것이다. 네프는 태연함을 유지하며 그녀의 부탁을 들어주고, 그

사진 5. 〈이중배상〉의 짤막한 여파의 신에서 차를 타고 멀어지는 필리스를 지켜보는 월터 네프의 미디엄 샷은 시퀀스 B(그리고 1막)를 마무리짓는다. 〈토이 스토리〉와 〈졸업〉에서처럼 이 영화도 1막 다음에 오는 '커튼'을 지니고 있다. 이 경우 사무실에서 딕터폰에 대고 구술을 하는 네프로의 장면전환이 그것이다. 거기에서 그는 시퀀스 C의 극적 긴장감을 설정한다. 〈토이 스토리〉와 〈졸업〉 두 작품에서는 음악을 사용한 간극이 커튼 역할을 한다. (실제 프레임 확대)

외중에 롤라-니노 서브 플롯이 설정된다. 극적 아이러니(네프가 사실은 롤라의 아버지를 죽이려 한다는 사실에 대한 관객의 지식)가 이 신에 감정을 불어넣으며 그 덕에 신의 설명적 기능(롤라의 상황과, 그녀와 니노의 연애 관계에 대한 정보를 관객에게 제공하는)은 은폐된다.

이 시퀀스의 첫 번째 반전은 그 뒤에 이어지는 로스 펠리즈 마켓 신에서 등장한다. 거기에서 네프는 모든 것이 계획대로 돼가고 있음을 필리스에게 설명하지만 그녀는 디트릭슨의 다리가 부러져서 팔로 알토 행 여행이 취소되었다는 유감스러운 소식을 전한다. 그럼에도 불구하고 어떤 방식으로든 계획을 진행시키고 싶어 하는 필리스를 네프는 말린다. 이는 시퀀스의 마지막에 마무리되는 상기되는 원인이다.

이어지는 신은 내근직을 맡으라고 네프를 설득하는 키이즈의 노력을 다루며 또 한 번의 반전을 셋업하기 위해 대조를 통한 준비를 사용한다. 보이스오버 내레이션에서 네프는 운명의 여신들이 자기가 하지 말아야 할 것을 못하게 지켜주고 있는지도 모른다고 이야기 한다.그 결과, 키이즈와 함께 진행하는 이 신에서 그는 대체적으로 기분이 좋아 보인다. 이 순간은 영화의 가능성 있는 하나의 결말에 대한 첫 번째 힌트이다. 즉 네프는 계획을 실행에 옮기지 않는다는 것이다. 그러나 디트릭슨이 결국 팔로 알토 행 여행을 떠날 거라고(더구나 그는 두 사람이 바라던 대로 기차를 타고 갈 것이다) 필리스가 다시 전화를 하면서 반전이 이뤄진다. 지금까지 극적 긴장감(내근직을 맡으라고 네프를 설득하는 키이즈)으로 인해 진행되던 이 신은 이제 아이러니에서 오는 긴장감으로 전환되는 데, 네프는 배경에 키이즈가 어슬렁거리는 가운데 필리스와 은밀하게 통화를 해야 하기 때문이다. 신의 엔딩에서 네프가 키이즈의 시가에 불을 붙여주는 것과 함께 시퀀스도 종료된다. 살인 계획은 이렇게 중대한 장애물 하나를 넘어간 것이다.

시퀀스 D
: 디트릭슨이 발을 헛디디다

이 13분 길이 시퀀스는 본질적으로, 살인을 저지르는 두 사람에 대한 단편영화이며 살인이 종료되면서 끝이 난다. 그리고 이것은 지극히 극적인 내용이다. 과연 네프와 필리스는 살인에 성공할 수 있을까? 그럼에도 불구하고, 아이러니에서 오는 긴장감의 두 개의 레이어가 이를 뒤덮는다. 두 사람이 결국 실패한다는 것을 관객이 인지하고 있는 데에서 오는 지배적인 긴장감의 층과, 두 사람이 그들의 음모를 모르는 외부인과 접촉하게 될 때마다 생겨나는 간헐적인 긴장감의 층이 그것이다.

계획에 착수할 때 흘러나오는 네프의 보이스오버 내레이션은 이 시퀀스의 1막의 셋업을 제공하며, 아울러 상당한 준비의 기능도 담당한다. 그는 자신의 알리바이를 준비한 경과 등을 자세히 열거하는데, 이것은 이미 꽤 오래 계획된 살인에 대한 기대감을 다시 고조시키는 데 도움을 준다.

시퀀스가 3분 정도 진행되고 난 후 네프가 디트릭슨의 차 뒷좌석에 숨어 타고 나면 모든 셋업이 완료되고 시퀀스의 2막이 시작된다. 며칠 후 돌아오겠다며 안심시키는 디트릭슨과 필리스 사이의 아이러니한 대사 몇 마디가 오간 뒤 네프는 디트릭슨을 살해한다. 이어 그들이 기차역에 도착하자 발생하는 요약의 신 속에서 두 사람은 대화를 나누고, 거기서 네프는 앞으로 나머지 음모가 펼쳐지면서 다뤄질 일련의 상기되는 원인들을 늘어놓는 다. 기차에 올라탄 네프는 절뚝거리며 후미의 전망차에 도달해 (타이틀 시퀀스에서 등장한, 목발을 짚은 실루엣 사나이의 모티프를 페이오프하며) 철길로 뛰어내리려는데 그때 잭슨이라는 캐릭터가 간섭을 한다. 이로 인해 극적 아이러니가 이 신에 드리워지고 네프는 잭슨을 전망차에서 내리게 하느라 꽤 신경을 쓰게 된다. 마침내 이에 성 공한 네프는 열차에서 뛰어내리고 네프와 필리스는 결국 그들의 '연극'을 마무리짓는다. 막판에 차의 엔진에 생긴 문제가 그들을 위협하는 듯 보이지만 결국 네프는 시동을 거는 데 성공한다.

필리스를 내려준 네프가 집으로 돌아오면서 시퀀스는 종료 되고 우리는 살인을 저지른 그날 밤을 위해 그가 한 준비들을 다 시 둘러보게 된다. 뒤따르는 네프의 보이스오버 내레이션은 섬 뜩하게 상기되는 원인과 함께 끝을 맺는다. 그는 모든 것이 잘못 될지도 모른다는 두려움을 내비치며 자신이 마치 죽음이 예정된 자의 길을 걷고 있는 것 같다는 느낌을 토로한다.

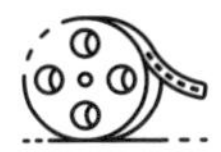

시퀀스 E
: 외견상의 성공

14분 남짓한 길이의 다섯 번째 시퀀스는 살인을 발각당하지 않으려는 네프의 욕구로 통합되며, 또한 대조를 통한 준비로 셋업되는 두 개의 중요한 반전으로 이뤄져 있다. 주목할 것은 이 반전들이 제임스 M. 케인의 원작 소설에는 없다는 점이다. 이야기 상의 이 지점들이 어떻게 처리되었는지는 와일더-챈들러 조합의 탁월함을 보여주는 좋은 예이다.

시퀀스의 첫 5분 동안은 이전 시퀀스의 상기되는 원인이 재개되며 그로 인해 엄습해오는 파멸의 느낌을 만들어내는 데 심혈이 기울여진다. 이것은 중요 정보의 전달을 최대한 억제한 후에야 관객에게 제공됨으로써 달성된다. 이 시퀀스는 자신의 사무실에서 네프가 독백을 통해 발각당하는 것에 대한 두려움을 묘사하는 것으로 시작된다. 첫 신은 그의 사무실 건물로 플래시백되고 거기에서 네프는 키이즈와 만난다. 키이즈는 그에게 디트릭슨 사건에 뭔가 문제가 있다고만 얘기를 하고 그들의 상사인 노튼의 사무실로 네프를 인도한다. 이로 인해 이 신에는 극적 아이러니가 불어넣어진다. 관객은 비밀이 밝혀져 네프가 노출될까 두려워하게 되는 것이다.

사장실의 회의에서 사장인 노튼은 사고사라는 디트릭슨 사건의 판정이 불만족스럽다고 선언하지만 그 이유가 무엇인지는 밝히지 않는다. 회의는 방문객 때문에 중단되는데, 이는 판정에 대한 노튼의 반론이 제기되는 것을 지체시킨다. 이것은 지연('준비' 참조)의 전형적인 예로서, 관객이 노튼의 반론이 무엇인지 두려워하게 만드는 동시에 그것을 듣기 위해 기다려야 하게끔 만들어지는 것이다. 따라서 최고의 효과를 위해 서스펜스는 쥐어짜진다.

필리스가 들어오기 직전, 노튼은 네프와 키이즈에게 "내가 이걸 처리하는 걸 잘 지켜보게."라고 얘기한다. 이는 우리의 기대감을 증대시키는 상기되는 원인이다. 필리스가 도착하자 노튼은 사람들에게 그녀를 소개하고 그녀에 맞서 자신의 관점을 설명한다. 결국 노튼은 디트릭슨의 죽음이 자살이었다는 자신의 결론을 발표한다. 그러나 이는 네프와 필리스(그리고 관객도)의 희망과 두려움에 대해선 아무런 영향도 끼치지 않는 무해한 결론이다. 이 안도의 순간은 네프가 필리스에게 물잔을 건네는 행동으로 인해 강조점을 갖는데, 이 동선은 두 사람이 은밀히 시선을 교환할 수 있는 기회를 제공한다. 디트릭슨 사건의 문제가 자살이라는 노튼의 결론은, 마치 엄습해오는 파멸처럼 그 앞의 4분 동안 셋업 되어온 것에 대한 반전이며, 또한 전형적인 대조를 통한 준비이다.

곧이어 필리스는 노튼에게 통렬한 비방을 가하며 사무실에서 나가버린다. 그 덕에 노튼은 키이즈에게서 빈정거림("처리 한 번 잘 하셨네요.")을 듣게 되며, 이로 인해 필리스가 도착하기 전에 발

사진 6. 〈이중배상〉의 시퀀스 E에서 네프의 친한 친구, 바톤 키이즈가 네프의 현관 앞에 예기치 않게, 또한 달 갑지도 않게 출현을 한다. 한편 필리스는 그 사실을 모른 채 그쪽으로 오고 있는 중이다. 이 신은 극적 아이러 니로 인해 추진력을 가지며 자신이 꾸민 음모의 성공을 꿈꾸던 네프에게 통렬한 타격을 날린다. 준비의 조심 스러운 운용(돈이 은행에 들어온 것이나 다름없다는 네프의 선언까지)은 키이즈가 나타나 자신의 의혹을 내 비침으로써 대조를 통해 페이오프된다. 이 신의 바로 전에 위치한 네프의 낙관적인 기분은 영화의 첫 번째 극 점(영화의 결말에 대한 다양한 가능성의 첫 번째 힌트, 즉 그와 필리스가 성공할 것이라는)을 제공한다.

생했던 상기되는 원인이 마무리된다. 키이즈는 자살에 대한 인 상적인 설교로 노튼의 추론을 마저 뭉개버린다. 노튼이 등장하 는 이 신은 주목할 만하다. 왜냐하면 극적 긴장감과 아이러니에 서 오는 긴장감이 동시에 작용하고 있기 때문이다. 신의 감정적 핵심은 아이러니에서 온다. 즉 네프의 비밀이 발각되는 것에 대 한 두려움이다. 그러나 이 신은 극적 긴장감의 사용으로 형태를 갖추게 된다. 자신이 '바보가 아닌' 것을 증명하고자 하는 노튼의 욕구이다. 그 긴장감을 위한 시퀀스 내 1막, 즉 설정은 노튼이 키이즈와 네프에게 자신이 "이것을 처리하는 걸 잘 지켜보게."라고 하면서 생겨나는데, 이것은 자신이 큰 사무실 안에 앉아 있다고 해서 얼간이라는 뜻이 아니라는 것을 보여주려는 그의 노골적인 시도이다. 필리스가 퇴장하자, 그 긴장감은 부정적으로 해소된다(그가 실패하는 것이다). 그 후에 노튼의 추론을 짓밟는 키이즈의 행위는 이 신의 3막을 차지하며, 물잔을 사용한 연기와 턱시도를 입는 것에 대한 키이즈의 대사가 결말부에 느낌표를 제공한다.

네프가 노튼의 사무실에서 나온 후 대조를 사용한 준비가 다시 신중하게 이뤄진다. 이번에는 그 앞의 8분간을 모두 뒤집는 것이다. 네프의 보이스오버 내레이션, 조명, 그리고 음악은 모두가 살해 음모에 대한 긍정적인 결과를 시사한다. 네프가 집에 도착하자 필리스에게서 전화가 오며 두 사람은 서로 축하의 말을 건넨다. 네프는 이제 은행에 돈이 들어온 것이나 다름없다고 말하고서 그녀를 집으로 초대한다. 이 순간들은 영화가 충분히 종결될 수 있는 중간점이다. 네프와 필리스는 10만 달러를 챙겨 행복하게 살게 되고 아무도 살인 음모를 밝혀내지 못할 것이란 느낌을 주는, 영화의 첫 번째 극점을 구성한다. 그러나 이는 사실상의 결말과는 정반대인 것이다.

네프가 필리스를 초청하고나서 얼마 지나지 않아 또 하나의 반전으로 인해 긍정적인 결말의 느낌은 온데간데없이 사라지고 만다. 바로 디트릭슨 건에 대해 의혹을 느낀 키이즈가 찾아온 것이며, 또한 키이즈는 알지 못하지만(그러나 관객은 알고 있다) 필리스 또한 그리로 향하고 있기 때문이다. 이 신은 극적 긴장감과 아이러니에서 오는 긴장감 두 개의 기법으로 진행된다. 필리스가 도착하기 전에 키이즈를 아파트에서 내보내려는 네프의 노력이 극적 긴장감을 형성하며 주된 감정적 국면 자체는 아이러니에서 오는 긴장감을 제공한다. 즉 키이즈가 아직 거기에 있을 때 필리스가 도착할 수 있다는 것과, 그 결과 음모가 노출되는 것에 대한 두려움이다. 네프와 필리스의 가벼운 약속이 전형적인 데드라인으로 탈바꿈한 것이다.

필리스는 키이즈가 떠나기 전에 도착하지만 발각되기 전에 우연히 그의 목소리를 듣는다. 아이러니하게도 키이즈의 대사는 필리스가 몰래 엿듣는 와중에도 그녀에 대한 의심을 진지하게 표출하며 계속된다. 키이즈는 그녀를 "느닷없이 체포당하게 만들어 주겠다."라는 불길한 상기되는 원인을 내뱉고서 엘레베이터에 올라탄다.

시퀀스는 네프가 이 새로운 위험을 되짚어보면서 종료된다. 그는 키이즈가 절대 이 사건을 포기하지 않고 그녀를 수사할 것이기 때문에 자신들은 당분간 만날 수 없다고 말한다. 필리스는 그들이 떨어져 있어야 한다는 사실에 이의를 제기하지만 그는 그녀를 포옹과 키스로 안정시킨다. 이 약간의 긍정적인 분위기는 다음 시퀀스를 시작하는 샷과 현저한 대조를 제공한다. 롤라가 사무실 앞에서 네프를 기다리고 있는 것이다.

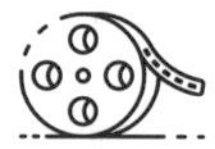

시퀀스 F
: 무너지는 음모

시퀀스 F의 14분간은 계속해서 고조되는, 일련의 새로운 위협적인 사실들과 위기들로 진행된다. 그것들을 제거하거나 무력화시키는 것이 이 시퀀스의 프로타고니스트인 네프의 목적이다. 그 와중에 스토리텔러는 대조를 통해 그때그때 희망을 증진시킴으로써 새로운 재난들이 더욱 효과적으로 나타나게 만든다.

그의 사무실에서 네프는 롤라가 필리스의 과거에 대해 의심스러운 사실을 털어놓는 것을 듣게 된다. 즉 외간 남자와 공모한 살인이 필리스에게는 처음이 아닌 것처럼 보이는 것이다. 한편 이 신에는 아이러니가 주입된다. 아버지의 죽음에 관한 의심을 롤라는 아버지의 살해에 가담한 사람에게 고백하고 있기 때문이다. 네프는 롤라에게 저녁을 사주고 해변가로 데려감으로써 이 잠재적인 재앙을 진정시킨다. 이로써 분위기는 다시 낙관적으로 바뀐다. 네프는 이튿날이 되자 롤라가 다시 웃을 수 있게 되었다고 언급한다. 그리고 그것과 때맞춰 또 다른 근심스런 소식이 찾아든다. 네프는 전망차에서 자신을 마지막으로 목격한 잭슨을 키이즈의 사무실 앞에서 보게 되는 것이다.

아이러니에서 오는 긴장감이 키이즈와 잭슨의 신에서 최대한의 효과를 위해 쥐어짜진다. 우선 키이즈는 자신을 대단한 사

람이라고 자랑하며 디트릭슨 살해의 음모를 밝혀냈다고 선언한
다. 그러면서 그는 살인에 가담했던 사람 본인에게 그 음모를 통
렬할 정도로 정확하게 묘사한다. 이에 네프는 키이즈의 추리를
좌절시키려고 어설프게 노력하지만, 이어 불려 들어온 잭슨이
그를 그때 전망차에서 본 자라고 지목할 수도 있다는 두려움으
로부터 서스펜스가 생겨난다.

디트릭슨의 사진이 자기가 본 사람과 다르다는 잭슨의 증
언은 살인에 대한 키이즈의 추리를 뒷받침한다. 그 상황에서 네
프는 잭슨의 직접적인 시선을 피함으로써 가까스로 위기를 모면
한다. 잭슨이 떠나고나서 키이즈는 몇 개의 상기되는 원인으로
관객의 기대감을 움직인다. 살인 음모는 늦던 이르던 간에 언젠
가는 밝혀질 것이며 필리스의 애인이자 공범은 결국 모습을 드
러낼 것이다. 또한 거절당한 청구 때문에 필리스가 고소를 한다
면 그는 가만두지 않을 것이라는 내용들이다. 여기서 그는 전차
에 대한 대사 모티프도 심어놓는다.

그 후, 네프는 필리스에게 급히 연락해 가게에서 만나자고
한다. 거기에서 그는 보험금을 타려는 그들의 계획을 실행하면
안 된다고 하지만 그녀는 그것을 거부한다. 필리스가 청구를 하
다고 단언한 후 돌아가고 나면(이는 다음 시퀀스에서 다뤄지는 상기되는 원
인이다) 네프는 보이스오버 내레이션을 통해 그때가 처음으로 자
신이 그녀를 죽은 모습으로 상상한 순간이라고 밝힌다. 이 지점
은 두 번째 극점(2막의 마지막)을 표시하는 동시에 주 긴장축이 해
결되는 지점이기도 하다. 극적 질문인 '과연 네프는 여자와 돈을

얻을 수 있을까?'는 부정적으로 해소되었다. 그리고 3막은 지금까지와는 매우 다른 의문을 가져온다. '과연 네프는 자신을 음모로부터 탈출시킬 수 있을 것인가?'

시퀀스 G
: 사건이 모두 밝혀지다

약 13분 30초 분량의 일곱 번째 시퀀스는, 네프가 필리스를 제거함으로써 문제에서 벗어날 수 있음을 깨닫고 그녀를 살인하는 것을 다루고 있다.

그 계획은 롤라와 함께 간 할리우드 보울 야외극장의 신에서 싹트게 되는데, 거기에서 네프는 롤라가 자신의 아버지를 죽인 것은 필리스와 니노 사케티라고 믿고 있다는 걸 알게 된다. 니노의 연루에 대한 의혹이 존재한다는 지점은 다음 신에서 키이즈가 네프에게 '제3자', 즉 필리스가 디트릭슨을 죽이는 걸 도운 자가 모습을 드러냈다고 밝히자 확인된다. 이로 인해 네프는 키이즈가 무엇에 관해 얘기했는지 알아내기 위해 그의 사무실 안으로 숨어 들어간다. 거기에서 그는 키이즈도 니노를 필리스의 공범으로 의심하고 있다는 사실을 알아낸다.

네프는 필리스에게 전화하여 그날 밤 11시에 정문은 열어

놓고 집 안은 소등한 채 만나자고 약속한다. 보이스오버에서 네프는 곤경에서 벗어나기 위해 필리스를 죽이려는 자신의 의도를 밝힌다. 이는 이 시퀀스 내 1막의 종료를 가리키는 지점이다.

그 후 얼마 지나지 않아 네프가 도착하기 전에 필리스가 의자 밑에 총을 숨기는 것이 보이고, 이로 인해 아이러니에서 오는 긴장감의 두 가지 라인이 설정된다. 즉 둘 다 서로를 죽이려 하지만 양쪽 모두 상대의 의도를 모른다는 것이다. 이 신에서 네프는 자신의 행동에 대한 이유를 설명하며 잠시 필리스를 우롱한다. 이 비밀, 즉 캐릭터들 서로가 은밀히 갖고 있는 살해 의도가 이 신에 감정을 불어넣는다. 네프는 필리스를 죽이려고 준비하지만 오히려 먼저 총에 맞고 만다. 두 사람은 포옹을 하고 필리스는 그녀의 타락한 마음 한구석에서 네프에 대한 감정이 사랑으로 바뀌었다고 고백한다. 이는 잠시 후 네프가 그녀를 죽이는 것에 대해 대조를 통한 준비의 기능을 지닌다.

집 앞에서 니노를 만난 네프가 롤라에게 전화를 걸어 화해하라고 설득함으로써 롤라-니노의 서브 플롯이 마무리되며 이 시퀀스도 끝을 맺는다.

시퀀스 H
: "누가 엘리베이터를 2마일쯤 멀리 옮겨 놓았군."

필리스의 죽음은 영화의 결말을 표시하며 마지막 시퀀스는 사실상 네프와 키이즈의 관계를 마무리짓는 에필로그이다. 오프닝의 신들에서처럼 마지막 시퀀스는 온전히 '현재'에서 벌어진다. 네프가 마이크에 대고 진행하던 자백을 마치자 거기에 키이즈가 나타난다. 이 시퀀스는 단순한 극적 추진력만을 갖고 있다. 네프의 목적은 시퀀스가 2분 경과한 뒤 밝혀진다. 그것은 바로 국경을 넘어 도망치는 것이다. 키이즈는 이 의도에 대해 상기되는 원인으로 답한다. "자네는 엘리베이터까지도 도달하지 못할 걸세." 그리고 이 예측은 불과 1분도 지나지 않아 현실화된다.

시퀀스와 영화는 강조점과 함께 끝난다. 그것은 두 복선의 페이오프다. 네프가 키이즈에게 "나도 자네를 사랑하네."라고 말하는 것과 키이즈가 네프의 담배에 불을 붙여주는 것이다.

원작 시나리오의 시퀀스들과의 비교

이 시나리오는 〈모퉁이 가게〉처럼 뚜렷하게 시퀀스들로 표시되어 있으며 개수는 총 네 개[3]이다. 그 중 세 개는 30분 정도의 길이이며 나머지 하나는 그 반 정도의 분량이다. 그러나 더 자세히 들여다보면 하나(시퀀스 C)를 제외한 모든 시퀀스들에서 극적 긴장감의 발전과 해소에 있어 매우 중요한 세부 구획들이 존재함을 알 수 있다.

시나리오상의 시퀀스 A는 〈모퉁이 가게〉의 그것처럼 1막 전체를 차지한다. 그것은 앞에서, 그리고 뒤따르는 도표에서 자세히 분석된 대로 중간쯤에 매우 중요한 변화가 존재하는 것이 명백하다. 필리스가 네프를 자기 집으로 다시 불러 사고보험에 관해 의논하기 전까지 그녀는 단순히 한 명의 또 다른 고객일 뿐이며(그가 그녀를 갈망한다는 사실을 제외하고는) 그는 평범한 날을 보내는 세일즈맨일 뿐이다. 그 시점 이후로 그의 관심은 필리스와 그녀의 제안에 집중된다.

시나리오상의 시퀀스 B는 나의 분석에서의 시퀀스 C, 시퀀스 D에 부합한다. 이 29분 길이의 상영시간 안에는 살인 계획과 실제 살인이 포함된다. 이는 이야기상 매우 명확히 구별되는 두 개의 지점들로, 실제와는 다른 결과가 어렴풋하게나마 제시되는 것(최초의 계획이 디트릭슨의 다리가 부러져 취소된 후, 자신을 지켜주고 있을지도 모르는 '운명의 여신들'을 언급하는 네프)을 기점으로 나눠진다고 볼 수 있다.

시나리오의 시퀀스 C는 내가 시퀀스 E로 구분한 것과 일치하지만, 반면 시퀀스 D는 내가 보기에 명백해 보이는, 이야기

...

3　원래는 시퀀스 E(네프의 교수형 장면)도 존재했다. 이 부분은 촬영은 되었지만 마지막 편집본에서 제외되었다.

상의 세 가지 변화들을 망라하고 있다. 무너져가는 음모를 통제하려는 네프의 노력, 그에 의한 필리스의 살해, 그리고 마지막에 멕시코로 도주하려는 그의 시도이다. 물론 이것들은 모두 자신이 저지른 일(살인)을 되돌리기 위한 네프의 노력으로 통합되긴 하나, 작가의 입장에서는 독립적인 비트들로 다루는 것이 훨씬 수월하다.

〈이중배상〉 시퀀스 분석

시퀀스	설명	길이	경과시간
	1막		
	(각본상의 시퀀스 A)		
A	오프닝의 자백 장면부터 필리스가 네프에게 전갈을 남기는 지점까지(오프닝의 타이틀들은 제외). 통합하는 요인: 극적 긴장감 프로타고니스트: 네프 목적: 필리스가 자동차보험을 들게 만드는 것.	14:22	14:22 (14%)
B	네프는 다시 한번 필리스의 집을 방문한다. 그녀는 사고보험에 들겠다고 한다. 그는 그녀의 유혹을 저항하고 연루되지 않기 위해 도망치려 한다. 하지만 시퀀스의 말미에서 그는 결국 굴복하고 만다. 통합하는 요인: 극적 긴장감 프로타고니스트: 네프 목적: 필리스가 제시한 유혹에 저항하려는 것.	15:40	30:02 (29%)
	개시점: 필리스는 남편 자신도 모르게 그를 사고 보험에 들게 만들자고 제안한다. 또한 오프닝의 독백에서의 네프의 자백이 이 기능을 하기도 한다.		
	문제점: 네프는 필리스가 그녀의 남편을 살해하여 보험금을 타는 것을 돕기로 마음먹는다.		
	(각본상의 시퀀스 B)		
	2막 주 긴장축: 과연 네프는 여자와 돈을 자신의 것으로 만들 수 있을 것인가?		
C	살인 준비를 하던 네프와 필리스는 디트릭슨의 다리가 골절되는 바람에 계획이 좌절된 사실을 알게 된다. 통합하는 요인: 극적 긴장감 프로타고니스트: 네프 목적: 살인을 준비하는 것.	14:17	45:20 (43%)

| D | 네프와 필리스가 살인을 실행한다.

통합하는 요인: 극적 긴장감
프로타고니스트: 네프
목적: 디트릭슨을 살해하는 것. | 12:41 | 58:01
(55%) |

(각본상의 시퀀스 C)

| E | 네프는 살인의 여파에서 헤어나오기 위해 노력한다. 처음에 키이즈가 디트릭슨의 죽음이 자살이 아니라 사고사라고 단정 지으며 편을 들어주자 그의 기대는 고조되지만, 그후 키이즈가 뒤늦게 의심을 드러내자 다시 추락하고 만다.

통합하는 요인: 극적 긴장감
프로타고니스트: 네프
목적: 발각당하지 않으면서 살인의 소란스러운 여파에서 빠져나오는 것. | 13:45 | 1:11:46
(68%) |

첫 번째 극점: 네프는 모든 것이 무사히 넘어간 줄로만 알고 필리스를 집으로 초대한다(1:06:34 - 63%).

| F | 네프는 롤라를 통해 과거 필리스가 다른 살인사건에도 연루되었다는 사실을 알아낸다. 또한 키이즈는 그에게 살해자들이 어떻게 살인을 저질렀는지 알아냈다고 한다. 그 후 네프는 오레곤 주 메드포드에서 온 잭슨이란 사람에게 발각당할 뻔하고, 결국 필리스에게 모든 게 끝났다고 말한다. 그러나 그녀는 이를 부정한다.

주 긴장축은 부정적으로 해소되었다. 네프는 필리스가 제안한 완전범죄를 돕는 데 실패했다. 그리고 이제 그녀가 그의 적이 되어 버린 것이다.

3막의 긴장감: 필리스를 처리하는 것.
통합하는 요인: 극적 긴장감
프로타고니스트: 네프
목적: 줄줄이 닥쳐오는 난국을 헤쳐나가는 것. | 13:44 | 1:24:54
(81%) |

두 번째 극점: 네프는 자신이 결국 돈도 여자도 손에 넣지 못하리라는 것을 깨닫는다.

(각본상의 시퀀스 D)

<table>
<tr><td colspan="4" align="center">3막</td></tr>
<tr>
<td rowspan="3">G</td>
<td>필리스와 니노 사케티에 대한 새로운 사실을 알게 된 네프는 자신에게 남은 유일한 희망은 그녀를 죽이는 것밖에는 없다는 결론을 내린다.</td>
<td></td>
<td rowspan="3">1:38:30
(93%)</td>
</tr>
<tr>
<td>그는 그녀의 집으로 가서 그녀를 살해한다.</td>
<td>13:36</td>
</tr>
<tr>
<td>통합하는 요인: 극적 긴장감
프로타고니스트: 네프
목적: 필리스를 죽임으로써 자신의 문제를 해결하는 것.</td>
<td></td>
</tr>
<tr>
<td colspan="3">결말: 네프가 필리스를 살해한다.</td>
</tr>
<tr>
<td rowspan="2">H</td>
<td>니노를 롤라에게 돌려보낸 네프는 마지막으로 키이즈와 직접 대면한 후 도주하려 하나 결국 실패하고 만다.</td>
<td rowspan="2">6:54</td>
<td rowspan="2">1:45:26
(100%)</td>
</tr>
<tr>
<td>통합하는 요인: 극적 긴장감
프로타고니스트: 네프
목적: 자신의 진술을 마치고 도망치는 것.</td>
</tr>
<tr>
<td colspan="3">에필로그: 시퀀스 H</td>
</tr>
</table>

SCENARIO

5장

<카비리아의 밤>

밤에 피어나는 에피소드들

SEQUENCE

1957년도 아카데미 최우수 외국어 영화상을 수상한, 페데리코 펠리니 감독의 이 작품은 이 책 안에 분석된 다른 영화들과는 매우 대조적인 구조를 갖고 있다. 몇 년 후 페데리코 펠리니가 만든 다른 영화들처럼 실험적이진 않지만 그럼에도 불구하고 이 영화는 전형적 할리우드 스타일의 영화 스토리텔링에서 벗어난 작품임에는 틀림없다. 미국 영화들이 그때그때의 원인과 결과에 대한 순차적 이야기로 관객을 참여시키는 데 유독 관심을 보이는 반면, 〈카비리아의 밤〉은 타이틀 캐릭터와 그녀가 처한 상황을 탐구하는 데 집중한다. 이런 탐구를 위해 선택된 방식은 독특하게도 에피소드에 의한 방식으로, 주인공 캐릭터와 그녀에 대한 일련의 단편적 이야기들의 전개이다. 그럼에도 불구하고 이 영화는 성공적으로 관객의 관심을 끌었으며 그후로 수십 년 동안 지속적으로 관객을 감동시켰다. 이는 충분히 연구할 가치가 있는 대상이며, 특히 영화 극작의 모든 기법들을 터득하려 하는 작가들에게 분명 그 값어치를 할 것이다.

〈카비리아의 밤〉은 8개의 시퀀스를 갖고 있지만 이 책에서 분석된 다른 영화들과는 달리, 그중 반은 인과적이라기보다는 논리적이며 주제와 관련되어 있다. 그 결과, 상기되는 원인이나 텔레그래핑 따위의 기법들은 비교적 적게 사용되며 시퀀스 안의 기대감은 아이러니와 극적 긴장감의 활용으로 만들어진다. 그렇지만 전체를 아우르는 주 긴장축은 변함없이 존재하고, 그 결과 극적인 3막 구조 역시 발견된다. 영화가 4분의 1정도 진행된 지점에서 우리는 카비리아의 욕구를 알게 된다. 그녀는 사랑과 존엄성을 추구한다. 그리고 영화가 4분의 3정도 경과한 지점에서 그녀는 도노프리오와 결혼을 하기로 하는데, 그로 인해 이 주 긴장축은 해소된다. 3막에서는 도노프리오의 사랑이 거짓이었다는 것이 밝혀지면서 통렬한 대단원이 뒤따른다.

보편적인 미국 영화들과는 달리, 여기에는 결말이라고 할 수 있는 지점이 딱히 존재하지 않는다. 스토리는 열린 결말을 갖고 있다. 즉 영화 시작 전부터 존재했던 카비리아의 문제는 영화가 종료되었음에도 계속되는 것이다. 또한 〈모퉁이 가게〉에서와 같은 1막에서 2막으로의 전환지점이 등장인물들에게는 보이지 않는다. 그것은 카비리아의 상황을 관객이 인지하게 되어서 전환지점이 발생하는 것이지, 어떤 구체적인 사건이 벌어져 그녀를 행동하게끔 만들지는 않기 때문이다. 도노프리오가 마지막에 본색을 드러내면, 카비리아는 결국 영화의 도입부에서의 상황과 똑같은 상황(여전히 사랑과 존엄성을 갈구하는)에 처하며, 심정적으로나 재정적으로는 오히려 전보다 더 안 좋은 위치로 떨어지게 된다.

이렇듯 캐릭터의 상황은 순환적인 것으로 제시되고 스토리텔링의 접근법은 에피소드에 의존하지만, 영화에서 묘사된 시퀀스들은 서로 순서를 바꾸기가 힘들다. 세 가지의 주된 에피소드들(카비리아가 라짜리와 갖는 경험들, 디비노 아모레 성당의 성모상을 찾아가는 순례여행, 그리고 도노프리오의 구애)은 감정적 강도를 점점 고조시키며, 이는 주로 주인공의 운명에 관한 위기감이 심화되는 것에서 기인한다.

〈카비리아의 밤〉의 시퀀스들은 7분에서 17분 사이의 길이를 갖지만 첫 상영 당시에는 23분 길이의 시퀀스가 하나 존재했다. 이와 관련해 관객의 관심을 유지하는 데 있어 시퀀스의 구조가 어떤 역할을 하는지 검토해볼 가치가 있다. 영화가 칸에서 상영되기 전에 네 번째 시퀀스에는 추가적으로 7분 길이의 부분이 더 존재했다. 이는 카비리아와 그녀의 친구들이 디비노 아모레 성당의 성모상을 찾아가는 순례여행을 의논하고 난 뒤와, 그들이 실제로 이 여행을 떠나기 전 사이에 위치했다. 이 부분에서 자루를 등에 짊어진 정체 모를 사나이를 만난 카비리아는, 로마 외곽의 동굴에 사는 빈민들에게 음식과 담요를 나눠주는 그를 따라다닌다. 이 부분이 최종본에 필요하다고 느낀 펠리니와, 반면 페이스를 매우 늘어지게 한다고 생각한 프로듀서 디노 디 로렌티스는 서로 격렬한 논쟁을 펼쳤다. 결국 칸에서는 이 부분이 삭제된 채 상영되었지만 40년이 지난 후 DVD 버전에서 다시 복원되었다.

이 부분은 몇 가지 이유로 인해 영화의 나머지와 어울리지 않는다. 이 시퀀스 안에서 카비리아는 완벽하게 수동적이다. 그녀는 그저 질문하는 관찰자의 역할로 참여한다. 더구나 이 부분에서의 유일한 갈등(카비리아와, 그녀의 질문에 답을 거부하는 두 사람)도 역지스럽게 보인다. 이런 요소들은 그 자체로 이 부분에 치명적인 손상을 가져오진 않지만, 시퀀스의 구조적인 측면에서 볼 때 이 부분이 네 번째 시퀀스의 길이에 미치는 영향은 주목할 만하다. 15분 이상 지속되는 시퀀스는 지루해질 수 있는 위험을 갖는다. 왜냐하면 한 가지 라인의 극적 긴장감 혹은 아이러니에서 오는 긴장감을 그 길이 이상 유지시키는 데에는 어려움이 따르기 때문이다. '자루를 멘 사내' 부분을 합하면, 네 번째 시퀀스는 지속시간이 23분이나 된다. 또한 이 부분은 시퀀스의 나머지 부분의 소재(순례여행과 기적적인 변화의 기회)와는 매우 희미하게 연관되어 있을 뿐이기 때문이다. 시나리오 작가는 지나치게 긴 시퀀스와 직면하게 되었을 때, 그 시퀀스를 훨씬 더 경제적으로 셋업하고 발전시킬 방안을 심사숙고해야 한다. 자루를 멘 사내의 부분은 그것이 달성하는 것에 비해 시퀀스를 너무 길게 만들기 때문에 결국 이 영화에서는 없는 편이 더 낫다고 본다.

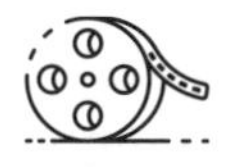

시퀀스 A
: 조르조

오프닝은 영화 내내 능숙하게 사용되는 기법과 함께 시작된다. 바로 대조를 통한 준비의 신이다('준비' 참고). 실외의 롱 샷이 로맨틱한 강변을 배경으로 서로 애정관계에 있는 남녀의 밀회를 비춘다. 관객의 호기심을 자극하는 퍼즐의 사용이 오프닝의 초반부터 기능한다. 이 두 사람은 누구인가? 지금 이것은 어떤 상황인가? 그러나 이 의문은 재빨리 극적 긴장감에게 자리를 양보한다. 남자가 여자의 핸드백을 빼앗고 그녀를 강물 속에 밀어 넣은 뒤 도망치면서 이 평화롭던 상황은 무참히 파괴된다.

그 후 3분간, 관객의 관심은 그녀의 생존 여부에 집중된다. 여기서 대조를 통한 준비의 또 다른 예로, 구출자들의 대사를 통해 그녀가 이미 죽었음을 암시한다. 즉 뒤늦게 등장한 남자 하나가 카비리아가 회생하기 바로 직전, 그녀가 죽었다고 선언해 버리는 것이다. 잠시 후 회생하자마자 그녀는 자신을 물 속으로 밀어 넣은 남자, 조르조를 찾는다. 구출자들이 당혹감을 표시하지만 카비리아는 화를 내며 그를 찾아나선다.

영화의 첫 6분에서 카비리아의 두 가지 주된 관심사가 보여진다. 그것은 바로 사랑과 존엄성이다. 조르조에게 당한 모욕감은 그녀의 민감한 부분을 건드렸음이 명백하다. 이는 구출자들에게 감사를 표하지 않는 그녀의 태도에서 드러난다. 사랑과 존엄성을 향한 카비리아의 집착이 얼마나 중요한지는 그녀가 자신의 오두막에 도착하면 더욱 확연해진다. 친구 완다와의 대화 중에 그녀는 여자로서의 자신을 배반하면서까지 어떤 사실을 완강히 부인하는데(관객이 앞부분에서 본 것과 완다가 눈치 챈 사실을 인정하지 않으려하며), 그것은 조르조가 그녀를 사랑하지 않으며 그녀를 유혹해 이용해 먹고 그녀의 가방 속에 든 몇 푼 되지도 않는 돈 때문에 그녀를 거의 죽일 뻔했다는 사실이다.

이 시퀀스의 주된 극적 긴장감은 조르조에 대해 체념하는 (동시에 사실을 직시하는) 카비리아를 둘러싸고 진행된다. 영화를 만드는 이들에게 있어 어려운 점은 이 노력 자체가 내재적인 것이라는 점이다. 드라마의 큰 난제 중 하나는 바로 극은 인생이 연기되어지는 것을 외부에서 드러나는 대로 관객에게 보여줌으로써 힘을 얻는다는 것이고, 따라서 인물들의 내재적인 노력은 간접적으로밖에 전달될 수 없다는 것이다. 그렇다면 인물의 내재적인 노력을 어떻게 외부로 끌어내 관객에게 보여줄 수 있을까?

완다가 카비리아에게 진실(조르조가 그녀를 돈 때문에 강물 속으로 밀어 넣었다는 것)을 설명한 뒤 펠리니는 주로 소품과 카비리아의 표정에 의존해 그녀의 괴로움과 변화를 전달한다. 완다가 떠난 후 화를 내며 집으로 들어간 카비리아는 자신의 경대 위에 놓인 조르조의 사진들과 대면한다. 그러나 그의 모습 앞에서 그녀는 미소를 짓고 분노를 지운다. 카비리아는 다시 집 밖으로 나가 생각에 잠겨 서성인다. 이어 암탉을 집어들고 쓰다듬으며 홀로 되뇌다가 그제야 자기가 죽을 뻔한 사실을 깨닫는다. 현실을 실감하고서 그녀는 암탉을 공중으로 던지고(그녀의 심리에 급작스러운 변화가 생겼음을 암시하는 확연한 시각적 단서이다) 소리 높여 조르조를 비난하며 사진을 포함해 그와 관련된 모든 물리적인 흔적들을 불 속에 던져 넣는다. 이 신은 조르조가 신에 등장하지 않음에도 불구하고 카비리아가 그를 자신의 인생에서 내모는 것을 극화하고 있다.

그의 물건들을 파기하고 난 후, 여파의 신이 뒤따르는데('여파의 신' 참고), 여기에서 어두워지는 하늘을 향해 걸어가던 카비리아는 분노의 마지막 표현으로 들고 있던 병을 멀리 집어던진다.

시퀀스 B
: 숙녀들의 밤

두 번째 시퀀스는 첫 번째 시퀀스와 인과관계를 통해 연결되어 있지 않다. 관객은 카비리아와, 같은 매춘부인 그녀의 동료들이 손님을 기다리는 공원으로 안내된다. 이 시퀀스에 통합성을 부여하는 요소는 고객을 찾는 카비리아의 욕구로, 이 경우 그녀는 영화배우 라짜리를 통해 그 욕구가 충족된다.

〈카비리아의 밤〉의 오프닝 시퀀스에서 전달된 엑스포지션은 이제까지 분석된 영화들에서보다 훨씬 더 간접적이며 정보는 서서히 누적된다. 두 번째 시퀀스에서도 그녀의 인생이란 퍼즐에 필요한 조각들이 계속 점진적으로 채워진다. 우선, 도로 건너편에서 서성이던 '귀부인'은 "저기 미친년이 또 왔네!"라며 카비리아를 맞는다. 이는 일상과 함께 과거의 관계 및 서로를 대하는 태도를 표현하는 것이다. 카비리아는 도착하자마자 매춘부들 중 한 명이 구입한 새 피아트 자동차에 주목하고 그것을 이용해 자신의 가치관(차를 타고 돌아다니면 인생이 편해진다. 남들이 자신을 유복한 사람,

즉 여비서이거나 혹은 부자 아빠를 둔 여인으로 생각하기 때문이다)을 **표현한다.** 여기서 다시 한 번 구체적인 시각적 물체(자동차)가 심적 상태(열망)를 표현하는 것을 돕는다.

라디오에서 흘러나오는 맘보 음악이 카비리아를 춤추게 고무시키며(여기에서 두 개의 모티프가 심어진다) 춤을 추는 와중에도 그녀는 길 건너편의 '귀부인'과 욕을 주고받는다. 기분좋은 시간을 보내는 듯하던 카비리아는 자신의 적수가 조르조에 대해 화제를 돌리자 길을 뛰어 건너가 그녀를 공격한다. 여기서 다시 한 번 육체적 반응이 카비리아의 내적 상태(애정관계와 존엄성과 관련된 부분에서 그녀가 갖는 예민함)를 묘사하는 데 사용된다.

싸움에서 끌려나온 카비리아는 피아트에 태워지고, 자동차는 빠른 속도로 그 장소를 벗어난다. 이어지는 대화에서, 카비리아는 자신의 자립성(자신을 돌봐줄 남자가 필요하지 않다는)을 강조한다. 그리고 상류층의 활동 지역에 내려달라고 고집하지만 아멜토는 그녀에게 어울리는 곳이 아니라고 경고한다.

결국 화려한 클럽 앞에까지 흘러온 카비리아는 어서 꺼지라는 문지기의 요구에도 아랑곳않고 계속 그 앞에 머문다. 이때 그녀는 영화배우 라짜리와 그의 여자 친구 제시가 다투는 장면을 우연히 보게 된다. 이 신에서 라짜리는 제시에게 그녀가 지금 가버리면 둘 사이는 당장 끝이라는 경고를 한다. 이것은 바로 이 영화에서 처음 나타나는 상기되는 원인이다.

결국 홀로 남게 된 라짜리는 카비리아를 불러 차에 태운다. 그 차는 카비리아가 타고 온 조그만 피아트와 대조를 이루는, 매우 크고 고급스러운 승용차이다. 이렇게 카비리아가 결국 고객을 찾는 데에 성공하고나서 시퀀스의 결말이 임박하는 듯 싶다가 그 결말은 다시 의외의 방향으로 발전한다. 라짜리는 멀리 가지 않고 근처의 또 다른 클럽으로 그녀를 데려가는 것이다. 여기에서 계층간 격차에 대한 부분이 건드려진다. 저소득층인 카비리아는 격식에 얽매이는 계층에 대비되는 좀 더 자유로운 정신, 즉 '물 밖에 나온 물고기'의 모습을 보이고(이는 맘보/춤 모티프의 페이오프로 인해 표현된다) 얼마 후 라짜리는 떠날 시간이라고 말한다. 이 시퀀스는 예정(라짜리가 그녀에게 저녁식사를 위해 자기 집으로 간다고 얘기해 주는 것)과 페이오프(카비리아가 상류층 지역에 도착하였을 때 처음 조우한 두 명의 고급 매춘부에게 대어를 낚은 것은 자기라며 조롱하는 것)와 함께 종료된다.

시퀀스 C
: 라짜리 만큼이나 멋진 집

세 번째 시퀀스는 약 14분 30초간 지속되며 카비리아와 라짜리의 관계에 초점을 맞추고 있다. 정교한, 대조를 통한 준비를 이용해 발전되는 이 시퀀스는 희미하게나마 오프닝 시퀀스를 상기시킨다. 첫 9분간은 액션이 카비리아와 라짜리를 서로 육체적, 감정적으로 서서히 다가서게 하며 둘이 친밀한 관계를 갖게 되는 것처럼 보일 때까지 계속된다. 그러나 그 저녁은 마지막에 제시가 돌아오면서 막판에 중단되며, 그 결과 카비리아는 다시 실패를 맛보게 된다.

물론 라짜리가 이 시퀀스의 프로타고니스트로 규정될 수는 있겠지만(그의 목적은 새로운 노리개인 길거리의 매춘부와 재미있는 밤을 보내는 것이다) 신의 극적 추진력 자체는 약하다. 라짜리는 제시와의 문제에 정신이 팔려 있고, 반면 거대하고 화려한 저택 안에서의 카비리아의 어색함은 최소한의 갈등만 제공하기 때문이다.

이 시퀀스는 라짜리가 차를 몰아 자신의 저택으로 향하는 것에서 시작된다. 저택에서 그는 집사를 꾸짖고 만일 제시에게서 전화가 오면 자고 있다고 답하라고 지시한다. 이는 시퀀스 후반부에 마무리되는 상기되는 원인이다. 위층에서 카비리아는 라짜리의 물질적 부에 매혹되며 이로써 계급과 존엄성에 대한 부분이 다시금 다뤄진다. 두 사람 사이는 물리적으로 거리를 둔 채 시작한다. 카비리아는 침실 한쪽 구석에 어색하게 서 있는 반면, 라짜리는 신발을 신은 채 침대에 느긋하게 드러눕는다. 그는 자신의 우울한 내적 상태를 반영하는 근엄한 음악을 틀고 제시의 사진을 옆으로 던져놓는다. 이는 오프닝 시퀀스에서 카비리아가 조르조를 거부했던 행위를 상기시킨다. 이윽고 라짜리가 그녀의 배경에 대해 질문을 던지면서 두 사람은 서서히 가까워진다. 자신의 생활을 묘사하며 카비리아는 역시나 자신의 존엄성을 강조한다. 집을 갖고 있다고 자랑하고 완다만이 자신의 진정한 친구라는 사실을 털어놓는다. 또한 자기는 다른 저질스런 부류와는 어울리지 않으며 다리 밑에서 잠을 자는 경우도 거의 없다고 주장한다.

라짜리는 그녀에게 식사를 하자고 제안한다. 두 사람을 육체적으로 더 가깝게 만드는 이 행위는 계속 고조되는 그들의 개인적인 친밀함과 부합된다. 카비리아는 처음부터 그가 영화 스타임을 알아보았다고 고백한 뒤 그의 곁에 앉아 쓰다듬으며 자신의 일을 수행하기 시작한다. 하지만 그는 카비리아에게 그럴 필요없다고 얘기한 뒤 대신 사진에 사인을 해달라는 그녀의 요구를 들어준다. 그러고난 뒤 그녀가 음식을 서빙하면서 이 신은 로맨틱한 저녁을 위한 준비가 완료된다. 두 사람은 친밀해졌고 의심할 여지없이 서로를 즐기고 있는 것이다.

그러나 이 시점에서 제시가 집에 찾아옴으로써 앞에서 설정된 상기되는 원인이 마무리되고 카비리아의 기대는 산산이 부서진다. 라짜리는 그녀를 재빨리 욕실에 집어넣고 제시를 금방 돌려보내겠다고 약속하며 문을 잠근다.

제시가 등장하자 극적 긴장감과 극적 아이러니가 이 신을 강렬하게 만든다. 여기에서 라짜리의 목적은 꽤 단순하다. 카비리아가 발각되기 전에 제시를 침실에서 내보내는 것이다. 그러나 카비리아가 열쇠구멍을 통해 보고 있는 동안 라짜리의 노력은 무산되고 결국 그와 제시는 침대 위에서 키스를 한다. 그 뒤를 잇는 강한 여파의 신에서, 또 다시 버림을 받은 카비리아는 열쇠구멍에서 천천히 뒤로 물러선다.

다음날 아침 일어난 카비리아는 침실에서 인도되어 밖으로

나간다. 라짜리가 전날 밤의 대가로 돈을 건넬 때 마지못해하며
받는 그녀의 태도는 다시 한 번 그녀의 강한 존엄성을 표현한다.

시퀀스 D
: 디비노 아모레 성당의 성모상을 향한 순례여행

라짜리와의 에피소드는 종결되었다. 이 시퀀스와 바로 전 시퀀
스를 직접적으로 잇는 유일한 요소는 시각적 단서이다. 그것은
바로 카비리아가 시퀀스 C 내내 결연히 들고 다녔던 우산이다.
이것과 함께 매춘부들 중 하나가 카비리아에게 알베르토 라짜리
에 대해 빈정대는 것이 그 에피소드와 연관된 마지막 지점이다.

　16분 길이의 네 번째 시퀀스(디비노 아모레 성당의 성모상을 보러 가
는 순례여행과 관련된)의 오프닝에서 카비리아와 완다는 림피를 만난
다. 림피의 존재는 그의 조카인 아멜토에 의해 설명된다. 그들은
성모가 그에게 기적을 내려줄 것을 바라고 있으며 이 상기되는
원인은 시퀀스 내내 지속되는 기대감을 형성한다. 순례여행의
예정이 밝혀지지만, 카비리아는 가는 것에 대해 확실한 입장을
밝히지 않는다. 순례여행의 필요성에 관한 논쟁에서 부정적 견
해를 드러내는 그녀는, 자기는 필요한 것이 없어 기적도 필요없
다고 주장한다. 이는 지금까지의 그녀의 행동과는 상반되는 발

언이다. 얼마 지나지 않아 맨발로 성당을 향하는 순례자 무리가 옆을 지나가고 무관심하던 분위기에 종교적 느낌이 짙게 드리워진다.

신은 이제 밤의 음침함에서 밝은 낮의 햇살과 성당 앞에의 축제 분위기로 전환된다.[1] 그로부터 9분간 다시 대조를 통한 준비가 사용되며 성모가 기적을 내리는 데 실패하는 지점에서 극점에 달한다. 성모를 둘러싼, 간식과 기념사진 판매 따위의 전혀 비종교적인 활동들이 초반에는 카비리아의 경박한 태도를 옹호하는 듯하지만 그 분위기는 점차 음울하며 종교적인 색깔로 변한다. 찬송가 소리가 점차 커지고 자비를 찾는 순례자들의 외침이 더 격렬해지자 카비리아도 점점 겸허해지고 두려워한다. 그녀의 변화는 성당을 향해 전진해가는 림피와 평행선을 이루는데, 림피를 부축한 아멜토는 성모가 그에게 자비를 베풀 것 같은 느낌이 든다고 얘기한다.

결국 카비리아는 무릎을 꿇고 자기 인생을 바꾸기 위해 성모에게 눈물 젖은 기도를 하며(스스로 만족하고 있다는, 시퀀스 초반에서의 그녀의 소신과는 상반되는 요구) 아멜토는 림피가 회복의 기적을 받고 홀로 설 수 있게끔 그를 부축하는 것을 그만둔다. 그러나 림피는 즉시 바닥에 쓰러지며 풀밭에서의 피크닉 장면으로 신이 전환된다. 림피가 기적을 받는 것에 실패함으로써 시퀀스의 도입부에서부터 발생한 상기되는 원인은 종결된다.

...

1 처음 공개된 버전임. DVD 버전에 대해서는 이 장의 서문을 참조할 것.

　　이 지점에서는 전형적으로 여파의 신(카비리아가 방금 겪은 깊은 실망에 어울리는, 대사 없는 연기와 짙은 분위기, 그리고 우울한 음악으로 특징지어질 수 있는)이 제공될 것이 예상되지만 그 대신 스토리텔러는 아코디언 음악과 먹고 즐기는 일상의 단조로운 활동을 보여줌으로써 시퀀스 초반의 카니발 분위기를 재현한다. 한편 카비리아는 즐거움에 동참하지 않고 순례여행이 실패로 돌아갔다고 신속하게 단정짓는다. 즉 아무도 변화하지 않았다는 것이다. 카비리아가 추구하는 변화(심원하면서도 영적인 내부의 변화)는 영화에 표현되기 어렵기 때문에 그것을 대신 암시하기 위해 림피의 존재가 사용되는 것이다. 그들이 안고 있는 상처들은 내재적이지만 림피의 상처는 외재적이며, 자신들에게 아무 기적도 선사되지 않았다는 카비리아의 깨달음은 림피가 쓰러지는 것을 보여줌으로써 극화된다.

　　뒤이은 논쟁에서 카비리아는 격론을 시작하고 여기에서 나머지 세 시퀀스의 이야기를 추진시키는 상기되는 원인이 제공된다. 그녀는 자기가 그들과 다르다면서 집을 팔아 그들과 멀리 떨어진 곳으로 이사하겠다고 선언한다. 진정시키려는 완다를 뿌리치고 뛰쳐나온 카비리아는 세워진 버스 옆에 기대어 앉아 멀리서 걸어가는 수녀들을 동경의 눈초리로 바라보고, 이때 카니발 음악은 종교적인 것으로 바뀐다. 결국 이제야 여파의 신이 제공되는 것이다.

시퀀스 E
: 마술 공연

빛에 의한 대조(밤이 낮을 대신함)가 네 번째에서 다섯 번째 시퀀스로의 전환을 표시한다. 전 시퀀스에서 집에 가는 차편이 언급된 것을 빼고는 인과관계로 인해 이 시퀀스와 연결된 것은 없다. 유일한 시각적인 연결점은 카비리아의 의상, 즉 그녀의 레인코트와 스카프이다. 이 11분 길이 시퀀스는 장소(극장)와 액션(마술 공연과, 마지못해 그 공연에 참여하는 카비리아)으로 인해 통합된다.

카비리아가 입장권 판매소 점원에게 공연이 재미있냐고 묻자 즉시 대조를 통한 준비가 시작된다. 점원은 공연에 대해 그저 애매하게 추천할 따름이다. 그녀가 안으로 들어서면 의자에 앉아 자는 관객이 보이며 무대 위에서는 설득력 없는 마술 묘기의 마지막 부분이 펼쳐지고 있다. 이는 카비리아로부터 무덤덤한 반응을 끌어낼 뿐이다.

마술사는 다음에는 최면술을 쓰겠다고 선언하고 재빨리 지원자를 찾는다. 남자 몇 명이 무대 위로 올라가자 그는 여자 한 명을 요구하고, 마침 자리를 찾고 있던 카비리아를 지목한다.

카비리아를 무대 위로 올라오게 만드는 것은 스토리텔링상의 도전이다. 왜냐하면 마술사가 극장 안의 모든 여성들 중 하필 그녀를 고르는 행위는 의도적인 것처럼 보일 수 있는 위험을 내포하고 있지만, 만약 그녀를 고르지 않을 경우에는 시퀀스 자체가 무의미해지기 때문이다. 이에 대한 해결책은 마술사의 간청에도 불구하고 그녀가 완강히 저항하고, 결국 그가 무대에서 내려와 그녀를 끌고 올라가게 만드는 것이다. 카비리아의 저항은 관객에게 합리적인 대안적 결과(그녀가 거절한다)를 제시하는데, 이는 실제 결과(그녀가 수락한다)가 제공되기 전이기 때문에 의도된 것 같은 느낌과는 상반되는, 자연스러운 느낌이 유지된다.

무대에 오르기 직전, 카비리아는 마술 공연에 대한 기대감을 낮추는 데 다시 한 번 또 기여한다. 즉 모든 것이 속임수일 뿐이라며 무시하는 것이다. 이 준비는 결국 대조로 인해 페이오프된다. 최면의 극적 시범으로 마술사가 참가자들 중 한명에게 '마법을 건' 다음, '보트 타기'를 하는 것을 보여줌으로써 관객을(카비리아도 포함해) 놀라게 하는 것이다.

사내들이 줄지어 무대에서 내려가자 카비리아는 은근슬쩍 그들과 합류하려 하고, 이로 인해 또 하나의 가능성 있는 결과가 관객에게 다시 한 번 제공되지만(그녀는 참여하지 않는다) 마술사는 그녀를 저지하며 좀 더 남아 있으라고 설득한다. 이에 뒤따르는 것은 캐릭터 자신의 부정에도 불구하고 그녀의 내적 상황을 연구할 수 있게 해주는 또 다른 접근법이다. 즉 현재 그녀의 내면에 무엇이 존재하는지 최면이라는 도구를 이용해 시각적으로, 또한 연기로 표현할 수 있게 만든다.

카비리아가 자기 자신에 대해 얘기하는 것과 사실과의 대조는 마술사가 사는 곳이 어디냐고 그녀에게 묻는 즉시 확연해진다. 그녀는 두 가지 답을 제공하는데 하나는 거짓이고, 또 하나는 최면상태에서의 진실이다. 그녀를 파악한 마술사는 그녀가 남편을 원할 것 같다며 넘겨짚는다. 이에 그녀는 힘주어 지금 이대로도 행복하다고 밝히지만(방금 참여했던 순례여행에도 불구하고 그녀는 이를 또 한 번 부인한다) 다시 최면술에 걸리자 자신이 간절히 바라는 애정의 장면을 연기해 보인다. 이는 제정신일 때 밝힌 그녀의 결혼관과는 명백히 모순되는 것이다.

최면술의 신은 카비리아가 자신의 또 다른 문제점(연인에게 배반당하는 것에 대한 두려움)을 밝히고 이에 당황한 마술사가 급히 공연을 끝냄으로써 절정에 이른다. 이 최면 신은 세 개의 중요한 모티프를 심는다. 꽃을 모으는 그녀의 행위, 꽃으로 만든 관, 그리고 '오스카'라는 이름이다.

최면에서 깨어난 카비리아는 자신이 조소의 대상이 된 것을 알게 된다. 따라서 그녀의 민감한 자존심은 또 상처를 입고, 그로 인해 이 시퀀스와 뒤따르는 시퀀스는 좀 더 인과적으로 연결된다.

시퀀스 F
: 도노프리오

거의 17분 동안 지속되는 이 시퀀스는 극적 긴장감을 둘러싸고 벌어진다. 카비리아에 대한 도노프리오의 구애다. 품위 있는 회계원 도노프리오의 등장은 영화의 주요 에피소드 네 가지 중 네 번째의 시작을 가리키며, 이 에피소드는 그 네 가지 중 제일 완전하게 발전된 것이기도 하다. 동시에 이 에피소드는 앞의 세 개보다도 훨씬 더 심한 파국으로 끝나며 앞에 것들과 마찬가지로 대조를 통한 준비에 적잖게 의존하고 있다. 이를 위해 펠리니는 스토리텔링뿐만 아니라 캐스팅에도 신중을 기했다. 불한당 도노프리오 역을 위해 그는 프랑소와 페리에(당시 유럽 관객들에게 주로 낭만적인 주연 남우로 잘 알려진 프랑스 배우)를 선택한 것이다.

카비리아가 극장을 나서자 곧 도노프리오가 그녀에게 접근하고, 자신의 제안에 대한 그녀의 즉각적인 반감을 극복한 그는 술을 함께하자고 설득한다. 대화 속에서 도노프리오는 자신이 이 영화 속 남자들 중에서도 독특한 사람처럼 보이게 한다. 즉 그는 상냥하고 감수성이 강하며 그녀에게 집중하는 남자인 것이다. 이 신의 긴장감은 카비리아의 회의적인 태도를 둘러싸고 일어난다. 이 신의 끝부분에서 그는 일요일 오후에 그녀와 만날 약속을 잡는다. 그의 손동작(7시를 가리키는)은 대사 없는 연결 고리를 제공하며 이어지는 분주한 기차역 신에서 7시를 가리키고 있는 시계가 비춰진다.

카비리아는 정시에 맞춰 도착하지만 조금 망설이고 있는 듯하고(이는 영화의 또 다른 가능한 결말, 즉 그녀는 그와 결국 연결되지 못할 수도 있음을 제시하는 짧막한 반전이다) 그때 그녀를 발견한 도노프리오가 다가와 꽃다발을 건넨다. 그 후, 카비리아는 그녀의 친구들에게 그가 모든 것을 지불한 그 데이트가 얼마나 훌륭했는지 털어놓는다. 다른 여인들은 모두 회의적이며 유독 더 회의적인 완다가 그녀에게 그가 노리는 것이 무엇이냐고 묻는다. 이는 마지막 시퀀스에서 종결되며 상기되는 원인이다. 카비리아 역시 어느 정도는 회의적이다. 이 회의적인 느낌은 너무나도 완벽하게 보이는 도노프리오에 대해 관객이 가질 수 있는 의구심을 제거하게 도와주는 역할을 한다. 경찰이 도착해 모두 흩어져 도망치기 직전, 카비리아는 다음날 밤에 잡힌 두 번째 데이트를 언급한다. 경찰의 불시 단속의 타이밍은 매우 중요한데, 그 이유는 이 시점에서 카비리아는 자기가 영원히 잃을지도 모르는 귀중한 것(새로 싹트는 도노프리오와의 관계)을 드디어 갖게 되었기 때문이다. 이와 관련한 그녀의 근심은 경찰이 들이닥치자 도노프리오에게서 받은 사탕을 잃어버리는 카비리아와, 덤불 속에 숨어 있을 때 그녀가 짓는 불안한 표정으로 인해 시각적으로 표현된다. 야간 단속 장면의 어두움은 곧 카비리아와 도노프리오의 두 번째 데이트의 밝은 햇살로 바뀐다. 둘은 점점 더 서로에게 친숙해지지만, 그럼에도 불구하고 도노프리오는 계속 자신에 대한 정보를 애매하게 유지한다.

그 다음 신들은 그녀 내부의 변화, 즉 순례여행 이후 카비리아가 느낀 절망감과, 도노프리오가 그녀의 기도에 대한 답일지도 모른다는 그녀의 희망을 시각적으로 표현하기 위해 노력한다. 명상에 잠긴 듯 음악을 듣던 카비리아는 집 밖으로 산책을 나갔다가 지오바니 사제를 만나고 둘은 신의 은총에 대해 얘기를 나눈다. 지오바니는 결혼을 권하면서 필요할 때 자신을 찾아오라고 한다. 이는 마지막 두 시퀀스에서 마무리되는 두 개의 상기되는 원인들이다.

밝은 대낮은 다음 신에서 비가 오는 밤으로 바뀌고, 공상에 잠긴 채 고객을 기다리는 카비리아가 보인다. 이윽고 고객이 나타나지만 그녀는 온통 다른 데 마음을 빼앗기고 있다.

또다시 밝은 햇빛이 카비리아가 도노프리오의 다음 번 데이트로의 전환을 표시한다. 여기에서 카비리아는 그에게 헤어질 것을 요구함으로써 즉시 갈등을 만들어낸다. 이에 그는 그녀에게 결혼 신청을 하고 그녀는 회의적인 입장으로 격렬히 대응한다. 이것은 신속한 구혼의 개연성에 대해 관객이 가질 수 있는 의혹을 제거하는 역할을 한다. 결국 마지막에 그녀는 진실이 아니라면 자기가 필요하다고 하지 말아달라고 그에게 애원한다. 바로 그녀가 최면에 빠져 있을 때 언급한 대사의 페이오프다.

이 신의(그리고 이 시퀀스의) 결말은 바로 다음 신에서 주어진다. 카비리아가 미칠 듯 기뻐하며 완다에게 자신의 결혼을 알리는 지점이다. 이 지점은 영화의 두 번째 극점을 표시하며 주 긴 장축(과연 카비리아는 사랑과 존엄성을 찾을 수 있을까?)의 해소를 가져온다.

그리고 그 답은 매우 격앙된 '그렇다'이다.

카비리아는 완다에게 결혼식을 2주 후 올릴 것이며(이는 물론 결국 지켜지지 않는 '예정'이다) 집과 자신의 소유물 전부를 처분할 것임을(다음 시퀀스의 주된 관심사를 제공하는 상기되는 원인) 밝힌다.

시퀀스 G
: 작별 인사

일곱 번째 시퀀스(7분이 채 안 되는 길이로 이 영화에서 가장 짧다)는 세 개의 신으로만 이뤄져 있으며 새 삶을 시작하려고 집과 소유물을 전부 처분하는 카비리아를 둘러싸고 진행된다. 친구 완다에게 작별인사를 하면서 기쁨과 슬픔이 교차하는 것과, 자신이 내린 큰 결정에 대해 때때로 망설이는 것 말고는 시퀀스 내에서 긴장감을 높이는 지점은 거의 존재하지 않는다.

시퀀스의 첫 신에서, 카비리아는 회개하기 위해 지오바니 사제를 찾아가며 이로써 무슨 일이 있으면 찾아오라고 했던 사제의 상기되는 원인이 종결된다. 여기서 영화의 종교적 모티프도 해소된다. 순례여행에서 카비리아가 성모에게 얻고자 했던 은총이 결국 이뤄졌다는 느낌이 주어지며, 따라서 이제 그녀는 죄를 용서받은 것처럼 보인다.

사진 7. 〈카비리아의 밤〉(1957)에서 카비리아가 임박한 자신의 결혼 소식을 알린다. 이 신은 영화의 두 번째 극점을 표시하고 주 긴장축(과연 카비리아는 사랑과 존엄성을 얻을 수 있을까?)을 해소시킨다. 이 신은 또한 이 전 신에서 상기되는 원인(도노프리오의 결혼 제안)을 마무리 짓는다. (실제 프레임 확대)

그 다음 신에서 완다는 카비리아가 마지막 소지품을 꾸리는 것을 돕는다. 집을 포함해 소유물 대부분을 처분한 카비리아의 결정을 놓고 완다가 걱정을 하는 것 외에 이 신에는 별다른 긴장감이 존재하지 않는데, 한편 이것은 마지막 시퀀스에서 다뤄지게 될 미묘한 상기되는 원인이다.

시퀀스의 마지막 신에서는 버스 정류장에서 완다에게 마지막으로 작별인사를 하는 카비리아가 보인다. 여기에서 그녀는 완다도 언젠가 결혼을 할 수 있을 거라고 예측한다. 즉 완다도 그녀만의 기적을 얻게 되리라는 것이다. 점차 멀어지는 완다의 모습이 페이드 아웃되면 영화의 가능한 결말(해피엔드)의 느낌이 희미하게 제시되며 시퀀스가 종결된다.

시퀀스 H
: 도노프리오의 배반

13분 미만의 마지막 시퀀스는 영화의 실제적인 결말을 제공하며 이 시점까지 동화책처럼 '행복하게' 유지되어온 준비를 뒤엎는 페이오프다. 이 시퀀스에는 극적 긴장감(도노프리오는 그녀의 돈을 훔치는 데 성공할 것인가?)과 아이러니에서 오는 긴장감(이 감정의 파도가

사진 8. 〈카비리아의 밤〉의 마지막 시퀀스에서 카비리아와 도노프리오가 함께 낭만적인 한때를 보내고 있다. 이 이미지와 사진 9 사이의 유사점에 주목하라. 도노프리오의 선글라스(이 신에서 그가 처음으로 착용하는)와 프레임의 구도(그의 위치와, 배경인 강)는 영화 도입부에서 카비리아를 강물에 밀어 넣기 직전의 조르조를 잡은 샷을 상기시킨다(사진 9 참조). 이런 유사점은 다가올 재앙에 대해 관객에게 주어지는 첫 단서들 중 하나이다. 시퀀스가 진행됨에 따라 이런 단서들은 점차 명백해지고 그에 따른 극적 아이러니도 더 강렬해진다. 펠리니 감독의, 대조를 통한 준비의 사용(도노프리오를 카비리아의 기도에 부흥하는 사랑스럽고 마음이 따뜻한 사람으로 묘사해 놓은 다음, 나중에야 그가 악당임이 밝혀지게 한 것)은 집필 단계뿐만 아니라 캐스팅에까지 영향을 주었다. 도노프리오 역을 맡은 프랑소와 페리에는 그 당시까지만 해도 호감가는 낭만적인 남자 주인공 역할로 유명했다. (실제 프레임 확대)

사진 9. 〈카비리아의 밤〉의 오프닝 시퀀스에서 카비리아의 핸드백을 강탈하고 그녀를 강물 속에 밀어 넣기 직전에 주변을 살피는 조르조. (실제 프레임 확대)

밀어닥쳤을 때 카비리아는 과연 어떻게 반응할 것인가?)의 두 가지가 모두 불어넣어진다.

행복한 엔딩에서 비참한 엔딩으로의 이동이 서서히 이뤄지며 그 변화는 아이러니에서 오는 긴장감을 수반한다. 첫 번째 단서는 시퀀스의 오프닝 샷(프레임의 왼편 위쪽에서 오른편의 아래쪽으로 흐르는 강)로서 오프닝 시퀀스에서 보여진 강물과 동일한 구도이다. 다음 단서는 도노프리오의 얼굴에 있다. 조르조의 그것을 연상시키는 선글라스이다.

그 다음으로 카비리아의 두툼한 돈다발이 등장한다. 그녀는 그것을 꺼내 그에게 보여준 다음 액수를 밝히고, 다시 검은 핸드백 속에 집어넣는다. 이 또한 오프닝 시퀀스에 대한 또 하나의 반향이다. 이제 카비리아는 대사로 그 유사성을 더욱 강화시킨다. 일부 남자들의 관심사는 오직 여자의 돈뿐이라며 비난하는 것이다. 이런 단서들이 배치되고 난 후, 카비리아는 자기가 이 돈을 벌기 위해 얼마나 고생했으며 그렇게 살아온 인생에서 탈출하게 되어 얼마나 기쁜지 모른다고 밝힘으로써 효과적으로 위험 수위를 높인다. 적어도 지금 일이 그녀에게 있어 얼마나 많은 것이 걸려 있는지 관객에게 다시 한 번 강조하는 것이다.

도노프리오의 요청에 따라 둘은 산책을 나서고 얼마 후 숲속에 도달한다. 이 여정의 극적 긴장감은, 현재의 낭만적 상황에 정신이 팔려 있는 그녀와는 달리 숲속으로 더 깊숙이 들어가자는 도노프리오의 재촉에 의해 제공된다. 꽃을 꺾기 위해(그녀가 최면 상태에서 한 행동의 페이오프다) 멈춘 그녀는 마술사가 머리에 씌워준, 꽃으로 만든 관을 상기시키는 흰색 모자까지 쓰고 있다.

두 사람은 강변에 도착하고 그곳에서 카비리아는 조르조와 있었던 일을 웃으며 상기한다. 그러고나서야 그녀는 도노프리오도 같은 짓을 저지르려 한다는 것을 알아차린다. 이것으로 무려 30분 동안의 대조를 통한 준비에 따른 페이오프가 임박한다. 도노프리오는 돈을 챙겨 도망가고 카비리아는 차라리 죽여달라고 애원하며 땅 위를 구른다.

영화사상 가장 위대한 여파의 신 중 하나가 이 절망의 순간에서 피어나 관객에게 선사된다. 시간이 얼마 지난 뒤 마침내 일어난 카비리아는 숲에서 걸어 나오다가 파티로에서 귀가하는 쾌

사진 10. 〈카비리아의 밤〉의 마지막 시퀀스에서의 전형적인 여파의 신. 도노프리오에게 배반당한 후 어둠을 끌어안고 땅바닥에 쓰러져 있는 카비리아. 여파의 신의 보편적인 특징은 적거나 아예 없는 대사, 강조된 분위기, 그리고 음악이다. 여파의 신들은 각별히 감정적으로 격앙되었던 순간들을 소화할 수 있는 기회를 관객에게 제공한다. 이 장면 바로 뒤에 카비리아는 일어나 숲 사이를 걷기 시작하고 파티로부터 돌아오는 젊은이들의 흥겨운 음악이 들려온다. (실제 프레임 확대)

활한 젊은이들의 무리와 조우한다. 그들은 그녀를 음악과 호감 어린 환대로 둘러싸고, 그들의 기쁨에 전염되어 그녀는 결국 다시 웃을 수 있게 된다.

시퀀스	설명	길이	경과시간
	1막		
	(각본상의 시퀀스 A)		
A	강물에 밀어넣어졌다 구출된 카비리아는 조르조를 찾으려 하고, 결국 그의 물건들을 태워버린다(오프닝 타이틀 제외). 통합하는 요인: 극적 긴장감 프로타고니스트: 카비리아 목적: 조르조를 찾는 것.	15:05	15:05 (11%)
	개시점: 핸드백을 훔치는 조르조.		
B	공원에서 싸움에 말려든 뒤 피아트를 타고 장소를 옮긴 카비리아는 라짜리와 만나 나이트클럽으로 향한다. 통합하는 요인: 극적 긴장감 프로타고니스트: 카비리아 목적: 일거리를 찾는 것.	17:07	32:12 (27%)
	문제점: 카비리아는 하급 매춘부일지언정 사랑과 존엄성을 갈구한다.		
	2막 주 긴장축: 과연 카비리아는 사랑과 존엄성을 얻을 수 있을까?		
C	카비리아는 라짜리의 침실에서 그와 교감하기 시작하지만 제시의 출현으로 인해 욕실에서 홀로 밤을 지새우게 된다. 통합하는 요인: 극적 긴장감 프로타고니스트: 라짜리 목적: 카비리아와 조용한 밤을 보내는 것.	14:25	46:37 (40%)
D	공원으로 돌아온 카비리아가. 림피가 소개되고 순례자들이 지나간다. 카비리아와 친구들은 순례지에 도달하지만 실망한다. 통합하는 요인: 극적 긴장감 프로타고니스트: 카비리아 목적: 성모로부터 도움을 얻는 것.	16:00	1:02:37 (57%)

E	극장에 간 카비리아는 최면에 걸려 자신의 속내를 드러낸다. 통합하는 요인: 극적 긴장감 프로타고니스트: 카비리아 목적: 공연을 관람하려는 것.	11:14	1:13:51 (67%)
F	이 시퀀스에서 카비리아는 도노프리오에게 구애를 받고, 결국 그는 그녀에게 청혼한다. 통합하는 요인: 극적 긴장감 프로타고니스트: 도노프리오 목적: 카비리아	16:49	1:30:40 (82%)
	두 번째 극점: 카비리아가 완다에게 기쁜 소식을 전한다. "그는 날 사랑한다구!"		
	3막		
G	주 긴장축이 해소된다. 카비리아가 사랑과 존엄성을 얻은 것 처럼 보이기 때문이다. 3막의 새로운 긴장감은 이 새로운 사랑과 결혼의 관계를 추구하는 것을 다룬다. 이 시퀀스에서, 짐을 싸는 카비리아는 소유물 대부분을 처분하고 작별인사를 한다. 통합하는 요인: 극적 긴장감 프로타고니스트: 카비리아 목적: 그녀의 옛 인생을 떠나보내려 함.	6:55	1:37:35 (89%)
H	카비리아는 도노프리오와의 저녁식사를 즐긴다. 둘은 숲 속으로 산책을 가지만 그가 결국 그녀의 돈을 훔쳐 달아나자 카비리아는 속았다는 사실 때문에 망연자실해한다. 통합하는 요인: 극적 긴장감 프로타고니스트: 카비리아 목적: 행복한 결혼	12:41	1:50:16 (100%)
	결말: 열린 결말		

SCENARIO

6장

<북북서로 진로를 돌려라>

9개의 시퀀스로 주파하는 1,700마일

SEQUENCE

모든 작가들은 이야기(story:내러티브)와 이야기의 전달(storytelling:내레이션 혹은 서술법) 사이의 중요한 차이를 인지해야 한다. 하나의 이야기는 몇 가지 다른 방법들을 통해 전달될 수 있으며 그 차이는 주로 관객이 아는 정보와, 그 정보를 언제 알게 되는지를 조절함으로써 얻어진다. 〈이중배상〉의 이야기가 갖는 임팩트는 그 내용이 단순히 순차적으로 전달되었다면 매우 달라졌을 것이다. 〈모퉁이 가게〉에서도 클라라가 크랄릭의 '친애하는 친구'였다는 사실을 관객이 작품의 마지막에 가서야 알게 되었다면 그 영화의 경험은 지금과 무척 다른 것이 되었을 것이다. 양쪽 모두 이야기는 동일하더라도 그것을 전달하는 방식으로 인해 영화가 관객들에게 어떻게 다가가는지 결정된다는 사실을 알 수 있다.

〈북북서로 진로를 돌려라〉는 알프레드 히치콕 감독이 형식의 정점에 군림하던 1959년도에 제작된 작품으로서 '순수 스토리텔링'의 좋은 예이다. 그것은 너무나 특출한 '이야기의 전달'이 그 아래 깔린 '이야기 자체의 결함'을 은폐하고 있기 때문이다. 이것이 바로 교묘한 스토리텔링의 기술이다. 즉 능수능란하게 관객의 주의를 미래로 향하게 만들어 영화를 보는 이들이 이야기 속에 존재하는 결함들을 생각할 겨를이 없게 만드는 것이다.

〈북북서로 진로를 돌려라〉는 개발 단계에서 '주인공이 가상의 인물이라면 어떨까?'라는 소박한 아이디어와, 어렴풋하나마 북서쪽을 향한 여정을 수반한 이야기일 것이라는 생각과 함께 시작되었다. 여기서부터 작가인 어네스트 레만과 알프레드 히치콕 감독은 시대를 초월해 인정받는 영화를 만들어냈다. 이 작품은 정확하게 시퀀스 어프로치를 사용해 쓰인 것인 아니다(레만은 한 인터뷰에서 이야기가 열 개의 부분으로 나뉜다고 질문자가 주장하자 깜짝 놀라기까지 했다). 그러나 자세히 분석해 보면 9개의 시퀀스를 내포한 구조가 명백히 드러난다. 9분에서 18분 사이의 길이를 가진 9개의 짧은 영화들이 더 큰 한 개의 영화 안에 둥지를 틀고 있는 것이다. 각각의 시퀀스는 매우 직접적인 극적 충동을 따른다. 모든 시퀀스의 프로타고니스트는 바로 본 영화의 주인공인 로저 손힐이며 그는 각각의 시퀀스에서 매우 명확한 목적을 갖고 있다. 그리고 그 여정 속에서 극적 아이러니의 다양한 활용으로 인해 액션은 끊임없이 고조된다.

시퀀스 A
: 총, 버번, 그리고 스포츠카에 의한 위협

영화는 격정적인 일상의 흐름을 보여주면서 시작되며 관객이 도착했을 때는 이미 바쁘게 진행 중인 주인공의 삶이 눈앞에 펼쳐진다. 이 책에서 분석된 다른 작품들과는 달리, 이 영화의 오프닝에서는 관객의 흥미를 끌기 위한 수수께끼가 그다지 사용되지 않는다. 타이틀 시퀀스는 액션/어드벤처 영화임을 암시하는 전주곡을 사용하고 타이틀 자체도 퍼즐의 일종처럼 작용하며 추상적으로 정렬된 선들이 모더니즘적인 유엔 빌딩의 외곽선들로 바뀐다. 대사가 들리기 시작하면서부터 프로타고니스트인 로저 손힐이 바쁜 일상 속에서 비서에게 지시사항을 전달하는 모습이 묘사된다.

이 대사들 속에서 그의 사업 파트너들과의 약속이 몇 개 예약되고 약간의 엑스포지션 또한 주어진다. 그중에서도 로저의 여자친구와의 관계와 어머니와의 관계, 그리고 로저의 과한 음주벽(적어도 그의 어머니의 견해로는)에 대한 정보들이 두드러진다. 이 대사들 중에서도 미래에 예정된 약속들이 가장 중요한 요소들이다. 왜냐하면 프로타고니스트의 미래에 대한 계획이 우리에게 설득력을 가질수록 그 계획을 가로막는 그의 납치가 더 효과적으로 다가오기 때문이다.

로저의 예정에 대한 텔레그래핑은 오크룸 바에서도 이어지며 거기에서 그는 자기 어머니에게 그날 밤 예약한 연극 공연의 시간을 알리려고 전보를 치려 한다. 그러나 이 행위 때문에 그는 뜻하지 않게 카플란으로 오해되어 두 명의 괴한에게 납치당한다.

이렇듯 영화의 오프닝 4분은 영화의 시작점부터 캐릭터의 일상의 과정을 확립하는 데 놀라운 솜씨를 보인다. 이 4분은 인물의 삶에 대한 내용(그의 매너, 스타일, 인간관계, 과거와 미래의 계획들)으로 가득 차 있다. 이는 물론 어떤 영화의 오프닝에서나 중요한 부분이지만 이 작품의 경우에는 주인공의 신분 자체가 곧 의심받게 되므로 더욱 더 중요하다. 그가 누구인지 처음부터 빨리 설정해놓지 않으면 그가 자신이 카플란이 아니라고 주장할 때 관객이 그가 과연 진실을 얘기하는지 의심할 수도 있기 때문이다. 물론 그런 설정이 어떤 영화들에서는 매우 유용할 수도 있지만 여기서는 주의를 흐트러뜨리게만 할 뿐이다.

로저가 납치당할 때 괴한들은 어느 정도 간접적으로 상황을 텔레그래핑한다. 밖에 차가 대기하고 있으며 로저가 입을 다물지 않으면 목숨을 잃게 될 거라고 협박하는 것이다. 이 비밀스러운 납치는 결과적으로 영화의 오프닝에서 제외되었던, 호기심을 자극하는 수수께끼 역할을 한다.

로저의 납치는 16분 길이 시퀀스의 1막의 끝을 나타낸다. 이 다음 부분은 단순한 극적 긴장감으로 인해 진행된다. 그것은 납치자들로부터 도망치려는 로저의 노력이다. 차 안에 탄 후 차에서 내리려는 그의 노력은 처음엔 협상으로 시작해 점차 물리적인 접촉으로 고조된다. 타운센드의 저택에 도착한 뒤 로저는 다시 적대자—이번에는 반담(로저는 그를 타운센드라고 오해한다)이다—를 설득하려 하고 그것이 실패하자 완력을 써서 도망치려 하지만 결국 반담의 부하들에게 저지당한다.

그가 반담과 대면하는 장면에서 몇 가지 텔레그래핑의 예가 보여진다. 로저는 그날 밤 윈터 가든 극장에 해놓은 예약에 대해 여러 번 언급한다. 또한 자기가 카플란이 아니라는 로저의 주장을 반박하기 위해 반담은 카플란이란 사람의 과거와 미래의 용무가 적힌 여행 일지를 읽어준다. 그리고 반담이 저녁식사에 초대한 손님들이 그를 기다리고 있다는 사실에 관한 언급도 있는데, 이 데드라인은 이 신에 시간적인 압박을 주어 긴장감을 부여하는 동시에 이 취조가 얼마나 지속될지도 암시한다. 반담은 불길한 두 가지의 상기되는 원인으로 신을 마무리한다. 로저에게 그날 밤 생존의 기회를 주고 싶다는 경고와, 부하들에게 술을 한 잔 로저에게 대접하라고 지시한 다음 '즐거운 여행'을 바란다고 하는 작별 인사가 바로 그것이다.

술에 취한 로저가 메르세데스 스포츠카에 앉혀지고 나서 이 시퀀스의 3막이 시작된다. 로저가 과연 탈출에 성공할 수 있을지에 대한 의문은 그가 이 드라이브에서 살아남을 수 있을지에 대한 의문으로 좁혀진다.

4분 길이의 추적 시퀀스는 로저가 경찰차와의 교통사고에 휘말리고 이를 본 반담의 부하들이 슬그머니 사라짐으로써 끝난다. 이렇게 이 시퀀스의 극적 긴장감은 해소된다. 로저는 탈출에 성공하는 것이다. 또한 얼마 전 반담이 그의 생존에 대해 위협할 때 설정된 상기되는 원인들도 종결된다. 한편, 로저는 안전하게 경찰의 손에 들어가기는 했지만 이로 인해 그의 납치를 둘러싼 수수께끼가 풀린 것은 아니므로 경찰에 수감된 그의 운명이 어떻게 될지에 대한 새 의문들이 생겨난다. 그것들은 바로 첫 번째 시퀀스를 두 번째 시퀀스와 연결시키는 의문들이다.

시퀀스 B
: 결백을 밝히려는 노력

로저는 경찰서로 끌려가고 거기에서 다음 장애물이 곧 모습을 드러낸다. 자신이 납치를 당했다는 사실을 믿도록 경찰을 설득해야 하는 것이다. 허나 경찰이 그가 운전하던 차가 도난 차량임을 밝히고 나자 위기감은 급격히 고조된다. 로저는 어머니에게 전화를 걸어 도움을 청하고, 다음날 아침에 자기 변호사가 경찰서에 찾아오도록 일정을 잡는다.

이 9분 길이 시퀀스 내의 1막은 법정에서 로저의 변호사가 진상 규명을 주장하면서 끝난다. 여기에서 이튿날 저녁에 재판이 열릴 것이라는 일정이 예약되고 판사는 형사들에게 수사를 지시한다. 이 법정 신은 대사고리와 함께 종결된다. 그것은 판사가 로저의 주장이 진실인지 아닌지 끝까지 밝혀내겠다고 자신의 의도를 밝히는 지점이다.

영화는 로저, 그의 어머니, 변호사, 그리고 형사들이 타운센드의 저택에 도착하는 장면으로 전환되며 이로써 판사의 의도가 실행되고 있음이 보여진다. 저택에서의 신은 단순한 극적 긴장감을 통해 진행된다. 로저는 자기 이야기가 사실임을 증명하고 싶어하며 그를 막는 장애물은 물적 증거의 부재(사라진 소파의 얼룩, 사라진 찬장 안의 주류)와 거짓말을 하는 가짜 증인(타운센드 부인)이다.

이 신은 자기 남편이 유엔총회에서 연설을 할 예정이라는 타운센드 부인의 주장과 함께 정점에 다다른다. 이 정보는 형사들에게 있어 로저의 주장을 뒤엎을 정도의 무게감을 지닌 반론인 것이다.

이 시퀀스는 형사들이 수사를 중지하겠다고 밝힘으로써 종료된다. 이로 인해 로저의 이야기가 진실인지 확인하겠다는, 판사의 상기되는 원인마저 마무리되며 이에 로저는 자신의 결백을 홀로 밝힐 수밖에 없게 된다. 이 시퀀스의 마지막 샷은 정원사로 변장한 반담의 부하들 중 하나가 멀어지는 경찰차를 지켜보는 것을 보여준다. 이 시각적 단서는 경찰이 반대 결론에 도달하긴 했지만 로저의 이야기가 옳다는 것을 관객에게 재확인시켜 주는 기능을 한다. 이는 또한 일종의 시각적인 '상기되는 원인'을 제공한다. 로저는 경찰과의 일을 처리해야 하지만 자신을 납치한 자들과의 문제 또한 아직 끝나지 않은 것이다.

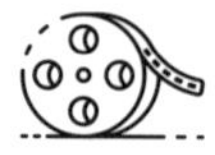

시퀀스 C
: 카플란을 좇아 유엔으로

영화의 1막은 여기에 위치한다고 할 수 있다. 이제 프로타고니스트는 누구인지 명백해졌고(로저) 그의 목적도 마찬가지다(자신의 결백함을 밝히는 것). 이제부터 이야기는 이 목적이 상황을 진행시키며 펼쳐진다. 그런데 이 지점에서도 로저는 아직 곤경에서 빠져나갈 수 있는 선택의 여지가 있는 것처럼 보인다. 그의 어머니가 지적하듯 유죄를 인정하고 벌금을 지불하면 이 일에서 해방될 수 있기 때문이다. 하지만 이 11분 길이의 세 번째 시퀀스가 종료될 즈음에야 로저는 자신이 살인 누명을 뒤집어썼고 경찰과 반담의 부하들 양쪽으로부터 추적을 당하고 있으며, 결국 자기가 직접 수수께끼를 풀고 무죄를 밝힐 수밖에 없음을 깨닫게 된다. 따라서 주 긴장축은 두 번째 시퀀스가 아니라 세 번째 시퀀스에서야 시작되는 것이다.

시퀀스 C는 형사들과의 수사가 실패하자 직접 미스터리를 풀고자 하는 로저의 욕구로 인해 통합된다. 이 시퀀스는 로저와 그의 어머니가 프라자 호텔에 도착하는 장면으로 시작되고, 거기서 그들은 카플란이 그곳에 묵고 있지만 현재 출타중이며 이틀 동안 전화를 받지 않았다는 사실을 알게 된다. 로저는 이 장애물을 극복하기 위한 수단을 펼친다. 그것은 자기 어머니를 매수해 열쇠를 가져오게 하는 것이다. 상기되는 원인의 시각적인 예인 이 지점은 이 신을 곧바로 다음 신으로 연결시키는 역할을 한다.

이 시퀀스의 1막은 로저와 그의 어머니가 카플란의 호텔 방에 잠입해 수색을 시작하면서 종료된다. 호텔 방 안에서의 신은 로저와 그의 어머니 사이의 약간의 갈등을 다루고 있기는 하지만 정작 이 신을 진행시키는 주된 도구는 아이러니에서 오는 긴장감이다. 두 사람이 그 곳에 거짓으로 가장해 들어와 있다는 사실을 관객이 인지하고 있는 상태에서 그로 인해 그들이 호텔 직원들 혹은 카플란 본인에게 발각되지 않을까 하는 두려움이 발생하기 때문이다.

방 수색은 반담의 부하에게서 전화가 걸려오면서 중단된다. 그 부하는 암암리에 위협을 하는데, 따라서 수수께끼의 해답을 얻기 위한 노력은 즉시 탈출시도로 바뀐다. 로저는 두 명의 암살자들을 호텔에서 따돌린 후, 미스터리를 풀고자 하는 노력을 재개하기 위해 유엔빌딩으로 향한다.

로저가 타운센드를 만날 것을 요청하고 결국 그와 대면하게 되는 유엔에서의 신들은 극적 긴장감보다는 아이러니에서 오는 긴장감으로 진행된다. 암살자들의 추적과 접근에 대해 관객들은 미리 알게 되지만 로저는 타운센드의 등에 칼이 꽂힐 때까지 그 사실을 알지 못하기 때문이다.

이 사건은 시퀀스의 극적 긴장감의 해소를 제공한다. 수수께끼의 답을 얻으려던 로저의 노력은 실패로 끝나고 그 노력은 오히려 그에게 살인 혐의를 가져오고 마는 것이다.

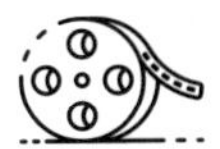

전환부
: 정보기관

간략한 전환의 신이 시퀀스 C와 D, 그리고 1막과 2막 사이의 커튼 역할을 담당한다. 영화는 워싱턴 DC로 배경을 옮기고, 정보부 요원들이 유엔빌딩에서의 살인사건에 대해 논의하는 이 요약의 신('요약의 신' 참조)에서 거의 40분가량 지속되어온 미스터리를 설명하는 엑스포지션이 제공된다. 하지만 이것 역시 관객에게만 해당된다. 이렇게 시나리오 작가는 지금껏 비밀리에 유지해 온, 아이러니에서 오는 긴장감의 첫 번째 단계를 활성화시킨다. 즉 반담이 로저를 납치할 때 그인 줄 착각한 조지 카플란이라는 사람은 익명의 정보부 요원의 안전을 위해 만들어진 허구의 인물이라는 사실을 관객이 알게 되는 것이다. 그러나 물론 로저는 이를 알지 못한다.

이 전환부 신이 종료될 즈음에는 프로타고니스트가 누구이며 그가 원하는 것이 무엇인지(살인 누명을 벗고 수수께끼를 푸는 것), 그리고 동시에 그의 장애물이 무엇인지도(그는 경찰과 적 양쪽으로부터 쫓기고 있으며 자신을 궁지에 몬 음모에 대해서는 전혀 눈치채지 못하고 있다) 뚜렷해진다. 따라서 주 긴장축은 다음과 같이 설정된다. '과연 로저는 수수께끼를 풀고 자신의 결백을 증명할 때까지 경찰과 적을 성공적으로 따돌릴 수 있을까?' 그리하여 이 신은 불길한 대사고리와 함께 종료된다. 로저의 생존 가능성에 대해 회의적인 의견을 제시하던 여성 요원이 이렇게 중얼거리는 것이다. "잘 가세요, 손힐 씨, 지금 어디에 계시든간에."

시퀀스 D
: 20세기 여객 열차

네 번째 시퀀스는 이 영화에서 가장 긴 시퀀스로서 약 18분 30초 동안 지속되며 장소(20세기 여객 열차 내부)와 로저의 목적으로 인해 생겨난 극적 긴장감으로 통합된다. 그 목적은 조지 카플란이라는 인물을 만나 수수께끼를 풀기 위해 시카고에 도착할 때까지 경찰을 따돌리는 것이다. 그 점에서 이 시퀀스의 극적 긴장감은 사실상 영화 전체의 긴장감과 동일하다. 더 나아가 이 시퀀스의 러닝타임 대부분은 로저와 이브의 관계에 할애되고 있다. 이 시퀀스에서 둘의 관계는 플롯의 전후관계상 정당화되지만(로저는 경찰로부터 몸을 숨기기 위해 위해 그녀의 도움을 받는다) 여기에서 발전된 로맨스는 뒤의 모든 시퀀스들에서 중대한 역할을 수행한다.

이 시퀀스는 그랜드 센트럴 역에 위치한 공중전화 박스 안에서의 짤막한 요약의 신과 함께 시작된다. 여기에서 로저는 자기 어머니와 대화를 나누면서 자신이 직면한 곤경을 하나씩 되짚고(그는 경찰에 자수할 수 없으며 오직 카플란만이 이 미스터리를 풀 수 있는 사람이다) 앞으로의 계획을 텔레그래핑한다(카플란이 투숙하고 있다는 시카고의 앰배서더 이스트 호텔에 가보려는 것).

로저의 첫 번째 목표는 열차에 무사히 승차하는 것이다. 이를 위해서는 장애물인 의심 많은 검표원과 몇 명의 경찰을 상대해야 한다. 그때 그는 예기치 않게 이브로부터 도움을 받게 되고, 그녀는 그가 화장실에 숨어 있는 동안 경찰의 주의를 딴 데로 돌린다. 이브를 이런 식으로 활용하는 것(그리고 두 사람의 우연한 만남)은 위험한 스토리텔링 전략인데, 왜냐하면 이는 '주인공을 돕는 우연'의 예이기 때문이다. 물론 이렇게 의도된 듯한 느낌은 나중에 이브에게 숨은 동기가 있는 것이 밝혀짐으로써 상당히 감소되며 출연자들의 스타 파워의 의해서도 어느 정도 완화된다. 즉 당대의 스타였던 캐리 그랜트의 매력이 낯선 젊은 여성으로 하여금 기꺼이 그를 도와주러 나서게 할 수도 있다는 느낌이다(차후 시퀀스 H에 등장하는, 병원 침대 신세를 지고 있는 여성이 그에게 보이는 긍정적 반응 또한 이를 입증하는 지점이다).

성적 유혹의 느낌은 얼마 지나지 않아 다시 강조된다. 로저는 식당차 안에서 이브의 테이블에 앉게 되고 그녀는 웨이터에게 그를 이리로 안내하게끔 팁을 주었다고 고백한다. 이 신 자체는 성적 긴장감으로 인해 특징지어진다. 유혹의 손길을 뻗는 것은 이브이며 로저는 기꺼이 그 대상이 되고 있다. 이 신에는 별다른 갈등이 존재하지 않는다. 하지만 그 대신 로저의 비밀로 인해 발생한 아이러니에서 오는 긴장감이 자칫 부족할 수도 있는 집중도를 이 신에 부여한다.

인지의 순간(이브는 자기가 그의 신분을 알고 있으며 그가 살인죄로 쫓기는 것도 알고 있다고 밝힌다)이 지나고 나서 잠시 후 경찰이 도착해 극적 긴장감을 다시 이끌어낸다.

로저가 침대칸에 숨은 동안 이브는 경찰에게 거짓말을 함으로써 계속 그를 돕는다. 여기서 의도된 듯한 느낌(때맞춰 그를 도와주려 하는 여자승객)을 다시 희석시키기 위해 로저는 이브에게 왜 자신에게 이렇게 잘해주는지 단도직입적으로 묻는다. 이에 그녀는 또다시 성적인 암시를 사용해 에둘러 답한다. 이렇게 의문이 제기될 수 있는 사항에 관해 캐릭터 자신이 직접 묻게 만드는 것은, 이런 부분이 관객들에게 야기할 수 있는 의혹을 미연에 방지하는 유용한 방법이다.

경찰이 떠나고 난 후 진행되는 다소 완만한 페이스의 신에서 두 사람 사이의 성적 친밀감은 서서히 고조되지만 잠시 후 침대를 준비하기 위해 도착하는 사환에 의해 방해된다. 사환의 등장과 화장실에 숨어 있는 로저로의 장면 전환은, 그들의 애정행각을 방해하여 그것의 재개에 대한 기대를 한층 높이는 역할과(지연의 한 형태), 플롯의 기능상 이브가 사환에게 쪽지를 건넬 수 있는 기회를 마련해줘서 그녀가 왜 로저에게 잘해주는가에 대한 진짜 이유(그녀는 반담을 위해 일하고 있다)를 관객에게 알리는 두 가지 역할을 담당한다.

사환이 퇴장한 후 로저와 이브는 애정행각을 재개하고 이 신은 상기되는 원인(이브가 로저에게 그날 밤 그는 바닥에서 자야 한다고 얘기하는 것)과 함께 로저가 미처 보지 못하는, 그녀의 염려에 찬 표정과 함께 끝을 맺는다. 이 표정은 다음 신으로의 연결을 제공하는 시각적 고리로서, 그 신에서는 사환이 레너드와 반담에게 쪽지를 전달하는 모습이 보여진다. 이것은 두 번째로 등장하는 중요한 '새로운 사실'의 신이다. 로저는 카플란의 정체(그가 존재하지 않는다는 것)뿐만 아니라 교수와 그의 부하들의 계획에 대해서도 전혀 모르고 있고, 자기가 사랑에 빠지고 있는 여인이 자신의 적들을 위해 일하고 있다는 사실도 알지 못하는 것이다.

이 시퀀스는 음성이 아닌 대사 고리를 통해 다음 신과 연결된다. 그것은 다음과 같은 쪽지의 내용이다. '아침이 오면 이 사람을 어떻게 할까요? - 이브 - '

시퀀스 E
: 농약살포기와의 조우

이 시퀀스는 16분 동안 지속되며 카플란을 만나려는 로저의 노력으로 인해 통합된다. 전 시퀀스에서 새롭게 밝혀진 사실 때문에 이제 관객은 이브의 비밀(그녀가 그에게 거짓말을 하고 있고 그를 돕기보다는 죽이기 위한 음모에 가담하고 있다는 것)을 알고 있으며, 이로 인해 이후 로저와 이브가 등장하는 모든 신들에는 아이러니에서 오는 긴장감이 불어 넣어진다.

이 시퀀스는 짐꾼으로 위장한 로저가 이브와 함께 시카고에 도착한 기차를 내리는 장면으로 시작된다. 극적 아이러니와 극적 긴장감 두 가지가 이 신을 구성한다. 로저는 경찰로부터 자기 신분을 숨기려 하고 이브는 또 한 번 그들을 쫓아버리는 데 성공한다. 임박했던 위험이 사라지고 난 후, 이브가 카플란과 약속잡는 것을 돕겠다고 제안하는 부분에서 그녀의 교활함이 최고조로 다가온다. 동시에 이 신의 블로킹[1]은 관객에게 그녀의 또 다른 측면을 보여준다. 기차에서 같이 밤을 지샌 여자들 중 그녀가 가장 똑똑한 여자라고 그가 말하자, 그녀는 약간 부끄러운 듯 그에게서 몸을 슬쩍 돌린다. 그럼으로써 그의 운명에 대해 그녀가 느끼는 진심어린 걱정을 숨기는 것이다.

경찰이 유니폼을 도둑맞은 짐꾼을 발견하자 갑자기 혼란이 야기된다. 경찰이 모든 짐꾼들을 조사하기 시작하는 것이다. 그러나 이때 로저는 이미 평상복으로 갈아입은 뒤이다.

로저가 남자화장실에서 면도를 하는 동안, 이브는 반담의 부하인 레너드와 통화하여 약속에 관해 은밀하게 사전협의를 한다. 로저와 다시 대면한 그녀는 이 약속에 대한 세부사항을 전달한다. 이 신은 미래에 대한 더 많은 요소들과 함께 끝난다. 로저는 그녀에게 감사를 표하고 앞으로도 계속 연락을 하고 싶다고 말한다. 이런 순간들은 극적 아이러니의 사용으로 인해 더 통렬

...

1   블로킹: 프레임상의 배우들의 동선과 배치.

해진다. 그녀가 그를 죽이려는 음모에 동조하고 있기 때문이다.

카플란을 만나기 위한 약속이 정해지고 나면 시퀀스의 긴장감이 설정되고, 저 유명한 농약살포기와의 조우를 위해 로저가 프레리 역에 도착하는 것으로 이 시퀀스의 2막이 시작된다. 로저가 프레리 역에 도착하는 시점부터 농약살포기의 공격까지의 7분간은 지연의 매우 강력한 예이다('준비' 참고). 사실 플롯의 관점으로만 본다면 로저가 버스에서 내리자마자 공격을 당하는 것도 얼마든지 가능했겠지만 만약 그랬다면 영화에서 이 부분이 제공하는 임팩트가 상당히 약해졌을 것이 틀림없다.

이 신에서는 관객에게 제공되는 정보체계가 조심스레 선택됨으로써 기대감이 만들어진다. 관객은 이브가 로저를 해치려고 음모를 꾸민다는 사실은 알고 있지만, 그를 해치려고 어떤 방법을 쓸지에 대한 정보 자체는 제한되어 있는 것이다. 따라서 로저가 카플란을 기다리고 있는 7분 동안 관객은 위험이 어느 곳에나 도사리고 있을 수 있음을 암암리에 인지하게 되는 것이다. 따라서 7분 동안 부근에 나타나는 모든 차, 트럭, 버스 또는 인물이 다 잠재적인 저승사자인 것이다. 이렇듯 서스펜스가 최대한의 효과를 위해 쥐어짜지는데, 이는 농약살포기가 사용될 것이라는 사실이 기차역 공중전화 박스에서 미리 관객에게 밝혀졌더라면 불가능했을 것이다.

농약살포기의 공격이 개시되면 시퀀스의 3막이 시작된다. 로저는 카플란을 찾기는커녕 단순히 살아남기 위해 발버둥치게 된다. 그는 농약살포기를 따돌리기 위해 몇 차례 시도를 하는데,

마지막엔 유조차를 멈춰 세워 폭발을 유도한 후 픽업트럭을 훔쳐 달아난다.

농약살포기 신은 이 영화의 신들 중에서도 전술한 '순수 스토리텔링'의 제일 좋은 예일 것이다. 그 이유는, 좀 더 자세히 들여다보면 이 신 자체가 말도 안 되는 넌센스임이 밝혀지기 때문이다. 무기의 서투른 선택—기관총을 탑재한 농약살포기(농약살포기가 누군가를 죽인다면 그건 단순한 사고처럼 보이는 게 자연스럽다. 희생자에게 총알구멍을 내는 농약살포기는 결국 의심을 사게 된다)—이라는 설정상의 문제는 차치하고라도, 반담과 그의 부하들이 로저가 만나려고 하는 사람이 도대체 누구라고 생각하는가에 더 근본적인 논리적 오류가 있다. 이 이야기는 반담이 로저가 곧 카플란이라고 믿는다는 것을 전제로 깔고 있다. 그러나 만일 그게 사실이라면 그들은 어떻게 카플란을 만날 수 있다는 것을 미끼로 로저를 어딘가의 허허벌판으로 꾀어낼 수 있다고 기대한 걸까? 이렇듯 너무나 눈에 잘 띌 듯한 '플롯 구멍'들이 사실은 전혀 눈에 띄지 않는다는 것은, 거꾸로 얘기하면 히치콕과 레만의 스토리텔링 기술에 대한 찬사나 다름없다. 그들은 로저에 대한 관객의 기대감과 두려움을 극대화시키기 위해 이 신을 매우 정교하게 세공했고, 격한 흥분을 일으키는 특질마저 부여했다. 따라서 관객은 이 신이 제공하는 경험 자체에 압도되어, 분석을 하려던 의도 따위는 사라지게 되는 것이다. 이처럼 영화가 성공하기 위해 꼭 필요한 건 '이야기'가 아니라 '이야기가 존재한다는 느낌'이라는 것을 〈북북서로 진로를 돌려라〉는 증명해 보이고 있다.

시퀀스 F
: 앰배서더 이스트 호텔에서의 만남

거의 18분간 지속되는 이 시퀀스에서 로저의 관심사는 카플란을 만나는 것으로부터 이브의 비밀을 밝혀내려는 것으로 바뀐다. 바로 이 추진력이 시퀀스의 주된 긴장감과 통일성을 제공한다.

이 시퀀스는 바로 앞 시퀀스와 연결되는 시각적 고리로 시작된다. 이전 신에서 로저가 탈취한 픽업트럭이, 식별하기 쉽게 아직 뒤에 냉장고가 실린 채 시카고의 길거리에 버려져 경찰에 의해 조사되는 장면이다.

그 다음에는 앰배서더 이스트 호텔로 향하는 로저의 모습이 보인다. 그곳은 이미 오프닝 시퀀스와 2막 초반부에 텔래그래핑 된 바 있는 장소이다. 여기에서 카플란에 대해 문의하던 로저는, 그날 아침 그와 대화를 나누었다고 이브가 주장한 시간보다 일찍 카플란이 체크아웃했다는 것을 알아낸다. 따라서 그녀가 자신을 죽이려는 음모에 가담했을지도 모른다는 사실을 인지한다. 이 깨달음은 정보에 대한 새로운 체계를 만들어낸다. 왜냐하면 이제 로저는 이브가 적을 위해 일한다는 사실을 알게 되었지만, 자신이 그 사실을 알고 있다는 것을 그녀에게 알리지 않기 때문이다. 이렇게 함으로써 그는 정보에 있어 그녀보다 한 발짝 더 앞서게 된다.

로저는 엘리베이터에 올라타는 이브를 우연히 목격하고 그녀의 방을 알아내는 데 성공한다. 그 다음 신에서, 이브는 그가 살아남은 것에 대해 안심하는 반응을 드러내며, 동시에 그를 향한 애정도 내비치지만 이제는 그가 퇴짜를 놓는다. 그는 그녀에게 계속 질문을 하면서도 그녀가 무엇을 하려 했는지 자기가 알고 있다는 사실은 밝히지 않는다. 물론 이 신 안에는 갈등이 존재한다. 로저는 그녀의 진실을 캐내려 하고 그녀는 이를 피한다. 여기에서 사용된 주된 기법은 극적 아이러니이다. 즉 그가 사실을 알고 있음을 우리는 알지만 그녀는 모르고 있다. 따라서 우리는 로저가 질문과 발언들로 그녀를 우롱하는 것을 즐길 수 있게 된다.

대화를 주고받으면서 로저는 몇 개의 상기되는 원인들을 발생시킨다. 이제부터 그녀 곁에 계속 붙어다닐 것이며 그녀와 가족처럼 '단란하게' 지내려 한다는 계획을 그녀에게 알리는 것이다. 이는 그녀로 하여금 그에게서 떨어지기 위한 첫 번째 시도를 하게 만든다. 바로 그에게 떠나달라고 부탁하는 것이다. 그러나 그는 둘이서 마지막으로 함께 식사를 하자고 그녀를 설득하는 데 성공한다. 이브는 눈치를 보다가 그가 샤워를 위해 욕실안에 들어간 사이 도망치고, 반면 로저는 그녀가 남긴 단서(그녀가 향한 목적지의 주소)를 이용해 추적을 재개한다.

예술품 경매장에 도착한 그는 레너드와 반담과 함께 있는 이브를 발견하는데, 이는 시퀀스 D의 마지막에서 이브가 반담에게 보낸 쪽지로부터 발생한 극적 아이러니의 라인을 완전하게 해소시키는 인지의 지점이다.

반담과 몇 마디 말을 나누고서 로저는 퍼즐의 조각들과, 그 안에 이브가 어떻게 연루되었는지 나름대로 단정을 내리며, 그리하여 이 시퀀스의 3막이 시작된다. 로저는 경찰에 가겠다는 자신의 의도를 밝히며, 이브를 쫓던 그의 추적은 곧 살아서 경매장을 탈출하기 위한 노력으로 바뀐다. 이 시퀀스는 로저가 경매장으로 경찰을 출동하게 만드는 데 성공하는 것과 함께 종료된다. 한편 그가 경찰에게 끌려가고 있을 때, 또 하나의 시각적인 상기되는 원인이 생겨난다. 공중전화 부스 안에서 어디론가 급히 통화하고 있는 교수의 모습이 보이는 것이다.

시퀀스 G
: 무모한 계획

이 12분 길이 시퀀스는 로저가 과연 이브를 위험에서 구출할 수 있을지에 대한 극적 긴장감을 중심으로 통합된다. 경찰서로 가는 차 안에서 로저가 신분을 밝히자 경찰들은 뜻밖에 그를 시카고 공항으로 데려가 교수에게 인도한다. 여기에서, 교수는 로저에게 카플란이 가상의 인물이라는 사실을 털어놓고(시퀀스 D에서부터 유지되었던 극적 아이러니의 라인을 종료시키는 인지의 신이다) 이야기의 일부를 요약하며(이 설명의 일부는 중복을 피하기 위해 항공기 엔진 소음을 이용해 생략된다), 사우스다코타 주의 래피드 시티에서 있을 만남의 예정을 텔레그래핑한다. 대사의 비중이 큰 이 신은 극적 긴장감(로저의 협조를 얻으려는 교수의 욕구, 즉 비행기를 놓치지 않게 그를 빨리 움직이게 하는 것과 동시에 앞으로 24시간 동안 그에게 더 카플란 행세를 하게 하는 것)으로 인해 진행된다. 로저의 도움을 얻는 데 실패하는 것처럼 보일 때, 교수는 이브가 사실 미국 정보요원이라는 사실을 밝힌다. 교수에게서 시작되는 상기되는 원인("그녀의 생명보다 더한 것이 위기에 처해 있소.")은 로저의 고민에 찬 반응으로 강화되며 이 두 가지 모두 러시모어 산의 샷으로 시작되는 다음 신으로의 고리를 제공한다.

카플란이 존재하지 않는 사람이라는 것과, 관계당국도 그가 결백하다는 걸 알고 있다는 사실을 로저가 듣고 나면, 지금까지의 주 긴장축(과연 로저는 수수께끼를 풀고 자신의 결백을 증명하는 동안 경찰과 적들을 성공적으로 따돌릴 수 있을까?)은 해소되고 두 번째 극점(2막의 결말)이 임박해 온다. 주 긴장축이 해소되자마자 바로 그 신 안에서 새롭고 보다 긴박한 긴장감이 생겨나 3막의 액션을 통합시키는 것이다. 과연 로저는 이브를 구할 수 있을까?

러시모어 산에 도착한 로저의 모습은 이전 신에서 교수로부터 시작된 상기되는 원인(앞으로 24시간만 더 카플란 행세를 해달라는 교수의 요구)을 매듭짓는다. 러시모어 산 기슭에서 펼쳐지는 로저와 교수의 신은 바로 요약의 신이며(교수는 로저가 어떻게 이브를 곤경에 빠뜨렸는지 되짚어준다) 동시에 준비의 신이기도 하다. 그것은 이 신이 상기되는 원인으로 넘치기 때문이다. 교수는 러시모어 산의 루즈벨트 대통령의 얼굴이 로저에게 "말은 부드럽게 하는 대신 큰 몽둥이를 갖고 다녀라."[2]라고 말하고 있는 것 같다고 하지만, 로저는 반면 그 얼굴이 오히려 자신에게 이 '무모한 계획'에 동참하지 말라고 경고하는 듯하다고 답한다. 동시에 이 신은 어느 정도의 엑스포지션을 포함하고 있다. 그것은 바로 만남(아마도 로저, 반담, 그리고 이브를 포함한)이 예약되었다는 것이다. 이 정보를 여기에서 드러냄으로써 그 만남을 추진하기 위해 로저와 반담이 주고받았을 전화통화와 다른 정보 관련 장면을 보여줘야 할 필요성

…

2　speak softly and carry a big stick: 해군 확장 정책에 대한 루즈벨트 대통령의 언급.

사진 11. 요약의 신: 〈북북서로 진로를 돌려라〉(1959)의 시퀀스 G에서 로저와 교수는 지금까지 자신들이 어떻게 해서 그 지점까지 오게 되었는지, 그리고 다가오는 반담과의 만남에서 앞으로 그들이 기대할 수 있는 희망과 두려움은 무엇인지 재검토한다. 이 신은 이브의 구출에 대한 긴장감으로 통합되는 시퀀스 G의 셋업을 완료시킨다. 요약의 신은 미스터리나 스릴러처럼 복잡한 플롯을 지닌 영화들에서는 매우 보편적이다. 이것의 기능은 관객이 영화가 무엇에 관한 것인지 헷갈려 하기보다 앞으로 상황이 어떻게 될 것인가에 관심의 초점을 맞출 수 있도록 그들에게 충분한 정보를 요약해 제공하는 것이다. (실제 프레임 확대)

은 미리 제거된다. 이 신은 교수가 예정(반담은 그날 밤 국외로 떠날 것이다)과 상기되는 원인(오늘 밤만 지나고나면 로저와 이브는 자유롭게 둘의 관계를 추구할 수 있다)을 설정하는 것과 함께 종료된다.

이 셋업이 완전해지고 나면 반담, 이브, 레너드가 도착하고, 드디어 작전(그 정확한 내용은 아직 관객에게 비밀로 부쳐진)이 개시된다. 이 작전의 정보를 누설하지 않음으로써 작가는 극적 아이러니와 놀라움 두 가지를 활용할 수 있게 된다. 극적 아이러니는 로저가 미국 요원인 척하는 것을 우리는 알지만 반담은 모르고 있기 때문이며, 이브의 태도(반담과 로저에게 화를 내며 나갔다가 다시 돌아와 로저를 총으로 쏘는)가 작전의 일부가 아니라 오히려 작전을 엉망진창으로 만들었다는 인상을 주면서 놀라움이 생겨난다. 이 시퀀스는 표면적으로는 부정적인 결말로 끝난다. 로저는 이브를 구하는 데 실패하고 총을 맞은 채 차에 태워져 신에서 퇴장하기 때문이다.

시퀀스 H
: 로저가 이브를 탈출시키려 한다

스테이션 웨건이 숲속에 들어와 멈추면, 사실 로저는 다치지 않았으며 반담이 카페에 도착하기 직전 로저가 에둘러 언급한 바 있는 '무모한 계획'에 가짜 총격 또한 포함되어 있었다는 사실이 밝혀진다. 이브는 이미 그곳에서 로저를 기다리고 있었고 두 사람은 다시 서로를 소개한다. 이브의 입장에서는 처음으로 비밀 신분이 아닌 실제 자신으로 돌아가 그를 대면하는 것이다. 이 신에는 아무런 긴장감도(극적이건 아이러니이건) 존재하지 않는다. 그보다 이 신은 에필로그처럼 펼쳐지고 충분하게 영화의 마지막을 대신할 수도 있다. 로저는 그의 결백을 증명했고 이제 여자도 얻은 것이다. 다만 이 신의 마지막에 등장하는 뜻밖의 전개가 남아 있다. 그것은 이브가 그날 밤 반담의 비행기에 동승해 자신을 다시 위험에 노출시킬 것이라는 내용이다. 이 새로운 사실은 이에 대해 로저가 이의를 제기함으로써 이 신의 유일한 갈등으로 발전하지만 그의 이의는 묵살되고 이브는 예정에 맞추기 위해 서둘러 자리를 뜬다.

그 다음은 로저의 병실로 신이 바뀐다. 그는 우리에 갇힌 동물처럼 서성이다가 문을 열려는 순간 교수가 등장하자 협조적으로 행동하는 척한다. 로저가 이브에 대해 이제 관심이 없다고 말하자 교수는 이에 대한 대답으로 데드라인을 제공한다. 즉 이브는 한 시간 안에 떠난다는 것이다. 로저는 교수에게 버번을 구해 달라고 부탁해 밖으로 내보내고(오프닝 시퀀스에서 반담의 부하들이 그에게 마시게 한 버번의 어렴풋한 페이오프이다) 그 다음에 자신의 의도를 명확히 드러낸다. 병원에서 탈출해 이브를 구하려는 것이다. 교수가 퇴장하고 나면 이 11분길이 시퀀스의 1막이 종료되고 시퀀스를 통합하는 극적 긴장감(로저는 이브를 구할 수 있을까?)이 개시된다.

병실에서 탈출한 로저는 택시를 잡아타고 반담의 집으로

향한다. 그곳에서 조심스레 집의 배치를 조사한 그는 집 안에서 벌어지는 일을 은밀히 관찰할 수 있는 장소를 찾는다. 그는 자갈을 던져 이브의 주의를 끄는 데 성공할 뻔 하지만 레너드의 방해 때문에 실패한다.

이 실패는 로저로 하여금 뜻하지 않게 반담과 레너드의 대화를 듣게 만든다. 그 대화에서 레너드는 그동안 자신들이 저질러 온 '범죄'(마이크로필름에 든 국가 기밀을 예술품 안에 숨겨 밀반출 해왔다는 사실)를 드러내며, 또한 이브가 로저를 쏜 것은 공포탄이었고 따라서 그녀의 정체는 이중 스파이라는 사실을 폭로한다.

이 새로운 사실의 신은 또 다른 아이러니의 층을 생성한다. 이제 로저는 임박한 위험에 대해 알고 있지만(반담에 의해 언급된 새로운 상기되는 원인: "이 문제는 바다 위의 높은 지점에서 해결하는 게 제일 좋을 것 같군.") 이브는 그렇지 못한 것이다. 이 깨달음은 위험수위를 올림으로써 그녀를 구하려는 그의 노력을 더 절박하게 만든다. 그녀는 이제 단순히 위험한 임무에 투입되는 것이 아니라 살아 돌아올 수 없는 함정에 빠지는 것이기 때문이다.

이제 로저는 다시 자기 방으로 돌아간 이브와 접촉하는 데 주력한다. 그녀를 간발의 차이로 놓친 그는 메모를 적은 그의 성냥갑(일찌감치 열차에서 '씨 뿌려졌던' 독특한 'R.O.T.' 로고가 인쇄된 소품)을 사용해 그녀의 주의를 끈다. 그녀가 자기 방에서 로저와 재회하고 나면 현재 상황과 그녀가 직면한 위험을 로저가 설명해줌으로써 아이러니가 해소된다. 이브가 어쩔 수 없이 반담 일행에게 돌아가려 하자 로저는 필사적으로 경고를 내뱉는다(이는 또 다른 상기되

사진 12. 로저는 반담에게서 이브를 구출하는 데 성공하고 이로 인해 〈북북서로 진로를 돌려라〉의 시퀀스 H 의 극적 긴장감이 해소된다. 그러나 그녀가 차에 올라타고 추격전이 시작되면서 마지막 시퀀스를 아우르는 새 로운 긴장감이 소개된다. 로저는 과연 반담과 그의 부하들로부터 도망칠 수 있을까? (실제 프레임 확대)

는 원인이다). "절대로 그 비행기에 타면 안 돼!"

이 상기되는 원인은 이브가 비행기를 향해 천천히 안내되고, 뜻밖에 반담의 하녀에게 잡힌 로저가 총으로 위협을 받는 몇 분간 지속된다. 이브가 비행기에 오르기 직전 들려오는 총성이 로저의 탈출을 신호하며, 이 혼란의 와중에 마이크로필름이 들어있는 조각상을 반담에게서 빼앗은 이브가 차를 탈취한 로저를 향해 달려간다. 이브와 로저가 안전하게 차에 오르고 나면, 시퀀스의 긴장감은 해소된다. 로저는 반담에게서 이브를 구출해 내는데 성공한 것이다. 이제 새로운 질문이 마지막 시퀀스에서 발생한다. 로저와 이브는 과연 살아서 빠져나갈 수 있을까?

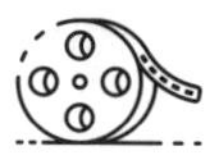

시퀀스 I
: 러쉬모어 산 위의 추격전

마지막 시퀀스는 10분이 채 못 되는 길이이다. 영화 전반에 걸쳐 부여되었던 극적 아이러니의 여러 단계들이 이 지점에서 모두 해소되며 이 시퀀스는 추격전을 둘러싼 극적 긴장감 한가지로 통합된다. 정문이 잠겨 차를 몰고 나갈 수가 없자 로저와 이브는 차에서 내려 도망치다 결국 러시모어 산 꼭대기에 다다른다. 여기에서 로저와 이브는 한 명의 부하를 물리치지만 그 와중에 둘 다 낭떠러지에 매달리게 되고, 어쩔 수 없이 레너드에게 도움을 요청한다. 그러나 레너드는 오히려 그들을 죽이기로 마음먹는데, 그때 이미 반담을 체포하고 교수와 함께 때맞춰 나타난 보안관이 그를 사살한다.

에필로그(로저와 이브의 신혼여행날 밤)는 약 1분 남짓한 길이이다.

시퀀스	설명	길이	경과시간
	**〈북북서로 진로를 돌려라〉 시퀀스 분석**		
	1막		
A	매우 바쁜 일상을 살아가던 로저는 조지 카플란으로 오인되어 납치되고, 위험천만한 음주운전 끝에 도망치는 데 성공한다. (오프닝 타이틀 제외) 통합하는 요인: 극적 긴장감 프로타고니스트: 로저 목적: 납치자들로부터 도망치는 것.	15:41	15:41 (12%)
	개시점: 로저의 납치		
B	로저는 경찰이 자신의 진술을 믿도록 설득하려한다. 그러나 타운센드의 저택을 함께 방문하고 난 경찰은 그를 더 이상 믿지 않으려 한다. 통합하는 요인: 극적 긴장감 프로타고니스트: 로저 목적: 경찰을 설득하는 것.	8:52	24:33 (18%)
C	로저는 그의 어머니와 함께 카플란을 찾으려 하지만 그 와중에 타운센드의 살해자로 오인된다. 통합하는 요인: 극적 긴장감 프로타고니스트: 로저 목적: 카플란을 찾으려는 것.	11:04	36:16 (27%)
	문제점: 살인자로 오해받고 스파이들에게 쫓기게 된 로저는 살아남기 위해 누명을 벗으려 노력해야 한다.		
	전환부 신: 정보부에서 주어지는 새로운 사실/엑스포지션	2:55	39:11
	2막 주 긴장축: 과연 로저는 누명을 벗는 데 성공할 것인가?		
D	20세기 여객 열차에 숨어든 로저는 이브와 만나게 된다. 이는 사실은 이브가 반담을 위해 일하고 있다는 의외의 정보가 밝혀지면서 종료된다. 통합하는 요인: 극적 긴장감 프로타고니스트: 로저 목적: 발각당하지 않고 시카고에 도착하는 것.	18:32	57:43 (43%)

E	카플란을 만나러 간 로저는 그 대신 농약살포기와 조우하게 된다. 통합하는 요인: 극적 긴장감 프로타고니스트: 로저 목적: 카플란을 만나려는 것.	15:55	1:13:38 (55%)
	첫 번째 극점: 농약살포기 신이 끝나고 나서, 로저는 이브가 자신을 속였다는 사실을 깨닫게 된다.(1:15:50-56%)		
F	이브가 자신을 속였음을 알게 된 로저는 그녀를 경매장까지 미행하고, 그곳에서 맞닥뜨린 반담 때문에 또다시 곤경에 처하지만 결국 멋지게 탈출한다. 통합하는 요인: 극적 긴장감 프로타고니스트: 로저 목적: 이브에 대한 진실을 밝혀내려는 것.	17:48	1:31:26 (68%)

3막

G	공항으로 이송된 로저에게 교수는 진실을 밝힌다. 주 긴장축(과연 로저는 누명을 벗을 수 있을까?)은 해소되었고 이제 새로운 3막의 긴장감(과연 로저는 이브를 구할 수 있을까?)이 생겨난다. 교수는 로저에게 러시모어산에서 벌어질 작전에 가담해 이브를 구하자고 설득하고 로저는 이에 동의한다. 통합하는 요인: 극적 긴장감 프로타고니스트: 로저 목적: 작전에 동참해 이브를 돕는 것.	11:51	1:43:17 (77%)
	두 번째 극점: 공항에서 로저에게 수수께끼의 전모가 설명된다. 그러고나서 이브의 목숨이 위험하다는 사실 또한 알려진다(1:38:16 - 74%).		
H	숲속에서 잠시 둘만의 시간을 보낸 후, 이브는 다시 돌아간다. 로저는 감금되어 있던 병원에서 탈출해 그녀를 뒤쫓아간다. 그는 반담의 집에 숨어들어가 그녀와 만나는 데 성공하지만, 그럼에도 불구하고 그녀는 비행기로 불려가고 만다.	10:45	2:04:02 (93%)

	통합하는 요인: 극적 긴장감 프로타고니스트: 로저 목적: 이브를 구출하는 것.		
I	러시모어산으로 향하는 추격전과 이어지는 사투. 통합하는 요인: 극적 긴장감 프로타고니스트: 로저 목적: 이브와 함께 반담으로부터 도망치는 것.	9:51	2:13:53 (100%)
	결말: 러시모어산 위에서의 결투.		
	에필로그: 기차에 함께 탄 로저와 이브		

SCENARIO

SEQUENCE

7장

<아라비아의 로렌스>

16개의 시퀀스와 인터미션

무엇보다도 그 길이 때문에 〈아라비아의 로렌스〉는 극적 형식의 한계를 시험한다. 영화를 소설이나 다른 긴 내러티브 형태들과 구분짓는 특징 중 하나는 한 번의 시청에 작품 전체가 감상된다는 사실이다. 이것은 관객에게 통일된 느낌을 부여하며 그럼으로써 내러티브가 더 긴 시간 동안 몇 번에 걸쳐 나뉘어 경험될 경우에는 인식하기 힘든, 작품의 전체적 형태를 짐작할 수 있게끔 한다. 3시간 40분의 러닝타임을 갖는 이 영화는 인간 인내력의 한계를 시험하며, 관객에 대한 배려로 2시간이 흐른 후 인터미션까지 제공된다. 하지만 그럼에도 불구하고 이 영화 역시 매우 엄격한 3막 구조를 유지한다. 로렌스는 터키의 통치로부터 아랍인들을 해방시키려고 노력한다. 이것은 영화가 4분의 1이 진행된 지점에서 명확해지며 4분의 3지점에서 일순 해소되는 것처럼 보이지만 그후 비참하면서도 진정한 결말에 다다른다. 막들 사이의 비율은 다른 작품들과 동일하다. 1막은 대략 영화의 25% 지점에서 종료되고 3막은 80% 정도가 경과된 지점에서 시작된다. 첫 번째 극점(아카바 공략)은 48% 지점에서 이뤄진다.

이런 방대한 분량 내내 관객을 영화에 몰입시키기 위한 수단으로 시퀀스가 활용되었다는 사실은 명백하다. 모두 합쳐서

16개이며 각기 8분에서 17분 길이이다. 주목할 만한 점은 작품 전체와 막들은 비정상적으로 길지만 구성 요소인 시퀀스들은 다른 짧은 영화들의 시퀀스들보다 길지 않다는 사실이다. 이것은 막의 기능과는 차이가 있는 시퀀스의 기능을 대변하는 지점이다. 시퀀스들은 보통 그 자체가 짧은 3막 구조의 드라마이며 서로 층층이 쌓아올려짐으로써 더 큰 3막 구조의 영화 전체를 지탱한다. 따라서 1장에서 논의된 바 있듯이 만일 시퀀스들이 너무 길 경우, 다시 말해 영화제작자가 한 가지의 극적 긴장감만을 사용해 관객의 주의를 20분 이상 유지시키려 한다면 그 시퀀스의 효력은 손상되기 마련이다.

〈아라비아의 로렌스〉의 전반적인 스토리 배치(일련의 여정들) 자체는 시퀀스들로 나눠지기에 매우 적합하다. 16개의 시퀀스 중 9개가 한 지점에서 다른 지점으로의 여정을 수반하며 나머지 시퀀스들은 서로 다른 장소들에서 벌어지는 모험을 다루고 있다. 그리고 이어지는 두 시퀀스가 같은 장소에서 벌어지는 경우는 두 번뿐이다.

스토리텔링의 관점에서 보았을 때 〈아라비아의 로렌스〉는 강박적이라고 할 정도로 미래에 집착하는 영화이다. 이것은 그 길이에 대한 배려 때문인데, 스토리텔러는 관객에게 스토리상 그들이 지금 어디에 와 있고 앞으로 무엇이 펼쳐질 것이며 두려워해야 할 것과 기대해야 할 것이 무엇인지 정확하게 인지시키기 위해 엄청난 노력을 들이고 상영시간을 할애한다. 또한 캐릭터들의 등장을 인상적으로 만들기 위해 기울인 정성과, 액션을 강조하는 데 도움을 주기위해 대비(빛과 어둠, 소리와 정적, 클로즈업과 롱 샷 등)를 활용한 지점들도 매우 탁월하다.

시퀀스 A
: 호기심을 불러일으키고 여정을 시작하기

오프닝 시퀀스는 사내 하나가 오토바이를 점검하는 모습이 부감(내려다보고 찍은 샷)으로 보여지는 타이틀백과 함께 시작한다. 독특한 구도가 시각적인 수수께끼를 불러일으키고 그의 행동은 텔레그래핑을 제공한다. 그가 오토바이를 몰고자 하는 사실이 이 장면으로 인해 예상되는 것이다.

타이틀이 끝나고 나면 그 사내는 출발하는데, 보안경이 얼굴을 가리기 때문에 그의 정체는 계속 베일에 싸여 있게 된다. 그는 '경고'와 '위험'이라는 팻말이 붙어 있는 공사장 옆을 지나치는데, 이는 미묘한 전조로서 상기되는 원인의 시각적인 예라고 할 수 있다.

자전거를 탄 사람들의 무리를 피하려고 방향을 틀던 사나이는 결국 사고를 당하고, 그의 죽음은 간접적(넘어진 오토바이의 모습과 덤불에 걸린 보안경)으로 암시된다.

그 다음, 영화는 T. E. 로렌스라고 확인되는 그 사내의 동상을 비춘다. 여기서 관객은 다시 한 번 그의 모습을 어렴풋하게나마 접하지만 그가 동상으로만 보이기 때문에 이 역시 명확하지는 않다. 음악과 의상은 이 행사가 추도식임을 암시하며 참석자들의 대화 속에서 그 사내에 대한 몇 가지 모순된 묘사('비범한 사람', '시인', '학자', '위대한 전사', '뻔뻔한 자아도취증 환자', '매우 대단한 사람' 등)가 노출된다.

추도식은 대사고리와 함께 종결된다. 한 사람이 로렌스를 자신의 "카이로 시절 막료들 중 사소한 직무를 맡고 있었다."고 기억하는 것이다. 영화는 그 즉시 붓을 들고 있는 손의 클로즈업으로 전환되고 그 손의 주인이 다름아닌 로렌스라는 사실이 밝혀지고 난 다음, 그가 지금 있는 곳이 카이로라는 것도 확인된다. 잠시 후, 5분 이상의 상영시간이 흐른 뒤에야 관객은 처음으로 방해받지 않고 로렌스의 모습을 볼 수 있게 된다. 따라서 이 5분간은 관객을 끌어들이기 위한 고리 기능을 하는 퍼즐이다. 스토리텔러는 주인공이 실존인물이라는 사실 때문에 관객들이 그에 관해 어느 정도 사전지식이 있다거나, 또는 그에게 특별한 호기심을 갖고 있을 것이라고는 가정하지 않는다. 그 대신, 관객의 기대감이 충분히 쌓일 때까지 그에 대한 궁금증을 이끌어내면서 그의 진정한 등장을 지체시킨다.

이어지는 신에서 로렌스는 현재 자신의 직책에 대한 불만족을 표현하고, 자신이 아랍어에 능숙하며 터키에 대항하는 아랍인들의 대의에 관심을 갖고 있음을 나타낸다. 마지막으로 다소 기이한 행동들—고통에 관해 둔감한 모습(맨손으로 성냥을 끄는 버롯을 선보인다)과 대화 시 과도할 정도로 형식적이며 겸손하게 구는 태도—을 선보인다. 신의 중간에 전갈을 받은 로렌스는 그곳에 있는 이들에게 장군과의 면담이 잡혔음을 밝힌다. 로렌스가 이 약속을 위해 떠나자 남아 있던 두 명의 군인은 그에 대해 또 다른 상반되는 견해를 나눈다. 그는 '이상하다'라는 의견과, 반면 '괜찮은 사람'이라는 주장이다.

장군의 집무실로 향하던 중 장교 클럽을 가로질러 가던 로렌스는, 그곳에서 자신의 상사인 장교를 향해 다시 한 번 짐짓 겸손하게 구는 태도를 보인다. 그 결과 비난과 동시에 그 장교가 제공하는, 자신에 관한 또 다른 묘사를 듣게 된다. 그는 '광대'라는 것이다. 잠시 후 테이블 하나를 넘어트린 로렌스는 어색하게 사과하고 자리를 뜬다.

영화는 이제 머레이 장군의 집무실로 전환되고 로렌스의 친구인 드라이덴이 장군에게 아라비아에서의 임무를 로렌스에게 맡겨 달라고 장군을 설득하는 모습이 비친다. 이 신은 '엑스포지션을 탄약처럼' 사용하는 접근법을 노련하게 활용하면서도 한 걸음 더 나아간다. 과거의 요소(엑스포지션) 만큼이나 미래에 관한 요소(상기되는 원인)에 대해서도 다루고 있는 것이다. 장군은 로렌스를 가리켜 '거들먹거리며 말을 듣지 않는 하급 장교'라고 묘사한다. 또한 중동에서의 군사활동은 유럽의 전쟁에 비교하면 부수적인 촌극이라는 견해를 제공하며, 이미 브라이튼 대령이 아라비아로 파견되어 있다는 정보를 밝힌다. 이 신은 대부분 미래에 관한 내용으로 가득 차 있다. 드라이덴은 장군에게 로렌스가 아랍 사무국에서 쓸모가 있을 수도 있으며 그는 군사적 조언은 제공하지 않을 것이라고 보증한다. 또한 아랍 군대에 관해서는, 중대한 일들도 종종 그 시작은 미약할 때가 많다고 반론한다. 이에 머레이 장군은 베두인을 위해 사용되는 시간은 낭비되는 시간이라 평가하지만 아라비아 파견이 로렌스를 사나이로 만들어 줄 수도 있을 것이라는 사실은 인정한다. 결국 드라이덴은 로렌스가 아라비아 원정을 다녀올 수 있도록 장군에게서 석 달의 기한을 확보하는 데 성공한다. 이는 활동에 필요한 기간을 즉각적으로 설정하는 데드라인이다.

화포의 중요성(나중에 여러가지 방식으로 페이오프되는) 또한 이 신에서 씨뿌려지며, 로렌스의 경례에 대한 관심사가 신 안에서 심어지고 거두어진다.

그 다음, 장군 집무실에서 나온 로렌스와 드라이덴은 이야기를 나누는데, 여기에서 다시 한 번 미래에 대한 요소가 신 안에서 두드러지게 다뤄진다. 로렌스는 자신이 이 일을 위한 적임자라고 주장하며 드라이덴은 그에게 임무를 설명한다. 즉 파이살 왕자를 찾아가 그의 의도를 파악하라는 내용으로 이는 다음 시퀀스에서 다뤄질 상기되는 원인이다. 이에 로렌스는 또 다른 상기되는 원인으로 답을 하는데, 이 경우 그것("이번 일은 재미있을 겁니다.")은 예측이다. 이에 드라이덴은 사막을 집처럼 편하게 여기는 창조물은 두 부류밖에 없다고 답한다. 그것은 베두인과 신으로, 로렌스는 그 두 가지 모두 아니라는 것이다. 이것은 영화 내내 여러가지 방식으로 페이오프되는(그리고 계속해서 되돌아오게 되는)

모티프다. 하지만 로렌스는 마지막까지 이 일이 재미있을 것이라고 주장하는데, 이는 이 시퀀스를 다음 시퀀스와 연결시키는 상기되는 원인이다.

시퀀스 B
: 마스트라 우물을 향한 여행

갑작스러운 대조(적절히 조명된 실내의 클로즈업부터 해돋이 직전 사막의 야외 와이드 샷으로의 편집)가 첫 번째 시퀀스에서 두 번째 시퀀스로의 전환을 표시한다. 시퀀스는 천천히 시작되지만(두 개의 롱 샷은 합해서 1분 이상의 상영시간을 차지한다) 첫 번째 시퀀스에서 상당한 셋업이 이뤄져 이미 충분한 기대감을 불러왔기 때문에 이런 여유 있는 페이스가 가능하다. 이 시퀀스는 17분의 지속시간을 지니며 파이살 왕자를 찾으려는 로렌스의 목적으로 인해 통합된다. 여기서의 장애물은 사막에서 마주치는 자연과 사람에 의한 난제들이다. 이 시퀀스의 중요한 요소 중 하나는 로렌스와 그의 가이드 타파스의 진화되는 관계이며, 이 관계는 로렌스가 베두인으로 변화되는 지점의 시작을 나타낸다. 여정 도중 로렌스의 내재적인 변화는 외부적 수단(물, 낙타타기 수업, 로렌스의 총, 그리고 타파스가 나눠준 음식)을 통해 표현된다. 로렌스와 타파스의 첫 번째 신에서 타파스는 로렌스에게 물을 마실 기회를 주지만 정작 자신은 마시지 않는다고 밝히자 로렌스는 자기도 물을 마시길 거부한다. 이는 로렌스에 대해 타파스가 호기심을 느끼게 하는 기능을 한다. 또한 이것은 첫 번째 시퀀스에서 극화된 바 있는, 고통을 인내하는 로렌스의 능력에 대한 페이오프다.

다음번 대사의 신은 밤에 모닥불 앞에서 벌어지는데 여기에서 타파스는 로렌스의 배경에 대해 물음으로써 그에 대한 호기심을 충족하려 한다. 대화의 끝부분에서 로렌스에 대한 또 다른 견해가 표현된다. 이번에는 다름 아닌 로렌스 자신의 것으로, 그는 자기 자신을 '독특하다'고 묘사한다.

신들 사이의 전환에서 대조가 다시 한 번 사용된다. 이번에는 어두운 밤하늘로부터 밝은 아침, 로렌스의 총 클로즈업으로 바뀌는 것이다. 로렌스는 그 총을 타파스에게 선물로 권하고 그럼으로써 그 소품의 모티프로 사용이 시작된다. 이에 타파스는 대안을 제시한다. 즉 자신이 로렌스를 파이살 왕자에게 데려가고 난 후에 그것을 받겠다는 것이다. 이로써 이 시퀀스의 남은 부분 동안 다뤄질 목표가 제공된다. 그러나 그럼에도 불구하고 로렌스가 강력하게 권하자 타파스는 답례로 로렌스에게 베두인 음식을 제공한다. 이렇듯 소품을 교환하는 모습은 그들 관계에 찾아온 변화를 표현한다.

여행이 재개되고 나서 얼마 후 능선 끝머리에 로렌스를 멈춰 세운 타파스는 매우 멀리 떨어져 있는 베두인들을 식별해낸다. 이는 타파스의 매우 예리한 시력에 대한 복선을 심어놓는 동시에 그들 앞에 놓인 위험을 셋업한다. 그는 로렌스에게 이제부터 하리스의 지역을 지나갈 것이며 자신은 하리스 부족이 아니라고 덧붙인다. 여기에서 로렌스는 타파스의 머리장식의 색깔만으로 그의 부족 이름을 알아맞힘으로써 아라비아에 대한 자신의 지식을 드러낸다. 이 지식은 타파스에게 감명을 주고 이후 더 친밀한 관계를 위한 발판을 마련한다.

그 후 타파스는 로렌스에게 즉석으로 낙타타기 레슨을 제공하고 이는 웃음을 유발하는 엉덩방아로 이어진다. 그는 로렌스에게 오늘까지는 어렵지만 내일이면 잘 탈 수 있을 것이라며 위로한다. 이는 또 다른 상기되는 원인이다. 다음 신에서 타파스는 마스트라 우물까지 낙타를 타고 하루 정도 걸릴 것이며 파이살 왕자의 야영지까지는 하루가 더 걸릴 것이라고 예상한다. 이는 다음 이틀 간의 예정을 텔레그래핑하는 동시에 관객에게 그들이 이 여정에서 어디에 와 있는지 가늠하게 만드는 지점이다. 이에 답하는 대신 로렌스는 낙타에 박차를 가해 달려감으로써 이 여정 동안 자신의 낙타타기 실력이 얼마나 늘었는지 과시한다. 이는 이전 신에서 씨뿌려졌던 낙타타기 레슨에 대한 페이오프이다.

마스트라 우물에 도착한 두 사람은 물을 마시고 휴식을 취한다. 이때 타파스는 물맛이 좋지 않은 이유가 바로 하리스 부족이 '지저분한 사람들'이기 때문이라고 말한다. 이어 대조를 통한 짤막한 준비의 신이 뒤따르는데, 덤불 옆에 몸을 누인 로렌스는 나침반을 점검하며(나중에 중요해질 소품을 심어두는 역할을 한다) 휘파람을 불고, 이런 일련의 행동은 우물에서의 체류가 평온한 것일

거라는 인상을 준다. 허나 로렌스의 휴식은 타파스에 의해 중단
된다. 물을 담는 가죽부대를 소리내며 우물 속에 떨군 그는 멀리
서 다가오는 누군가를 향해 시선을 고정시키고 있다. 이는 일전
에 설정된 바 있는 그의 날카로운 시력에 대한 페이오프다. 타파
스의 경계의 대상을 알아차린 로렌스는 그들이 터키인들인지 묻
는다. 앞에서 터키인들과 하리스 부족은 위험요소로 설정되었기
때문에 신 안의 서스펜스—준비(이 경우 지연)를 이용한 긴 신으로
인해 유발된—는 이미 효과를 발휘하고 있으며 이제 와서 따로
설명될 필요는 없다. 긴 침묵 후 습격자가 베두인임을 확인한 타
파스는 로렌스가 그에게 선물한 총을 꺼내기 위해 황급히 뛰어
간다. 이것은 이 소품의 첫 번째 페이오프다. 타파스는 결국 습격
자에 의해 살해당하고 이는 애초에 타파스에 의해 암시된 바 있
는, 아라비아의 여러 부족들 사이의 반목을 극화한다. 그 습격자
는 타파스의 시신을 검사한 후 그의 총을 차지하고(이 소품의 두 번
째 페이오프) 자신을 알리 족장이라고 소개한다. 그는 왜 자신이 타
파스를 죽였는지도 설명한다(그는 이 우물을 쓰면 안 되는 부족의 일원이었
다). 알리 족장이 떠나기 직전 로렌스는 독설을 퍼부으며 영화 내
내 재개되고 발전될 상기되는 원인을 발생시킨다. 즉 그는 알리
에게 아랍들이 서로 싸움을 계속하는 한, 그들은 탐욕스럽고 야
만적이며 비열한 소수민족으로 남을 거라고 힐난하는 것이다.
관객에게 기대감을 만들어주고 로렌스가 최종 목표를 추구하는
동안 직면할 과업들을 열거하는 것 외에도 이 대사는 두 시퀀스
후 로렌스가 파이살과 대화를 나눌 때 페이오프될 복선이다.

알리 족장은 로렌스에게 파이살의 야영지를 찾기도 전에 죽을 것이라고 경고한 뒤, 자신이 그의 나침반을 가져가면 어쩔 것이냐고 협박한다. 그러고나서 그는 다음과 같은 대사고리와 함께 이 신과 시퀀스를 마무리짓는다. "신이 함께하길 빌겠네, 영국인."

시퀀스 C
: 첫 번째 전투

얼핏 보기에는 부정적인 전 시퀀스의 결말(로렌스는 아직 파이살을 찾지 못했다)은 시퀀스 C의 오프닝에서 이제 홀로 여행하는 로렌스가 결국 파이살의 야영지에 도착한 것을 우리가 알고 나면 재빨리 반전된다. 세 번째 시퀀스는 9분 미만의 길이이며 하나의 극적 긴장감의 라인보다는 사건(파이살 왕자의 등장)으로 인해 통합된다. 시퀀스의 첫 부분은 파이살의 야영지에 도착하는 로렌스를 다루고 있으며 중간 부분은 전투, 그리고 파이살과 로렌스의 조우, 그리고 세 번째 부분은 전투의 결과로 후퇴하는 아랍인들을 묘사하고 있다.

혹자는 로렌스가 실제로 파이살을 만나기 전까지는 시퀀스 B가 종료되지 않는다고 할 수도 있다. 그것이 그 시퀀스의 극적 의문에 대한 최종 결론이기 때문이다. 그러나 내 견해로는 마스트라 우물에서의 로렌스와 알리의 신 이후 벌어진 몇 가지 변화가 이러한 구분을 정당화시킬 수 있다고 본다. 마스트라 우물에서의 사건과 로렌스의 와디 사프라 도착 사이의 전환점은 세 가지 주된 변화로 인해 두드러진다. 등장인물들(시퀀스 B의 시작부터 동행자였던 타파스를 잃은 로렌스는 새 동료들을 얻는다. 바로 브라이튼 대령, 파이살, 그리고 파이살의 부하들이다), 장소(광활한 사막에서 와디 사프라의 거친 지형으로), 그리고 액션(고독한 여행이 끝나고 터키군에 대항한 전투가 벌어진다)이다. 이런 변화들과 함께 와디 사프라로 향하는 로렌스의 느긋한 발걸음이 영화의 새로운 부분이 시작되었음을 표시한다.

시퀀스 C는 짤막한 대조를 통한 준비의 신과 함께 시작한다. 로렌스가 와디 사프라에 다가가며 노래(그가 알리를 만나기 전에 불었던 휘파람의 곡조와 동일한)를 부르는 모습은 여유 있는 여정이 펼쳐질 것이라는 느낌을 준다. 그러나 이 예상은 브라이튼 대령의 등장과 함께 돌연 반전된다. 파이살과 함께 있다는 그의 존재는 처음 두 시퀀스의 대사에서 이미 몇 번 설정된 바 있다.

로렌스와 만나 그의 임무(정세를 평가할 것)를 알아낸 브라이튼은 그에게 입을 다물고 있을 것과, 임무를 마치고 최대한 빨리 떠날 것을 지시한다. 이는 시퀀스 D에서 다시 다뤄지고 발전될 상기되는 원인이다.

그들의 대화는 두 대의 터키 전투기에 의해 중단된다. 이 전투기들의 공습은 영화를 통틀어 보여지게 될 세 번의 전투 신 중 첫 번째이다. 그 공습은 주요 인물 중 하나인 파이살 왕자의 인상적인 등장으로 이어지게 된다. 말에 탄 채 비행기에 맞서 돌격하려던 그는 소용돌이치는 연기 속에서 로렌스와 조우한다. 이 만남은 첫 시퀀스에서 드라이덴에 의해 언급된 상기되는 원인을 마무리짓는다. 그것은 바로 드라이덴이 로렌스에게 내린, 파이살을 찾으라는 지시이다.

이 만남에서 브라이튼 대령은 파이살에게 남쪽으로 퇴각할 것을 재촉하며 파이살은 이에 동의한다. 이것은 이 신을, 야간에 퇴각하는 아랍인들을 묘사하는 다음 신과 연결시키는 기능을 하는 상기되는 원인이다. 이 신의 끝부분에서, 파이살은 터키군의 무기에 대해 언급하는데, 이는 머레이 장군과의 신에서 심어진 화포를 둘러싼 쟁점의 첫 번째 페이오프다.

퇴각 장면은 또 다른 두 명의 등장인물, 다우드와 파라지의 익살스런 소개를 위한 기회를 마련한다. 처음에 로렌스에게 담배를 청했던 그들은 나중에 그의 하인이 되겠다고 자청한다. 로렌스는 그 청을 거절하지만 이 제안은 두 시퀀스 뒤에 로렌스가 결국 그들을 고용하면서 페이오프되는 복선이다.

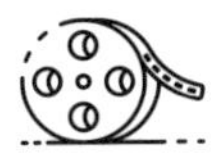

시퀀스 D
: 파이살의 천막

네 번째 시퀀스는 14분 길이이며 극적 긴장감으로 인해 통합된다. 그것은 아랍인들이 겪고 있는 군사적 난점을 해결하려는 로렌스의 욕구이다. 이 시퀀스의 1막은 코란이 낭송되고 있는 파이살의 천막 안에 로렌스와 브라이튼 대령이 앉아 있는 모습과 함께 시작된다. 극적인 관점에서 보면 이 신의 프로타고니스트는 브라이튼이다. 이 신은 더 남쪽으로 퇴각하여 영국군에게 군사훈련과 지휘를 받으라고 파이살을 설득하려는 그의 욕구에 의해 구성되기 때문이다. 그런 브라이튼에게 예상치 못했던 장애물은 로렌스이다. 그는 브라이튼의 전술에 동의하지 않기 때문이다(이로 인해 첫 번째와 세 번째 시퀀스에서의 상기되는 원인이 재개된다. 즉 브라이튼의 경고와 흡사한, 로렌스는 어떠한 군사적 조언도 제공하지 않을 것이라던 드라이텐의 보증).

파이살은 자신의 장병들이 아카바 항을 통해 물자를 보급받을 수 있을 것이라고 말하며, 이로 인해 다음 두 시퀀스 동안 페이오프될 매우 중요한 복선이 깔린다. 그런 후 '탄약처럼 엑스포지션을 주고받는' 장면이 뒤따르는데, 그 외중에서 아카바는 12인치 대포의 존재 때문에 해상으로부터의 공격이 불가능하다는 사실이 밝혀진다. 대포에 관련된, 대사로 이뤄진 복선은 파이살이 그것을 요구하고 브라이튼이 거부하면서 다시 한 번 페이오프된다.

이 신은 브라이튼의 승리로 종료되는 것처럼 보이지만 파이살은 아침까지 최종적인 결정을 보류하겠다고 밝힌다. 이것은 또 다른 상기되는 원인이다. 이어서 그는 로렌스에게 남아 있으라고 손짓한다. 여기에서 파이살은 자신이 처한 곤경을 설명한다. 바로 영국의 원조에 대한 필요성과, 반면 영국의 지배 가능성에 대한 불안감이다. 그는 로렌스의 충성에 대해 의문을 제기하고 그럼으로써 로렌스의 양면적 정체성에 대한 모티프가 더욱 진행된다. 그러고서 파이살은 과거 아랍인들의 영광을 열거하는데, 이는 로렌스에게서 다음의 상기되는 원인을 끌어내는 역할을 한다. "다시 위대해질 때입니다, 전하." 이 신은 뒤따르는 두 개의 시퀀스 내내 상당한 의미를 갖게 될, 대사로 이뤄진 복선을 발생시키는 또 다른 상기되는 원인과 함께 종료된다. "우리에게는 기적이 필요하네."

이렇게 시퀀스의 1막과, 더 나아가 영화 전체를 위한 셋업이 완료된다. 목표(아랍의 위대함을 회복시켜주는 것)와 함께 장애물들(터키, 영국, 그리고 화포의 부재)이 나열된 것이다. 천막을 나선 로렌스는 파이살과의 신에서부터 들려오기 시작한 바람소리 속으로 향한다.

홀로 천막 안에 남은 파이살을 보여주는 여파의 신은 방금 일어난 일과 앞으로 일어날 일 모두의 중요성을 표시해주는 역할을 한다. 한편 근처의 사막으로 향한 로렌스는 혼자 골똘히 생각에 빠진다. 여기에서 그의 내적 심리상태를 눈에 보이게 극화시켜야 하는 난제는, 분위기의 강조(사막의 바람, 어둠, 그리고 다시 밝아오는 빛), 음악의 사용(점차적으로 고조되는 음계, 증가하는 음량과 기악의 편성), 그리고 밤새 그를 살피는 파라지와 다우드의 반응으로 해결된다.

로렌스가 다음과 같이 선언하는 지점에서 시퀀스의 극점이 발생한다. "아카바! 육지를 통해서!" 시퀀스의 나머지는 아카바를 탈취하려는 자신의 계획에 알리 족장을 동참시키려는 로렌스의 노력을 둘러싸고 벌어진다. 이후 그들이 벌이는 논쟁을 통해 더 많은 엑스포지션이 다뤄진다(아카바에 도달하기 위해선 네푸드 사막을 건너야 하지만 그것은 불가능한 일이다. 로렌스는 단지 오십 명의 인원을 요구할 뿐이다. 네푸드의 건너편에는 유능한 전사들인 하위탓트 부족이 있다). 대화 도중에 로렌스는 만일 오십 명이 네푸드 사막을 건너는 데 성공한다면 그들과 합류하려는 이들이 사막 저편에 분명히 존재하리라는 예상을 한다. 이 신에서의 그의 마지막 대사는 이 시퀀스를 다음 것과 결합시키는 역할을 하는 강력한 대사고리이다. "아카바는 저쪽에 있소. 우린 거기로 가기만 하면 되는 것이지."

시퀀스 E
: 네푸드 사막 횡단

전 신의 결론은 사실상 이 시퀀스의 오프닝에서 제공된다. 즉 로렌스가 과연 자신과 함께 아카바로 가도록 알리를 설득하는 데 성공했을까 하는 그 의문은, 시퀀스 E가 시작되고 출발 준비를 하는 로렌스가 보임으로써 그 결과가 자명해진다. 로렌스는 성공한 것이다.

아카바를 향한 여정의 개시와 함께 전체 영화의 2막이 시작된다. 이제는 프로타고니스트가 누구이며 그가 이루려는 목표(아랍인들을 터키와 영국의 속박에서 벗어나게 하여 다시 위대해지게 하려는 것)는 무엇인지, 그리고 장애물들이 어떤 것인지(터키와 영국의 의도)도 충분히 명백해졌다. 그리고 아카바 점령은 그 목표를 이루는 데 있어 첫 번째 디딤돌이 될 것이다.

로렌스가 낙타에 올라타기 전에 파이살이 다가와 자신의 장병 오십 명을 끌고 어디로 갈 것인지 묻는다. 로렌스는 "전하의 기적을 이루려 합니다."라고 답하는데, 이는 전날 밤 파이살의 대사에 대한 페이오프이며 다음 세 시퀀스를 형성하는 상기되는 원인이다. 파이살은 "이런 여정에 신성모독은 좋지 않은 첫걸음이네."라는 경고로 이에 답한다. 이는 미래로 가득 찬 또 다른 대사이다. 기적(이미 파이살은 인간의 힘으로는 기적을 낳을 수 없다고 언급한 바 있다)을 이뤄내겠다는 로렌스의 약속과 그것에 대한 파이살의 나무람은 오프닝 시퀀스에서 로렌스는 신도 베두인도 아니라고 한 드라이덴의 말과 함께 개시된 모티프를 재개한다. 이 모티프(신이 되고자 하는 로렌스)는 다음 세 시퀀스에서 중요한 역할을 수행하고, 아카바 정복과 시나이를 건너는 그의 여정을 관통해 이어진다.

여정이 시작되면 스토리텔러는 이 영화에서는 좀처럼 쓰이지 않는 기법을 사용한다. 그것은 바로 극적 아이러니다. 두 명의 소년들, 즉 다우드와 파라지는 로렌스와 그의 일행을 뒤쫓아 사막으로 들어오고 인지의 순간(가심에게 잡히는 장면) 직전까지 오아시스에서 그들을 엿본다. 알리와 로렌스 앞으로 끌려온 둘은 자신들로 하여금 로렌스를 섬기게 하기 위해 낙타가 길을 잃고 이쪽으로 왔다고 주장한다. 다시 말해 이것은 알라신의 뜻이라는 것이다. 이와 함께 로렌스의 발치에 엎드린 둘을 숭배자라고 힐책하는 알리 족장과, 잠시 후 가심이 알라를 언급하는 부분 모두 이 신을 '신God' 모티프로 장식하는 것을 돕는다. 이 신은 또한 두 개의 상기되는 원인을 갖는다. 두 소년이 이 여정에는 적합하지 않다는 알리의 경고와, 그들이 로렌스에게 행운을 가져다 줄 것이라는 가심의 예측이다. 그리고 여기서 또 다른 모티프가 심어지는데, 두 소년 모두 고아이며 따라서 버림받은 자들이라는 가심의 설명은 두 시퀀스 후 로렌스가 자신이 사생아라는 사실을 밝히는 지점에서 페이오프된다.

이 16분 길이 시퀀스 내 1막의 엔딩은 첫 5분이 경과한 뒤 로렌스와 그의 일행이 네푸드 사막이 내려다보이는 산등성이에 도착하는 지점에서 일어난다. 이 신은 알리에 의해 언급되는, 미래에 대한 암울한 요소들로 가득 차 있다. 만일 낙타들이 죽으면 사람들도 죽을 것이며 낙타들은 20일이 지나면 죽기 시작할 것이라는 내용이다. 네푸드 사막을 지나는 여정의 나머지는 미래에 대한 새로운 요소들이 소개될 때 그때그때의 휴지부들로 인해 구두점이 찍힌다. 이는 그들의 진척 상황과 함께 무엇이 앞에 기다리고 있는지를 관객에게 계속 알려주는 역할을 한다.

광활한 사막을 전진하는 일행의 모습이 멀리서 비춰지면 이는 그 무리가 얼마나 소수인지를 강조하는 기능을 한다. 이것은 나중에 이 사내들이 사막 건너편에서 아우다의 부하들과 합류했을 때 페이오프될 시각적 복선이다. 또한 이 여정의 첫 부분에서 로렌스는 멀리 위치한 두 개의 모래 기둥을 발견하는데, 그 기둥들은 사막에서 모세를 인도한 불기둥을 어렴풋이 연상시키는 기능을 한다. 바로 '신' 모티프에 대한 미묘한 암시이다. 그것들을 바라보고 있던 로렌스는 깜박 졸다가 낙타를 탄 채 '떠내려' 가는데, 이것은 나중에 낙타에 탄 사람 중 한 명이 떨어지고 그후 같은 이유로 가심이 사라지면서 페이오프되는 복선이다. 이를 두고 알리가 질책하자, 로렌스는 상기되는 원인으로 이에 항변한다. 즉 다시는 그 일이 일어나지 않을 것이라는 다짐이다. 이런 질책과 항변은 이 시퀀스와 다른 시퀀스들에서 다뤄질 또 다른 요소를 진행시킨다. 로렌스와 알리 사이의 대립관계이다.

그들의 대립관계는 다음 신에서 고조된다. 바로 야영지에서 면도를 하는 로렌스에게 알리가 물을 낭비한다고 비난하는 부분이다. 그 후 알리는 여정의 다음 단계를 텔레그래핑한다. 앞으로 행군은 야간에 진행될 것이며 그들은 세 시간 후 출발한다는 내용이다. 이에 대한 반응으로 로렌스는 자신이 알리를 깨우겠다고 호언한다.

이 논쟁은 뒤따르는 두 신을 셋업한다. 그들의 첫 야간 행군과, 그 후 밝은 햇살 아래 낙타들과 사람들이 섬뜩한 느낌을 주며 정지해 있는 낮 시간 야영지의 신이다. 얼마 후 로렌스와 알리는 돌이 깔린 사막의 어느 지점에 멈춰 선다. 거기에서 로렌스는 물을 마시며 눈에 띄게 피로해진 모습을 드러낸다. 그는 알리에게 현 위치에서 휴식을 취할 것인지 묻는다. 하지만 알리는 그에게 사막의 다음 지역('태양의 모루')을 지날 때까지는 휴식이 없으며 해가 뜨기 전까지 그 여정을 달성해야 한다고 답한다. 이는 이 시퀀스의 나머지를 특징짓는 긴급한 데드라인이다.

여정의 다음번 야간 행군 도중, 다우드는 졸다가 낙타에서 떨어지지만 재빨리 다시 올라탄다. 얼마 후, 일행이 '태양의 모루' 반대편에 다다르면 시퀀스의 긍정적인 결말이 눈앞에 보이는 듯하다. 로렌스는 "우리가 해냈군!"이라고 선언하며 신에게 감사한다. 다른 이들은 그가 얼마나 신의 뜻을 시험했는지 다시 일러주는데 이는 '신' 모티프의 또 다른 형태이다. 로렌스는 알리에게 우물까지 얼마나 남았는지 묻는다. 알리가 정오까지라고 답하면서 여정의 다음 국면을 위한 시한이 설정된다.

시퀀스 F
: 가심의 구출

성공에 대한 기쁨이 미처 가라앉기도 전에 가심이 낙타 위에서 사라진 것을 다우드가 발견한다. 그가 낙타에서 떨어졌다는 사실은 설명될 필요가 없다. 그것은 다우드의 낙마와, 낙타를 탄 채 떠내려갔었던 로렌스의 모습으로 인해 극화된 바 있기 때문이다. 이렇듯 네푸드 사막의 횡단에 성공한 것에 대한 일시적인 기쁨은 새로운 사실로 인해 재빨리 반전됨으로써 대조를 통한 준비의 신의 작용을 한다.

이로써 여섯 번째 시퀀스의 극적 긴장감이 매우 신속하게 설정되고 로렌스와 알리의 관계도 그 최저점을 맞는다. 로렌스는 알리에게 왜 멈추지 않느냐고 묻지만 알리는 정오가 되면 가심은 어차피 죽을 것이라고 예상한다. 이에 로렌스가 홀로 돌아가겠다고 선언하자 알리는 그마저 죽게 될 것이라고 말한다. 이는 이 시퀀스 내내 전개될 상기되는 원인이다.

일행 중 한 명이 가심에게 때가 왔을 뿐이며 그것은 '이미 정해진 것'이라고 로렌스에게 설명한다. '신' 모티프를 유지시키는 대사가 다시 심어지는 것이다. 이 신은 시퀀스 내 1막의 종료를 표시하며 서로 경쟁하는 상기되는 원인 두 개를 관객에게 안긴다. 로렌스는 절대 아카바에 도달하지 못할 것이라는 알리의 주장과, 자신은 기필코 아카바에 도달할 것이라는 로렌스의 대답이 바로 그것이다.

시퀀스의 2막(가심의 구출)을 다룬 방식은 무엇을 보여주는가뿐만 아니라 무엇을 보여주지 않고 감추는가의 측면에서 더욱 주목할 가치가 있다. 가심은 사막 위를 필사적으로 걷고 있고 다우드는 그의 낙타 위에 앉아 기다리고 있으며 로렌스는 홀로 다시 되돌아가는 모습이 보여진다. 가심은 결국 쓰러지는데, 이 모든 일은 일행이 우물가에서 쉬고 있고 파라지가 로렌스의 모습을 기다리며 망을 보고 있는 사이 벌어진다. 생략된 부분은 로렌스가 가심을 찾아 그를 낙타에 태우는 장면이다.

이 신의 생략은 두 가지 기능을 수행한다. 첫째, 어느 정도의 서스펜스를 짜내는 것을 가능하게 한다. 만일 우리가 로렌스가 가심을 구출하는 장면을 보게 된다면, 그를 기다리며 다우드가 느끼는 불안감을 경험할 수 없게 될 것이다. 둘째, 이 시퀀스가 두 번의 정점이 아닌, 한 번의 정점만을 가질 수 있게 한다. 로렌스와 알리의 관계의 중요성을 두고 보았을 때, 작가들은 부차적 인물인 가심의 구출보다는 로렌스의 의기양양한 귀환과 알리와의 화해를 강조하는 데 더 무게를 둔 것이다.

로렌스와 다우드의 조우는 흥분어린 지점을 다소 제공하기는 하지만 알리와 화해하는 장면과 충분히 가깝기 때문에 그 순간을 위해 고조되는 전체 상황의 일부라고 볼 수 있다. 이것과 함께 로렌스를 기다리고 있는 두 소년을 서로 다른 장소에 위치시킴으로써 극적 아이러니의 활용 또한 가능해진다. 다우드의 로렌스와의 만남은 새로운 사실의 신을 제공하는데, 그 신에서 야기된 아이러니는 파라지의 걱정스러운 기다림과 알리가 보이는 명백한 실망감의 감정적 임팩트를 더욱 풍부하게 만들기 때문이다.

낙타에 타고 귀환하는 로렌스와 그를 환대하며 휴식처를 제공하는 사내들의 모습은 예수의 예루살렘 입성을 상기시킨다. 이는 '신' 모티프의 또 다른 미묘한 페이오프인 것이다. 로렌스는 알리의 물통에서 물을 마심으로써 그의 인사를 받아들이며 "정해진 것은 없다."고 말한다. 그 대사의 또 한 번의 페이오프다. 그 후 알리의 침소를 선택한 그는 파라지에게 옷 세탁을 지시한다. 뒤이어 바닥으로 쓰러지는 로렌스의 모습이 여파의 지점을 제공한다.

그날 밤, 시퀀스의 에필로그에서 로렌스와 알리는 대화를 갖는다. 이 대화는 신랄한 라이벌이자 적대자에서 진정한 찬미자로 변한 알리와 로렌스의 관계를 극화한다. 자신의 배경에 대해 얘기를 마친 후 로렌스는 다시 잠에 빠지고, 알리는 그 기회를 이용해 말리기 위해 널어둔 로렌스의 의복을 불태워 버린다.

시퀀스 G
: 아우다를 영입하다

밤과 낮의 강렬한 대비가 영화의 여섯 번째 시퀀스와 일곱 번째 시퀀스 사이의 전환점을 표시한다. 알리는 로렌스에게 아랍 족장의 하얀 의복을 선사하며 이로써 영국 장교에서 아랍인으로 바뀌고 있는 로렌스의 내적 변화에 대한 외적 단서가 강력하게 전달된다. 지금까지의 어색했던 거동들(피터 오툴의 연기와 더불어 의도적으로 잘 안 맞는 의상을 제공한 의상 담당자에 의해 제시되었던)은 새로운 복장을 입은 그의 자연스럽고도 유려한 움직임과 함께 사라진다.

　낙타를 탄 로렌스는 홀로 새 복장을 음미하기 위해 언덕 하나를 돌아 야영지에서 떨어져 나왔다가 또 한 명의 주요 인물과 조우한다. 바로 하위탓트 부족의 족장인 아우다 아부 타이이다. 이 만남은 시퀀스 G 내 1막의 종료를 표시한다. 이 15분 길이 시퀀스는 아카바를 공략하기 위해 아우다의 도움을 얻어 내려는 로렌스의 노력으로 인해 통합된다. 그 자체만을 놓고 보았을 때 이 시퀀스는 시퀀스 E의 끝부분에서 시작된 상기되는 원인을 다루고 있다. 바로 자신들이 네푸드 사막을 횡단하는 데 성공한다면 자신들에게 합류할 다른 사람들이 있을 것이라던 로렌스의 예상이다.

아우다는 자신의 우물에서 목을 축이는 부랑자들에 대해 불평을 한다. 한편 자기가 지금 대화를 나누는 이가 누구인지 파악하고 난 로렌스는, 아우다의 협조를 끌어내기 위해 간접적 접근법을 사용한다. 즉 만약 자신이 알고 있는 아우다라면 방금 네푸드 사막을 빠져나온 사람들에게 물을 제공하는 것을 꺼리지는 않을 것이라며 짐짓 다른 이에 대해 얘기하는 척 시치미를 떼는 것이다. 이 신의 나머지 부분에서 로렌스는 이런 간접적 접근, 즉 주로 아첨을 이용해 자신들에게 협력하도록 아우다를 설득한다.

아우다는 자기 아들을 부르고, 두 사람은 로렌스 일행과 대면하기 위해 우물가로 향한다. 알리와 아우다는 서로를 모욕하지만 뒤늦게 도착한 로렌스가 그들의 대화를 중단시키고 다시 간접적 접근법을 사용한다. "오늘은 아들에게 무얼 가르치고 있죠? 하위탓트식 손님 접대법인가요?" 이에 아우다는 한 발 뒤로 물러나고, 결국 이 신은 그의 대사와 함께 종료된다. "당신들이 나와 함께 와디 럼에서 식사를 한다면 그것은 나의 즐거움이 될 거요." 이 대사는 어구상의 모티프를 심으며('그것은 나의 즐거움이 될 거요'라는 아우다의 표현) 다음 이미지로의 대사고리 역할을 한다. 그것은 와디 럼의 전경으로, 아우다가 지휘하는 부족의 거대한 규모를 보여주는 롱 샷으로 묘사된다.

아우다가 거느리는 권력의 규모는 이어지는 신에서 강화된다. 거기서 로렌스 일행은 먼지바람을 일으키며 달려 나와 말발굽과 고함소리를 내며 총을 쏘아대는 엄청난 숫자의 사내들에게 압도된다.

다음 신으로의 전환에서는 대조가 사용된다. 밝음, 소음, 활동으로부터 조용한 실내에 위치한 여자아이의 얼굴 클로즈업으로 바뀌는 것이다. 그 신이 시작하면 로렌스, 알리, 그리고 아우다가 아우다의 천막 안에서 식사를 막 마치는 장면이 보인다. 신은 극적 추진력을 갖는다. 로렌스는 아우다를 설득해 자신들과 손잡고 아카바에 대항하도록 만들려는 것이다. 로렌스는 아우다의 자존심(그를 하인이라 지칭하며)과 돈을 향한 욕망을 건드려 그를 조종한다. 결국 로렌스는 아카바에 가면 거액의 돈을 차지할 수 있다고 설득해 아우다를 같은 편으로 만들고, 아우다가 자신들과 동행한다면 그 이유는 다름아닌 '아우다의 즐거움' 때문이라며 다시 한 번 아첨의 사용을 통해 협약을 마무리짓는다. 이는 그 대사의 두 번째 페이오프다.

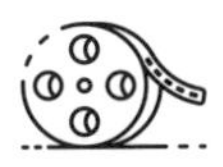

시퀀스 H
: 아카바 공략

위의 상기되는 원인은 시퀀스 G를 H에 연결시키는 기능을 하며 시퀀스는 부하들을 이끌고 아카바를 향해 출정하는 로렌스와 아우다의 모습과 함께 시작한다. 따라서 앞의 시퀀스는 긍정적인 결말을 갖는 것으로 볼 수 있다. 즉 로렌스는 자신들에게 협조하도록 아우다를 설득시키는 데 성공한 것이다. 16분 미만인 시퀀스 H는 아카바 탈취를 둘러싸고 벌어진다. 그곳으로 접근하는 것이 시퀀스의 1막을 차지하며 전투 자체는 2막, 그리고 그것의 여파가 3막이다.

와디 럼을 빠져나오는 거대한 행렬의 모습은 네푸드 사막을 횡단하기 위해 나섰던 소규모 무리의 모습과 시각적으로 현저한 대조를 보인다. 그들은 아카바 항이 내려다보이는 야영지에 도착하고 여기의 대조를 통한 준비의 신에서 로렌스와 알리는 이미 효력이 발휘중인 상기되는 원인을 강화시키는 대사를 주고받는다. 대포에 대한 로렌스의 이야기가 맞다는 가정 아래 알리는 자신들이 다음날이면 아카바를 차지할 수 있을 것이라고 예측한다. 그러나 낙관적이었던 분위기는 총성에 의해 방해되고 그것은 결국 재난으로 치닫는다.

어떻게 된 일인지 조사한 끝에 로렌스와 알리는 알리의 부하들 중 하나가 아우다측 사람을 죽였다는 사실을 알아낸다. 이로 인해 임무가 위태로워질 위기에 처하자 로렌스는 스스로 사형집행인이 되겠다고 자청한다. 그는 알리의 총(실제로 몇 시퀀스 전에 심어졌던 바 있는 자신의 총)을 꺼내 죄인에게 겨누는데, 살인자의 정체는 바로 자신이 사막에서 구출해낸 가심으로 밝혀진다. 로렌스는 결국 사형을 집행하며, 뒤따르는 쓰라린 여파의 신에서 아우다는 그것이 '정해진 것'이었다는 소견을 전달한다. 이는 그 대사에 대한 마지막 페이오프다.

짤막한 여파의 신 속에서 자신의 행위에 혼란스러워하던

로렌스는 결국 총을 던져 버린다. 그리고 공격이 시작된 아카바 항으로의 전환과 함께 다음 신이 시작된다. 이것은 영화의 두 번째 전투 신으로서 이전 것보다 더 크고 길고 정교하며 거대한 대포 두 문이 바다를 향해 고정되어 있는 이미지와 함께 종료됨으로써 시퀀스 D에서 심어진 복선이 페이오프된다. 아카바를 탈취하기 위한 전투가 영화 시작한 후 1시간 40분이 경과한 지점에서 일어난다는 사실 또한 주목할 필요가 있다. 이는 좀 더 보편적인 길이의 영화에서 절정의 신들이 주로 발생하는 지점이기 때문이다. 이렇게 함으로써 스토리텔러는 관객들의 관습화된 기대감을 수용하면서도 그들의 관심을 보통의 한계보다 더 멀리 잡아당기는 것을 가능케 할 수 있었다.

공격이 끝나고나면 여파의 신이 이어진다. 바닷가에 나와 부서지는 파도를 조용히 바라보고 있는 로렌스의 모습이다. 잠시 후 알리가 축하를 위해 승자의 월계관을 갖고 도착한다. 이 지점은 영화의 첫 번째 극점을 표시한다. 로렌스는 승리를 거뒀고 알리와 그의 관계는 매우 친밀하다. 이는 영화의 두 번째 극점의 정반대의 상황인 것이다. 알리는 그에게 이렇게 말한다. "왕자를 위해서는 공물을, 공신을 위해선 꽃을 바친다네." 이는 로렌스에 대한 또 다른 견해이다.

그들의 대화는 아카바에서 들려온 총성으로 인해 중단된다. 그곳에서 아우다는 약속받은 황금을 찾지 못해 격노하고 있다. 전신기가 부서진 후 도착한 로렌스는 시퀀스의 나머지 부분에서 카이로에 승리의 소식을 전달하려 하며 동시에 아우다의 분노를 진정시키는 데 열중한다. 우선 그는 알리에게 파이살로 하여금 아랍 군대를 아카바에 집결시키게 하라고 한다. 이는 인터미션 후에 재개될 상기되는 원인이다. 그리고 자신은 시나이를 건너 카이로로 향할 계획이라고 밝히는데, 이것은 곧바로 다음 시퀀스에서 실현될 '예정'이다. 알리는 이를 반대하는 한편 로렌스가 카이로에 도착하면 '우스운' 아랍 복장은 벗어던지고 바지를 입을 것 아니냐며 추궁한다. 이것은 또 다른 상기되는 원인이다.

두 사람의 대화를 방해하며 끼어든 아우다는 로렌스가 아카바의 황금에 대해 거짓말을 했다며 비난한다. 이에 로렌스는 약속(금과 화포를 갖고 돌아올 것이다)을 함으로써 이 문제를 해결하고 동시에 열흘이라는 데드라인을 설정한다. 이어 아우다가 파라지와 다우드를 데리고 시나이를 건넌다는 로렌스의 계획에 의구심을 품자 로렌스는 다음과 같이 받아넘긴다. "모세가 해냈으니 나도 할 수 있소." 이로써 '신' 모티프의 새로운 변주가 소개된다. 이번엔 예언자로서의 로렌스이다.

시퀀스 Ⅰ
: 시나이를 건너

약 11분 30초 길이의 이 시퀀스는 시나이를 가로지르는 여정으로 통합되며 카이로에 도착한 로렌스가 자신들이 아카바를 점령했다고 선언하면서 종료된다. 로렌스의 의도와 계획은 이미 전 시퀀스에서 설명되었으므로 로렌스가 두 소년과 함께 여행하는 장면이 보이면서 곧바로 액션이 시작된다. 지친 기색이 명백한 파라지가 잠시 쉴 수 없느냐고 묻자 로렌스는 시퀀스의 목표를 강화하는 대사로 답한다. "내가 아카바를 취했다는 사실을 그들이 알기 전까지는 쉴 수 없단다." 그러고서 그는 소년들에게 다음날 밤이면 카이로의 가장 좋은 호텔의 가장 좋은 침대에서 자게 될 것이라고 약속한다. 이 상기되는 원인은 이 여정의 데드라인을 설정하는 역할도 겸한다. 이에 대한 다우드의 답변인 "그렇게 말씀하신다면 능히 그렇게 될 것입니다, 주인님."은 '신' 모티프를 다시금 강화하는 지점이다.

다음 신에서 로렌스는 멀리 보이는 모래폭풍을 가리켜 '불기둥'이라 부름으로써 이 모티프를 다시 되풀이한다. 곧이어 일행은 모래바람에 갇히고, 그 외중에 로렌스의 나침반이 분실된다. 이것은 이 소품의 마지막 페이오프다. 이에 로렌스는 태양이 지는 방향인 서쪽으로만 가면 결국 수에즈 운하에 닿을 수 있으리라 판단한다. 이와 같은 여행계획의 갱신은 시퀀스 안에서 관객에게 지리적 개념(시간과 공간, 두 측면에서)을 잊지 않게 하는 기능을 담당한다. 서쪽으로 가던 도중, 그들은 또 다른 모래폭풍을 만난다. 하지만 이번엔 다우드가 '흐르는 모래'에 빠지고 로렌스의 필사적인 노력에도 불구하고 죽고 만다. 참사는 무거운 여파의 신과 함께 종료되며 이는 낙타를 탄 파라지가 도보로 앞장 선 로렌스의 뒤를 따르는 다음 신까지 이어진다.

이 신과 그 뒤를 잇는 몇 개의 신 속에서 의상팀은 시나리오의 내용을 향상시키기 위해 또 다시 실력을 발휘하였다. 왜냐하면 이제 로렌스는 사람들을 이끄는 예언자 모세에서 괴로운 짐을 진 고통스러운 봉사자 예수처럼 보이기 때문이다. 두 사람이 황폐한 건물들이 서 있는 곳에 도착한 뒤 파라지는 로렌스를 남겨 두고 먼저 앞으로 갔다가 다시 돌아와 그를 잡아끈다. 건물들 중 하나에서 로렌스와 파라지가 걸어나온 뒤 들리는 선박의 경적소리가 그들이 드디어 운하에 도착했음을 알리고, 이로써 다우드의 죽음 이전 신으로부터의 상기되는 원인이 종료된다. 또한 파라지가 화면 밖에서 먼저 운하를 발견하고 그 다음 로렌스를 데려오게 함으로써 스토리텔러는 또 한 번 지연을 사용한다. 즉 기대감을 고조하기 위해 관객들에게 중요한 장면의 경험을 지체시키는 것이다. 두 사람이 운하 앞까지 낙타를 타고 와서 멈춰섰더라도 줄거리의 흐름에는 아무 지장이 없었겠지만 그런 식의 이야기 전달 방식은 분명 이 신의 감정적 임팩트를 저하시켰을 것이다.

로렌스와 파라지가 운하를 바라보고 있을 때 오토바이를 탄 영국 장교가 건너편에 와서 "당신은 누구인가?"라고 두 번 묻는다. 카메라가 로렌스의 얼굴 위에 머물러 있는 동안 전달되는 이 질문은 로렌스의 정체성에 대한 논점의 또 다른 변주이다.

시나이를 건너는 여정이 완료되고 나면, 시퀀스의 마지막 4분은 카이로에 도착한 로렌스가 아카바를 점령한 사실을 발표

사진 13. 〈아라비아의 로렌스〉(1962)의 시퀀스 I에서 로렌스는 하인인 다우드를 흐르는 모래에 잃고 만다. 이 여파의 신을 사진 10의 것과 비교해 보라. 〈아라비아의 로렌스〉는 그 길이 때문에 극적 형태의 한계를 확장시키며, 관객의 참여를 유도하기 위해 스토리텔링의 모든 기법을 풍부하게 사용한다. (실제 프레임 확대)

하는 것을 둘러싸고 진행된다. 영국군 사령부에 도착한 로렌스와 파라지는 장교 클럽으로 향한다. 입구의 헌병이 그에게 파라지를 데리고 들어가면 안 된다고 경고하는데 이는 뒤따르는 신에서 긴장감을 불러일으키게 될, 클럽의 규칙을 설명하는 엑스포지션이다.

클럽에 들어가서 로렌스는 레모네이드 두 잔을 주문하고 이로 인해 장교들 사이에 소동이 일어난다. 잠시 후 브라이튼 대령이 도착하자 로렌스는 자기와 아랍인들이 아카바를 탈취했다는 소식을 전한다. 그러자 브라이튼은 알렌비 장군을 만나보는 게 좋겠다고 말한다. 이것은 이 시퀀스와 다음 시퀀스의 연결을 돕는 '예정'이다. 그리고서 로렌스는 브라이튼에게 파라지를 위해 침대가 있는 방을 구해 달라고 부탁하고, 그럼으로써 이 시퀀스의 첫 번째 신에서 생겨난 상기되는 원인을 마무리 지은 뒤 두 사람은 함께 클럽을 나선다. 브라이튼은 로렌스에게 바지로 갈 아입는 것이 좋겠다고 조언하는데, 이는 전 시퀀스에서 알리가 내뱉은 대사의 페이오프이며 다음 시퀀스로 연결시키는 대사고 리이기도 하다.

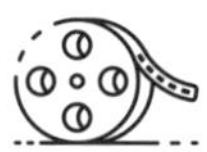

시퀀스 J
: 알렌비 장군과의 첫 만남

열 번째 시퀀스의 길이는 12분이며 로렌스 외의 다른 캐릭터가 프로타고니스트 역할을 하는 첫 번째 시퀀스이다. 여기서는 새로 등장한 캐릭터인 알렌비 장군의 목적이 액션을 진행시킨다. 그것은 로렌스를 사막으로 돌아가게끔 설득하려는 것이다.

이 시퀀스는 아직 아랍 의상을 입은 채(이로써 '바지'에 대한 상기되는 원인이 효과적으로 마무리된다) 알렌비의 집무실에 앉아 있는 로렌스와 함께 시작된다. 그는 그곳에서 알렌비 장군, 드라이덴, 그리고 브라이튼과 만난다. 그의 신상명세서를 살핀 후 알렌비는 아카바 점령에 대해 질문한다. 그 대화에서 로렌스는 다시 한 번 군사행위에 대해 조언하기 시작하고 그럼으로써 영화의 오프닝 시퀀스에서 머레이 장군에 의해 개시된 상기되는 원인을 재개한다. 알렌비는 로렌스를 소령으로 진급시키고 그가 다시 사막으로 돌아갔으면 한다고 이야기한다. 하지만 로렌스는 가슴을 죽였을 때의 비탄과 전율을 고백하면서 자신이 이 일에 맞지 않다며 거부한다. 이로써 이 시퀀스 내 1막의 결말이 주어진다. 알렌비는 내켜하지 않는 로렌스를 다시 전투에 참가시키기 위해 설득해야 하는 것이다.

알렌비의 접근방법은 로렌스가 아우다에게 사용한 것과 다르지 않다. 그의 자존심을 부추기는 것이다. 일단 그는 다른 이들에게 로렌스의 행동에 대한 견해를 묻는데 다들 매우 호의적이다. 그러고서 그들 네 명은 음료를 마시기 위해 장교 클럽으로 향한다. 가는 길에도 알렌비는 로렌스에게 군사적 조언을 청하는데 이는 아첨의 또 다른 형태다. 그곳으로 향하는 장면에서, 우리는 시각적으로도 로렌스가 변화한 것을 느낄 수 있다. 그는 훨씬 여유를 찾은 모습을 보인다.

네 사람은 분수대 근처에 자리를 잡고, 그들의 대화는 이제 미래를 향한다. 로렌스는 어떻게 자신과 아랍 협력자들이 철로를 박살낼 것인지 설명한다(상기되는 원인이다). 그리고 데드라인까지 설정한다. 그는 13주 안에 아라비아를 혼란에 빠트리겠다고 선언한다. 알렌비가 이 발언이 돌아가겠다는 것을 뜻하냐고 묻자 로렌스는 그것을 인정한다. 이로 인해 시퀀스의 긴장감이 해소된다. 시퀀스의 잔여 부분은 영화의 전반부와 후반부(이 시퀀스를 다음 시퀀스와 분리시키는 인터미션을 통해 더욱 명확해지는)를 연결시킬 상기되는 원인들의 설정에 치중한다. 그것들 중에는 터키 군이 물러난 후, 아라비아가 아랍인들에 의해 다스려질 것인가 하는 의문이 존재하는데, 이는 영화의 3막에 극적 긴장감을 제공하게 될 쟁점이다.

이어지는 짧막한 신에서 알렌비는 로렌스에게 결국 대포는 제공하지 않을 것임을 밝힌다. 이는 화포에 대한 논점의 또 한 번의 페이오프다. 이 시퀀스는 최후의 상기되는 원인과 함께 종료된다. 로렌스가 "회오리바람을 타고 있다."라는 알렌비의 평과, 이에 "우리는 그렇게 되지 않기를 바랍시다."라는 드라이덴의 대답이 바로 그것이다.

인터미션

인터미션Intermission은 2시간 12분의 상영시간(영화의 62%가 지난 지점)이 경과된 후 주어진다. 따라서 이는 중간 지점이긴 하지만 일반 상업영화의 총 상영시간 정도가 흐른 뒤에야 발생한다. 인터미션 앞부분의 주된 사건인 아카바 공략은 약 한 시간 반이 지난 후 벌어지며 그것은 통상적인 상업영화에서 '절정'이 일어나는 지점이다. 시나이를 건너는 여정은 보통 영화의 3막에 해당되며, 알렌비와 로렌스의 만남은 에필로그 부분이 될 것이다.

사실 앞의 마지막 시퀀스는 영화의 전반부를 후반부에 연결하는 '상기되는 원인들'을 만들기 위해 사용되었는데, 영화의 후반부를 차지하는 주된 활동들은 마지막 신에서 설정된 두 가지 라인을 따라 전개된다. 즉 터키군 철도에 대한 공격과, 터키를 비롯해 새 지배자가 될 가능성이 있는 영국으로부터 아라비아를 해방시키려는 로렌스의 노력이 그것이다.

시퀀스 K
: 잭슨 벤틀리의 특종

시퀀스는 많지만 그중 로렌스가 아닌 인물로는 두 번째로, 새롭게 소개되는 캐릭터인 잭슨 벤틀리가 시퀀스의 프로타고니스트 역할을 맡는다. 인터미션이 지난 후 처음 보이는 캐릭터인 그는 아카바 만이 내려다보이는 언덕을 걸어오르는 모습으로 등장한다. 그의 옆을 무장차량 한 대가 지나가는데 이는 전 시퀀스에서 로렌스가 요구한 차량에 대한 페이오프다.

벤틀리는 파이살의 하인인 셀림에게 파이살의 거처를 묻는다. 그의 명함은 이 신과 그 다음 신 사이의 시각적인 연결점을 제공하며 다음 신에서 벤틀리는 파이살과 대면한다. 그 명함은 벤틀리에 대한 엑스포지션도 담당한다. 그는 시카고 쿠리어 지의 기자인 것이다. 파이살은 벤틀리를 실내로 초청하고 탁자 위에 시계를 올려놓는다. 이것은 이 신을 위한 미묘한 시각적 데드라인이다. 이어 파이살은 로렌스와 그의 군대가 어디 있는지 자기는 모른다고 밝힌다. 그러나 그는 대신 추측을 제공한다. 한편 벤틀리는 아랍인들에게 화포가 없기 때문에 야기되는 문제에 대해 언급하고 알렌비는 신뢰할 수 없는 인물이라고 지적한다. 이 상기되는 원인은 화포의 부재와 함께 영국의 지배에서 아랍인들이 독립할 수 있는지에 대한 논점을 다시 제기한다. 그러고서 벤틀리는 자신의 의도를 밝힌다. 로렌스와 아랍 반군에 대한 기사를 쓰고 싶다는 것이다. 이 욕구는 이 13분 길이 시퀀스의 주된 긴장감을 제공한다.

시계를 체크한 파이살은 자리에서 일어난다. 이는 데드라인에 도달했다는 신호이다. 그런 다음 그는 벤틀리에게 자신의 군대가 터키군의 철로를 파괴하고 있다고 설명하여 관객에게 엑스포지션을 제공한다. 이 경우는 인터미션 동안 일어났던 일들을 설명하는 것이다. 또한 파이살은 터키군이 부상자도 고문하기 때문에 자신의 군대는 부상자들을 포로로 잡히게 내버려두지 않는다는 내용도 전달한다. 이 복선은 이후 파라지가 부상을 입게 되었을 때 페이오프된다. 벤틀리는 로렌스가 유혈을 혐오한다는 평판에 대해 묻는다. 이에 파이살은 로렌스가 자비에 관해서 얼마나 신뢰할 수 있을지에 대한 의문을 제기하는데 이것은 3막에서 재개될 상기되는 원인이다.

이 신은 미국의 전쟁 참가에 영향을 줄 수 있는 낭만적인 인물을 찾고 있음을 벤틀리가 인정하는 것과 함께 종료된다. 이에 파이살은 이렇게 답한다. "로렌스가 당신이 찾는 바로 그 사람이오." 이는 로렌스가 터키측 열차를 폭파시키는 모습을 비추는 다음 신으로 연결되는 대사고리이다. 이렇게 해서 이 시퀀스의 1막이 완결된다. 프로타고니스트인 벤틀리가 소개되었으며, 그의 목표와 장애물도 설명된 것이다.

로렌스는 폭약을 터뜨려 열차를 탈선시킨다. 아랍인들은 로렌스가 중지명령을 내리기 전까지 기차를 향해 사격을 퍼붓고 (파이살이 제기한, '자비'에 대한 논점의 미묘한 페이오프다), 그런 다음 로렌스는 그들을 이끌고 적을 향해 돌격한다. 아랍인들이 열차를 약탈하기 시작한 후 로렌스는 살아남은 터키 병사에게 부상을 입는다. 간발의 차로 죽음을 모면한 이 사건은 로렌스를 더욱 대담하게 만들 따름이며, 다시 '신' 모티프를 돌아보게 하는 계기가 된다. 로렌스는 부하들의 환호와 벤틀리의 준비된 카메라를 향해 열차의 지붕 위를 의기양양하게 걸어간다. 그의 거동은 일찍이 아우다와 조우하기 직전 아랍 의상을 입은 채 연습하던, 유려한 움직임의 시각적 복선이 페이오프된 것이다.

열차를 향한 공격이 종료되자 브라이튼 대령은 문제의 제기와 함께 상기되는 원인을 제공한다. 즉 아랍인들의 약탈과 사후의 귀가 풍습을 비난하며 이것이 멈춰져야 한다고 알리에게 경고한다. 이에 로렌스는 그들이 돌아올 것이라고 주장하지만 알리는 그에게 '올해는 아닐 것'이라고 통고한다.

다음 신에서 벤틀리는 국회가 어떻게 운영되는지 설명하는 어린이책을 살피고 있다. 그는 그 책의 주인인 알리에게 아랍이 과연 민주국가가 될 수 있다고 생각하냐고 회의적으로 묻는다.

그러자 알리는 자기가 나라를 갖고 난 뒤에 그 질문에 답하겠다고 한다. 이는 '아라비아는 이제 아랍인들의 것'이라는 대사에 의한 복선을 유지시키는 기능을 한다.

다음 신에서 벤틀리는 이 복선을 더 진행시킨다. 그는 로렌스에게 아랍인들이 이 전쟁으로 무엇을 얻을 거라고 기대하는지 묻는다. '그들의 자유'라고 답한 로렌스는 자신이 그들에게 그것을 안겨줄 것이라고 덧붙인다. 그 다음 벤틀리는 머지않아 자신은 '환락가'로 돌아가게 될 것이라고 밝힌다. 이는 그의 퇴장을 신호하는 '예정'이다.

이 시퀀스는 아우다가 브라이튼에게 올해가 저물고 있으며, 그는 집에 가지고 귀환할 '명예로운' 것(즉 전리품)을 찾아야만 한다고 얘기하는 장면과 함께 종료된다. 이 대사고리는 시퀀스 K를 다음 것과 연결시킨다. 다음 시퀀스는 열차에 실린 아름다운 말들의 샷으로 시작되며 카메라는 그 중에서도 유독 한 필의 흰색 명마 위에 머무른다.

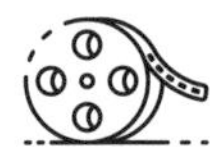

시퀀스 L
: 동요하기 시작하는 원정

10분 길이인 이 12번째 시퀀스는 다가오는 겨울과 함께 부하들 대부분이 서서히 이탈하는 와중에도 군사 활동을 유지시키려는 로렌스의 노력에 의해 통합된다. 이 시퀀스는 터키의 열차에 대한 또 다른 공격과 함께 시작한다. 파라지가 폭약을 챙기는 모습이 보이고 이 부분은 나중에 페이오프될 복선을 시퀀스 내에 심는 역할을 한다.

기차를 급습한 아랍인들은 화물이었던 말들을 챙겨 떠난다. 그중 흰색 명마를 고른 아우다가 로렌스에게 다가와 작별을 고한다. 전리품을 얻은 그는 이제 돌아갈 수 있으며 이것은 바로 전 시퀀스의 마지막에 발생한 상기되는 원인의 마무리다. 브라이튼 대령은 로렌스에게 이제 병사들도 없는데 어쩔 셈이냐고 묻는다. 로렌스는 자신의 계획을 텔레그래핑한다. 그는 북쪽으로 갈 것이며, 그것이 알렌비 장군이 원하는 것이기 때문이다. 이에 브라이튼은 알렌비가 데라라는 도시 후방에 아랍군이 주둔해 있기를 원했다고 얘기한다. 이에 로렌스는 상기되는 원인으로 응수한다. 즉 알렌비가 예루살렘에 도착하기 전에 자신은 데라에 가 있을 것이라는 내용이다.

다음 신에서 로렌스와 그의 부하들은 또 다른 열차를 공격하기 위해 준비하고 있다. 그러나 폭약 설치를 돕던 파라지가 부상을 입고 만다. 이는 일전에 파이살이 설명한 바 있는, 부상자를 남기지 않는다는 엑스포지션에 대한 페이오프로서 로렌스는 또다시 총살을 집행해야 하는 상황을 맞이한다. 이 시퀀스는 다음 시퀀스를 잇는 상기되는 원인과 함께 종료된다. 로렌스에게 스무 명밖에 안 되는 인원을 데리고 이제 어떻게 하겠나는 알리의 질문과 "나는 북쪽으로 가겠네."라는 로렌스의 답이다.

시퀀스 M
: 데라에서의 참변

2막의 마지막 시퀀스는 요약의 신과 함께 시작한다. 브라이튼 대령과 알렌비 장군이 로렌스가 이끄는 군사작전의 진척(또는 그 것의 부재)에 대해 논의하고 있다. 알렌비가 브라이튼에게 로렌스가 아랍측에 '동화' 된 게 아닌가를 묻는 부분과, 로렌스가 자신을 예언자로 여기는 게 아닐까 궁금해 하는 부분으로 인해 로렌스의 정체성에 대한 의문이 다시 제기된다. 터키 군이 로렌스의 목에 2만 파운드의 현상금을 걸었다는 사실을 밝힌 알렌비는, 로렌스가 살 날이 앞으로 얼마 남지 않은 게 아니냐고 의심함으로써 새로운 상기되는 원인을 제공한다. 이 신은 알렌비가 이듬해가 되면 상황이 어떻게 될 것인지(과연 로렌스와 그의 아랍 군대는 복귀할 것인가?) 자문하는 부분과 함께 종료된다. 또 다른 상기되는 원인이다.

다음 신은 황량한 겨울의 야영지로 전환된다. 이는 알렌비 장군의 조용하고 편안한 숙소와는 뚜렷하게 시각적인 대조를 이루는 장소이다. 알리는 로렌스에게 장병들을 너무 엄하게 다루지 말라고 설득하기 위해 또 하나의 상기되는 원인을 사용한다. 한 번만 더 실패하면 로렌스는 홀로 남게 될 것이라는 충고다. 논쟁 속에서 알리는 '신' 모티프를 다시 한 번 불러들인다. 즉 로렌스가 장병들에게 그를 위해 물 위를 걸을 것을 요구한다고 비난하는 것이다. 이에 로렌스는 이렇게 되물으며 받아친다. "자네는 내가 그냥 보통 사람이라고 생각하는가?"

옆 방으로 향한 로렌스는 그곳의 부하들에게 "누가 나와 함께 물 위를 걸을 것인가?"라고 물음으로써 그 모티프를 계속 유지시킨다. 그는 누가 자신과 함께 데라로 갈 것인지 묻고, 영국군이 예루살렘을 점령하기 전에 자기가 먼저 그곳에 가 있겠노라고 영국군 장군과 약조한 바 있다고 설명한다. 이로써 두 시퀀스 전의 상기되는 원인이 재개된다. 아랍인들이 주저하자, 로렌스는 자신의 의도를 텔레그래핑한다. "오늘 오후 나는 아랍 반군을 데라로 이끌 것이다." 이에 마지드는 다음과 같은 상기되는 원인으로 응수한다. "당신이 아랍인 마을에서 아랍 사람으로 통할 수 있으리라 생각하는가?"

이 15분 길이 시퀀스에서 4분이 경과한 이 지점에서 이 시퀀스의 극적 긴장감이 설정된다. 로렌스는 데라라는 도시에 아랍군을 이끌고 들어갈 것이며 그 과정에서 너무 적은 병력과 자신이 아랍인이 아니라는 장애물들을 극복해야 하는 것이다. 데라에 도착하자마자 터키의 지방장관이 탄 차에 치일 뻔한 로렌스는 웅덩이를 발견하자 그 위를 걸어 보인다('물 위를 걸을 것'이라는 대사의 두 번째 페이오프로써 이번에는 시각적인 형태로 주어진다).

아랍인으로 통할 수 없을 거라던 마지드의 경고에 대한 페이오프로, 얼마 안 가 로렌스는 그를 주목한 터키 병사들에게 잡히고 만다. 그는 지방장관의 집무실로 끌려 들어가고 지방장관은 함께 끌려온 여러 젊은이들 중에서 그를 지목한다. 이것은 신의 감정적 격렬함이 극적 아이러니(관객은 체포된 이가 큰 현상금이 걸려 있는 아라비아의 로렌스 본인이라는 사실을 알고 있다) 때문에 극대화되는, 이 영화에서 몇 안 되는 장면이다. 강렬한 긴장감은 지방장관이 다른 용의자들을 모두 물리친 후 로렌스를 유심히 살피면서 최고조에 달한다. 데라에 처박힌 자신의 비참한 신세를 한탄하던 그는 로렌스를 자세히 관찰하고서 "아니, 그건 너무나 재수가 좋은 일일 거야."라고 부정한다. 이는 로렌스에게 현상금이 걸려 있다는 사실을 희미하게나마 언급하는 부분인 동시에 하마터면 로렌스의 정체가 발각될 뻔한 가장 위태로운 순간이다.

로렌스의 옷을 벗긴 지방장관이 미묘한 성적 암시를 건네며 그를 만지자, 로렌스는 차라리 자신을 때리게끔 그를 자극한다. 그러자 지방장관은 그를 구타하라고 지시하고 로렌스는 이를 인내하려 노력하는데, 이는 영화의 오프닝 시퀀스에서의 고통을 견디는 방법에 관해 언급한 그의 설명을 어렴풋이 상기시킨다.

시련을 겪고 난 뒤 로렌스는 진창 위에 내던져지고('물 위를 걸을 것'이라는 대사의 마지막 페이오프) 초조히 기다리던 알리가 그를 돕기 위해 다가온다. 그 뒤에 이어지는 퇴각의 모습은 이전에 알리에 의해 언급되었던 또 한 번의 실패가 뜻하는 위험에 관한 상기되는 원인을 종결시킨다. 그것은 또한 이 시퀀스의 3막의 시작을 알린다. 즉 로렌스는 목적 달성에 실패했고 이제 그로 인해 야기된 결과들이 모습을 드러내는 것이다.

두 번의 야간 신이 경과하는 내내 로렌스는 충격을 받은 채 누워 있고 그런 그에게 기운을 주려고 노력하면서 알리는 "자네도 다른 사람들처럼 육신이 있네."라고 충고한다. 이는 자신이 보통 인간이 아니라는 로렌스의 주장에 반하는 페이오프다. 세 번째 신에서 로렌스가 몸을 일으키는 것과 함께 관객은 영화의 유력한 결말의 힌트를 엿보게 된다. 바로 아랍 반란의 실패이다. 그는 알리에게 이제 떠나겠다고 선언한다. 자신의 막바지까지 온 것 같다는 것이다. 그는 이전에 자기가 보통 사람이 아니라고 했던 주장과는 정반대로, 자신을 바로 그것('보통 사람')이라고 묘사한다. 그러고나서 그는 자신의 의도를 텔레그래핑한다. 쉬엄쉬엄 예루살렘으로 돌아가서 보통 사람의 일거리를 찾겠다고 하는 것이다. 그후 로렌스는 알리에게 그의 두꺼운 외투를 빌려주겠냐고 묻는다. 알리는 그것이 '깨끗하지 않다'고 하는데 이는 벤틀리에게 사막의 깨끗함에 대해 언급한 로렌스의 대사에 대한 두 번째 페이오프다.

'신' 모티프는 비참한 종결을 맞이했다. 영국인과 아랍인 사이에서 방황하던 로렌스의 이중적 정체성 또한 마찬가지이다. 로렌스는 미몽에서 깨어났으며 이로써 영화는 끝난 것처럼 보인다. 이 감정적 최저점이 2막의 종료를 나타낸다. 터키와 영국의 지배에서 아랍인들을 해방시키려던 로렌스의 노력은 결국 실패한 것이다. 그는 알리와, 잔류한 아랍인들에게 그들의 사람들만 믿으라고 당부한다. 그리고 자기는 자기 쪽 사람들에게 돌아가게 해 달라고 말한다. 이는 이 시퀀스를(그리고 2막을) 다음 것과 연결시키는 대사고리이다.

시퀀스 N
: 로렌스가 사임을 시도하다

서양 군악을 연주하는 영국 군대의 행진이 3막으로의 변환을 표시하는 동시에 이제 로렌스가 자기쪽 사람들과 문명으로 돌아갔다는 느낌을 부각시킨다. 다시 안 맞는 영국 군복을 입은 그는 어색하게 움직이며 알렌비의 사령부에 도착한다. 그곳에서 동료 장교들과 스스럼없이 잡담을 나눠 보려 하지만 그들은 오히려 그의 친해지려는 노력이 좀 과하다고 자기들끼리 귓속말을 나눈다.

알렌비와 드라이덴이 파이살과의 회합을 막 마치고 난 시점에 알렌비의 집무실에 도착한 로렌스는 영국과 프랑스가 종전 후 아랍 세계를 나눠 통치한다는 비밀 조약이 체결되었다는 사실을 알게 된다. 이로써 시퀀스 J의 상기되는 원인("아라비아는 이제 아랍인들을 위한 것입니다."라던 로렌스의 주장)이 다시 다뤄지게 된다.

로렌스는 개인적인 이유 때문이라며 재배치를 요청한다. 사실상 이 요청은 이 비교적 짧은(8분 30초) 시퀀스의 1막의 끝을 표시한다. 이 시퀀스는 아랍인들과의 군사 활동을 그만두려는 로렌스의 노력으로 통합된다. 이것에 대한 답으로 알렌비는 다음 달 16일에 다마스쿠스를 향한 총공세를 개시할 것이라고 말한다. 이는 로렌스가 아랍인들과의 군사 활동을 계속할 것을 요구하는 알렌비의 '예정'이다. 그럼에도 로렌스는 계속해 억지를 부린다. 로렌스의 등에서 피가 배어 나오는 것을 알아챈 알렌비는 더 깊은 얘기를 나누기 위해 그를 테라스로 인도한다.

드라이덴과 벤틀리의 짧은 막간 후, 영화는 다시 알렌비에

캐릭터 아크 2 - Character Arc 2

이 관용구는 드라마가 진행되는 와중에 캐릭터가 체험하는 변화를 가리키며, 캐릭터가 원하는 것과 필요로 하는 것 사이의 갈등이라고 알려져 있다. 캐릭터는 자신이 원하는 것은 알고 있지만 자신이 필요로 하는 것은 자신의 스토리의 극점에 다다라서야 비로소 깨닫게 된다. 프로타고니스트의 캐릭터 아크는 종종 영화의 주제를 내포하고 있다.

로렌스는 매우 복잡한 캐릭터이긴 하지만 그의 의식적인 욕구는 대체로 신들을 모방하고 역사를 바꾸려는 것이다. 그러나 그의 무의식적인 욕구는 자신이 한계를 가진 보통 인간임을 깨닫는 것이다. 이 깨달음은 그의 데라에서의 실패 이후인 2막의 끝에서 발생한다. <토이 스토리>에서 우디의 의식적인 욕구는 앤디에게 제일 사랑받는 장난감으로서의 자신의 위치를 유지시키는 것이다. 반면 그의 무의식적인 욕구는 억지로 사랑받을 수 없다는 사실을 깨닫는 것이다. 이 깨달음 또한 2막의 마지막에서 일어난다.

하지만 모든 캐릭터들이 이러한 변화가 가능한 것은 아니므로 비극적인 결과가 초래될 수도 있다. <뻐꾸기 둥지 위로 날아간 새>에서 맥머피는 변화(그의 기본적인 인간애를 버리는 행위)를 할 수 없고, 그로 인해 파멸당한다. 마찬가지로 <존 말코비치 되기>에서 맥신에 대한 집착을 버리는 것이 불가했던 크레이그는 결국 구제받지 못하고 '흡수'되고 만다. 보조 캐릭터도 아크와 그에 따른 변화를 가질 수 있는데, 이와 관련해 이 책에서 주목할 만한 캐릭터들은 <뻐꾸기 둥지 위로 날아간 새>의 추장과 <토이 스토리>의 버즈이다.

게로 전환된다. 그는 로렌스의 자존심을 자극해(로렌스를 비범한 운명을 지닌 사나이라고 추켜세움으로써) 그를 다시 한 번 조종하려든다. 이 접근방식은 로렌스의 결심을 재빨리 좌절시키고 그 결과 이 시퀀스의 부정적인 결말로 이어진다. 즉 사임하려던 로렌스의 시도가 실패로 끝나는 것이다. 신의 잔여분에서는 일련의 상기되는 원인들이 새롭게 시작된다. 알렌비의 병사들이 다마스쿠스를 점령하기 전에 자신들이 먼저 그곳을 취할 것이라는 로렌스의 예언과, 다마스쿠스를 손에 넣고 나면 아랍인들을 위해 그곳을 지킬 것이라는 내용들이다. 이 시퀀스는 대사고리와 함께 종료된다. 로렌스는 아랍인들의 대부분은 돈을 위해 오지 않을 것이라고 단언한다. 그들은 그를 위해 올 것이다.

시퀀스 ○
: 다마스쿠스를 향한 진군

영화의 마지막에서 두 번째인 이 시퀀스는 다마스쿠스를 향한 로렌스의 진군으로 통합되는데, 그것과 동일한 목적을 띤 영국군의 진전이 교차 편집되고 두 개의 평행한 스토리라인이 주로 대사고리의 사용을 통해 연결된다. 이 시퀀스에서 전체 영화에서의 '3막의 긴장감'이 본격적으로 시작된다. 2막의 결말에서 자신의 실질적인 목표를 포기했던 로렌스는 이제 다시 그것에 도전하게 되지만 이번에는 좀 더 정밀하게 목표의 초점이 맞춰진다. 그것은 영국군이 도착하기 전에 다마스쿠스를 차지하는 것과 그런 다음 연합군의 간섭에서 벗어난 새 정부를 세우는 것이다. 터키군 관련 문제는 어느덧 무의미해졌으며, 이제는 영국군이 주된 장애물로 변한 것이다.

이런 느낌을 반영하듯 이 시퀀스의 오프닝 샷은 강렬한 흰색 아랍 의상을 입은 로렌스가 여러 명의 개인 경호원들을 대동한 채, 환호하는 아랍 군중 앞에 낙타를 몰고 나오는 것으로 시작된다. 그는 "다마스쿠스!"라고 부르짖으며 장병들을 이끌고 그럼으로써 다음 신과 연결되는 상기되는 원인을 개시시킨다. 그리고 이야기는 영국군의 본부 천막으로 전환되며 그곳에서 알렌비는 그의 참모들과 다마스쿠스 공세의 진행상황을 논의하고 있다. 이것은 요약의 신('요약의 신' 참조)에 해당되는데, 여러 장교들이 장군(그리고 관객들)에게 현재 상황을 보고하기 때문이며 그 중 한 명은 앞에 놓인 지도 위에 표시된 아랍 군대에 대해 묻는다.

알렌비는 브라이튼 대령에게 아랍 군대와 접촉해 그들의 위치를 파악할 것을 지시하고(이로써 다음 신 내내 유지될 상기되는 원인이 시작된다) 이 신은 또 다른 대사고리와 함께 종료된다. 알렌비가 지도가 그려진 칠판을 주먹으로 치며 부하들 중 하나에게 포화로 "적을 두들기게."라고 말하는 것이 그것이다.

영화는 이제 언덕으로 가려진 채 포화의 섬광이 번쩍이는,

멀리 떨어진 전장의 롱 샷으로 디졸브되고 로렌스, 알리, 그리고 다른 아랍인들이 이 광경을 지켜보고 있다. 알리는 가혹한 포격을 당하고 있는 터키인들에게 동정심을 표하지만 로렌스는 그렇지 않다. 이것은 애초에 벤틀리와 나눈 파이살의 대화에서 심어진 바 있는, 자비에 대한 모티프의 미묘한 페이오프이다. 이 모티프는 남은 러닝타임 내내 계속 강하게 다뤄질 것이다.

아랍 군대는 전진을 계속하고 디졸브가 다시 사용되어 영국군으로 장면이 전환된다. 영국군도 화면상에서 동일한 방향으로 행진하고 있는 모습이 비친다. 브라이튼 대령은 알렌비 장군이 타고 있는 지휘차량에 올라탄다. 브라이튼은 아랍의 머리장식을 쓰고 있는데, 이는 그가 로렌스와 아랍 군대와 접촉했다는 사실을 암시하는 시각적인 단서이다. 그는 알렌비에게 보고하여 두 신 앞에서의 상기되는 원인을 마무리 짓는다. 그는 로렌스의 자만심에 대해 언급하고 아랍 군대가 영국군보다 먼저 다마스쿠스에 도달할 수도 있을 것이라고 예측한다. 그러나 그는 로렌스 앞에 위치한 터키군 분대의 존재에 주목하여 자신의 예측을 제한한다. 알렌비는 또 하나의 대사고리와 함께 신을 마무리한다. "그들이 지금 과연 어디 있는지 궁금하군."

이 대사는 탈랄의 마을로의 전환을 유도한다. 그 신에서는 마을을 약탈하고 주민들을 살육한 터키 병사들이 마을을 떠나는 모습이 비친다. 그런 다음 그 터키군 분대는 먼지바람이 부는 평야 위를 사기가 저하된 채 지저분한 모습으로 퇴각한다.

이제 로렌스와 아랍인들이 마을 안을 통과한다. 로렌스의 내부에 분노가 점점 차오르고 있는 것이 명백히 드러난다. 이윽고 아랍 군대는 퇴각하고 있는 터키 군이 내려다보이는 산등성이 위에 늘어선다. 여기에서 로렌스는 터키 군을 내버려 두고 목적지인 다마스쿠스에 집중하자는 알리의 조언과 "포로는 필요 없다!"라고 재촉하는 경호원 중 한 명의 목소리 사이에서 갈등한다.

그가 곤혹감에 망설이고 있을 때, 아랍인들 중 한 명(유린당한 마을 출신인 탈랄)이 터키 군을 향해 자살 돌격을 감행한다. 이 액션이 로렌스로 하여금 "포로는 필요 없다!"라는 지시와 함께 공격을 선언하게 만든다. 그 뒤에 이어지는 신은 영화의 세 전투신들 중 가장 길고 정교하다. 이 일방적인 대량학살은 전에 파이살에 의해 시작된 바 있는 상기되는 원인을 피로 물들이며 마무리짓는다. "로렌스에게 있어 자비는 열정이오. 내게 그건 단지 매너일 뿐이지. 어느 쪽을 더 신뢰할 수 있을지는 당신이 직접 봐야만 할 거요." 이것은 알렌비에게 가심의 처형을 묘사하던 로렌스의 대사("저는 그것을 즐겼습니다.")에 대한 페이오프이기도 하다.

매우 긴 여파의 신이 그 뒤를 따른다. 무거운 분위기 속에서 말없이 학살 현장을 지나쳐가는 아랍인들의 모습은, 뒤늦게 합류한 벤틀리가 무자비함에 대해 로렌스를 힐난한 후 그의 사진을 찍는 장면으로 인해 강조된다.

벤틀리의 카메라 플래시가 시퀀스의 마지막 신으로의 시각적 전환을 제공하고, 계속해 진군하는 아랍들과 보조를 맞춰가고 있는 로렌스의 모습이 보인다. 사내 하나가 그에게 다가와 전날 밤 다마스쿠스에서 딴 포도를 권하는데, 이로써 목표를 향한 진척도가 간접적으로 표시된다. 또한 그 사내는 알렌비가 아직 다마스쿠스에 도착하지 않았다는 정보도 덧붙인다.

시퀀스 P
: 모호한 결말

마지막 시퀀스는 거의 18분 동안 아랍인들을 위한 독립적이고 건실한 정부를 수립하기 위한 로렌스의 노력을 보여준다. 이 시퀀스는 앞의 신 이후에 벌어진 일들을 관객에게 설명하는 요약의 신으로 시작되며 시퀀스의 나머지 부분에서 다뤄질 몇 개의 상기되는 원인들을 발생시킨다.

알렌비는 수많은 아랍인들의 야유를 받으며 다마스쿠스에 도착한다. 브라이튼 대령은 그 야유가 바로 로렌스 때문이라고 설명한다. 하루 반나절 전에 도착한 로렌스와 그의 아랍 군대가 시청을 비롯한 시의 주요 관공서를 점거하고 있다는 것이다.

성공적인 아카바 공략 때와는 달리 로렌스가 다마스쿠스에 입성하는 장면은 스크린에서 보여지지 않으며 감정적인 정점은 그보다 앞서 도달된다. 바로 터키군의 학살 장면에서다. 스토리텔러는 주인공의 군사적 개가에 관객의 감정적 참여를 소비시키는 것보다는 그의 모호한 특성과 행동을 더 강조하는 쪽을 택한 것이다.

　브라이튼은 무력을 사용해서라도 로렌스와 그의 병사들을 몰아내자고 알렌비에게 주장하지만 드라이덴은 유혈사태를 염려하며 이를 반대한다. 그리고 그는 알렌비에게 파이살이 이틀 뒤 도착할 것이라고 알린다. 이것은 이 문제를 해결해야 할 시한에 대한 데드라인이다. 그러고나자 알렌비는 특히 기술부대(기술자들과 의무병들)를 포함한 모든 병사들이 막사에서 대기하고 있을 것을 지시하는데, 이것은 액션에 형태를 부여하고 결국 로렌스의 실패로까지 연결되는 상기되는 원인이다.

　이제 신은 시청으로 전환되고 그곳에서 로렌스는 서로 대립하는 아랍인들을 하나로 묶기 위해 안간힘을 쓰고 있다. 이 신은 경제적인 작법의 노련한 본보기를 제공한다. 시나리오 작가는 실제 역사상으로는 1년 이상 지속된 아랍 파벌 간의 싸움을 단 한 신만을 사용해 극화시킨 것이다.

　논쟁을 해소시키려던 로렌스는 전화가 작동하지 않는 이유가 전기의 부재 때문이라는 사실을 알게 된다. 알리는 발전소를 고치기 위해 영국인 기술자들이 필요하다고 주장하지만 로렌스는 영국 기술자들의 도움을 받는 것은 영국 통치를 받아들이는 것과 다름없다며 반대한다. 이 짧은 엑스포지션(논쟁의 와중에서 전달되는)은 군대의 기술부대를 막사에 묶어놓은 알렌비의 결정을 이해하게 해준다. 이어 한 아랍인이 달려와 화재가 일어났음을 알리고 로렌스는 그 난국을 해결하기 위해 어쩔 수 없이 자리를 뜬다. 이제 집회는 혼란과 함께 저절로 해산되는 것처럼 보인다.

대비(고요함과 저녁 시간의 어두움)가 다음 신으로의 전환을 알리고 파리 낚시 연습을 하던 알렌비는 전쟁이 끝나면 이것을 시작해볼까 한다고 얘기한다. 그때 갑자기 등이 꺼진다. 전력이 중단된 것이다. 곧이어, 도시를 등지고 떠나는 아랍인들의 모습이 보이고 이는 알렌비의 문제를 해소하는 동시에 로렌스가 궁극적으로 실패했음을 나타낸다.

이로 인해 영화 전체의 결말이 임박한다. 나머지는 에필로그다. 신들에는 갈등이 남아 있고 따라서 극적 긴장감 또한 유지되지만 전체적으로 흐르는 긴장감(극적 긴장감이건 아이러니에서 오는 긴장감이건 간에)을 가로막는 요소는 이제 별로 존재하지 않는다.

어둡고 고요한 텅 빈 시청에서 로렌스는 서류를 작성하고 있고 아우다와 알리가 그 옆에서 속을 태우며 지켜보고 있다. 아우다는 로렌스에게서 서류를 빼앗고 자신과 함께 아라비아로 돌아가자고 설득한다. 로렌스는 거절하고 다시는 사막을 보게 되지 않기를 기도한다. 허나 아우다는 그가 결국엔 사막으로 돌아올 것이라고 예언한다. 이것들은 마지막까지도 종결되지 않는 상기되는 원인들이다. 일반적으로, 남아 있는 상기되는 원인들은 에필로그에서 모두 해결되지만, 이 경우에는 주인공이 갖는 모호한 특성을 반영해 마지막 시퀀스도 열린 결말을 갖게끔 스토리텔러가 택한 것이다.

그 후 알리는 그곳에 남아 정치를 익히겠다는 계획을 밝힌다. 그것은 자신이 로렌스를 만나기 전에는 꿈꿔본 적도 없는 일이라고 한다. 잠시 후 그는 퇴장하고, 그와 아우다는 밖에서 마지막으로 한 번 더 대립을 갖는다. 알리는 로렌스에 대해 자신이 마음 속 깊이 품고 있는 양면적 감정을 고백한다. 이에 아우다는 또 하나의 상기되는 원인을 발생시킨다. 즉 알리가 생각하는 것보다 '아랍인이 되는 것'은 더 힘든 것임을 알게 되리라는 내용이다.

그 다음에 영화는 알렌비에게로 전환된다. 그는 군의관으로부터 그의 관심이 급히 필요하다는 사항을 보고받는다. 이에 알렌비는 그 군의관을 로렌스에게 보내 문의하게 한다. 이것은 이 신을 다음 신으로 연결시키는 대사고리이며 다음 신에서 그 군의관은 로렌스에게 과잉 상태인 터키군 병원에 대해 설명한다. 또 하나의 대사고리("상황이 어떻소?"라는 로렌스의 질문)가 이 신을 다음 신과 연결하고, 병원을 방문한 로렌스는 그 비참함을 목격하고 아연실색한다. 그가 도착하고 나서 잠시 후, 영국 의료진이 현장에 나타나며 이로써 계속 남아 있던 영국의 간섭에 대한 상기되는 원인이 해소된다. 그 후 로렌스는 그를 알아보지 못한 격분한 영국 장교에게 뺨을 맞는다.

영화는 이제 알렌비의 집무실로 전환된다. 그곳에서 파이살은 알렌비와 드라이덴에게서 아랍 의회를 위한 얼마 안 되는 권위를 만회하려고 한다. 파이살은 언젠가 많은 이들이 로렌스가 자신의 친구였음을 자랑스럽게 여길 것이라고 예측한다. 이는 오프닝 시퀀스의 추도식 신을 희미하게나마 상기시킨다. 알렌비는 귀국길을 편하게 해주기 위해 로렌스를 대령으로 진급시킨다. 아우다의 예측과 마찬가지로 이런 예정은 영화의 종료 시점을 넘어 이어진다. 로렌스는 방에서 퇴장하고 파이살은 마지막으로 한 번 더 로렌스에게 감사를 표하려 하지만 이미 그는 퇴장한 후이다. 이는 또 하나의 해결되지 않고 남겨지게 되는 관계이다. 파이살과 알렌비는 뒤에 남아 다양한 정부 부처들에 대한 감독권을 놓고 옥신각신한다.

이 두 사람이 화면 밖에서 논쟁하는 동안 로렌스는 장교 식당을 지나가다 일전에 터키군 병원에서 자기 뺨을 때렸던 장교와 마주친다. 오프닝 시퀀스에서의 대사(다마스쿠스에서 로렌스와 악수를 한 적이 있다고 밝혔던)의 페이오프로, 그 장교는 자신이 "남들에게 자랑할 수 있었으면 해서" 악수를 해도 되겠냐고 로렌스에게 청한다. 이에 로렌스는 둘이 어디선가 만난 적이 있지 않냐고 되묻는데, 이로 인해 신의 극적 아이러니가 강조된다.

알렌비의 집무실에서는 파이살과 알렌비가 계속 협상을 하고 있고 마음이 혼란해 보이는 브라이튼은 양해를 구하고 먼저 자리를 뜬다. 마침내 논쟁은 타협과 함께 종료된다. 아랍 깃발을 내걸은 영국 급수시설에 관한 제안이다. 그 후 건물의 출입구로 뛰어가는 브라이튼이 보인다. 그는 이미 사라진 로렌스를 찾아 두리번거리는데, 이렇게 이 신은 또 하나의 미해결된 관계를 남긴다.

영화의 마지막 신에서, 로렌스는 차의 조수석에 탄 채 광활한 사막을 향해 나아가고 있고 그의 인생 속으로 파고든 두 가지 줄기(분열된 충성심과, 아랍과 영국 사이에 낀 정체성)가 마지막으로 한 번 더 노출된다. 차가 낙타를 탄 행렬 옆을 지나치자 로렌스는 그쪽으로 관심을 돌린다. 그 다음에는 영국 군인들을 실은 트럭이 지나간다. 뒤이어 오토바이 한 대가 그들을 추월해가는데 이는 미묘하게 영화의 오프닝 신을 상기시키는 동시에 수미쌍관의 느낌을 부여하며 영화를 마무리한다.

<〈아라비아의 로렌스〉 시퀀스 분석

시퀀스	설명	길이	경과시간
	1막		
A	로렌스의 사고사부터 파이살을 향한 여정의 시작까지(오프닝 타이틀 제외). 통합하는 요인: 극적 긴장감 프로타고니스트: 로렌스 목적: 사막에 파견되는 것.	11:30	11:30 (5%)
	개시점: 베두인 부족의 공격에 대한 신문기사. 그리고 로렌스의 장례식 또한 이야기의 방향을 제시한다.		
B	베두인 가이드 타파스와 함께 사막을 건너는 로렌스. 그러나 타파스는 우물에서 알리에게 살해된다. 통합하는 요인: 극적 긴장감 프로타고니스트: 로렌스 목적: 가이드와 함께 파이살 왕자에게 도달하는 것.	17:06	28:36 (14%)
C	로렌스는 파이살의 주둔지가 공습을 받고 있을 때 도착한다. 파이살을 만나고 난 뒤 그는 후퇴 행렬에 합류한다. 통합하는 요인: 사건(파이살과의 만남)	8:43	37:19 (18%)
D	파이살의 천막 안에서 파이살, 그리고 브라이튼 대령의 토론을 들은 로렌스는 그날 밤 문제에 대한 해답이 바로 아카바를 치는 것임을 깨닫는다. 그 후 로렌스는 자신에게 협력하도록 알리를 설득하는 데 성공한다. 통합하는 요인: 극적 긴장감 프로타고니스트: 로렌스 목적: 아랍인들이 직면한 문제에 대한 해결책을 내놓는 것.	14:10	51:29 (24%)
	문제점: 로렌스는 터키군을 물리치기 위해 아랍인들을 결속시켜야 한다.		
	2막		
	주 긴장축: 과연 로렌스는 터키군을 타도하기 위해 아랍인들을 결속시키는 데 성공할 것인가?		
E	그들이 '태양의 모루' 건너편에 다다랐을 때 비로소 끝나는, 네푸드 사막을 가로지르는 여정.	16:17	1:04:58 (31%)

	통합하는 요인: 극적 긴장감 프로타고니스트: 로렌스 목적: 네푸드 사막을 건너는 것.		
F	'태양의 모루'로 되돌아간 로렌스는 가심을 구출해오는 데 성공한다. 그 여파의 와중에서 알리는 로렌스가 서자 태생이라는 사실을 알게 된다. 로렌스가 자는 사이, 알리는 로렌스의 의복을 불태운다. 통합하는 요인: 극적 긴장감 프로타고니스트: 로렌스 목적: 가심을 구출하는 것.	13:27	1:18:25 (37%)
G	새로 얻은 아랍 의상을 즐기던 로렌스는 아우다와 조우한다. 아우다는 자신의 우물에서 허락없이 물을 마신다는 이유로 다른 아랍인들을 위협하지만, 로렌스는 그런 아우다를 설득해 자신들을 와디 럼으로 초대하게 하고 종래에는 아카바 공격에 동참하도록 그를 부추긴다. 통합하는 요인: 극적 긴장감 프로타고니스트: 로렌스 목적: 아우다를 협조하게 만드는 것.	14:53	1:33:18 (44%)
H	연합한 아랍 부족들은 아카바를 향해 진군한다. 그런데 공격 바로 직전, 로렌스는 어쩔 수 없이 가심을 처형해야 하는 상황에 처한다. 다음날, 아랍인들이 아카바 공습에 성공하자 로렌스는 시나이를 건너 카이로로 돌아가기로 마음먹는다. 통합하는 요인: 극적 긴장감 프로타고니스트: 로렌스 목적: 성공적으로 아카바를 점령하는 것.	15:42	1:49:00 (51%)
	첫 번째 극점: 아카바 공격		
I	로렌스는 파라지와 다우드를 데리고 시나이를 횡단한다. 하지만 그는 흐르는 모래에 다우드를 잃는다. 카이로에 도달한 로렌스는 장교들의 클럽에서 파라지와 음료를 마시고, 거기에서 자신이 아카바를 탈취했노라고 선언한다. 통합하는 요인: 극적 긴장감 프로타고니스트: 로렌스 목적: 파라지와 다우드를 데리고 시나이를 건너 카이로에 도착하는 것.	11:30	2:01:30 (57%)

J	알렌비 장군에게 보고를 마친 로렌스는 사임하려 한다. 그러나 알렌비는 그가 남아있게끔 설득하고 둘은 함께 다음 군사 활동을 계획한다. 통합하는 요인: 극적 긴장감 프로타고니스트: 알렌비 목적: 로렌스를 다시 아라비아로 돌아가도록 설득하는 것.	12:04	2:12:34 (62%)

인터미션

K	아카바에 도착한 미국 기자 잭슨 벤틀리는 파이살을 만나고, 터키측 기차 공격을 지휘하는 로렌스를 관찰한다. 로렌스는 죽어가는 터키군 병사에게 부상을 입는다. 공격이 끝난 뒤 브라이튼 대령은 로렌스에게 아랍군의 약탈과 탈주가 중단되어야 한다고 말한다. 통합하는 요인: 극적 긴장감 프로타고니스트: 벤틀리 목적: 로렌스에 관한 기사를 얻는 것.	13:20	2:25:54 (69%)
L	로렌스는 말들을 운반하는 또 다른 열차에 대한 공격을 이끈다. 아우다는 전리품인 말과 그의 부하들 대다수를 끌고 가 버리고, 그 결과 로렌스의 세력은 매우 줄어든다. 고군분투하던 그는 파라지가 부상을 입자 또 한번 사형집행을 해야 하는 상황을 맞는다. 통합하는 요인: 극적 긴장감 프로타고니스트: 로렌스 목적: 군사활동을 지속시키는 것.	10:02	2:35:56 (73%)
M	브라이튼 대령과 알렌비 장군은 로렌스가 데라를 손에 넣을 수 있을지 토론한다. 로렌스는 몇 남지 않은 부하들에게 누가 자신과 함께 물 위를 걷겠는가 묻는다. 데라에서 폭동을 일으키려던 로렌스의 노력은 이내 좌절된다. 잡혀서 고문을 당한 그는 그 여파로 알리에게 대의를 포기하겠다고 선언한다. 통합하는 요인: 극적 긴장감 프로타고니스트: 로렌스 목적: 데라에서 반란을 선동하고자 하는 것.	15:22	2:51:18 (81%)

두 번째 극점: 데라에서 실패를 맛보는 로렌스.

N	주 긴장축(과연 로렌스는 터키군에 대항해 아랍인들을 결속시키는 데 성공할 것인가?)은 결국 부정적으로 해소되었다. 로렌스의 희망은 3막에서 새롭게 부상한 포인트에 집중함으로써 부활된다. 즉 다마스쿠스에 대항하는 군사활동과 더불어 독립정부(터키 뿐 아니라 영국도 배재시킨)를 세우려는 것이다. 이 시퀀스에서, 영국군 본부로 귀환한 로렌스는 전쟁이 끝난 뒤 영국과 프랑스가 아라비아를 나눠서 통치한다는 비밀 조약이 체결된 사실을 알게 된다. 그는 다시 한 번 사임하고자 노력하지만 알렌비 장군은 다시금 그를 만류하고, 아랍인들을 이끌어 다마스쿠스 공격에 참여할 것을 요구한다. 통합하는 요인: 극적 긴장감 프로타고니스트: 로렌스 목적: 사임하는 것.	8:37	2:59:55 (85%)
	목적: 사임하는 것.		
O	로렌스는 아랍인들과 함께 후퇴하는 터키군을 공격하고, 마지막엔 그들을 다마스쿠스로 인솔한다. 통합하는 요인: 극적 긴장감 프로타고니스트: 로렌스 목적: 영국군이 도착하기 전에 아랍인들을 다마스쿠스에 입성시키는 것.	14:50	3:14:45 (92%)
P	아랍인들을 연합하여 다마스쿠스를 다스리게 하려던 로렌스의 노력은 실패로 돌아간다. 결국 파이살이 부분적인 성과나마 얻어내는 데 성공하고 로렌스는 영국으로 귀환한다. 통합하는 요인: 극적 긴장감 프로타고니스트: 로렌스 목적: 다마스쿠스에 독립적인 아랍 정부를 수립하려는 것.	17:44	3:32:29 (100%)
	결말: 로렌스는 아랍인들에게 자유를 선사하려던 자신의 목적을 달성하는 데 실패한다.		

SCENARIO

8장

<졸업>
수동적 주인공

SEQUENCE

'수동적 주인공'은 시나리오 작가들에게 종종 성가신 문제를 안겨주곤 한다. 1장에서 설명된 바 있듯이 관객의 관심을 끌기 위해 가장 많이 사용되는 도구는 극적 긴장감이며 이것은 목적을 달성하기 위해 적극적으로 노력하는 캐릭터에 전적으로 의지한다. 따라서 수동적인 주인공(욕구가 적거나 아예 없으며 목표를 추구하는 데 그리 큰 관심을 갖고 있지 않은 인물)은 프로타고니스트로는 바람직하지 않은 선택이며 따라서 피해져야 한다는 뜻이기도 하다.

하지만 이런 논점은 문제가 있다. 꽤 많은 우수한 작품들이 수동적 주인공을 내세워 만들어졌기 때문이다. 그 예로 〈스탈라그17Stalag 17〉(1953), 〈챈스〉, 그리고 이번에 분석할 〈졸업〉 등이 있다. 따라서 작가에게는 법칙이나 공식보다는 오직 관객이 다음에 무엇이 일어날지 궁금하게 만드는 것이 가장 중요하다는 사실을 기억해 둬야 한다. 〈졸업〉의 경우, 영화의 중간 부분에서 이를 위해 활용된 도구는 다름아닌 극적 아이러니이다.

물론 극적 긴장감이 1막(유혹)과 3막(벤이 일레인을 쫓는 유명한 대목)에서 사용되기도 하지만 2막에서는 주로 벤의 비밀이 폭로되는 것에 대한 관객의 두려움과 그가 그 비밀을 계속 유지할 수 있으리라는 희망에 의해 이야기가 추진된다. 벤이 섹스를 원하는 것은 확실하지만 그는 그것을 얻으려고 애쓰지도 않으며, 또한 그의 파트너가 자발적이기 때문에 그가 목적을 획득하는 데 있어서의 장애물이라고는 발각되지 않게 조심하는 것밖에는 없다. 또한 나중에 벤이 일레인을 만났을 때 그의 목표는 그녀를 멀어지게 하는 것이며, 이때도 장애물은 별로 크지 않다. 그리고 여기서의 긴장감 역시 발각되는 것에 대한 두려움에서 온다. 이 밖에 시퀀스 구조의 측면에서 볼 때 이 작품은 시퀀스가 7개밖에 없다는 점에서 주목할 만하다. 1막에서 2개, 2막에서는 3개, 그리고 3막에서 2개이다.

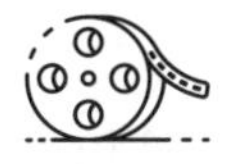

시퀀스 A
: 탈출

이 18분 길이의 오프닝 시퀀스는 탈출의 시도로 인해 통일성을 지닌다. 파티에서 도망치려는 벤과, 이를 달성한 후 다시 로빈슨 부인의 유혹에서 도망치려는 그의 노력이다. 흥미로운 것은 둘째치고라도 이 시퀀스는 대단한 엑스포지션의 예를 보이고 있다. 여기서는 벤이 처한 상황을 설정하는 데 그치지 않고 동시에 그를 둘러싼 거미줄 같은 관계들이 모두 설명된다. 작품 자체는 코미디지만 이러한 관계들이 극 후반부에서 공중분해가 되며 참기 어려운 괴로움으로 분위기는 선회하게 된다.

영화는 시각적 퍼즐(타이틀 시퀀스에서 보여진 젊은이의 클로즈업으로, 그는 마치 물속에 앉아 있는 것처럼 보이도록 수조 옆에 자리잡고 있다)과 대사에 의한 퍼즐, 즉 화면 밖의 목소리가 젊은이에게 질문을 던지는 것("대체 왜 그러니?")으로 시작된다. 이어서 매우 신속하게 약간의 극적 긴장이 소개된다. 즉 부모는 벤이 아래층에 내려오기를 바라지만 그는 내켜하지 않는 것이다.

이 대화에서는 엑스포지션을 탄약처럼 사용해 전달하는('엑스포지션' 참조) 방식이 사용된다. 아래층으로 내려오라고 벤을 설득하는 와중에 벤의 아버지는 아래층에 손님들이 와 있으며 그들은 모두 벤이 태어났을 때부터 알아온 가족의 좋은 친구들이라는 정보를 드러낸다. 한편 그 와중에 벤은 자신의 미래에 대한 걱정을 내비친다. 잠시 후 벤의 어머니가 등장해 뭐가 잘못되었느냐고 묻자 벤의 아버지는 아무것도 아니라고 답한다. 이로 인해 이 가족의 소통체계에 대한 정보가 제공된다. 벤의 욕구는 표현되기는 하지만 무시당하는 것이다.

벤이 아래층으로 끌려 내려오고 나면 이 신은 전형적인 탈출의 형태로 진행된다. 도망치기 위해 벤은 세 번의 시도를 하는데, 처음 두 번은 자신을 숨막히게 하는 손님들로 인해 좌절되고 마지막에 겨우 방 안으로 도망쳐 문을 닫음으로써 결국 승리한 것처럼 보인다. 벤이 홀로 갖는 조용한 시간(전형적인 여파의 신)은 처음으로 이 시퀀스의 유력한 결과를 관객에게 제시한다. 벤이 성공하는 것이다. 그러나 잠시 후 로빈슨 부인이 등장하자 갈등이 재개된다. 여기서 로빈슨 부인에게 나가달라고 설득하는 벤의 시도는 둘의 관계에 의해 제한되어지는 것에 주목할 필요가 있는데, 이는 앞의 4분 동안 조심스럽게 설정되어진 것의 결과이다. 그녀는 성인일 뿐만 아니라 그의 가족의 오랜 친구이다. 따라서 그는 제멋대로 그녀를 쫓아보낼 수 없는 것이다.

얼마 후 그녀는 일단 방에서 나가고 그럼으로써 벤은 또 다시 승리를 거둔 것처럼 보인다. 그러나 그녀는 이내 돌아와 집까지 태워다 줄 것을 요구하며, 이는 벤이 거부할 수 없는 의무이다. 이 성공처럼 보였던 짧은 간극은 사실 시퀀스의 유력한 결과에 대한 두 번째 힌트이다. 바로 벤이 탈출에 성공하는 것이다.

뒤따르는 7분 동안 벤은 여전히 시퀀스의 프로타고니스트이며 그의 목적(탈출) 또한 한결같다. 하지만 그는 점점 더 수동적인 역할을 하며 로빈슨 부인의 유혹의 시도가 액션을 구체화시킨다. 가족 간의 오래된 관계와 자신의 부모와 동등한 권위를 이용해 벤으로 하여금 자신과 시간을 보내게 만들면서 로빈슨 부인은 계속 술을 권하고 음악을 들려주다가 결국 본색을 드러낸다. 그녀의 의도(유혹)를 알아차린 벤은 그녀를 비난하고, 그럼으로써 관객에게 이 시퀀스의 또 다른 결과에 대한 힌트가 주어진다. 즉 그는 로빈슨 부인과 맞서 집으로 돌아가는 것이 가능해지는 것이다.

그러나 로빈슨 부인은 상황을 만회하기 위해 뛰어난 속임수의 기술을 보인다. 이번에도 그녀는 부모/권위자의 모습을 이용한다. 자신의 비난 때문에 부끄러워하는 벤을, 로빈슨 부인은 딸 일레인의 초상화를 보여준다는 핑계로 위층에 올라오게 만든다. 이는 주요 인물 중 하나가 간접적으로 소개되는 지점이기도 하다.

일레인의 방에서 로빈슨 부인은 유혹의 시도를 재개하지만 그 정도가 지나치자 벤은 또 다시 그녀를 비난하고 이번에는 방을 뛰쳐나와 아래층으로 향한다. 이것은 벤에게 있어 긍정적인 결말의 네 번째 힌트이다.

로빈슨 부인은 핸드백을 가져다 달라고 벤에게 요청함으로써 다시 한 번 상황을 만회하며 이것은 그녀의 마지막이며 유혹과 관련한 가장 노골적인 마지막 시도로 이어진다. 침실에서 나체로 그를 대하면서 언제라도 좋으니 연락하라고 말하는 것이다. 이는 두 번째 시퀀스와 이 시퀀스를 연결시키는 상기되는 원인이다. 벤은 그녀를 마지막으로 한 번 더 거절하는데, 그때 로빈슨 씨가 도착한다.

벤은 성공적으로 유혹에 저항했고 이제 시퀀스의 3막이 시작된다. 그것은 로빈슨 씨로부터의 탈출이다. 이 4분 길이의 신은 극적 아이러니에 의해 추진력을 갖는다. 관객은 방금 전 벤과 로빈슨 부인 사이에 무슨 일이 일어났는지 알고 있기 때문이다. 벤에게 "나가서 여자들도 만나고 좋은 시간을 보내라."는 조언을 하고 자기 부인에게 벤은 여자들이 좋아서 덤벼들 타입이라고 평가하는 로빈슨 씨에 의해 이 아이러니의 풍부함이 더욱 극대화된다. 로빈슨 씨의 대사는 주요 등장인물들이 매우 가까운 관계라는 인상을 다시 강화하고, 벤에게 그가 아버지의 사업 파트

너이며 그는 벤이 어릴 때부터 알던 사람이라는 사실을 상기시
켜준다.

이 시퀀스는 일레인이 집에 곧 돌아올 것이라는 텔레그래
핑과 함께 로빈슨 부인이 아이러니하게 내뱉는 상기되는 원인으
로 끝이 난다. "곧 다시 보았으면 좋겠구나."

시퀀스 B
: 불륜의 시작

두 번째 시퀀스는 17분이 약간 안 되며 불륜에 관한 로빈슨 부
인의 제안을 따르려는 벤의 욕구를 둘러싸고 진행된다. 이것은
얼핏 보기엔 극적 긴장감(프로타고니스트의 목적 추구)으로 구성되어
있는 것 같지만 여기에서 파생되는 긴장감은 주로 아이러니에서
온다. 즉 불륜이 발각될지도 모른다는 두려움이다. 이 비밀 엄수
의 필요성과 함께 벤의 우유부단함이 주된 장애물로 인식될 수
있다.

이 시퀀스는 3분 길이의 생일파티 신으로 시작한다. 이 신
은 부모와 함께 사는 벤의 인생이 얼마나 공허하며 행복하지 못
한지 묘사함으로써 시퀀스에 긴장감을 더한다. 영화의 오프닝
신에서처럼 그들은 벤의 감정을 무시하고 이번에는 부끄럽게 만

들기까지 한다. 이 신은 극적 긴장감(아버지가 벤을 집에서 나오게 하려는 것)을 보유하고 있으며 지연의 좋은 예도 제공한다. 집 안에서 벤의 목소리가 들리는 시점부터 결국 그의 아버지가 문을 열어젖히고 벤이 입은 생일 선물(스쿠버 장비)을 공개할 때까지는 족히 신의 절반이 흐른 뒤이다. 이윽고 그가 풀장 안으로 들어가고 나면 여파의 신이 뒤따른다. 홀로 풀장 바닥에 조용히 서 있는 벤의 모습이 보여지는 것이다.

이어지는 신은 첫 시퀀스에서 넘어온 상기되는 원인을 재개한다. 벤을 언제든지 만나겠다는 로빈슨 부인의 제안과 곧 다시 그를 보길 바란다는 그녀의 기대이다. 벤은 로빈슨 부인에게 전화를 걸어 태프트 호텔에서 함께 술을 마시자고 초대한다. 이때 그는 담배를 피우고 있는데 이것은 오프닝 시퀀스에서 로빈슨 부인이 언급한 대사("육상 스타는 담배를 피우지 않지.")의 페이오프다. 로빈슨 부인은 한 시간 안에 도착하겠다고 답하며 이 약속으로 인해 뒤따르는 신이 구성되는데, 그 신 안에선 벤이 그녀를 기다리는 것 외에는 이렇다 할 다른 일이 끼어들지 않는다.

이 시퀀스의 1막은 사실 이런 몇 개 안되는 대사들로 설정되어진다. 왜냐하면 셋업의 큰 부분(로빈슨 부인의 유혹과, 불륜을 시작하기 위한 그녀의 제안)이 이미 이전 시퀀스에서 일어났기 때문이다.

로빈슨 부인과 통화를 마치고 난 벤은 호텔 로비를 어슬렁거리다가 미심쩍어 하는 직원과 마주친다. 그래서 초대받지도 않은 파티에 온 손님이라며 둘러대다가 결국엔 바에 들어가 그녀를 기다린다. 로빈슨 부인이 도착하자 벤은 그녀에게서 방을 얻으라는 임무를 부여받는다. 이는 간단한 극적 긴장감으로 추진되는 신을 낳는다. 목적은 방을 얻는 것이며 장애물은 미심쩍어하는 호텔 직원과, 발각당할지 몰라 두려워하는 감정이다.

벤은 결국 방을 얻는 데 성공하고, 로빈슨 부인은 그와 5분 뒤 방에서 만나기로 한다. 이 예정은 호텔의 긴 복도를 따라 방에 들어간 벤이 불안하게 준비를 하는 동안(앞에서 씨 뿌려진 대사를 페이오프하는 양치질도 포함한다) 내내 기대감을 유지시킨다.

로빈슨 부인이 방에 도착하고 나면 이 시퀀스의 3막이 시작된다. 벤이 방을 구할 수 있을 지에 관한 긴장은 이미 해소되었다. 이제는 그가 불륜을 시작할 수 있는지에 관한 긴장만이 남아 있다. 그리고 그의 어색함과 우유부단함이 이 목표에 대한 장애물을 제공한다. 이 신은 벤이 모든 걸 없던 일로 하려 하자 정점에 다다르는데 그 와중에 그의 도덕적 갈등과, 그들이 발각되면 위험에 처하게 될 여러 관계들이 나열되며 명백히 설명된다. 이 문제점들은 여태까지 암시되어 오긴 했지만 이 지점에서 매우 명확히 제시되면서 2막에서 다뤄지는 기대와 두려움 밑에 깔릴 위험요소들을 제공한다.

이 지점에서 로빈슨 부인은 오프닝 시퀀스에서 그녀가 보여준 기술을 다시 발휘해 그를 또 한 번 능숙히 다루는 데 성공한다. 그녀가 짐짓 그의 성적 능력을 의심하자 이에 흥분한 그가 도전을 받아들이는 것이다. 방이 어두워지자 시퀀스는 종료되고 〈토이 스토리〉에서처럼 커튼 기능을 담당하는 음악이 시퀀스 B에서 C로의 변화와 함께 1막에서 2막으로의 전환도 표시한다.

시퀀스 C
: 불륜

세 번째 시퀀스는 7분을 약간 넘는 짧은 길이이다. 여름을 불륜으로 허송세월하는 벤의 모습을 묘사하는 4분 길이의 음악 몽타주와 함께 시작한다. 여기에서 그와 그의 부모의 갈등에 대한 몇 가지 실마리가 제시되며 그 갈등은 이어지는 신들에서 발전된다.

벤과 그의 아버지가 대립하고 있을 때 로빈슨 부부가 도착하고 이로 인해 아이러니에서 오는 긴장감이 생겨난다. 로빈슨 씨는 또다시 벤에게 일레인이 곧 집에 올 것임을 알리며, 그녀에게 연락할 것을 당부한다. 이는 다음 두 시퀀스에서 다뤄질 상기되는 원인이다.

그 뒤의 어머니와의 신에서는 로빈슨 부부와 가졌던 신의 마지막에 최고조에 이르렀던 아이러니에서 오는 긴장감이 더욱 진행된다. 밤늦게 무엇을 하고 돌아다니냐고 어머니가 묻자 그는 비밀을 지키기 위해 애써 태연함을 가장하는 것이다.

시퀀스 D
: 대립

시퀀스 D는 무려 9분 이상 지속되는 단 한 개의 신으로 구성된다. 이것은 매우 이례적인데, 매사에 좀 더 적극적인 사람이 되라는 아버지의 조언을 벤이 받아들이는 것(하지만 직업이나 학업이 아니라 로빈슨 부인과의 관계에서 적극적이 되는) 외에는 바로 전 시퀀스와 인과관계로 인한 연결고리가 특별히 존재하지 않기 때문이다.

이 신/시퀀스는 극적 긴장감으로 인해 통일성을 갖는다. 로빈슨 부인과 성적 관계 이상으로 교류하고픈 벤의 욕구와 이에 대한 로빈슨 부인의 저항이다. 이 신은 3막 구조를 따르는데 처음엔 벤이 그녀와 대화를 하겠다는 의도를 밝히고, 신이 3분 경과한 지점에서 그것이 성공하여 둘은 대화를 시작한다. 그 결과 극점 혹은 전환점에 다다르는데 대화의 초점이 일레인으로 옮겨지면서 대립으로 발전한다. 그럼에도 불구하고 결국 두 사람이 섹스를 하기로 동의하면서 긴장감은 해소되지만 이제 대화를 거부하는 쪽은 오히려 벤이다.

로빈슨 부인이 벤에게 절대로 일레인과 데이트를 하지 말라고 경고하는 것은 이전에 로빈슨 씨가 벤에게 한 제안에서 파생된 상기되는 원인이며, 이것은 이어지는 시퀀스들에서 일레인에 관한 문제를 둘러싸고 현실화된다.

시퀀스 E
: 일레인

이 15분 길이 시퀀스는 일레인이 벤의 인생에 끼어들기 시작하면서 진행된다. 시퀀스 C에서와 마찬가지로, 관객의 참여를 위해 사용되는 도구는 주로 극적 아이러니이다. 벤은 명백한 극적 목적을 지닌다. 바로 일레인을 따돌리는 것이다. 하지만 그렇게 함으로써 로빈슨 씨와 그의 부모님들과의 관계에 안 좋은 일이 생겨날지도 모른다는 것 외에는 별반 극적으로 강력한 장애물은 제시되지 않는다. 정말로 긴장감을 가져오는 것은 일레인이 벤의 비밀을 알아낼지도 모른다는 사실에 대한 두려움이다. 이 시퀀스의 마지막 3할은 전체 영화의 마지막 3할을 반영한다. 즉 일레인에게 구애하는 벤이다. 그러나 로빈슨 부인이 끼어들고 둘의 불륜을 폭로함으로써 시퀀스 D의 아이러니에서 오는 긴장감이 해소된다.

이 시퀀스는 간단한 두 개의 극적 신으로 시작되며 두 신 모두 동일한 극적 긴장감을 갖고 있다. 벤의 부모가 일레인에게 데이트 신청을 하라고 벤에게 강요하는 것이다. 그가 이를 거부하자 어머니는 로빈슨 일가를 모두 저녁식사에 초대하겠다고 으름장을 놓아 벤에게 선택의 여지가 없게 만든다. 일레인에게 데이트를 신청하겠다는 벤의 결정과 이에 분노한 로빈슨 부인의 반응은 이전 시퀀스들에서의 상기되는 원인들이 다시 다뤄지게 만든다.

벤이 일레인을 데려가기 위해 로빈슨 씨의 집에 도착하는 신은 아이러니에서 오는 긴장감으로 풍부하다. 로빈슨 부인의 반응에 대해 두려워하는 벤과, 자기 모르게 벌어지고 있는 일들에 대해 무지한 로빈슨 씨가 그 원인이다. 여기에서 벤은 자신의 의도를 로빈슨 부인에게 탤레그래핑한다. 일레인과 저녁식사를 하고 가볍게 술을 마신 뒤 곧바로 귀가시키겠다는 것이다. 이렇게 주인공의 목적이 명확히 제시되고 그가 이를 실현하기 위해 움직이기 시작하면서 이 시퀀스의 1막이 종료된다.

벤은 매우 빠른 속도로 차를 몰면서 일레인과는 별로 대화도 나누지 않는다. 그러고나서 일레인을 스트립 클럽에 데려감으로써 그녀에게 모욕감을 안겨준다. 하지만 그녀의 눈물을 본 벤은 자신의 행동을 후회하고, 도망치는 그녀를 쫓아가 자신의 무례함에 대해 용서를 구한다. 벤의 사과는 드라이브인 식당까지 이어지고 거기서 두 사람은 다소 친숙해진다. 그리고 다음 신에서 벤이 그녀의 집 앞에 차를 세웠을 때에는 둘의 관계가 상당히 진전된 것이 명백히 보인다. 여기에서 벤은 아직 그녀를 내려주지 않기로 결정하고(자기가 애초에 선언한 계획의 위반이다) 두 사람은 술을 마시기 위해 태프트 호텔로 향한다.

이어지는 짧고 희극적인 신에서는 많은 호텔 직원들이 벤을 알아보고 그가 호텔에서 썼던 가짜 이름으로 그를 부르며 인사한다. 이로 인해 벤이 불륜을 저지르고 있다는 사실이 일레인에게 노출되지만 불륜의 상대가 누구인지는 밝혀지지 않아 이 신에 극적 아이러니가 불어 넣어진다. 그것은 바로 진실이 밝혀지는 것에 대한 두려움이다. 벤은 그녀에게 느끼는 호감을 고백하고 그녀 역시 그에게 같은 감정을 느낀다고 밝힌다. 그래서 두 사람은 다음날 또 데이트를 하자며 약속을 잡는다.

다음 신은 대조를 통한 준비가 사용된다. 상자 가득 꽃을 준비한 벤은 일레인과의 데이트를 기대하며 우천 속에 차를 몰고 있다. 그가 차를 세우자 한 여자가 갑자기 올라타는데 뜻밖에도 그 여인은 일레인이 아니라 로빈슨 부인이다. 그녀는 일레인을 다시 만나지 말라고 경고하고, 그가 거부하자 불륜을 폭로하겠다고 위협한다. 그러자 그는 로빈슨 부인보다 먼저 일레인을 만나기 위해 뛰어간다.

벤은 로빈슨 부인이 도착하기 전에 일레인을 집에서 데리

사진 14. 〈졸업〉(1967)은 상당한 분량이 극적 아이러니(벤의 불륜이 발각될 것이라는 관객의 두려움)를 통해 진행된다. 시퀀스 E의 이 신에서는 이 문제를 코믹스럽게 다룬다. 태프트 호텔의 직원 여러 명이 벤을 '글래드스톤 씨'라고 호칭하는 것이다. 여기에서의 두려움은 바로 일레인이 진실을 알아채지 않을까 하는 것이다.

고 나오려 하지만 결국 실패하고 진실은 밝혀진다. 이 충격적인 인지의 신은 1막의 마지막에서 불륜이 시작됨으로써 생겨난, 아이러니에서 오는 긴장감을 마침내 해소시키며 동시에 시퀀스의 결말뿐만 아니라 2막의 결말까지 표시한다. 주 긴장축은 부정적으로 해소되었다. 벤은 비밀을 유지하는 데 실패한 것이다.

시퀀스 F
: 여정이 시작되다

1막과 2막 사이의 전환부와 마찬가지로 음악을 동반한 휴지부가 2막과 3막을 나누는 커튼을 제공한다. 이 휴지부는 여파의 신의 역할을 수행하며 이렇게 숨을 돌릴 수 있는 부분을 제공함으로써 바로 앞에 있었던 인지의 신에서 유발된 충격을 관객이 소화할 수 있게 돕는다. 벤은 여전히 수동적인 모습을 보이는데, 자기 방에서 뒹굴고 있거나 멀리서 일레인을 지켜보기만 할 뿐이다. 그러나 그 와중에도 그의 내적 변화에 대한 힌트들이 제공된다. 그의 머리카락은 헝클어져 있고 분장에서 그의 피로가 감지된다.

이 휴지부의 끝부분에서 벤은 부모에게 일레인과 결혼하겠다고 선언한다. 이 상기되는 원인은 영화의 마지막 3할에 추진력을 제공한다. 사실상 그가 부모와 갖는 짧은 신은 영화의 3막 전체에 있어 1막, 혹은 설정에 해당되는 부분을 구성한다. 모든 엑스포지션은 처리되었다. 관객은 벤과 일레인이 누구인지 알며 그들의 관계와 그들 사이의 과거사까지 인지하고 있다. 부모들과의 신에서 벤은, 일레인과 결혼하겠다고 하는 자신의 의도를 일레인을 포함해서 아무에게도 아직 알리지 않았다는 사실을 밝힌다. 게다가 실은 일레인이 자기를 싫어하고 있기까지한다고 털어놓는다. 이렇듯 그의 목표를 가로막는 장애물이 나열되고, 이로 인해 신이 끝나자마자 3막의 긴장감(과연 벤은 일레인과의 결혼에 성공할 수 있을까?)이 개시된다. 드디어 극적 긴장감이 관객의 관심을 끌기 위한 주된 도구로 사용되는 것이며, 따라서 이 영화는 3분의 2가 지나고 나서야 보다 전통적인 구조를 띠게 된다.

벤은 슈트케이스를 들고서 부모에게 그날 버클리로 떠나겠다고 얘기한다. 이 예정은 벤이 차를 몰고 북쪽 버클리로 향하는 모습이 비치는 다음 신에서 페이오프된다. 막간의 음악 휴지부가 이 여정 도중에 재개되어 뒤따르는 몇 개의 신에서 벤이 멀리서 일레인을 바라보고 있는 내내 계속된다.

이 휴지부는 벤이 아파트로 이사해 들어가고, 버스에 탄 일레인을 쫓아가 첫 접촉을 갖게 되면서 종료된다. 하지만 그녀는 그의 구애를 즉시 거부하여 극적 긴장감을 증대시킨다. 그리고 동물원(그들이 버스를 타고 있을 때 텔레그래핑 된 행선지)에서 벤은 처음으로 강력한 장애물과 맞닥뜨리게 된다. 바로 일레인의 남자친구인 칼이다. 일레인과 칼이 떠나고 난 후, 벤은 조용히 뒤에 남는다. 이것은 여파의 신으로서 이 부분은 그가 일레인에게 느끼는 깊은 감정과 목표를 달성하는 데 있어 그가 직면한 문제의 거대함을 강화시킨다.

그 다음에는 벤이 자기 방에서 면도를 하는 모습이 비친다. 그때 일레인이 찾아와 그가 버클리에 와 있는 이유에 대해 따진다. 그 말다툼의 와중에 일레인은 자기 엄마가 벤이 자신을 강간했다고 주장한다는 사실을 털어놓는다. 벤은 그녀의 오해를 바로잡고 이로써 그의 목표를 가로막는 중요한 장애물 중 하나가 제거된다. 그러나 그 과정에서 벤은 하숙집 주인에게서 떠날 것을 통고받는다. 이것은 새로운 장애물의 출현이며 이로 인해 그는 목표를 추구하려는 의욕을 상실한 듯 보인다. 그는 짐을 싸기 시작하고 그녀에게 더 이상 얘기할 기분이 아니라고 말한다. 이에 대해 일레인은 뜻밖에도 그가 확실한 계획이 생길 때까지는

사진 15. "난 일레인 로빈슨과 결혼할 거예요." 이 상기되는 원인과 함께, 벤은 〈졸업〉의 3막 전체를 통합하는 극적 긴장감을 발생시킨다. 그는 과연 일레인을 찾아내 자신과 결혼하도록 설득할 수 있을 것인가?

계속 근처에 머물러 있었으면 좋겠다고 이야기한다. 이 극적인 전개는 짤막한 여파의 신의 사용으로 강조되는데 이 신에서 벤은 그녀가 아파트를 나와 거리를 걸어가는 모습을 지켜본다.

사실상 전 신의 연장이나 다름없는 다음 신에서 일레인이 그날 밤 다시 찾아온다. 여기서 둘의 역할은 바뀌게 되는데, 그녀가 적극적으로 그를 원하는 쪽으로 변하기 때문이다. 그녀는 벤에게 키스를 요구하고, 그는 그런 그녀에게 결혼해 달라고 한다. 그녀는 스스럼없는 태도로 생각해 보겠다고 답한다. 이는 다음 신에서 페이오프되는 상기되는 원인이다.

이렇게 이 시퀀스의 2막이 종료된다. 이 부분은 일레인이 두 사람의 결혼에 대해 열린 태도를 보인다는 사실로 인해 전환점이 된다. 따라서 이제 일을 마무리짓기 위해서는 벤이 그녀를 쫓아다니는 일만 남은 것이다. 시퀀스의 나머지 부분에서 그는 끈질기게 그녀를 쫓아다닌다. 처음에는 교실 밖에서, 그 다음은 체육관에서 결혼해 달라고 조르는데, 체육관에서 그녀는 그날 밤 그녀의 남자친구 칼과 만나 결혼 논의를 할 거라고 밝힌다. 거기에 대한 벤의 강한 반응(목청을 높여 "뭐라고?"라고 묻는 대사)은 다음의 도서관 신으로 연결시키는 대사 고리이다. 거기에서 그는 카알이 언제, 어디서 프로포즈했는가를 묻는데, 그러면서 혹차 안이 아니었냐고 그가 넘겨짚는 부분은 앞에서 로빈슨 부인이 포드 자동차의 뒷좌석에서 일레인을 수태했다고 밝혔던 대사의 페이오프다.

이 시퀀스는 교실 밖에서 벤이 다음날이라도 자기들이 결혼할 수 있겠냐고 묻자 그녀가 "그럴 수도, 그렇지 않을 수도 있지."라고 대답함에 따라 긍정적인 결말을 맞는 것처럼 보인다. 이 대사 고리는 그 신의 끄트머리에 나오는 키스와 더불어 이 시퀀스를 이 영화의 일곱 번째이자 마지막 시퀀스와 연결시킨다.

시퀀스 G
: 마지막 릴의 추격

이 15분 길이 시퀀스는 일레인이 칼과 결혼하기 전에 그녀를 얻으려는 벤의 여정에 초점이 맞춰져 있으며, 전형적인 대조를 통한 준비의 신과 함께 시작된다. 즉 약혼반지와 꽃다발, 그리고 다른 선물들을 구입하는 벤을 보여줌으로써 결혼식이 임박한 듯한 인상을 주는 것이다. 하지만 이 기대는 예기치 못한 전개로 인해 종료된다. 로빈슨 씨가 그의 방에서 그를 기다리고 있기 때문이다.

로빈슨 씨는 그의 목적에 크나큰 장애물로 다가온다. 그는 벤이 일레인에게 접근하지 못하게 하기 위해 그녀와 이미 연락을 취해 놓았다고 통고한다. 그리고 나서 신은 상기되는 원인(벤이 일레인을 쫓아오면 그는 체포될 것이라는 협박)과 함께 종료되며 이것은 이 신을 다음 신과 연결시키는 역할을 한다.

벤은 전화로 일레인과 통화하려 하고 다음에는 직접 가서 만나려 한다. 그는 그녀가 학교를 떠났다는 것을 알고서 그녀가 남긴 쪽지를 받게 된다. 거기에는 그녀의 사과와 함께 그녀의 부모가 화를 낸 일이 설명되어 있다. 이에 벤은 서둘러 로빈슨 씨의 집으로 향하는데, 거기에서 일레인이 곧 결혼할 것이라는 사실을 로빈슨 부인의 입을 통해 듣게 된다. 이 데드라인은 남아 있는 극적 긴장감을 증폭시키는 기능을 하며 벤(그리고 관객들)에게 이 사실이 폭로되는 것은 곧 이 시퀀스의 1막이 종료됐음을 표시한다. 이로써 벤의 목표와 주된 장애물은 명백해진다. 떠나기 전, 벤은 로빈슨 부인에게 어떻게든 일레인을 찾겠다고 선언한다. 하지만 이에 대한 로빈슨 부인의 반응은 회의적이다. 이것은 이 신을 다음 신과 연결해주는 대사 고리이며 이로 인해 다음 신에서 버클리로 황급히 돌아가는 벤의 모습이 비친다.

칼의 사교 클럽에 도착한 벤은 거기에서 칼의 결혼이 사실임을 확인하고 결혼 장소도 알아낸다. 바로 산타바바라이다. 벤은 재빨리 추격을 재개하며 어디에서 결혼식이 열리는지 알아내기 위해 잠시 산타바바라의 주유소에서 멈춘다. 차에 다시 올라 출발하는 그의 등에 대고 주유소 직원이 기름은 필요하지 않냐고 묻는데, 이는 다음 신에서 결혼식 장소인 교회를 코앞에 두고 차의 기름이 떨어지면서 페이오프되는 복선이다.

벤은 마지막에 뛰어서 겨우 교회에 도착하지만 방금 결혼식이 끝났다는 것을 알게 된다. 이로 인해 이 시퀀스뿐만 아니라 영화 전체에 부정적인 결말이 제공된 것처럼 보인다. 그러나 벤을 보고 이어 가족들의 성난 반응을 살피던 일레인은 결국 그를 선택하며 두 사람은 저 유명한, 교회에서의 탈출을 감행한다.

버스에 올라탄 그들은 뒷좌석 창가에 말없이 앉은 채 영화 사상 손꼽히는 위대한 여파의 신 중 하나를 장식한다.

〈졸업〉 시퀀스 분석

시퀀스	설명	길이	경과시간
	1막		
A	파티에서 도망친 벤자민은 로빈슨 부인의 유혹을 물리친 다음, 로빈슨 씨와 이야기를 나눈다(오프닝 타이틀 제외). 통합하는 요인: 극적 긴장감 프로타고니스트: 벤 목적: 홀로 있는 것.	18:05	18:05 (18%)
	개시점: 로빈슨 부인이 벤을 유혹함.		
B	스쿠버 장비로 인한 부끄러움을 참아낸 벤자민은 태프트 호텔에서 로빈슨 부인과의 불륜을 시작한다. 통합하는 요인: 극적 긴장감 프로타고니스트: 벤 목적: 섹스	16:56	35:01 (34%)
	문제점: 벤자민은 아버지 파트너의 부인과 불륜관계를 맺는다.		
	2막		
	주 긴장축: 벤자민은 과연 이 불륜을 발각당하지 않고 지속시킬 수 있을까?		
C	음악을 동반한 몽타주가 불륜 과정을 묘사하고 벤의 어머니가 의심스러워하기 시작한다. 통합하는 요인: 극적 긴장감 프로타고니스트: 벤 목적: 불륜을 숨기는 것.	7:45	42:46 (42%)
D	벤은 로빈슨 부인과 대화를 나눠보려 하지만 그녀는 되레 일레인과 데이트를 하지 말라고 경고한다. 통합하는 요인: 극적 긴장감 프로타고니스트: 벤 목적: 로빈슨 부인과 소통하는 것.	9:13	51:59 (51%)
	첫 번째 극점: 벤이 일레인에게 데이트 신청을 한다(53:11 - 52%).		

E	벤의 아버지는 그에게 일레인과의 데이트를 제안한다. 말을 듣지 않으면 파티를 열겠다는 협박에 굴복한 그는 데이트에 나갔다가 그녀와 사랑에 빠진다. 그러나 로빈슨 부인이 방해를 하고, 그 와중에 일레인에게 진실이 밝혀진다. 통합하는 요인: 극적 긴장감 프로타고니스트: 벤 목적: 일레인을 처리하는 것.	15:20	1:07:19 (66%)

두 번째 극점: 벤은 일레인과 사랑에 빠지지만 로빈슨 부인과의 불륜이 모든 희망을 앗아가 버린다 (1:07:19 - 66%).

3막

F	주 긴장축은 해소되었다(불륜이 발각된 것이다). 그러나 새로운 긴장감이 그 자리를 대신한다. 벤이 일레인과의 결혼을 원하게 된 것이다. 이 시퀀스(그리고 막)는 음악을 동반한 몽타주로 시작되고, 일레인과 결혼하겠다는 벤의 선언과 함께 진행된다. 그는 버클리로 가서 일레인을 따라다니고, 결국 그녀로부터 '어쩌면'이라는 말까지 얻어낸다. 통합하는 요인: 극적 긴장감 프로타고니스트: 벤 목적: 결혼하자고 일레인을 설득하는 것.	19:46	1:27:05 (85%)
G	벤자민은 반지를 구입하지만 잠시 후 등장한 로빈슨 씨를 통해 자신의 계획이 좌절된 것을 알게 된다. 벤자민은 미친 듯이 일레인을 찾아 헤맨다. 처음엔 LA, 그 다음엔 버클리로 돌아가고, 마지막에는 대단원을 위해 산타 바바라로 향한다. 통합하는 요인: 극적 긴장감 프로타고니스트: 벤 목적: 일레인	15:20	1:42:25 (100%)

결말: 벤과 일레인이 버스에 도달한다.

에필로그: 버스에 올라탄 벤과 일레인.

SCENARIO

9장

<뻐꾸기 둥지 위로 날아간 새>

중반부의 반전

SEQUENCE

1975년도 아카데미상 5개 부문 수상에 빛나는 이 충격적인 작품
은 극적 긴장감(하나의 캐릭터가 지닌 욕구, 즉 농장 노동을 피하기 위해 체제를
속이려는 R. P. 맥머피의 노력)으로 인해 추진력을 갖는다. 맥머피는 자
신의 목적을 추구하는 데 있어 몇 가지 실질적인 장애물과 마주
치기는 하지만 결국 자신의 '결점'(그의 근본적인 선함, 인간애, 그리고 타
인들의 삶에 기쁨을 불어넣으려는 충동)으로 인해 파멸하고 만다. 따라서
이 책에 소개된, 극적 긴장감을 통해 진행되는 다른 작품들과 비
교할 때 〈뻐꾸기 둥지 위로 날아간 새〉에서 자신의 목적을 위한
프로타고니스트의 분투는 다소 약한 편이다. 맥머피는 체제를
속일 방도를 찾기 위해 계속 음모를 꾸미는 것이 아니다. 오히려
자신의 관심을 끄는 다른 활동들을 쫓음으로써 끊임없이 목표로
부터 한눈을 팔게 된다. 그 결과 이 영화는 다소 느긋한 페이스
를 갖는다. 이 책의 다른 작품들과는 달리, 이 작품의 많은 신들
과 시퀀스들은 인과관계에서 기인하는 연쇄효과에 의해 연결되
지 않는다.

극적 긴장감 외에 이 영화는 장소에 의해서도 통합된다. 단
하나의 시퀀스만 주립 정신병원에서 벗어난 곳에서 벌어지기 때
문이다. 맥머피의 목적에 의해 발생되는 기대감과, 장소의 일관

성 때문에 지탱되는 통일감 덕에 영화 제작자는 '군상극'의 형식으로 자유롭게 주제를 탐구할 수 있었다. 따라서 자유의 테마를 탐구하는 몇 개의 서브 플롯이 발전되는데, 이들 중에서도 추장과 빌리 배빗의 이야기가 중요성을 띤다.

시퀀스 구조의 측면에서 보면 이 영화는 시퀀스가 9개 존재한다는 점에서 독특하다. 즉 3막이 전형적인 2개의 시퀀스 대신 3개의 시퀀스를 지니고 있는 것이다. 9개의 시퀀스 중 3개는 극적 긴장감이 아니라 사건과 활동으로 인해 통일성을 지니며 이는 영화 자체의 여유로운 페이스와 일치하는 지점이다.

시퀀스 A
: 신입 환자

영화는 일련의 시각적인 퍼즐들과 함께 시작되며 이는 미묘하게 아메리칸 인디언 모티프를 제공하는 음악을 동반한다. 오프닝 이미지는 새벽 혹은 황혼의 시각에 어딘가를 향해 달려가고 있는 자동차를 보여주며 그 다음에는 병원 안에서 잠들어 있는 환자들이 비친다. 자동차의 승객들과 그들의 목적은 수수께끼로 남겨지고, 이것과 취침중인 환자들과의 연관성은 처음에는 명확하게 밝혀지지 않는다.

곧이어 영화는 병원에서 환자들이 모두 함께 일어나는 장면을 보여준다. 영화의 안타고니스트인 랫치드 간호사의 등장과 함께 일상적인 아침 일과가 시작된다. 환자들은 평온한 클래식 음악과 함께 '투약 시간'을 맞이한다.

수수께끼의 자동차가 정신병원 앞에 도착하고 차에서 내린 맥머피가 병원 직원들에게 인도되자 퍼즐의 조각들이 슬슬 자리를 잡기 시작한다. 랫치드 간호사가 조수인 필보우 간호사와 함께 맥머피의 가방 안에 든 내용물을 검사하기 시작하면 그가 얼마동안 이 병원에 머물게 될 것이라는 사실이 확실해진다. 병원 안을 스스럼없이 돌아다니는 맥머피는 처음으로 추장(이야기 속에서 나중에 추장이 차지할 중요성을 표시하는 지점), 그리고 그 후로 카드놀이를 하고 있는 몇 명의 환자들에게 자신을 소개한다. 이 신에서 카드놀이와 함께 맥머피의 '음란한dirty' 카드 세트의 복선이 깔린다.

오프닝 시퀀스가 약 8분 30초 경과한 후 맥머피는 스피비 박사와 면접을 보게 되고 오프닝의 퍼즐에서 제시되었던 의문들의 답이 제공된다. 전과자인 맥머피는 실제로 정신질환이 있는지 진단받기 위해 노동농장에서 정신병원으로 보내진 것이다. 여기에는 맥머피가 노동을 회피하기 위해 정신질환을 가장하고 있다는 의심의 분위기가 조성된다. 실제로 단언하기는 불가능하지만 이 신과 그 전 신에 걸쳐 보여진 맥머피의 장난스러운 기질이 그가 정신병자인 것처럼 속이고 있을 수도 있다는 암시를 한다.

이 신이 진행되는 중에 낚시(스피비 박사가 큰 물고기를 들고 있는 사진에 주목하는 맥머피)와, 주먹다짐에 끼어드는 성향이 있는 맥머피의 버릇에 관한 복선들이 심어진다. 이 신(그리고 시퀀스)은 스피비 박사의 계획(맥머피는 진단을 위해 그곳에 얼마 동안 남을 것이다)에 대한 텔레그래핑과 "이제 슬슬 R. P. 맥머피란 사람에 대해서 알아 볼 때가 된 것 같군요."라는 맥머피의 선언과 함께 끝난다. 이는 영화 내내 다뤄지고 발전될 상기되는 원인이다.

시퀀스 B
: 친숙해지기

두 번째 시퀀스는 크게 첫 번째 시퀀스의 느긋한 페이스와 전반적인 진행 방향을 그대로 이어간다. 그것은 맥머피가 그의 새 보금자리에 적응하는 내용이다. 시퀀스 A에서처럼 이 시퀀스는 프로타고니스트의 욕구에 의해 발생된 극적 긴장감보다는 사건으로 인해 통일성을 지닌다. 시퀀스 B의 세 신을 시퀀스 A부터 차별시키는 요소는 영화의 개시점을 구성하기도 하는, 스피비 박사와의 신에서 주어진 중요한 정보이다. 즉 맥머피의 배경과 그의 표면상의 의도(정신병자로 가장하려 함)는 이어지는 신들에 미묘하게나마 아이러니에서 오는 긴장감을 불어넣는 기능을 한다.

영화 전체의 1막이 스피비 박사 사무실에서의 면접과 함께 종료된다고 주장될 수도 있을 것이다. 왜냐하면 맥머피의 목적은 그 부분에서 거의 다 밝혀졌으며 그 후의 신들에서는 그가 느긋한 페이스이긴 하지만 이 목적을 계속해 추구하는 모습들이 보여지기 때문이다. 그러나 이 부분에는 아직 하나의 중요한 요소가 빠져 있다. 다름 아닌 랫치드 간호사이다. 그녀는 첫 번째 시퀀스에서 소개되긴 했지만 매우 피상적으로 다뤄졌다. 그녀가 병원과 이야기 안에서 갖는 중요한 역할은 아직 명확해지지 않았으며, 그녀와 맥머피와의 관계가 바로 두 번째 시퀀스의 소재인 것이다(그녀는 세 신 모두에 등장한다).

이 시퀀스는 계속 등장하게 될 일련의 그룹 치료 신들 중 가장 처음 것과 함께 시작한다. 랫치드 간호사가 이 신의 프로타고니스트이며 그녀의 목적은 토론을 이끄는 것이다. 초기의 저항을 넘기고나서 토론이 발생하지만 이는 곧 지독한 욕설의 난타전으로 전락한다. 이 신은 짤막한 여파의 비트와 함께 일단락된다. 맥머피와 랫치드 간호사가 방 건너편에서 서로 시선을 부딪치는 것이다.

그러고나서 영화는 병원의 레크리에이션 장소로 전환되는데, 이 신은 그 전 신과는 이렇다 할 인과관계가 없다. 맥머피는 철조망으로 만들어진 울타리와 그 울타리 밖에서 환자 몇 명을 태우고 있는 스쿨버스에 주목한다. 이는 시퀀스 D에서 페이오프될 두 개의 복선이다. 신의 프로타고니스트는 맥머피이며 그의 목적은 추장에게 농구를 가르치는 것이다. 한편 그가 노력하는 동안(그리고 결국 이 과제를 실패하는 동안) 높은 창문에서 그의 행동을 지켜보고 있는 랫치드 간호사의 모습이 비춰진다.

시퀀스의 세 번째이자 마지막 신에서 맥머피와 다른 환자들은 카드 게임을 하고 있고 이로써 앞에서 심어졌던 복선이 페이오프된다. 그리고 또 다른 중요한 복선 두 개가 이 신에서 심어지는데, 담배를 건 도박과 맥머피의 월드 시리즈에 대한 관심이 바로 그것이다. 이 신의 프로타고니스트는 맥머피이며 그의 목적은 카드 게임을 하는 것이다. 여기에 대한 장애물은 환자들 몇 명의 정신박약과 큰 소리로 흘러나오는 음악이다. 음악 소리를 낮추려던 맥머피는 랫치드 간호사와 첫 번째 대립을 하고 그 대립은 그녀가 복용하라고 강요하는 알약을 그가 삼키는 척하면서 끝난다. 그 후 그는 다른 이들과 내기를 하며, 일주일 안에 "그년을 질리게 하여 두손 두발 다 들게 만들어 주겠어!"라고 선언한다. 이 상기되는 원인은 이 시퀀스를 다음 시퀀스와 연결시키는 대사고리의 역할을 하며 거기에서 이것은 야구 게임에 대한 쟁점을 둘러싸고 진행된다.

이 신의 결말은 1막의 종료를 표시한다. 모든 주요 인물들이 다 소개되고 맥머피의 목적은 명백해졌으며, 그의 주요 장애물(랫치드 간호사) 또한 소개된 것이다. 따라서 드디어 주 긴장축(과연 맥머피는 체제에 대항해서 이길 수 있을까?)이 시작된다.

시퀀스 C
: "월드 시리즈를 보고 싶지 않아?"

이 17분 길이 시퀀스는 영화에서 처음으로 극적 긴장감을 사용해 통합된다. 프로타고니스트는 맥머피이며 그의 목적은 모두가 월드 시리즈를 시청할 수 있게 일정을 바꾸는 것이다. 시퀀스는 매우 강한 극적 아이러니의 분위기와 함께 시작된다. 관객은 랫치드 간호사를 괴롭히겠다는 맥머피의 내기에 대해 알고 있지만 그녀는 알지 못하기 때문이다.

오프닝 신은 일련의 그룹 치료 시간들 중 두 번째 시간과 함께 시작된다. 여기에서 맥머피는 이전의 단정치 못했던 모습과는 대조적으로 말끔하게 면도를 하고 흰색 셔츠를 입은 모습을 보인다. 이런 의상의 선택은 그가 자신의 참된 의도를 랫치드 간호사 앞에서 숨기고 있다는 것을 암시한다. 그의 말쑥해진 외관이 우리가 알고 있는 그의 어두우면서도 장난스러운 기질과는 상반되기 때문이다. 맥머피는 월드 시리즈에 관한 의견을 제시하지만 단지 두 명만이 그의 의견에 찬성표를 던짐으로써 거부당하고 만다. 월드 시리즈를 보기 위해 일정을 바꾸려는 그의 시도는 이 시퀀스 내 1막의 마지막을 구성한다.

그 후 욕실 안에서 패배를 곰곰이 되씹던 맥머피는 월드 시리즈를 보기 위해 다시 한 번 시도를 한다. 월드 시리즈를 시청하러 병원을 탈출해 시내 술집으로 가기 위해 수도 시설물을 던져 창을 박살낼 수 있다고 다른 이들과 내기하는 것이다. 그러나 그는 수도 시설물을 들어올리는 데 실패하고 결국 내기에서 지게 된다. 이 행위는 동시에 중요한 복선(수도 시설물)을 심으면서 동시에 모험을 두려워하지 않는 그의 적극성을 드러내는 역할을 한다.

맥머피와 환자들이 다시 그룹 치료를 받는 다음 신에서는 빌리가 자신이 사랑에 빠져 있었던 아가씨에게 프로포즈했던 상황을 묘사하는 장면이 보여진다. 빌리의 서브 플롯을 시작하는 이 대사들은 그의 민감함, 여성을 향한 관심, 그의 자살 시도, 그의 지배적, 억압적인 어머니, 그리고 그 어머니와 랫치드 간호사와의 관계에 대한 엑스포지션들을 제공한다.

체스윅은 대화를 중간에 방해하며 다시 월드 시리즈 얘기를 꺼낸다. 이번엔 맥머피에게 영향을 받아 그룹의 멤버 9명 모두 일정을 바꾸자고 찬성표를 던진다. 하지만 유감스럽게도 랫치드 간호사는 병원의 나머지 공간을 함께 쓰는 '만성 환자들' 중에서 한 표를 더 얻어야 한다고 맥머피에게 얘기한다. 맥머피는 한 사람이라도 손을 들게 하려고 필사적으로 노력하고 결국 마지막에 추장이 손을 들지만, 랫치드 간호사는 시간이 끝났다면서 다음날 다시 제안을 할 수 있게 해주겠다고 한다.

시퀀스의 긴장감 해소는 부정적이다(맥머피는 원하는 것을 얻지 못했다). 그러나 시퀀스의 마지막 몇 분간 그는 텔레비전 앞에서 시합을 보는 척 시늉하여 다른 환자들의 흥분을 끌어내고, 랫치드 간호사는 이를 불만스럽게 여기게 된다.

시퀀스 D
: 낚시여행

이 16분 길이 시퀀스는 다시 한 번 극적 긴장감의 활용으로 통일성이 부여된다. 또한 이 시퀀스는 주된 액션이 병원 외부에서 벌어지는 유일한 시퀀스이기도 하다. 시퀀스는 재면담을 위해 스피비 박사의 사무실에 앉아 있는 맥머피로부터 시작되며 이는 요약의 신의 기능을 한다. 우리는 맥머피가 병원에서 지낸 지 4주가 지났다는 사실과, 그는 '반칙을 쓰는' 랫치드 간호사에 대해 불만을 갖고 있다는 것을 알게 된다. 또한 이 신은 첫 시퀀스부터 계속되어 온 상기되는 원인을 다룬다. 그것은 맥머피가 정신질환을 가장하고 있는지에 대한 의문이다. 스피비 박사는 그에게 정신질환의 징후가 보이지 않는다며 맥머피가 자신들을 속이고 있다는 소견을 내놓는다. 그러나 맥머피는 박사의 결론에 이의를 제기하고 그 결과 자신이 미쳤음을 증명하려는 그의 노력이 바로 이 시퀀스에 추진력을 가져오는 요소가 된다. 이렇듯 스피비 박사와의 신은 긴장감을 설정하여 이 시퀀스 내 1막의 기능을 담당한다.

영화는 레크리에이션 장소로 전환되며 거기서 맥머피는 추장의 도움을 이끌어내 울타리를 넘는 데 성공한다. 첫 번째 시퀀스에서 울타리와 그 옆의 나무, 그리고 좀 더 떨어진 곳에 세워진 버스를 맥머피가 주목했던 것에 대한 페이오프다. 또한 추장의 웃음 어린 반응은 맥머피가 그에게 영향을 끼치고 있다는 사실에 대한 힌트이다.

환자들이 탄 버스를 탈취한 맥머피는 자기 여자친구 캔디를 만나 태우고 그들 모두를 부둣가로 데려가 보트에 승선시킨다. 캔디는 다시 감옥에 들어가게 된다며 제지하지만 맥머피는 자기는 미쳤기 때문에 그들이 감옥에 집어넣지 못할 것이라고 답한다. 이는 시퀀스 내에서의 맥머피의 의도를 관객을 위해 강화시키는 역할을 하는 대사이다. 그들에게 배를 빼앗겨 난감해하는 항무관만이 맥머피에게 남은 장애물이며, 그후 이어지는

사진 16. "68일 남았군!" 〈뻐꾸기 둥지 위로 날아간 새〉의 첫 번째 극점에서 자만하고 있는 맥머피. 이 지점은 그에게 매우 기분좋은 순간이며, 이야기의 가능한 결말에 대한 힌트이기도 하다. 그것은 바로 맥머피가 정신병원의 직원들이 자기가 미쳤다고 생각하게끔 속이는 데 성공함으로써 석방되기 전까지 짧고 편한 체재기간을 즐길 수 있게 되는 것이다. 그러나 얼마 후 그는 자신이 얼마나 오판을 했는지 깨닫고 영화는 이 이미지의 정반대인 비극적 결말을 향해 치닫게 된다.

낚시여행은 코믹한 효과를 위해 진행되고, 따라서 진정한 긴장 감은 결여되게 된다. 낚시여행 중 빌리의 서브 플롯은 캔디에 대한 그의 관심으로 인해 더 깊이 발전되며, 맥머피가 환자들에게 낚시를 가르치고 물고기가 진짜 낚시를 물자 흥분하는 모습을 보임으로써 그의 인간애(다른 이들과 기쁨을 나누려 하는 그의 욕구)가 극화된다.

시퀀스는 스피비 박사와 경찰이 기다리고 있는 항구로 요트가 돌아오는 것과 함께 종결된다.

시퀀스 E
: 중반부의 반전

스피비 박사의 사무실에서의 또 다른 신과 함께 다섯 번째 시퀀스가 시작된다. 그곳에서 몇 명의 의사들은 맥머피가 진짜 정신질환자인 것 같다는 결론을 내린다. 그럼에도 불구하고 스피비 박사는 그를 노동농장으로 돌려보내야 한다고 생각하는데, 아이러니하게도 이 지점에서 랫치드 간호사가 자신이 그를 '도울 수 있도록' 맥머피를 계속 데리고 있어야 한다고 박사를 설득한다. 맥머피의 주요 안타고니스트인 랫치드 간호사가 그가 오랫동안 추구해왔던 승리를 성취시켜주는 것이다.

맥머피의 승리에 대한 기쁨은 농구장에서 벌어지는 다음 신에서 더 강화된다. 거기에서 맥머피는 환자들을 이끌고 로빈슨과 다른 간호사들에 대항해 농구 경기를 벌인다. 몇 번의 좌절 후에 마침내 생기를 되찾은 추장도 경기에 참여하자 맥머피와 그의 팀원들은 흥분한다. 이 신과 그 뒤의 신은 영화의 첫 번째 극점을 표시한다. 그리고 이것은 처음으로 영화의 가능한 결말을 제시하는 진정한 힌트이다. 즉 노동농장에서 도망친 맥머피가 정신병원에서 여유로운 나날을 보내다가 밖으로 내보내진다는 내용이다.

사실상 이 농구 경기 신은 관객의 희망을 높임으로써 대조를 통한 준비의 역할을 한다. 다음 신에서 기쁨에 찬 맥머피에게 간호사인 워싱턴이 처음에 그가 생각했던 68일이 아니라 무기한으로 병원에 머물게 되었다는 사실을 알리는 반전이 닥쳤을 때, 그 재앙의 느낌을 강조하는 역할을 하는 것이다. 이 충격적인 새로운 사실은 자신이 미쳤다고 직원들을 속이려던 맥머피의 목적을 뒤집는다. 이제 맥머피는 그들을 거꾸로 설득해야 한다. 주 긴장축(체제를 속이는 것)은 그대로 유지된다. 그러나 속이는 데 있어 그가 취해야 하는 방법은 이제 정반대가 돼 버렸다.

이 새로운 사실은 이 시퀀스 내 1막의 종료를 제공한다. 이제 맥머피의 목적은 스스로 초래한 재앙에 대처하는 것이다. 이를 위해 그는 다음 번 그룹 치료 신에서 자기가 영원히 감금될 수도 있다고 경고해주지 않은 것에 대해 다른 환자들에게 불평을 내뱉는다. 여기서 그는 또 다른 놀라운 발견을 하게 된다. 환자들 대부분은 자발적으로 입원했으며 원할 때 병원을 나갈 수 있다는 것이다. 이는 맥머피로 하여금 그들의 소심함을 비난하게 만든다. 동시에 그는 그들이 보통 사람들보다 절대 더 미치지 않았다고 격려하면서 그 와중에 영화의 주제를 표현한다. 그것은 바로 자유이다. 그러나 다른 환자들은 계속 자신들의 사소한 문제점에만 정신을 팔고, 맥머피의 간곡한 충고는 무시되고 만다. 이어 잘못 떨어진 담배로 인한 소동이 맥머피와 워싱턴 간호사간의 싸움으로 번지는데, 그 순간 추장이 맥머피를 도우러 나선다. 이 싸움은 두 가지 관계를 반대 방향으로 더 발전시킨다. 맥머피와 워싱턴 간호사의 적대적인 관계와, 맥머피와 추장 사이에 싹트는 우정이 바로 그것이다.

이 시퀀스는 자신의 오판을 되돌리려는 맥머피의 시도가 오히려 재난을 불러오면서 종료된다.

시퀀스 F
: 전기충격 치료

이 10분 길이의 여섯 번째 시퀀스는 사건을 둘러싸고 벌어진다. 그것은 맥머피가 전기충격 치료를 당하는 것이다. 이 시퀀스는 준비의 신과 함께 시작한다. 맥머피, 추장, 그리고 체스윅은 지금까지 알려지지 않았던 층에 역시 알려지지 않은 목적을 위해 끌려간다. 그 장소는 장애가 매우 심한 환자들로 가득 차 있고 그들의 존재는 그 신의 불길한 분위기에 기여한다. 자기 이름이 호명되자 체스윅은 갑자기 히스테리컬하게 변하며 이로 인해 다가오는 파국의 느낌이 강화된다.

자기 차례를 기다리는 동안 맥머피는 영화에서의 세 번째 주요 발견을 하게 된다. 그것은 추장이 귀머거리도, 벙어리도 아니라는 사실이다. 맥머피는 함께 도망쳐서 캐나다로 가자고 추장에게 제안한다. 이는 2막의 끝을 표시하는 상기되는 원인이다. 주 긴장축(과연 맥머피는 체제를 속일 수 있을까?)은 부정적으로 해소되고 이제 그는 아예 체제에서 도망치려고 마음먹게 된 것이다. 이 탈출 시도가 바로 3막의 긴장감을 제공하는 요소이다.

전기충격 치료 후 맥머피는 뇌수술 환자 시늉을 하며 병실에 돌아온다. 이는 대조를 통한 준비의 신이며 나중에 그것이 장난이었다는 새로운 사실이 밝혀지는 지점을 강조한다. 또한 맥머피의 이런 장난을 통해 나중에 그가 당하게 될 '전두엽절제술'에 대한 복선이 깔린다.

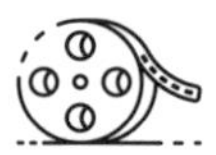

시퀀스 G
: 송별 파티

이 시퀀스는 21분 길이로 영화에서 가장 길며 시작과 함께 이전 시퀀스의 상기되는 원인을 다룬다. 그것은 탈출을 하려는 맥머피의 결심이다. 그러나 시퀀스 G는 탈출 시도보다는 파티에 초점을 맞춤으로써 이전 시퀀스들의 느긋한 페이스와 조화를 이룬다. 맥머피의 목적이 탈출이라는 사실과, 반면 탈출의 기회가 다가왔을 때 오히려 그가 파티를 열고 빌리가 순결을 잃을 수 있게 해주는 것은 그의 기본적인 '결점'(그의 박애주의적 충동)을 부각시키는 강력한 극화법이다. 기쁨을 다른 이들과 나누지 않고 떠나는 것은 그의 캐릭터와 맞지 않는 것이다.

시퀀스는 지금이 연중 어느 때인지(크리스마스)를 알리는 텔레비전 프로그램과 함께 시작되고 랫치드 간호사가 모두에게 취침인사를 한다. 그녀가 떠나고 나면 잠시 후 맥머피가 어디론가 전화를 걸어 자신의 탈출을 준비시킨다. 그 후 그는 추장을 깨워 자신의 계획을 알리지만 추장은 그와 함께 갈 수 없다고 하며 자신의 배경과 아버지에 관한 3막의 새로운 엑스포지션을 제공한다. 그는 랫치드 간호사와 의사들이 맥머피를 파멸시키려 하듯이 자신의 아버지도 사회에 의해 파멸당했다고 밝힌다. 이 대화는 맥머피의 미래에 도사리고 있는 위험에 대한 전조이며 동시에 추장의 캐릭터 아크를 명확히 하는 데 기여하는 주요 정보이기도 하다.

여인들이 도착하자, 맥머피는 탈출 계획의 유일한 장애물인 잡역부 터클을 구워삶기 시작한다. 터클이 뇌물과 술로 인해 무력화되자 맥머피는 자유롭게 탈출할 수 있게 되지만 오히려 그는 더 머물며 환자들을 위해 파티를 연다. 낚시여행 때와 마찬가지로 파티 신은 코믹함을 위해 할애된다. 파티가 발각될 수도 있다는 잠재적 두려움(그로 인해 맥머피의 탈출이 방해될 수 있다는)외에 긴장감을 제공하는 요소는 특별히 존재하지 않는다. 그럼에도 불구하고 여기서의 코미디는 다음 시퀀스의 비극적 사건들을, 대조를 통해 셋업하는 기능을 한다.

사진 17. 〈뻐꾸기 둥지 위로 날아간 새〉의 시퀀스 G에서, 맥머피에겐 필요한 모든 요소가 준비되어 있다. 창문은 열려 있고 그가 창문을 통해 빠져나가는 것을 막을 사람은 아무도 없다. 사실 영화는 여기에서 종료될 수도 있지만 그의 결정적인 결함(인간애)이 그를 매우 다른 운명으로 인도한다.

드디어 맥머피는 작별인사를 하고, 관객에게는 두 번째로 영화의 가능한 결말의 힌트가 주어진다. 그것은 맥머피의 탈출 성공이며 그는 모든 준비를 갖췄다. 터클은 잠들었고 창문은 열려 있으며 밖에는 두 명의 공범이 타고 온 도주 차량까지 대기되어 있는 것이다.

그러나 맥머피와 빌리의 작별 인사가 파멸의 원인으로서 영화를 비극적 결말을 향해 몰아가는 반전이 된다. 빌리를 캔디와 함께 방에 들여보낸 후 오래 걸리지 않을 것이라는 예상과 함께 나른한 느낌의 여파의 신이 발생한다. 그리고 여기에서 맥머피는 잠에 빠지고 만다. 시퀀스를 마무리짓는 이미지이다.

시퀀스 H
: 다음날 아침

이 영화의 마지막에서 두 번째 시퀀스는 극적 긴장감으로 인해 통합된다. 이때 프로타고니스트는 랫치드 간호사이며 그녀의 목적은 멋대로 행동하는 환자들에게 권위를 내세워 기강을 회복하려는 것이다. 또한 이 시퀀스는 빌리의 서브 플롯을 비참하게 결말짓는다.

시퀀스는 밝은 햇살 속에 열려 있는 창문으로 시작하며 이는 맥머피에게 닥친 재앙을 즉시 전달한다. 그는 잠들어 버렸고 탈출의 희망은 이제 산산조각난 것이다. 잠시 후 랫치드와 필보우, 그리고 다른 간호사들이 도착해 상황을 파악한다. 랫치드 간호사는 창문을 닫으라고 지시하고, 이로써 맥머피의 운명은 결정된 것처럼 보인다.

잠시 후 간호사들이 아직 캔디와 침대에 누워 있는 빌리를 발견한다. 랫치드 간호사는 그를 호되게 꾸짖으며 그의 어머니에게 고자질하겠다고 협박한다. 이전에 그녀와 빌리의 어머니와

반전 - Reversals

초보 시나리오작가들은 보통 두 무리로 나뉜다. 시나리오를 캐릭터 중심으로 풀어나가며 캐릭터가 가고자 하는 방향을 따르는 이들과, 플롯에 중점을 두고 캐릭터들이 그 플롯을 따라가게 강요하는 이들이다. 첫 번째 가정 아래 집필되는 작품은 생생하지만 확실한 형태를 못 가질 위험이 있고, 후자는 정돈은 잘 되어 있지만 공허할 가능성이 높다. 시나리오를 쓸 때 가장 효과적인 접근방식은 두 가지를 병행하는 것이며 '반전'은 그 조합의 실행을 보여주는 한 예이다.

시나리오는 캐릭터들이 실로 살아 있는 것처럼 독자를 설득시킬 수 있어야만 하고, 따라서 시나리오작가는 자신이 창조해낸 캐릭터들에게 완벽한 자유를 부여하여 각각의 본성에 맞게 어떠한 행동이든 할 수 있도록 해주어야 한다. 그러나 캐릭터의 행위를 제한하면 안 될지라도 그 인물의 주위 상황들을 완벽히 통제하는 것은 얼마든지 가능하며, 그 상황들을 재치 있게 조작함으로써 생동감 있는 캐릭터가 플롯의 조건에 맞춰 행동하게 만들 수 있다.

이와 관련된 예는 <뻐꾸기 둥지 위로 날아간 새>의 시퀀스 H에서 보이는 두 번의 반전이다. 파티가 열린 밤, 창문을 여는 데 성공한 맥머피는 자유를 얻기 일보 직전에 놓인다. 지금까지 그의 캐릭터에 대해 제시된 모든 지점들은 창문을 통해 빠져나가려는 그의 욕구가 대단히 강력하다는 것을 암시하지만 어째서인지 그는 주저한다. 그 이유는 다름 아닌 주변의 사정들이다. 그 중에서도 부적절한 시기에 빌리와 나눈 작별인사와, 빌리의 성적 천진함이 맥머피로 하여금 퇴장을 연기하도록 유도한다(따라서 반전이 이뤄진다). 다음날 아침, 맥머피는 다시 창문을 열고 밖에는 차까지 대기하고 있지만, 또 한 번 상황이(이번에는 빌리의 자살의 형태로 나타나) 그를 다시금 플롯 안으로 끌어당긴다.

작가들은 캐릭터에게 완전한 자유를 부여하면 그 인물이 스토리를 남겨두고 떠남으로써 대본이 엉망이 될 거라고 종종 두려워한다. 하지만 독창적인 시나리오 작가라면 언제나 캐릭터들이 다시 돌아오게끔 주변 상황들을 고안해낼 수 있다.

의 관계에 대해 심어진 복선의 페이오프다.

빌리가 발버둥치며 끌려갈 때 맥머피에게는 탈출의 또 다른 가능성이 주어진다. 터클에게서 훔친 열쇠를 이용해 창문을 다시 여는 것이다. 워싱턴에게 방해받긴 하지만 그에게는 아직 창문으로 빠져나갈 수 있는 마지막 기회가 남아 있는 것이다. 그러나 바로 그때 필보우 간호사가 비명을 지른다. 이 때문에 맥머피는 남게 되고 탈출할 수 있는 기회는 영영 사라진다. 빌리가 자살했음을 알게 된 그는 분노하며 랫치드 간호사에게 달려든다. 결국 이 시퀀스는 맥머피가 자신에게서 끌려 떨어진 후 헐떡이는 랫치드 간호사를 비추는 여파의 신과 함께 마감된다.

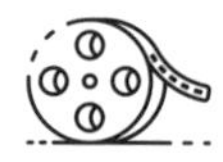

시퀀스 I
: 추장이 뻐꾸기 둥지 위로 날아가다

이 마지막 시퀀스는 추장의 정신병원 탈출을 중심으로 진행된다. 이는 중심 이야기(맥머피의 운명)와 주된 서브 플롯 중 하나인 추장에 대한 라인 둘 모두를 해소하는 기능을 한다.

시퀀스는 여러 환자들이 모여앉아 카드 놀이를 하며 맥머피의 운명에 대해 논의하는 것에서 시작된다. 그 중 두 가지 의견이 주를 이룬다. 하나는 그가 탈출했다는 것이고 또 하나는 그가 아직 '위층'에 있으며, 양처럼 순해졌다는 것이다. 한편 이를 염려스럽게 듣고 있는 추장이 보이고 그로 인해 이 시퀀스에서 그가 갖는 중심적인 역할이 셋업된다. 다른 이들의 무관심한 태도는 맥머피가 그들에게 아무 영향도 끼치지 못했다는 것을 암시한다. 즉 그들의 미래에는 참된 변화도, 자유도 보이지 않는 것이다.

그날 밤, 맥머피가 병동으로 돌아오자 추장은 자신이 이제 탈출할 준비가 되었으며 도망치기 전에 그가 돌아오기만을 기다리고 있었다고 밝힌다. 그러나 추장은 곧 맥머피가 전두엽절제술로 인해 파멸당했음을 알게 된다. 맥머피를 그대로 남기고 가는 대신 추장은 그를 대신 질식시켜 죽여 주며, 그러고나서 맥머피가 시작한 일을 이어간다. 추장은 수도 시설물(일찍이 맥머피가 들어올리는 데 실패했던)을 이용해 창을 부수고 탈출에 성공함으로써 마침내 그 물건의 의미심장했던 복선을 페이오프한다. 그 뒤로 여파의 신이 따른다. 자유를 찾아 탈출하는 추장의 마지막 모습 바로 직전에 테이버가 기쁨에 찬 비명을 지르는 모습이 바로 그것이다.

〈뻐꾸기 둥지 위로 날아간 새〉 시퀀스 분석

시퀀스	설명	길이	경과시간
	1막		
A	장소의 소개: 맥머피의 도착과 처음 보여지는 카드게임. 스피비 박사와의 첫 미팅(오프닝 타이틀 포함). 통합하는 요인: 활동(맥머피의 도착)	14:07	14:07 (11%)
	개시점: 스피비 박사는 맥머피가 노동 업무에서 빠지기 위해 정신질환을 가장하고 있음을 시사한다.		
B	맥머피는 소동과 함께 종료되는 그의 첫 그룹 치료 시간을 경험하고 추장에게 농구를 가르치려 노력하며 음악을 가지고 랫치드 간호사와 대립한다. 그러고서 랫치드 간호사를 무서워하는 다른 이들을 비난하며 자신이 '그녀를 두손 두발 다 들게 만들 수 있을 것'이라고 내기를 건다. 통합하는 요인: 활동(환경, 그중에서도 특히 랫치드 간호사를 알아가는 맥머피)	17:30	31:37 (24%)
	문제점: 맥머피는 정신병원 직원들에게 자신이 미쳤다고 생각하도록 속이려 하고 랫치드 간호사는 그의 주된 적대자가 될 것이다.		
	2막 주 긴장축: 과연 맥머피는 체제를 속일 수 있을까? 즉 그는 노동농장을 피하기 위해 정신병원에 남을 수 있을 것인가?		
C	맥머피는 월드 시리즈를 시청하기 위해 랫치드 간호사에게 일정을 바꿔달라고 요구한다. 그러나 투표는 실패로 돌아간다. 맥머피는 이에 굴하지 않고 도망치기 위해 무거운 수도 시설물로 벽을 부수려 하나 이것마저 실패한다. 다음 번 치료 시간에서 그는 가까스로 투표에서 이기지만 막판에 랫치드 간호원이 규칙을 바꿔버린다. 결국 그는 다른 이들과 함께 게임을 보는 시늉을 한다. 통합하는 요인: 극적 긴장감 프로타고니스트: 맥머피 목적: 월드 시리즈를 놓고 랫치드 간호사와의 기싸움에서 이기는 것.	17:15	48:52 (37%)

D	맥머피는 스피비 박사와 다른 정신과 의사들에게 재심사를 받는다. 그 와중에 그는 랫치드 간호사에 대한 불만을 내비친다. 한편 스피비는 맥머피가 정신질환을 겪고 있지 않다는 소견을 밝힌다. 그러자 자신이 미쳤다는 것을 증명하기 위해 맥머피는 환자들을 이끌고 낚시여행을 떠난다. 통합하는 요인: 극적 긴장감 프로타고니스트: 맥머피 목적: 자신이 미쳤다는 사실을 스피비 박사에게 증명하는 것.	16:47	1:05:39 (50%)

첫 번째 극점: 수영장 신. 맥머피는 자신이 병원에 68일만 더 있으면 될 거라고 착각한다(1:10:32 – 54%).

E	맥머피는 자신이 계속 병원에 남아 있을 수 있게 스피비 박사를 설득하는 데 성공하지만 잠시 후 여기에서 영영 나가지 못할 수도 있다는 새로운 사실을 알게 된다. 다음 번 치료시간에 그는 다른 환자들에게 이 내용에 대한 불만을 늘어놓는다. 그 결과 난투전이 벌어진다. 맥머피의 초기의 목적은 이제 달성되었다. 그는 정신질환이 있는 것처럼 체제를 속이는 데 성공한 것이다. 그러나 그 결과는 예상치 못한 것이었으며, 이제 그는 지금까지의 자기 행동에 반하는, 계속 남아 있지 않고 떠나려는 노력을 해야 한다. 통합하는 요인: 극적 긴장감 프로타고니스트: 맥머피 목적: 직원들에게 자신이 미쳤다고 믿게하는 데 성공한 것에 따른 재앙에 대처를 하는 것.	13:51	1:19:30 (60%)

F	맥머피는 추장이 저능하지도, 귀가 먹지도 않았다는 사실을 발견한다. 그는 기뻐하며 그들이 어떻게든 탈출할 것이라고 단언한다. 맥머피, 체스윅, 그리고 추장은 충격 요법을 받는다. 통합하는 요인: 극적 긴장감 프로타고니스트: 맥머피 목적: 충격 요법을 이겨내고 탈출 준비를 하는 것.	10:14	1:29:44 (68%)

두 번째 극점: 맥머피는 캔디에게 전화를 함으로써 탈출계획을 개시시킨다.

G	주 긴장축은 해소되었다. 맥머피는 체제를 속여넘기려고 계속 노력하기보다는 체제 자체에서 도망치려고 마음을 바꿔먹은 것이다. 따라서 긴장감은 이제 다른 방향으로 이동한다. 과연 그의 탈출 계획은 성공할 것인가? 이 시퀀스에서 두 명의 여인을 이용해 탈출을 준비한 맥머피는 다른 환자들이 고별파티를 즐길 수 있게 잠시 더 머무른다. 빌리를 위해 마지막으로 한 가지 더 호의를 베푼 그는 탈출이 가능한데도 잠에 빠지고 만다. 통합하는 요인: 사건(고별 파티)	21:03	1:50:47 (84%)
H	수위들과 돌아온 랫치드 간호사는 병원이 난장판이 된 것을 발견한다. 그들을 꾸짖은 그녀는 빌리가 캔디와 함께 있는 것을 발견하고 빌리에게 이 사실을 어머니께 알리겠다고 협박한다. 충격을 받은 빌리는 자살한다. 맥머피는 탈출할 수 있는 마지막 기회를 버리고 랫치드를 공격한다. 통합하는 요인: 극적 긴장감 프로타고니스트: 랫치드 간호사 목적: 환자들을 다시 통제하는 것.	11:31	2:02:18 (93%)
I	맥머피는 전두엽 절제술을 당한 채 병원으로 돌아온다. 추장은 자비를 베풀어 그를 죽여준 후 탈출을 감행한다. 통합하는 요인: 극적 긴장감 프로타고니스트: 추장 목적: 탈출	9:14	2:11:32 (100%)
	결말: 맥머피의 억압당하기를 거부하는 성격은 그에게 죽음을 가져왔지만 그의 정신은 추장에 의해 이어지게 된다.		

SCENARIO

10장

<에어포스 원>

8마일 상공의 8개의 시퀀스

SEQUENCE

1997년에 개봉된 이 영화에서 시나리오 작가 앤드류 말로우와 감독 볼프강 피터슨은 힘을 합쳐 매끄럽고도 세련된 스릴러를 만들어냈다. 이 작품은 네 가지의 주요 기법들을 효과적으로 활용하는 동시에 시퀀스들의 범위 전체에서 극적 긴장감과 아이러니에서 오는 긴장감을 살려냈다. 주인공인 제임스 마샬 대통령은 거의 모든 시퀀스에서의 프로타고니스트이며, 그의 목적들은 비행기 탈취범들을 상대하는 와중에 점차 고조되는 난제들을 풀기 위한 일련의 해결책들이다. 또한 이 시퀀스들에는 두 개의 주된 서브 플롯이 있다. 워싱턴에 있는 부통령과 그녀의 보좌관들 사이의 것이 그 중 하나이며, 러시아의 교도소에서 석방되는 라덱 장군에 관한 것이 또 하나이다.

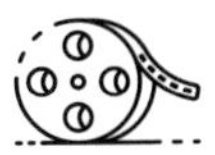

시퀀스 A
: 집으로 돌아가는 길

영화는 액션 '티저teaser'와 함께 시작된다. 이것은 미스터리(이 특수부대원들은 누구이며 그들이 원하는 것은 무엇인가?)를 사용하여 관객을 스토리 안으로 끌어당김과 동시에 현란한 액션으로 그들을 사로잡는다. 3분 가량 지속되는 이 '티저'가 끝날 즈음에는 관객은 수수께끼의 해답을 받을 준비가 되어 있으며 그것은 모스크바의 연회장 신에서 제공된다. 러시아 대통령이 라덱 장군이 체포되었음을 알리자 이어 미국의 마샬 대통령이 독재자들을 향한 자신의 새로운 '강경정책'에 대한 연설을 하는 것이다. 초반의 액션 티저는 시퀀스 A의 나머지 부분과 비교할 때 매우 상이한 소재와 장소를 갖지만 그 시퀀스의 셋업을 담당한다. 즉 마샬 대통령은 미국으로 돌아가 자신의 새로운 정책을 의회와 미국 국민들에게 설득시키려 한다는 내용이 바로 그것이다.

이 시퀀스는 그 액션(활동)에 의해 통합이 된다. 에어포스 원으로 향하는 마샬과 그의 수행원들의 움직임이 그것이다. 그 와중에 대통령의 가족을 비롯해 국가 안전보좌관, 수석보좌관, 공보비서관보 등의 주요 캐릭터들 대다수가 소개된다. 이 시퀀스는 텔레그래핑과 상기되는 원인, 이 두 가지 기법의 사용으로 추진된다. 마샬이 국가 안전보좌관에게 자신의 새로운 정책을 지지하라고 촉구하는 것과 의회에서 받을 냉랭한 반응에 대한 수행원들의 경고가 그것이다. 한편, 공보비서관보는 러시아 저널리스트들을 위해 여행일정을 설명하고 그 후 대통령은 노틀담팀의 풋볼게임을 시청하려는 자신의 계획을 밝힌다. 이 미래에 대한 요소들은 대조를 통한 준비의 기능을 담당한다. 결국 실현되지도 않을 지루한 정치적인 이야기를 관객에게 설명하고 있기 때문이다. 곧 비행기는 이륙하고 이와 함께 시퀀스도 마감된다.

시퀀스 B
: "대체 그들이 어떻게 에어포스 원을 납치한 거 야?"

두 번째 시퀀스는 첫 번째 시퀀스에서 설정된 상기되는 원인으로부터 시작된다. 시퀀스 A에서 러시아 뉴스팀이 등장했을 때, 후에 이고르 코슈노프라고 정체가 밝혀지는 그들의 리더가 보안 직원에게 자신들의 가방은 이미 검사를 받았는데 어째서 다시 검사를 받아야 하냐며 묻던 장면이 바로 그것이다. 이것은 코슈노프의 음모에 대한 첫 암시이며 두 번째 시퀀스의 초반에 그가 시계를 체크한 후 자기 옆의 동료와 은밀한 눈길을 주고받는 것을 보여줌으로써 다시 상기되고 강화된다. 잠시 후, 비밀경호요원 중 한 명인 깁스가 자기 동료 셋을 사살한 다음 하이재킹을 개시한다. 깁스의 이 이중성은 영화의 마지막까지 지속되는, 아이러니에서 오는 긴장감을 수립한다.

하이재킹의 개시와 함께, 이 15분 길이 시퀀스의 극적 긴장감이 설정된다. 여기서의 프로타고니스트는 코슈노프이며 그의 목적은 항공기를 납치하고 대통령을 인질로 잡는 것이다.

이 혼란스러운 하이재킹 신은 처음으로 관객에게 영화의 가능한 결말에 대한 힌트를 제시한다. 즉 기체가 독일 램스타인 공군기지에 착륙하고 하이재킹이 실패로 돌아가는 것이다. 실제로 비행기가 램스타인을 향해 하강하기 시작하자 코슈노프는 그들이 처한 위기 상황을 다시 한 번 강조한다. 만일 비행기가 착륙하면 그들은 죽는다는 것이다. 기체는 결국 착륙하지만 하이재커들은 가까스로 이를 다시 이륙시키는 데 성공한다. 이로 인해 내러티브에서 매우 중요한 반전이 달성된다.

비행기가 다시 공중에 뜸으로써 긴장감이 해소되고 나자 코슈노프는 대통령이 탈출 포드를 이용해 대피했으며, 따라서 더 이상 비행기에 타고 있지 않다는 보고를 받는다. 신중하게 선택된 카메라 앵글들이, 포드 안을 비추지 않으면서도 대통령이 탈출한 것처럼 보이게 하며 그로 인해 시퀀스의 두 번째 중요한 반전이 설정된다. 그것은 대통령이 애당초 비행기를 떠난 적이 없다는 사실이다. 그가 아직 기체 안에 남아 있는 모습이 보이면서 이 두 번째 시퀀스와 함께 1막이 종료된다. 이제 모든 주요 인물이 소개되었고 마샬은 프로타고니스트로 설정되었으며 그의 목적 또한 명확하다. 하이재커들을 물리치고 인질들을 구하는 것이다. 마샬이 아직 비행기에 남아 있지만 하이재커들은 그것을 모른다는 사실은 극적 아이러니의 라인을 만들어낸다. 그 아이러니는 주 긴장축과 평행으로 진행되다가 2막의 끝에서 주 긴장축과 함께 해소된다.

시퀀스 C
: 마샬이 총을 구하다

이 13분 길이 시퀀스는 극적 긴장감으로 통합된다. 그것은 무기를 확보하고 인질들을 구하려는 마샬 대통령의 노력이다. 매우 전형적으로 이 세 번째 시퀀스의 긴장감은 전체 영화의 주 긴장축과 흡사하다. 이 시퀀스가 시작되고나서 얼마 후 코슈노프는 캐서린 베넷 부통령과 연락하여 자신의 의도(라덱 장군을 석방하라는 요구)를 밝히고 동시에 협박을 가한다. 즉 자신의 요구가 관철될 때까지 30분마다 한 명씩 인질을 죽이겠다는 것이다. 이 데드라인은 시퀀스의 마지막까지 유지되는 불안감을 생성하고, 그것은 다음 시퀀스까지 지속된다.

코슈노프와의 대화 후 마샬이 비행기에 숨어 있는 사실을 둘러싼 극적 긴장감은 부분적으로나마 해소된다. 그것은 부통령이 탈출 포드가 비어 있다는 보고를 받기 때문이다. 이것은 대통령이 아직 살아 있으며 에어포스 원에 숨어 있을 수도 있다는 추측으로 이어진다. 미국 장군 중 한 명은 부통령에게 이것이 적을 기습할 수 있는 기회이며 아직 기체에 남아 있는 마샬의 존재가 그들에게 있어 마지막 희망일 수도 있다고 말한다. 이것은 바로 다음 신으로 연결되는 상기되는 원인이며, 그 신은 마샬이 비행기 안에서 조심스럽게 움직이기 시작하는 모습에서 시작한다.

위층으로 올라간 마샬은 전화를 해보려 하지만 회선이 끊긴 것을 발견한다. 그러고나면 영화는 다시 워싱턴으로 장면이 바뀐다. 부통령과 그녀의 보좌관들이 라덱을 석방하는 데 따르는 장단점을 저울질하는 모습을 통해 그 서브 플롯이 한 층 더 발전되는 것이다. 이 대화 도중 직권에 대한 논쟁이 제기되면서 워싱턴에서의 정치권력과 그것의 승계에 대한 서브 플롯이 시작된다.

장면은 다시 마샬로 전환된다. 하이재커 중 한 명과 술래잡기를 하던 그는 매복해 있다가 상대의 총을 빼앗는 데 성공한다. 이 부분에서 관객은 영화의 가능한 결말의 두 번째 힌트와 접하게 된다. 이제 무장을 한 마샬은 인질들이 잡혀 있는 방의 열쇠도 손에 넣어 그들을 석방시키려 한다. 그러나 그의 시도는 하이재커 중 한 명에게 좌절되고, 전형적인 반전의 사용에 의해 잠시 성공을 맛봤던 그는 금새 다시 쫓기는 몸이 되고 만다.

이 시퀀스는, 무장에는 성공했지만 결국 고립되어 방어적인 입장에 놓이는 한편, 자기의 신분까지는 아니더라도 존재가 적들에게 노출된 마샬이 화물칸으로 도망치는 것과 함께 종료된다.

시퀀스 D
: 도움을 요청하는 마샬

네 번째 시퀀스는 곧바로 전 시퀀스에서 발생한 데드라인을 다루며 시작된다. 30분 후로 예정되었던 인질의 처형이다. 인질들이 구금된 방에 나타난 코슈노프는 국가안보보좌관을 쏴 죽인 후 대통령의 부인과 딸에게 자신을 따라오라고 명령한다. 이 시퀀스는 다시 한 번 극적 긴장감으로 통합된다. 즉, 적들에게서 탈출하려는 마샬의 의지이며, 이번에는 미군 전투기에서 발사된 공대공 미사일의 활용을 통해서이다.

국가안보보좌관을 죽이고나서 코슈노프는 마샬의 딸을 괴롭히기 시작하고 그동안 마샬은 짐칸에서 위성 전화기를 찾아내 워싱턴과 연락을 취한다. 하지만 이 성공은 또 다른 반전에 의해 짧게 종료되고 만다. 하이재커 중 한 명이 총을 겨누며 마샬에게 무기를 버리라고 명령하는 것이다. 이로써 이 시퀀스의 위기가 설정되고 긴장감이 발생한다. 과연 마샬은 적에게서 풀려날 수 있을까? 대통령은 호위 전투기 중 한 대에게 미사일을 발사하라는 명령을 은밀히 내리는 데 성공하고, 그가 적과 맨손으로 싸워 결국 승리하면서 이 시퀀스는 마무리된다.

여기에서 워싱턴의 보좌관들과 공유되는 마샬의 승리는 영화의 중간 지점에 종종 나타나는 긍정적인 전개이다. 하지만 이 책에서 분석된 다른 영화들의 첫 번째 극점들과 비교하면 그리 강력하거나 효과적이지는 못하다. 그럼에도 불구하고 영화의 결말에 대한 느낌은 어렴풋하게나마 제공된다. 그것은 위기를 가까스로 모면한 대통령이 다시 국가의 지휘를 맡게 되는 것이다.

시퀀스 E
: 연료 방출

이 13분 길이 시퀀스는 상기되는 원인으로 시작한다. 마샬 대통령이 부통령에게 "우리는 이 비행기를 착륙시켜야 해."라고 말하는 것이 그것이다. 우유가 용기에서 새는 것을 본 마샬은 비행기를 착륙시키기 위해 기체에서 연료를 빼내기로 결정한다. 그의 '연료 방출'을 위한 노력과 하이재커들의 대응책이 이 시퀀스를 통합시키는 극적 긴장감을 제공한다.

그러나 마샬이 목적을 위해 움직인지 얼마 안 돼 장애물이 생겨난다. 그를 은신처에서 몰아내기 위한 방편으로 코슈노프가 공보비서관보를 죽이겠다고 위협하는 것이다. 마샬이 끝내 투항을 거부하자 그녀는 처형당하게 되고 이것은 그로 하여금 더욱 전력을 기울이게 만든다. 결국 그는 미국에 위치한 기술자들의 도움으로 적합한 전선들을 자르는 데 성공하여 시퀀스의 극적 긴장감을 해소시킨다. 그러나 그것도 잠시일 뿐, 코슈노프의 부하들이 반격에 나서고 그들은 기계실로 쳐들어와 연료 방출을 중간에 멈춰버린다. 따라서 이 시퀀스는 프로타고니스트의 부분적 승리만을 담은 채 끝을 맺는다.

시퀀스 F
: 낙하산들

앞의 세 시퀀스와 거의 비슷하게 12분 정도 길이인 이 여섯 번째 시퀀스는 다시 극적 긴장감으로 통일성이 부여된다. 낙하산을 이용해 인질들을 비행기에서 탈출시키려는 마샬의 욕구이다. 이 시퀀스는 의외의 전개와 함께 시작된다. 마샬이 하이재커에게 총을 겨누고 있었다는 사실이 밝혀지는 것이다. 마샬은 그 하이재커의 열쇠를 이용해 마침내 인질들과 접촉한다. 이 긍정적 전개는 극적 아이러니의 사용으로 인해 완급 조절이 되는데, 그것은 마샬이 처음으로 총을 건네는 이가 관객이 이미 배반자임을 알고 있는 깁스라는 부분이다.

    이제 대통령은 사람들에게 상황을 설명한다. 그가 기체를 착륙시키도록 시도했지만 하이재커들이 이에 대항해 공중급유를 하려 한다는 내용이다. 그러자 그의 보좌관들 중 한 명인 칼드웰 소령이 공중급유 상황을 이용해 낙하산 탈출을 위한 낮은 고도와 속도를 확보할 수 있을 것이라고 제안한다. 물론 이것이 모든 문제를 해결하지는 못하지만(아직도 대통령의 부인과 딸이 인질로 잡혀 있다) 성공한다면 마샬에게 매우 큰 성과를 가져올 것이다. 이 계획의 첫 번째 장애물은 속도와 고도에 대한 지시를 내리기 위해선 워싱턴과 은밀하게 연락을 취해야 하는데 마샬에게는 그것이 가능하지 않다는 사실이다. 이는 전화 회선 대신 팩스를 쓰자는 여성 보좌관의 제안으로 손쉽게 해결된다. 극비리에 진행되는 이 계획은 극적 긴장감 위에 새로운 극적 아이러니의 층을 더한다. 즉 낮은 고도에서 재급유를 하는 진짜 이유에 대해 하이재커들이 알아채지 못하게 해야 하기 때문이다.

이 시퀀스의 2막은 다른 인질들이 기체 아래층으로 향하는 동안 마샬과 여성 보좌관이 팩스에 접근하는 것부터 시작된다. 팩스는 워싱턴의 상황실에 도달하지만 재치 있게 사용된 '지연'으로 인해 무시된 채 놓여 있는 모습만이 보여지며, 여기에서는 오히려 이야기가 권력 승계에 대한 서브 플롯으로 옮겨간다. 따라서 낙하산 탈출계획을 워싱턴이 알게 되었는지에 대한 답은 늦춰지게 된다. 팩스가 상황실에 방치되어 있는 동안 부통령은 법무부 장관으로부터 대통령직에 대한 마샬의 무자격 가능성과 그녀가 지휘권을 취해야 할 수도 있다는 설명을 듣는다. 여기에 더해 그는 내각의 다수가 동의하면 대통령은 자격을 박탈당할 수도 있다고 말한다. 이 상기되는 원인은 시퀀스 G에서 그 효력을 발휘한다. 이 시점에서 영화는 뉴스 회견장으로 전환하여 팩스 전달의 여부에 대한 답을 더욱 지연시킨다.

한편 비행기에서는 낙하산이 사람들에게 나눠지고 급유기가 에어포스 원에 연료를 보급하기 위해 도착한다. 인질들이 고도계와 속도계의 표시창을 숨죽이며 바라보고 있을 때에도 팩스의 전달 여부에 대한 서스펜스는 계속된다. 결국 기체가 하강을 시작하고나서야 인질들의 한숨소리와 함께 서스펜스가 해소된다. 칼드웰 소령이 낙하산을 건네지만 마샬은 이를 거부하고 자신의 가족이 안전할 때까지 비행기에서 떠나지 않을 것이라고 단언한다. 이는 다음 시퀀스에서 다뤄지게 될 상기되는 원인이다.

인질들 대다수가 탈출에 성공하지만 하이재커들 중 한 명이 탈출을 중단시키고 대통령과 그의 보좌관 세 명(그중 한 명은 배반자 깁스이다)을 사로잡는다. 마샬이 포획됨으로써 이 시퀀스와 2막의 끝이 표시된다. 주 긴장축(과연 마샬은 하이재커들을 물리치고 인질들을 구할 수 있을까?)은 불명확하게 마무리되었다. 그는 인질들 대다수를 탈출시키는 데 성공했지만 하이재커들을 물리치지는 못했고, 그럼으로써 자신은 더욱 큰 위기를 마주하게 되었다. 이제 긴장감은 마샬 자신과 그의 가족의 생존으로 그 중심이 옮겨진다.

시퀀스 G:
"내 비행기에서 내려!"

이 16분 길이 시퀀스는 코슈노프를 물리치고 자신과 가족을 구하려는 마샬의 욕구에 의해 통일성을 지닌다. 이 시퀀스는 대통령이 협조하지 않으면 가족을 죽이겠다고 코슈노프가 협박하는 것과 함께 시작한다. 잠시 난폭하게 다뤄진 후 대통령은 뒤로 손이 결박된 채 바닥에 쓰러지는데, 거기서 그는 깨진 유리조각을 발견한다. 여기가 이 시퀀스의 1막이 끝나는 지점이다. 그는 그 유리조각으로 결박을 풀고자 할 것이며, 자유로워지면 코슈노프를 공격할 것이다.

코슈노프는 자신의 요구사항들을 강요하고 대통령은 딸이 총에 맞을 위기에 놓이자 러시아 대통령과 연락해 라덱을 석방시키게끔 하겠다고 동의한다. 이 행위는 두 번째의 주된 서브 플롯(라덱의 석방과 이것과 연관된 러시아 내의 정치 상황)으로 이야기의 중심이 옮겨가게 한다. 라덱의 석방이 실행되자마자 이야기는 또 다른 중요한 서브 플롯(미국 국내의 정치적 승계)으로 이동하는데, 여기서 부통령은 마샬이 대통령직을 수행하기에 부적합하며 따라서 그녀가 지휘권을 취해야 한다는 탄원서를 받게 된다. 이것은 사실 세 개의 서브 플롯을 매우 솜씨 있게 통합한 지점이다. 만일 부통령이 권한을 갖게 되면 라덱을 석방하라는 요구를 무효화할 수 있고, 따라서 마샬과 그의 가족을 다시 위기에 빠뜨릴 수 있기 때문이다.

그러나 부통령은 끝내 서명을 거부하고, 결국 라덱은 석방된다. 그러나 그의 자유는 마샬이 자신을 구속하고 있던 테이프를 끊는 데 성공하고 코슈노프를 기습함으로써 이내 위협을 받는다. 이 난투에서의 마샬의 승리는 이 시퀀스의 극점(남은 세 명의 하이재커들 중 둘을 죽인 마샬은, 마지막으로 남아 자신의 부인을 인질로 잡고 도망치는 코슈노프를 추격한다)을 표시한다. 라덱 장군의 서브 플롯은 코슈노프가 지정한 데드라인의 사용으로 서스펜스의 층을 하나 더한다. 그것은 라덱 장군이 감옥에서 무사히 석방될 때까지는 코슈노프가 마샬의 부인을 놔주지 않을 것이라는 내용이다. 따라서 마샬과 코슈노프의 사투는 자기 부인의 목숨을 구하기 위한 것에 그치지 않고, 핵무장을 한 독재자에게서 세계를 구함과 동시에 러시아가 다시 공산주의로 돌아가는 것을 막는 시간과의 싸움이 돼 버린다. 이 지점에서 사운드의 사용은 이 투쟁을 더욱 강조한다. 마샬이 코슈노프를 쫓고 있을 때, 라덱과 같은 감옥에 있던 죄수들이 공산주의 찬가인 〈인터내셔널가〉을 부르는 소리가 울려퍼지는 것이다.

마샬은 코슈노프를 따라잡지만, 코슈노프는 부인의 머리에 총을 겨누고 무기를 버릴 것을 종용한다. 그리고 마지막 낙하산을 던져 버리며 마샬에게 이제 비행기를 조종할 사람도, 낙하산도 남지 않았으니 그가 이길 가망은 없다고 말한다. 이 상기되는 원인은 다음 시퀀스에서 심하게 손상된 기체에서 살아남는 것이 마지막 극적 요소로 작용할 때 다뤄지게 된다.

적시에 부인의 도움을 받은 마샬은 코슈노프를 죽이는 데 성공하고 코슈노프의 죽음으로 인해 두 개의 서브 플롯이 해결된다. 라덱이 사살되고 미국 내의 권력 승계 논쟁 또한 무의미해지는 것이다. 라덱의 죽음과 함께 이 시퀀스는 종료된다.

시퀀스 H
: 활주로 타격 팀의 구조

마지막 시퀀스는 16분 길이이며 자신과 남은 승객들을 안전히 착륙시키려는 마샬의 노력이 이를 통합하는 요소이다. 영화상에서 안타고니스트는 이미 죽었지만 작가는 한 명의 숨은 적대자를 조심스레 보존해 왔다. 그는 바로 배반자인 경호요원 깁스이다. 아직까지 살아남은 그가 마지막 생존을 위한 마샬의 노력을 방해할 준비를 하고 있는 것이다. 물론 깁스는 대통령은 알지 못하지만 관객은 알고 있는 위험요소라는 점에서 코슈노프와 차이가 있다.

대통령이 조종을 맡은 지 얼마 되지 않아 첫 번째 장애물이 나타난다. 기체를 추락시키기 위해 출동한 적 전투기들의 등장이다. 마샬이 자국 전투기들의 도움을 받아 이 장애물을 극복하고 나자 이어 다음 장애물이 나타난다. 공중전 도중 에어포스 원이 매우 치명적인 손상을 입은 것이다.

그 다음에는 상황실 안에서의 짧은 요약의 신이 뒤따른다. 엔진이 꺼져가고 연료마저 떨어지고 있어 기체를 더 이상 제어하기가 힘들다는 내용이다. 이 시점에서 군장교 중 한 사람이 지도 위에 표시된 기체가 '활주로 타격팀'인지 묻는다. 그것이 맞다고 확인되자 그는 엉뚱한 아이디어가 떠올랐다고 답하는데, 이는 다음 신으로 이어지는 대사고리로서 잠시 후 여지껏 한 번도 등장한 적이 없는 비행기가 에어포스 원 쪽으로 기수를 돌리는 모습이 보인다.

백악관 앞의 뉴스 리포터에게 빠르게 장면이 전환되면 관객이 필요로 하는 엑스포지션이 주어진다. 즉 대담한 고공 구조가 시도되고 있다는 정보이며 이 구조 시도는 영화의 나머지 부분의 액션을 차지한다.

남아 있는 극적 긴장감(비행기가 추락하기 전에 대통령과 승객들이 탈출할 수 있을까?)은 이 모든 계획을 한순간에 망칠 수 있는 깁스의 존재로 인한 극적 아이러니 때문에 더욱 고조된다. 한 사람만 구출될 수 있는 시간을 남겨두고 마침내 본색을 드러낸 깁스는 칼드웰 소령과 구조요원을 살해하지만 필사적으로 깁스를 제압한 마샬은 구조기에 안전하게 도달한다. 이제 구조기에서 자신들이 바로 '에어포스 원'이라고 발표하는 것과 함께 짧은 에필로그가 끝난다.

시퀀스	설명	길이	경과시간
	〈에어포스 원〉 시퀀스 분석		
	1막		
A	오프닝 타이틀과 액션 티저: 생포되는 라덱 장군. 그 후 마샬 대통령은 모스크바에서 미국의 새로운 대외방침에 대한 연설로 보좌관들과 세계를 놀라게 한다. 귀환을 위해 에어포스 원으로 돌아가는 길에서 그는 새 정책과 그것이 자신들의 경력에 어떤 의미를 가지는지에 대해 수행원들과 논의한다. 통합하는 요인: 활동(에어포스 원을 타고 귀환하기 위한 준비)	18:18	18:18 (15%)
B	이고르 코슈노프와 그의 동료들인 퇴역적 공산주의자들이 비행기를 장악하지만, 기체 위에 남은 마샬은 미처 포획하지 못한다. 통합하는 요인: 극적 긴장감 프로타고니스트: 코슈노프 목적: 비행기를 장악하는 것.	15:21	33:39 (28%)
	개시점: 비밀 경호요원이 기내에서 동료들을 사살하는 지점.		
	문제점: 납치된 비행기에 숨어 있는 마샬은 자신의 목숨과 함께 다른 모든 인질들을 구해내기 위해 노력해야 한다.		
	2막		
	주 긴장축: 과연 마샬은 납치범들을 물리치고 인질들을 구할 수 있을까?		
C	자신이 처한 상황을 파악한 마샬은 숨바꼭질을 하다가 납치범들 중 한명을 물리치고 무기를 빼앗는 데 성공한다. 그러고나서 그는 짐칸으로 도망을 친다. 한편 코슈노프는 라덱을 석방하라는 자신의 요구사항을 전달한다. 통합하는 요인: 극적 긴장감 프로타고니스트: 마샬 목적: 상황을 파악하고 무장을 갖춘 뒤 인질들을 구하는 것.	13:21	47:00 (40%)

D	코슈노프는 첫 번째 인질을 처형한다. 마샬은 전화를 이용해 백악관과 통화하려 하지만 그러다 일시적으로 적에게 잡히게 되고, 기체가 유도탄을 피하는 비행을 하게 만들어 곤경에서 빠져나가는 데 성공한다. 통합하는 요인: 극적 긴장감 프로타고니스트: 마샬 목적: 적에게서 벗어나는 것.	13:14	1:00:14 (51%)

첫 번째 극점: 적에게서 벗어난 마샬은 워싱턴과 연락하는 데 성공한다.

E	마샬은 비행기에서 연료가 방출되게 하는 데 성공하지만 코슈노프의 부하 중 하나가 그것을 원래대로 되돌려 놓고 만다. 통합하는 요인: 극적 긴장감 프로타고니스트: 마샬 목적: 비행기를 착륙시키기 위해 연료를 방출하는 것.	13:07	1:13:21 (62%)
F	마샬은 낙하산을 이용해 인질들 대부분을 비행기에서 내리게 하는 데 성공하지만 다시 잡히고 만다. 통합하는 요인: 극적 긴장감 프로타고니스트: 마샬 목적: 낙하산을 이용해 인질들을 탈출시키는 것.	12:21	1:24:42 (73%)

두 번째 극점: 마샬은 자기 가족을 제외한 모두를 내리게 하는데 성공하지만 이제 자신도 잡히게 된다.

3막

G	주 긴장축은 애매모호하게 해소되었다. 마샬은 인질들 대부분을 구하는 데는 성공했지만 자신과 가족, 그리고 가까운 보좌관 몇 명이 포로가 된 것이다. 따라서 새로운 긴장감이 생겨난다. 그는 과연 코슈노프 일당을 물리치고 탈출할 수 있을 것인가? 그는 처음엔 코슈노프의 요구를 수용하나 결국 놈에게 배반당하자 반격을 가한다. 처절한 사투 끝에 코슈노프는 기체 후미에서 죽고, 라덱은 자유를 맛보기도 전에 사살된다. 통합하는 요인: 극적 긴장감 프로타고니스트: 마샬 목적: 코슈노프를 물리치고 가족과 보좌관들의 목숨을 구하는 것.	16:09	1:41:51 (86%)

H	조종간을 잡은 마샬은 적 전투기들의 공격을 견뎌내고, 다른 비행기가 구조를 위해 도착할 때까지 기체가 추락하지 않게 유지시킨다. 반역자인 비밀 경호요원 깁스와 마지막 사투를 치른 후, 그는 비행기에서 무사히 탈출하는 데 성공하고 가족들과 안전하게 재회한다. 통합하는 요인: 극적 긴장감 프로타고니스트: 마샬 목적: 자신과 가족, 그리고 보좌관들을 안전하게 기체에서 내리게 하는 것.	16:30	1:58:21 (100%)
	결말: 마샬과 다른 사람들이 새로운 비행기로 안전하게 옮겨 탄다.		

SCENARIO

11장

<존 말코비치 되기>

사라지는 주연배우

SEQUENCE

누구라도 처음 감상했을 때 전통적인 스토리텔링에서 완전히 이탈한 것처럼 느꼈을 이 1999년도의 독립영화는, 당시의 비평가들에게서 "극도로 이상하다." "그 전에 나온 어떤 것과도 비교할 수 없다." 그리고 "굉장하면서도 영감이 서린 듯 기묘하다." 등의 평가를 받은 바 있다. 그러나 좀 더 자세히 들여다보면 전통적인 스토리텔링의 패턴들이 대단히 독창적으로 사용된 것을 확인할 수 있으며 촬영, 미술, 그리고 연기에도 세심한 주의를 기울임으로써 스토리텔링 자체가 향상된, 매우 정교하게 세공된 작품임을 알 수 있다. 이 경우 '이상함'이라는 견해는 오히려 이 책에 소개된 기법들의 유연성을 입증하는 것이지 절대로 그것들의 방종을 가리키는 것이 아니다.

우리는 영화의 프로타고니스트가 크레이그라는 사실을 쉽게 알 수 있고 그의 욕망의 대상(맥신)에 대한 추구가 곧 액션에 형태를 가져오는 요소다. 크레이그가 맥신과의 관계를 진전시키기 위해 택하는 방법은 존 말코비치의 머리와 연결되어 있는 통로를 사용하는 것이다. 이 계획은 영화가 35분(33%)이 경과한 지점에서 셋업되며 이는 보편적인 기준으로는 좀 긴 설정 구간이지만 그렇게 과도하지는 않다. 맥신을 추구하면서 크레이그가 마주하게 되는 주된 장애물들은 그의 부인과 맥신의 관계에서 파생되는 복잡한 상황들이다. 주 긴장축(과연 크레이그는 통로를 이용해 맥신을 차지할 수 있을까?)은 영화가 1시간 45분(81%)이 경과한 지점에서 크레이그가 말코비치의 몸을 탈취하는 데 성공하고 그와 맥신이 결국 결혼하면서 긍정적으로 해소된다. 그리고 3막은 이 관계가 가져오는 영향, 그리고 혼란과 함께 그것의 최종적인 파국을 탐구한다. 결말에서는 맥신과 라티가 결합하고 반면 크레이그는 맥신의 아이 안에 '흡수'(그 아이의 눈을 통해서 밖을 보게 되지만 그녀의 행동에는 아무런 영향을 끼치지 못하는 상태)되는 것이다. 주된 서브 플롯에는 말코비치 통로를 사업 목적으로 이용하는 크레이그와 맥신, 맥신에 대한 진실을 밝혀내려는 말코비치, 그리고 자신과 자신의 친구들의 불로불사를 말코비치라는 '숙주'를 통해 얻어내려는 레스터의 노력 등을 포함한다.

이 모든 것이 진행되면서, 8개의 시퀀스 구조가 또 명백히 그 모습을 드러내는데, 처음 두 개는 상황을 셋업하고 다음 네 개는 크레이그가 욕망을 추구하면서 생겨나는 일련의 장애물들을 탐구하며, 일곱 번째 것은 주로 인형극 연출자로서의 크레이그의 성공을 코믹스럽게 함축해 보인다. 그리고 마지막 것은 맥신을 위해 말코비치를 버리는 크레이그의 결정을 둘러싸고 진행된다. 이에 더해 이 책에서 논해진 다른 기법들 또한 광범위하게 사용된다. 극적, 코믹적 아이러니, 상기되는 원인, 예정, 그리고 데드라인 등이다.

시퀀스 A
: 크레이그가 일자리를 찾으려고 노력하다

이 영화의 오프닝은 관객의 흥미를 끌기 위해 수수께끼를 사용한다는 점에서 지금까지 이 책에서 소개된 바 있는 다른 영화들과 일치하지만, 실내처럼 보이는 장소에서 롱 샷(나중에 피사체가 인형들이었다는 것을 알고 나서야 롱 샷보다는 오히려 클로즈업이었다는 사실이 밝혀진다)를 사용한다는 점을 통해 차별된다. 또한 초반에 설정된 분위기도 코미디치고는 생소하다. 바르토크[1]의 음악은 어둡고 긴장이 가득하며 음산하다. 인형의 몸놀림(나중에 '크레이그의 절망과 각성의 무도'라고 밝혀진다) 역시 이 영화가 코미디라는 암시를 전혀 주지 않는다. 첫 번째 개그(오린 해치라는 이름의 말하는 앵무새가 크레이그의 머리 위에 앉아 있는 것)는 영화가 2분 30초 이상이 경과하고 나서야 주어진다. 어쨌거나 오프닝은 자기 직업에 몰두하고 있는 크레이그를 소개하는 기능을 하며 훨씬 나중에 페이오프되는 인형의 춤을 미리 심어놓는다.

오프닝이 지난 후 첫 번째 시퀀스의 긴장감은 매우 빠르게 설정된다. 부인 라티는 크레이그에게 그 '인형극하는 것'이 환영받기 시작할 때까지 다른 일자리를 찾아보는 게 어떻겠냐고 한

...

1   Bela Bartok(1881-1945): 헝가리의 작곡가.

다. 이에 그는 데릭 만티니(아마도 그의 라이벌인)는 다른 일자리를 갖지 않았다고 응수한다. 그 대화 속에서 우리는 라티가 애완동물 가게에서 일한다는 것과, 그들은 무슨 이유에선지 컨디션이 안 좋아 보이는 일라이저라는 이름의 침팬지를 기르고 있다는 사실을 알게 된다. 라티는 크레이그에게 일라이저를 돌봐달라고 부탁하고 이는 2막에서 다시 다뤄지게 될 상기되는 원인이다.

다음 신에서는 마침 크레이그가 텔레비전을 보고 있을 때 데릭 만티니의 새 공연에 대한 보도가 방송된다. 이로써 앞 신에서 심어졌던 그의 이름이 빨리도 페이오프된다. 크레이그는 옆에 앉은 일라이저에게 그에게 의식이 없다는 게 얼마나 행운인지 모를 거라고 얘기한다. 이 그릇된 생각이야말로 영화의 주된 주제이며 크레이그의 오해는 시퀀스 E의 결정적인 부분에서 잘못되었음이 밝혀지는데, 거기서 일라이저는 유년 시절의 트라우마를 극복하고 라티를 풀어주기 때문이다.

이어지는 신에서 크레이그는 길모퉁이에서 인형극을 공연해 돈을 모아보려 하지만 도리어 얼굴에 주먹세례를 당하고 만다. 다음 신에서 그가 라티의 애완동물 가게에 퉁퉁 부은 입술을 하고 나타나면서 이 시퀀스 내 1막의 종결점이 도래한다. 크레이그는 생업을 찾아 나설 것이다.

다음 신에서 구인광고란을 열심히 들여다보던 그는 인형술사에 대한 구인란이 없자 대신 '레스터 주식회사'에서 낸 광고를 찾아낸다. 크레이그는 그 광고에 동그라미를 치는데 그것은 이 신을 다음 신으로 연결시키는 시각적 고리이며, 다음 신에서는 거리를 걸어 사무실 건물로 들어가는 크레이그의 모습이 보여진다. 크레이그는 7과 1/2층에 위치한 회사를 찾아가 접수원인 플로리스에게 자신을 소개하지만 그녀는 그의 얘기를 이해하는 데 어려움을 겪는다. 이는 영화 내내 페이오프될 언어 장애에 대한 '반복되는 개그running gag'이다.

잠시 후 크레이그는 레스터 박사와의 면접을 위해 불려 들어가고 레스터 박사는 그를 고용하기 전에 몇 가지 간단하면서도 다소 무의미한 테스트를 받게 한다. 신의 끝부분에서 크레이그는 천장이 어째서 이렇게 낮은지 묻는다. 레스터는 오리엔테이션에서 설명될 것이라고 하며 이는 바로 그 신을 다음 신과 연결시키는 대사고리이다. 이렇게 해서 오프닝 시퀀스의 긴장감이 해소된다. 즉 크레이그는 일자리를 얻은 것이다. 그리고 시퀀스의 나머지 4분간은 그가 고용됨으로써 찾아온 결과를 다루고 있다. 그것은 비디오 상영을 통한 그의 오리엔테이션이다. 개그로서 제공되기는 하지만 오리엔테이션 비디오는 2막의 후반부에 페이오프되는 머틴 선장에 대한 중요한 엑스포지션을 담당한다.

또한 이 오리엔테이션 부분은 시퀀스 B에서 관심의 대상이 되는 맥신을 소개하는 기능을 한다.

시퀀스 B
: 크레이그가 맥신을 갈구하기 시작하다

20분 길이의 두 번째 시퀀스는 맥신을 추구하는 크레이그를 둘러싼 극적 긴장감으로 인해 통일성을 지닌다. 이 시퀀스는 크레이그와 라티가 저녁을 준비하는 경제적인 해설 신으로 시작되는데 여기에서 엑스포지션은 너무나 미묘하게 도입되기 때문에 알아차리려면 다소 노력이 필요할 정도이다. 이 신은 (아마도) 위층의 이웃이 동물들의 소음 때문에 항의하기 위해 바닥을 두드리는 것과 함께 시작되고, 갖가지 새들이 흉내내는 그의 언성은 이런 상황이 오랫동안 지속되어져 왔다는 사실이 드러난다. 두 사람은 저녁을 준비하면서 각자 다른 방향을 바라보고 있는데 이는 그들 관계가 소원하다는 것을 보여주는 시각적 단서이다. 이 사실은 대사를 통해 다시 한 번 강화된다. 라티가 침팬지 일라이저에 관해 하는 이야기(일라이저는 유년 시절의 트라우마를 치료하기 위해 정신과 의사를 만나고 있다. 이 또한 시퀀스 E에서 보여질 일라이저의 영웅적 행위를 위한 셋업이다)에 크레이그가 아무 흥미도 보이지 않는 것과 아기를 갖자는 라티의 요구에 그가 부정적으로 반응하는 것이 그것이다. 새로 얻은 일자리가 어떻게 될지 우선 기다려 보는 것이 지금으로서는 최선이라는 크레이그의 대답은 이 신을 레스터 주식회사에서 벌어지는 다음 신으로 연결시키는 상기되는 원인이다.

거기서 크레이그는 맥신과 대화를 시작해보려고 노력하지만 그녀는 그것이 유혹임을 즉시 간파하고 거부한다. 그 다음에는 크레이그가 직장에서 일하는 모습이 비치는데, 그런 크레이그에게 플로리스가 자기도 알파벳순으로 정리해줄 수 없냐며 간접적 접근을 사용해 지분댄다. 그는 그녀에게 자기가 다른 사람을 사랑하고 있다고 밝히지만 그녀는 그의 얘기를 다르게 해석한다. 이는 언어 장애 개그의 또 다른 변주이다.

이때 등장한 레스터는 플로리스와 크레이그가 나누던 대화를 오해하고 그에게 그녀를 내버려 두라고 경고한다. 그 짤막한 대화에서 레스터는 플로리스를 향한 자신의 욕망(면접 신에서 간

사진 18. 〈존 말코비치 되기〉의 두 번째 시퀀스에서 맥신을 유혹하려 하는 크레이그. 그녀의 사랑을 얻으려는 크레이그의 추구는 시퀀스를 통합시키는 극적 긴장감을 제공하고 이 영화의 주 긴장축의 기초를 이룬다. 그녀는 첫 번째 시퀀스의 긴장감(과연 크레이그는 직장을 구할 수 있을까?)이 해소된 직후 소개된다.

접적으로만 표현되었던)과 그가 105살이라는 사실을 드러낸다. 이로 써 17분이 지난 뒤에야 영화의 두 가지 주요 모티프가 간결하게 개시된다. 그것은 욕망과 불로불사이며, 욕망은 주로 ‘A’ 플롯에 부합하고 불로불사는 ‘숙주’의 몸에 들어가려 하는 레스터의 ‘C’ 플롯을 특징짓는다. 이 신은 약속의 설정과 함께 종료된다. 레스 터는 자신의 성적 판타지에 대해 더 깊은 이야기를 나누기 위해 일이 끝나고 제리의 쥬스테리아에서 만나자고 크레이그를 초대 한다.

맥신에 대한 크레이그의 추구는 다음 신에서 재개된다. 거 기에서 그는 속임수를 써서 그녀가 데이트를 수락하게 만든다. 이 신은 또 하나의 예정과 함께 종료된다. 그녀는 그에게 스터프 드 피그라는 술집으로 7시 정각까지 올 것을 지시한다. 만일 그 가 조금이라도 늦으면 자기는 떠날 거라는 단서와 함께.

다음 신에서는 레스터와 크레이그가 쥬스테리아에 와 있는 모습이 비치며 레스터는 음탕한 이야기의 끝부분을 마무리하는 중이다. 7시가 임박해 오자 크레이그는 핑계를 대고 자리를 빠 져나오는데, 그 전에 레스터는 그와 또 다른 약속을 잡는다. 이 번 목요일에 크레이그 부부와 함께 저녁 식사를 하자는 것이다. 잠시 후 서둘러 술집에 도착한 크레이그는 결국 맥신을 만나지 만 그녀는 그가 인형극 연출가라는 자신의 본래 직업을 밝히자 또 다시 퇴짜를 놓는다.

이제 크레이그는 집으로 귀가하고 여기서 신은 이 영화에 서 처음으로 극적 아이러니를 사용하는 부분이다. 크레이그가 맥신을 향한 자신의 관심을 라티에게 숨기기 때문이다. 라티는 온종일 동물들에게 먹이를 주며 시간을 보냈다고 하며(아이를 갖고 싶은 그녀의 욕구를 희미하게 상기시킨다) 오늘밤 침팬지가 그들과 함께 잘 것이라고 선언한다. 이는 둘의 결혼생활이 서먹해졌다는 사실에 대한 또 다른 암시이다.

크레이그는 자기 작업실로 들어가고, 거기서 스토리텔러는 인형을 이용해 그의 심리적 상태(맥신을 향한 집착에 가까운 그의 욕구)를 시각화한다. 그는 인형들 중 하나를 맥신처럼 꾸미고 라티와 닮은 인형은 옆에 매단 채 내버려 둔다. 홀로 침대에 누워 있는 라티를 보여주는 짤막한 샷 후에 영화는 다시 크레이그의 작업실로 돌아온다. 거기에서 크레이그는 맥신 인형과 자신을 닮은 또 하나의 인형을 갖고 현실에서 바라는 러브신을 연기한다. 또한 그는 맥신 인형에게, 인형극을 하는 것은 잠시 다른 이의 몸 안에 들어가 있는 것과 같다고 설명한다. 이것은 이후 말코비치 통로의 발견을 위한 셋업이다.

크레이그가 인형극에서 맥신을 유혹하는 데 성공한 것은 다음 신에서 그가 맥신에게 동일한 대사를 사용하고 거절당함으로써 현실과 대조를 이루게 된다. 이로써 시퀀스의 표면상의 결말이 주어진다. 크레이그는 맥신을 얻는 데 실패한 것이다. 거절당한 사실을 소화하기 위한 짤막한 여파의 신 뒤에 크레이그는 말코비치 통로를 발견하고, 아침식사 후에 택시를 타는(여기서 '보석강도 영화'의 대사 복선이 심어진다) 말코비치를 경험하고서 뉴저지 고속도로 옆에 떨어지게 된다.

크레이그는 맥신의 사무실로 돌아가 자신이 경험한 기이한 모험을 그녀에게 설명한다. 하지만 맥신은 전혀 관심을 보이지 않고 그를 내버려 둔 채 밖으로 나간다. 그러나 그녀는 나중에 그의 집에 전화를 걸어 그 통로를 이용한 사업체를 함께 운영하자고 제안한다. 크레이그는 그런 중대한 것을 갖고 장난을 쳐도 될지 그녀에게 되묻는데, 이는 영화의 마지막까지 다뤄지고 발전될 상기되는 원인이다. 맥신은 결국 그를 설득하는 데 성공하고, 마침 귀가한 라티가 아파트로 들어옴으로써 이 신에 강조점을 부여하는 극적 아이러니의 층을 더한다.

시퀀스 C
: 라티로 인해 생겨나는 분규

함께 사업을 시작하자는 맥신의 제안을 크레이그가 받아들인 것은 두 번째 시퀀스를 세 번째 시퀀스와 묶는 역할을 하는 상기되는 원인이다. 이는 크레이그가 자신의 '내부 인물'이라는 맥신의 선언과 함께 1막의 마지막을 구성한다. 프로타고니스트가 누구인지 분명하며, 목적인 맥신을 얻기 위해 그가 사용하는 수단인 말코비치 통로와 장애물들(그를 내켜하지 않는 맥신, 그리고 크레이그와 라티와의 관계) 역시 명백하다. 이 세 가지 극적 긴장감의 국면들이 영화의 나머지 분량을 채우게 된다.

16분이 채 못 되는 길이의 시퀀스 C는 두 개의 상기되는 원인(욕망과 사업의 양 측면)을 다룬다. 그리고 맥신과 자신 사이에 싹트는 관계에 대해 라티가 의혹을 가지지 않도록 크레이그가 기울이는 노력이 낳는 긴장감으로 통일성을 지닌다. 이것이 예기치 못한 전개로 인해 해소되고나면 시퀀스의 나머지 부분은 그들의 첫 번째 고객을 둘러싸고 진행되는데, 이것은 B 서브 플롯(맥신과 크레이그가 운영하는 사업)으로의 전환이다.

이 시퀀스는 이전 시퀀스에서 설정된 약속인 저녁식사를 위해 크레이그와 라티가 레스터의 집으로 향하는 것으로 시작한다. 여기서는 아이러니에서 오는 긴장감이 작용하고 있다. 그는

사진 19. 〈존 말코비치 되기〉의 네 가지의 주된 요소들이 시퀀스 B의 결말부 한 부분에 모아진다. 크레이그는 말코비치 통로로 사업체를 운영하는 것에 관해 맥신과 통화를 하고 있고, 한편 라티는 이를 모르는 채 배경에 서 있다. 영화의 주 긴장축은 여기에서 설정된다.

그녀에게 이제부터 밤늦게까지 일을 할 거라고 통보하고 자신이 벌어올 돈에 대해 얘기함으로써 그것을 정당화하는 것이다. 당연히 그는 그 늦어지는 밤에 자신이 계획하고 있는 또 다른 활동에 대해서는 비밀로 한다. 그것은 의심할 여지없이 맥신과의 관계를 추구하는 것이다. 한편 통로에 대해 회의적인 라티는 자기가 직접 경험해 보겠다고 한다. 그녀는 그 과정에서 크레이그의 파트너도 만나볼 수 있겠다고 말함으로써 크레이그의 두려움을 자극한다. 크레이그는 대신 그녀를 "지금 당장, 레스터의 집에 가는 길에." 데려가기로 한다. 이것은 다음 신으로 인도하는 대사고리로써 통로의 문을 여는 크레이그로 연결된다.

라티는 용기를 내 통로 안으로 기어들어가고 말코비치가 샤워를 하는 동안 그의 안에 들어간다. 그후 그 경험에 완전히 압도되어버린 라티는 통로를 다시 체험하고 싶어하지만 그레이그는 레스터와의 약속에 늦을 것이라며 반대한다. 이것은 이어지는 신과 연결되는 대사고리로써 잠시 후 레스터의 집에서 채소와 쥬스로 이루어진 건강식을 앞에 둔 크레이그와 라티가 보인다.

저녁식사 도중, 화장실을 찾던 라티는 레스터의 방들 중에서 존 말코비치를 위해 세운 '사당' 같은 것을 발견한다. 집으로 돌아오는 차 안에서 그녀는 크레이그에게 레스터와 말코비치 사이의 커넥션이 무엇이라고 생각하는지 묻는다. 그가 뭔가가 있는 것 같지는 않다고 답하자 그녀는 화제를 성적인 것으로 돌린다. 즉 그 통로가 여성의 성기 비슷한 것이 아닐까 추측하는 것이다. 그녀가 레스터의 집에서 발견한 사당에 대해 크레이그에게 얘기하지 않는 것은 스토리텔링의 능숙한 기술이다. 왜냐하면 이는 논리적이지 않기 때문이다. 왜 그녀는 통로의 수수께끼를 풀 수 있을지도 모르는 정보를 그와 나누려 하지 않을까? 하지만 이 부분에서 그녀가 그 정보를 나누게 되면 영화가 미스터리극으로 변해, 이야기가 추구하는 '성적/관계(sexual/relationship)'에 대한 방향이 훼손될 것이다. 그래서 스토리텔러는 라티의 성적인 언급을 통해 그녀의 비논리적인 행동으로부터 관객의 주의를 돌리며 이로 인해 그 수수께끼는 2막의 후반부까지 안전하게 숨겨진다.

영화는 이제 레스터 주식회사의 사무실 안으로 전환되며 거기에서 크레이그와 맥신은 자신들의 새로운 사업을 위한 광고를 작성하고 있다. 그러나 이때 라티가 나타나 그들의 은밀한 회의를 중단시키고 이로써 맥신에 대한 자신의 관심이 폭로되는 것에 대한 크레이그의 두려움이 다시 건드려진다. 라티는 크레이그에게 '말코비치 라이드Malkovich ride'를 다시 타고 싶다고 하면서 전의 그 경험이 자신에게 성전환을 결심하게끔 해주었다고 고백한다. 맥신은 크레이그에게 라티가 말코비치 라이드를 다시 탈 수 있게 해주라고 하는데, 라티가 방에서 나갈 때 맥신과 라티는 서로 아쉬운 시선을 나눈다. 이윽고 방에 혼자 남은 맥신은 친구에게 전화를 걸어 말코비치의 집 전화번호를 알아봐 달라고 한다.

이제 영화는 집에서 혼자 대사를 연습하는 말코비치에게

전환되며 잠시 후 우리는 라티가 그의 안에 들어가서 남성성의 느낌을 만끽하고 있다는 걸 알게 된다. 그때 전화가 울리고 수화기 건너편의 맥신이 그에게 만나 줄 것을 설득하기 시작하는데, 그 도중에 '보석강도 영화' 개그가 두 번째로 페이오프된다. 그는 충동을 억제하지만 머릿속의 라티가 그를 종용하여 그는 결국 약속 시간과 장소(8시 베르나르도 식당에서)를 받아적는다. 이 신에서는 극적 긴장감(말코비치를 레스토랑으로 나오게 설득하려는 맥신의 노력)에 더해 극적 아이러니도 작용을 하고 있다. 그것은 자기 안에 라티가 '들어 있다'는 사실을 말코비치가 모르기 때문이다.

그 다음, 라티는 그날 밤 정확히 8시 정각에 통로로 다시 들어가야 한다고 크레이그에게 얘기한다. 이는 다음 신과 연결시키는 대사고리이며 그 신에선 레스토랑에서 기다리고 있는 말코비치가 보인다. 이윽고 맥신이 도착하고, 이때는 라티도 말코비치 안에 들어 있으며 말코비치와 라티 둘 다 맥신과 잘 맞는 듯 보인다.

그 후 크레이그와 함께 차를 타고 돌아가면서 라티는 자신의 경험에 대해 거짓말을 한다. 말코비치가 자신의 '체험' 내내 아파트에서 빈둥댔을 따름이라고 속임으로써 극적 아이러니의 또 다른 층이 소개된다. 또한 이 신은 시퀀스의 긴장감을 해소시킨다. 크레이그와 맥신 사이에 싹트려고 하는 로맨스를 라티가 알아낼 것인가에 관한 의문이, 라티가 말코비치를 매개체 삼아 맥신과 갖는 불륜을 크레이그가 알아낼 것인가로 뒤바뀐 것이다. 대화 도중에 크레이그는 라티에게 영화의 주제를 건드리는 조언을 한다. 즉 몸을 바꾼다고 그녀의 문제가 해결되지는 않는 다는 것이다. 이것은 오히려 그 자신이 더 귀를 기울어야 할 조 언이다. 한편 이 신의 마지막에서 라티에 의하여 상기되는 원인 이 발생한다. 맥신을 저녁식사에 초대하자고 제의한 것이다. 이 '원인'은 B 서브 플롯에 집중하는 다음 신을 관통해 '상기되게' 되며, 다음번 시퀀스까지는 다뤄지지 않는다. 이어지는 B 서브 플롯의 신에서는, J.M. 주식회사의 첫 고객이 등장하며 그는 말 코비치 라이드를 타고 끝내주는 경험을 하게 된다.

시퀀스 D
: 라티의 불륜

이 짧은 시퀀스는 두 신 전에 생겨난 상기되는 원인을 재개한다. 맥신이 크레이그와 라티의 집에 와서 저녁식사를 하는 것이다. 이 시퀀스는 극적 긴장감으로 인해 통합된다. 그것은 맥신과의 관계를 추구하려는 라티의 욕구이다. 저녁식사 신은 주로 극적 아이러니로 인해 채워진다. 크레이그와 라티 두 사람 모두 맥신 을 사랑하고 있지만 양쪽 다 서로의 관심사에 대해선 알지 못하 기 때문이다. 이 아이러니에서 오는 긴장감은 크레이그와 라티 두 사람 모두 소파에 앉은 맥신을 향해 달려들면서 해소된다. 맥신은 우선 크레이그를 거부한 뒤 라티에게는 '말코비치 안에 들어 있을 때만' 그녀를 받아들이겠다고 한다. 그녀가 떠나고나면 말 없는 여파의 신이 뒤따르고 크레이그와 라티는 소파에 함께 앉아 있으면서도 서로 눈길을 주지 않는다.

영화는 이제 J.M. 주식회사로 전환되며 거기서 맥신은 불륜을 시작할 수 있도록 일이 끝나고나서 만나자는 라티의 전화를 받는다. 이는 바로 전 신에서의 상기되는 원인을 재개하는 액션이다. 맥신은 이에 동의하고 새벽 4시 11분에 만나자고 약속한다. 한편 크레이그는 홀로 침대에 누워 있는 모습이 보이는데 이 샷은 시퀀스 B에서 홀로 누워 있던 라티의 모습에 대한 반향이다. 이 신(홀로 침대에 누워 있는 크레이그)은 영화의 첫 번째 극점을 구성한다. 그는 맥신도, 그의 인형극 경력의 성공도 획득하지 못한 것이며 이는 나중에 그가 두 가지 모두를 획득하게 되는 두 번째 극점과 완전한 반대 상황이다.

말코비치는 자기 집 현관에서 맥신을 맞이하고 두 사람은 정확히 4시 11분이 될 때까지 소파에서 기다리고 있다가 시간이 되자 열정적인 사랑을 나누기 시작한다. 이 신은 말코비치 안에 들어 있는 라티의 비밀스런 존재가 가져오는 극적 아이러니로 인해 강렬해진다. 말코비치를 '라티'라고 부르겠다는 맥신의 요구가 비밀을 들통나게 할 뻔하지만 다행히 말코비치는 이 요구를 별난 취향이라고 치부하는 데 그친다.

뉴저지 고속도로의 갓길에 황홀한 채 누워 있는 라티를 보여주는, 섹스 후의 짧은 여파의 신이 뒤따르고 곧 집으로 돌아간

그녀는 맥신과의 불륜을 고백한다. 시퀀스는 종결되었다. 라티
는 맥신과의 불륜을 성공적으로 현실화한다.

시퀀스 E
: 말코비치의 위협

이 17분 길이 시퀀스는 메인 플롯에서의 크레이그의 문제를 잠
시나마 해결한 다음, 맥신을 의심하기 시작하는 말코비치로 인
해 위협당하는 사업체에 관한 서브 플롯으로 거의 완전히 전환
된다. 시퀀스는 크레이그가 자신의 아파트에서 라티를 폭행하는
것으로 시작된다. 그는 그녀에게 맥신과 데이트를 잡게 강요하
고 그 결과 약속이 한 시간 뒤로 예약된다. 그러고나서 크레이그
는 그녀를 묶어 침팬지 일라이저와 함께 우리 안에 가둬 놓는다.
맥신은 연극 리허설을 하는 말코비치를 찾아오고 잠시 후 둘은
그의 아파트에 도착해 섹스를 한다. 얼마 안 있어 말코비치 안에
크레이그가 들어 있다는 것이 밝혀지고나면 이 신에 아이러니
에서 오는 긴장감의 새로운 층이 부여된다. 자기 안에 누군가가
'들어 있는' 것에 대해 말코비치만 알지 못하는 것이 아니라 맥
신도 라티 대신 크레이그가 말코비치 안에 '들어가 있다'는 사실
을 모르는 것이다. 여기에서 크레이그는 자신이 말코비치를 어

느 정도 조종할 수 있다는 사실을 깨닫고 깜짝 놀란다. 반면 말코비치는 자기 몸에 대한 통제력을 잃고 있다는 사실을 느끼고 두려워하기 시작한다.

크레이그는 집에 가서 자기가 새롭게 얻은 능력에 대해 자축하고, 얼마 안 있어 말코비치도 자기가 조종하는 또 하나의 인형에 지나지 않게 될 것이라며 라티에게 자랑한다. 이는 영화의 나머지 부분 동안 계속해 다뤄지고 강조되어 발전될 상기되는 원인이다.

영화는 이제 말코비치에게로 전환된다. 그는 맥신과 가졌던 황당한 경험에 대해 찰리 쉰과 의논한다. 이 신은 극적 긴장감으로 인해 지속된다. 즉 자기 상황에 대해 떠들어대는 말코비치를 진정시키려는 찰리의 노력이다. 결국 말코비치는 찰리에게 자기는 진실을 알아내야겠다고 선언한다. 이는 이 시퀀스의 주된 긴장감을 제공하는 상기되는 원인이다.

이 상기되는 원인은 다음 신에서 재개된다. 맥신의 아파트 건물 앞에서 은밀하게 그녀를 기다리고 있는 말코비치의 모습이 보이는 것이다. 택시를 타는 그녀를 미행해 7과 1/2층에 도달한 그는, J.M. 주식회사를 발견하고 크레이그와 맥신 앞에 모습을 드러낸다. 말코비치는 자기가 직접 그 통로에 들어가겠다고 주장하며 이는 지연이 사용된 준비의 신으로 이어진다. 크레이그에 의해 제기된 의문을 둘러싸고 적지 않은 양의 기대감이 발생하는 것이다. 자신에게 이어지는 통로로 그 사람 본인이 들어가면 과연 어떻게 될 것인가? 크레이그의 제일 첫 경험 이후 처음으로, '체험'으로 도달하는 과정이 묘사된다. 말코비치가 터널

안으로 천천히 전진해 가는 모습이 보이다가 이제는 익숙한, 철
썩하는 진흙 튀기는 소리가 들린다. 그 후 그는 빠른 속도로 터
널 안으로 밀어 넣어지며 이렇게 지연되어온 페이오프는 상당한
임팩트를 갖는다. 말코비치는 갖가지 크기, 나이, 성별, 옷차림을
한 존 말코비치들로만 이뤄진 세계에 와 있는 자신을 발견한다.

그 세계에서 도망친 말코비치는 뉴저지 고속도로 옆에 떨
어지며, 거기에서 크레이그를 대면한 그는 그 통로를 봉인하기
위해 법적 조치를 취할 것이라고 경고한다. 이 상기되는 원인은
나중에 크레이그가 말코비치를 완전하게 통제할 수 있게 되면서
종료된다.

이 시퀀스는 집에 돌아온 크레이그가 동물들에게 먹이를 주
며 아직 우리에 갇혀 있는 라티와 논쟁을 벌이는 장면으로 바뀜
으로써 갑작스럽게 메인 플롯으로 복귀한다. 대조를 통한 준비의
효과적인 활용으로, 크레이그는 갑자기 지금까지의 자기 행동을
부정하면서 부인을 우리에 가둔 사실을 후회한다. 자신이 괴물이
된 것이 아닌가 하며 괴로워하는 듯이 보이는 크레이그를 라티
는 말로 달래려고 시도한다. 그는 그녀에게 매우 사랑한다고 하
면서 우리를 연 뒤 어디론가 전화를 건다. 영화는 J.M. 주식회사
에 홀로 남아 있던 맥신에게로 전환되고 라티의 전화를 받은 그
녀는 한 시간 후 그녀와 만나기로 한다. 여기서의 인상은 마치 분
별력을 되찾은 크레이그가 부인을 풀어주는 것처럼 느껴진다. 그
러나 현실은 이어지는 샷에서 밝혀지는 것처럼 정반대다. 라티는
결국 다시 묶이고 입이 테이프로 막힌 채 우리에 갇힌다.

이 시점에서, 침팬지 일라이저는 포획당했을 때 받은 트라우마를 다시 보여주는 플래시백을 경험한다. 기억을 다시 더듬는 이 행위가 그로 하여금 라티를 풀어주게 하고 그럼으로써 그의 캐릭터 아크는 완전해진다. 또한 그의 유년시절의 트라우마를 치료하기 위한 정신과 상담에 대한 엑스포지션 역시 페이오프된다.

라티는 그 즉시 맥신에게 전화를 걸어 크레이그의 행동에 대해 알린다. 하지만 예기치 못한 전개가 이어진다. 맥신은 말코비치를 통제하는 크레이그의 힘에 흥미를 느껴 라티 대신 크레이그를 택하기에 이르는 것이다. 그녀는 라티에게 말코비치와의 약속에 늦겠다며 전화를 끊는데, 이는 이 시퀀스를 다음 시퀀스로 연결시키는 상기되는 원인이다. 이어지는 여파의 신에서 라티는 외롭게 비를 맞으며 뉴욕의 거리를 정처없이 걷는다.

시퀀스 F
: 크레이그가 여인을 손에 넣다

이 9분 길이 시퀀스는 크레이그가 마침내 말코비치를 정복하고 그 결과 맥신마저 손에 넣는 과정을 둘러싸고 벌어진다. 이 시퀀스는 앞에서 예정된 약속을 즉시 재개한다. 맥신은 말코비치를 만나러 가고, 이제 크레이그가 완전히 그를 통제하고 있는 상태에서 두 사람은 식탁 위에서 섹스를 갖는다.

영화는 다시 라티에게로 전환된다. 아직 빗속에서 혼자인 그녀는 이번에는 택시에 타고 있다. 그녀는 잠시 후 레스터의 집에 도착하고 그 와중에 두 번째의 주요 서브 플롯(즉 C플롯)이 개시된다. 그것은 불로불사를 획득하려는 레스터의 비밀 계획이다. 이 서브 플롯은 영화의 꽤 후반부에 시작되기 때문에 2막의 종료 바로 직전에 적지 않은 분량의 엑스포지션이 발생하는데 이것 역시 매우 흔하지 않은 경우이다. 라티는 레스터에게 말코비치에 대한 자신의 집착을 고백하고 전에 방문했을 때 그녀가 발견한 말코비치 '사당'에 대해 언급한다. 여기서 레스터는 통로에 대한 수수께끼를 풀어준다. 이 정보는 앞에서 지적되었던 것처럼 시퀀스 C에서 매우 능숙하게 회피된 바 있다. 그는 자신이 다름아닌 머틴 선장, 즉 오리엔테이션 비디오에서 소개된 인물이라고 설명한다. 90년 전 통로를 발견한 그는 당시에는 젊은이였던 레스터의 몸으로 건너갔으며 그래서 아직까지 살아 있을 수 있게 되었다고 밝힌다. 이렇게 한 '숙주'에서 또 다른 것으로 옮겨감으로써, 그는 불로불사를 획득할 수 있게 되었다는 것이다. 거기에 더해 그는 말코비치가 다음 번 '숙주'라고 설명하고 말코비치의 44번째 생일 자정에 통로를 통해 말코비치 안으로 들어가야만 한다고 얘기한다. 그러나 만일 너무 늦게 들어간다면 그는 '흡수'될 것이라고 한다. 다시 말해 다음번 '아기 숙주'로 우회되어 영원히 그 숙주의 눈으로 밖을 쳐다보면서도 아무것도 통제할 수는 없게 된다는 것이다. 이 엑스포지션은 영화의

3막을 구성하는 데드라인(말코비치의 44번째 생일)을 제공한다. 그러고서 레스터는 라티를 방 안에 가득 찬 나이 많은 친구들에게 소개한다. 그들은 레스터가 말코비치의 몸으로 건너갈 때 함께 데리고 갈 사람들이다. 이것으로 'C' 플롯의 셋업은 종료된다. 엑스포지션은 완료되었으며 서브 플롯의 프로타고니스트는 레스터이다. 더불어 말코비치의 44번째 생일날에 그의 몸으로 건너가려 한다는 레스터의 목적도 밝혀진 것이다.

영화는 다시 맥신과 (말코비치로서의) 크레이그로 전환된다. 여기서 크레이그는 그의 '절망과 각성의 무도'를 시범보여 영화의 오프닝에서 소개되었던 춤을 페이오프한다. 이에 깊은 감명을 받은 맥신은 크레이그에게 영원토록 말코비치 안에 있어 달라고 하면서 자신들이 그의 돈에 접근할 수 있을 것이라고 설명한다. 거기에 더해 크레이그는 말코비치의 명성을 이용해 자신의 인형술사로써의 경력을 띄울 수 있을 것이라고 맞장구친다.

이 대화는 2막의 종결을 가리키는데 그것은 주 긴장축의 해소가 임박했기 때문이다. 크레이그는 꿈에 그리던 여인을 얻는 데 성공했고 인형술사로서의 성공도 기대할 수 있게 된 것이다. 이 시퀀스는 마지막으로 한 번 더 불로불사 서브 플롯으로 전환되며 끝난다. 레스터는 라티에게 자신과 자신의 친구들과 함께 말코비치 '숙주'에 올라타자고 초대한다. 그러나 라티는 그 전에 레스터가 말코비치 '숙주'에 대해 알아야 할 것이 있다고 얘기한다. 바로 크레이그가 그것을 차지하고 있는 사실에 대한 간접적인 언급이다. 따라서 크레이그를 말코비치에게서 나가게 하는 과제가 3막의 주된 긴장감이 된다.

시퀀스 G
: 세상을 줄로 다스리는 크레이그

〈존 말코비치 되기〉에 매우 생소한 느낌을 부여하는 특징 중 하나는 프로타고니스트를 연기하는 배우가 마지막 세 시퀀스 동안 사실상 사라져 버린다는 것이다. 프로타고니스트는 스크린 상에 존재하지만 그를 연기하는 배우인 존 쿠삭은 그렇지 않다. 실제로, 영화의 마지막 30%(33분) 동안 쿠삭은 화면 위에 1분도 채 등장하지 않는다. 3막이 시작되고 나면, 그는 그의 특징으로만 존재하며, 그의 태도와 헤어스타일은 배우 존 말코비치에 의해 채용된 것들이다.

시퀀스 G는 9분이 약간 넘으며 다른 극적 긴장감보다는 행사로 인해 통일성을 지닌다. 그것은 말코비치의 44번째 생일이다. 또한 이 시퀀스는 말코비치와 아메리칸 발레 극장에서의 그의 공연에 대한 모큐멘터리mockumentary[2]를 다루고 있다. 이 부분들은 말코비치의 몸을 빼앗은 크레이그의 성공을 재치 있고 코

...

2   mock+documentary: 가짜 다큐멘터리

믹스럽게 그리고 있긴 하지만 이 책에서 소개된 기법들의 강력한 사용은 찾아볼 수 없다. 따라서 이 시퀀스 자체는 목적성이 결여된 특징을 지닌다. 레스터와 라티, 그리고 그들의 친구들로 장면전환이 될 때만 갈등의 암시가 존재하며 이 전환들은 마지막 시퀀스의 긴장감을 위한 토대를 마련한다. 그러나 시퀀스의 중요한 세 신들(말코비치의 에이전트와의 회의, 모큐멘터리, 아메리칸 발레 극장에서의 공연)에는 갈등이 거의 존재하지 않고, 따라서 흡인력 있는 긴장감 또한 찾을 수 없다.

이 시퀀스는 맥신과 (말코비치인) 크레이그가 말코비치의 에이전트와 미팅을 갖는 것으로 시작된다. 여기서 그는 연기에서 인형극 연출로 본업을 바꾸겠다고 선언한다. 8개월의 간격이 그 뒤를 따르며 이는 자막을 통해 알려진다.

그러고나면 (말코비치인) 크레이그가 TV로 자신에 대한 특집 방송을 시청하는 모습이 비친다. 이 모큐멘터리는 인형극이 예술의 고차원적인 형태 중 하나라는 개념에 대한 익살스러운 탐구인 동시에 엑스포지션(8개월 동안 어떤 일들이 일어났는지를 관객에게 알리는)을 전달하는 매우 경제적인 방법이다. 중요한 정보들의 조각들 사이에서 주목할 점은 말코비치와 맥신의 관계가 멀어졌다는 사실이다. 이것은 크레이그가 만든 라티 인형의 입술을 어루만지는 맥신으로의 컷어웨이에서 더욱 강화된다.

모큐멘터리 도중에 레스터의 집으로 두 번의 장면 전환이 이뤄지고 거기에서 레스터와 라티, 그리고 고령의 친구들이 동일한 모큐멘터리를 TV로 보고 있는 모습이 비친다. 말코비치와 함께 있는 맥신을 본 라티는 분노와 혐오감을 표현하나, 레스터는 아침이 되면 이 어처구니없는 코미디는 모두 끝날거라며 그녀를 달랜다. 이 상기되는 원인은 영화가 마지막 시퀀스로 향하면서 어느 정도의 긴장감을 발생시키는 기능을 한다.

모큐멘터리가 끝나자 (말코비치인) 크레이그는 그날 저녁의 일정을 텔레그래핑한다. 그는 〈백조의 호수〉 자선 공연을 위해 아메리칸 발레 극장에 다녀올 것이며, 그후에는 맥신과 함께 그의 44번째 생일을 자축하려 한다. 그의 44번째 생일은 이미 레스터가 통로로 들어가야 하는 데드라인으로 설정한 바 있기 때문에 이 예고는 미묘한 기대감을 불러일으킨다.

시퀀스는 크레이그가 〈백조의 호수〉 공연을 성공적으로 마치고 나면 종료된다.

시퀀스 H
: "딴 데를 보라구!"

약 11분 30초 동안 지속되는 마지막 시퀀스는 극적 긴장감으로 인해 통합된다. 바로 맥신을 되찾기 위해 말코비치를 떠나려는 크레이그의 결정이다. 시퀀스는 (말코비치인) 크레이그가 '44'라고 명확하게 표시된 생일 케이크를 사 들고 집으로 돌아오는 것으로 시작되는데 잠시 후 그는 맥신이 납치되었다는 사실을 알게 된다. 레스터는 크레이그에게 전화를 걸어 당장 말코비치에게서 나가지 않으면 맥신을 죽이겠다고 협박한다. 하지만 크레이그는 만일 그렇게 한다면 그 일이 자신에게 무엇을 의미하는지 나열한다. 즉 그가 말코비치를 떠나면 그는 그의 성공과 돈, 그리고 맥신까지 잃게 될 것이라는 내용이다. 이에 레스터는 자신과 자기 친구들은 늙었으며 자정까지 말코비치 안에 들어가지 못하면 죽을 것이라고 응수한다. 이는 영화의 마지막까지 지속되는 긴장감을 제공하는 상기되는 원인이다.

(말코비치인) 크레이그는 전화를 끊고 레스터는 패배를 시인한다. 라티는 그들이 통로로 들어가 크레이그를 밀어낼 것을 제안하지만 레스터는 크레이그가 너무 강력해서 자신들을 손쉽게 말코비치의 잠재의식 속 어딘가에 처박아 버릴 것이라고 설명한다. 이것은 다음 신을 셋업하는 중요한 엑스포지션으로, 절망에 빠져 격노한 라티가 맥신을 쏴 죽이려 하기 때문이다. 놀란 맥신은 도망치기 위해 통로 안으로 들어간다. 라티는 그녀를 뒤쫓고, 말코비치의 잠재의식 속을 헤집으며 추격전을 벌이던 그들은 비가 퍼붓는 뉴저지 고속도로 옆에 떨어진다. 거기서 맥신은 자기가 임신한 아이가 라티의 아이라고 고백하고 이에 두 사람은 결국 화해한다.

영화는 홀로 바에 앉아 자신이 직면한 곤경을 심사숙고하며 술을 마시는 (말코비치인) 크레이그에게로 전환된다. 결국 그는 레스터에게 전화하여 말코비치에게서 나가는 것에 동의한다. 크레이그는 뉴저지 고속도로 옆에 떨어지고, 짤막한 유예가 있은 후 말코비치는 데드라인 직전에 레스터와 그의 친구들에게 탈취당함으로써 그것과 관련된 상기되는 원인은 마무리된다.

고속도로에서 맥신과 라티를 발견한 크레이그는, 맥신을 향한 자신의 변함없는 사랑을 표현한다. 그러나 그녀는 다시 한 번 그를 거부하고 두 여인은 함께 차를 타고 사라진다. 결국 홀로 남겨진 크레이그는 최후의 상기되는 원인을 발생시킨다. 맥신이 자신을 다시 사랑하게 만들기 위해 통로로 되돌아가 말코비치를 차지겠다고 다짐하는 것이다. 이전에 제공되었던 엑스포지션(자정 이후 말코비치 통로로 들어가는 자는 '흡수'될 것이라는)이 크레이그가 언급한 그의 의도에 극적 아이러니를 더한다.

이어지는 자막이 그로부터 7년이 지났음을 알리고 찰리 쉰이 캘리포니아에 위치한 말코비치의 새 집에 도착한다. 말코비치는 명백하게 레스터에게 탈취되었으며, 이는 레스터의 취향을 반영하는 그의 머리스타일과 빨간 스웨터로 인해 입증된다. (말코비치로서의) 레스터는 찰리를 집 안으로 인도하고, 거기서 그들은 레스터의 부인(플로리스)과 인사를 하는데, 그녀가 찰리의 인사를 오해하는 것이 바로 언어 장애 개그의 마지막 페이오프이다.

레스터는 찰리를 위층으로 안내하고 그에게 영원히 사는 것에 대해 어떻게 생각하냐고 묻고 나서 새 사당(여자아이의 사진들이 걸려 있는 방)을 보여준다. 그는 그 아이의 이름이 에밀리라고 밝힌다. 이는 다음 신으로 연결되는 대사고리로써 그 신에서는 일곱 살짜리 여자아이 에밀리가 수영장에서 그녀의 두 엄마인 맥신과 라티와 놀고 있는 것이 보인다. 맥신에게 간질임을 당한 후, 뒤로 기대앉은 에밀리는 두 엄마를 사랑스러운 눈길로 바라보는데, 그때 어디선가 크레이그의 목소리가 들려온다. 그는 침울한 목소리로 맥신을 불러본 다음 에밀리에게 "딴 데를 보라구!"라고 종용하지만 그녀는 이 명령을 무시한다. 말코비치를 다시 차지하겠다는 크레이그의 의도에서 기인한 상기되는 원인은 여기에서 종료된다. 그는 영원히 에밀리의 몸 안에 들어 있도록 선고받은(흡수된) 것이지만 그녀에게 어떤 지배력도 행사할 수 없게 된 것이다.

〈존 말코비치 되기〉 시퀀스 분석

시퀀스	설명	길이	경과시간
	1막		
A	오프닝 타이틀과 인형극; 크레이그는 길거리에서 인형극으로 돈을 벌어보려 하나 도리어 얻어맞는다. 이어 신문의 채용 광고를 보고 레스터 주식회사에서 일자리를 얻은 그는 오리엔테이션 비디오를 시청한다. 통합하는 요인: 극적 긴장감 프로타고니스트: 크레이그 목적: 직장을 얻는 것.	15:04	15:04 (14%)
	개시점: 크레이그가 맥신을 처음 보는 지점.		
B	크레이그는 레스터의 음란한 취향을 받아주는 동시에 맥신을 추구한다. 스티프드 피그 술집에서 맥신에게 퇴짜를 맞은 크레이그는 얼마 후 그녀를 향한 집착에 가까운 사랑을 고백하지만 역시 거부당한다. 그러고서 그는 통로를 발견한다. 그후 맥신이 통로를 이용한 사업 관계를 제안하자 크레이그는 이를 수락한다. 통합하는 요인: 극적 긴장감 프로타고니스트: 크레이그 목적: 맥신	20:06	35:10 (33%)
	문제점: 크레이그가 맥신을 얻기 위해 통로를 이용하려 한다.		
	2막		
	주 긴장축: 과연 크레이그는 존 말코비치 통로를 이용해 맥신을 얻는 데 성공할 것인가?		
C	크레이그는 사업을 진행하지만 뜻밖으로 라티가 말코비치 되기에 빠져들고, 동시에 맥신에게도 관심을 갖기 시작한다. 라티는 말코비치를 통해 맥신과 '데이트'를 갖는다. 한편 J.M. 주식회사는 첫 번째로 성공적인 고객을 맞이한다. 통합하는 요인: 극적 긴장감 프로타고니스트: 크레이그 목적: 라티의 개입을 피해 맥신과의 관계와 사업을 추구하는 것.	15:49	50:59 (48%)

D	맥신이 저녁식사에 초대받아 오자 라티와 크레이그 둘 다 그녀를 추구한다. 맥신은 크레이그는 거부하지만 라티에게는 그녀가 존 말코비치 속에 들어 있을 때만 받아들이겠다고 말한다. 이에 라티는 말코비치를 통해 맥신과 또 한 번의 데이트를 잡고 둘은 결국 섹스를 갖는다. 질투에 사로잡힌 크레이그는 라티와 대립하고 맥신과도 맞서지남 맥신은 도리어 일방적인 사랑을 선택한 것은 그의 잘못이라며 비난한다. 통합하는 요인: 극적 긴장감 프로타고니스트: 라티 목적: 맥신과의 관계를 추구하는 것.	8:15	59:14 (56%)

	통합하는 요인: 극적 긴장감 프로타고니스트: 크레이그 목적: 말코비치를 조종하여 맥신을 얻는 것.		
	두 번째 극점: 크레이그는 맥신과 함께 하기 위해 영원히 존 말코비치로 남겠다고 한다.		

3막

G	주 긴장축은 해소되었다. 크레이그는 여인을 손에 넣은 것이다. 이 시퀀스는 그의 결혼생활과, 새 직업인 인형술사로 살면서 빚어지는 코믹한 결과들을 다룬다. 또한 레스터와 그의 계획에 대한 서브 플롯을 유지한다. 자신에 관한 다큐멘터리를 시청한 뒤 크레이그는 발레 극장으로 가서 공연에 임한다. 통합하는 요인: 사건(말코비치의 44번째 생일)	9:04	1:34:49 (91%)
H	귀가한 크레이그는 맥신이 납치된 것을 알게 된다. 맥신을 잃은 것에 대해 크레이그가 괴로워하는 동안, 라티는 맥신을 쫓아 말코비치의 잠재의식 속을 헤집고 다닌다. 도로 옆에 떨어지게된 두 사람은 마지막으로 대립하는데, 그 와중에 맥신은 라티에게 자기가 그녀의 아이를 가졌다고 털어놓는다. 맥신을 위해 결국 말코비치를 버린 크레이그는 뉴저지 고속도로의 갓길에서 다시 한 번 그녀에게 버림받는다. 그는 맥신을 되찾기 위해 통로로 돌아갈 것을 선언하지만, 결국 에밀리 속에 갇히고 만다. 통합하는 요인: 극적 긴장감 프로타고니스트: 크레이그 목적: 맥신의 목숨을 구하는 것.	11:34	1:46:23 (100%)
	결말: 크레이그는 맥신을 잃고 평생 그녀를 에밀리의 눈을 통해서만 바라보게 운명지어진다.		

12장

<반지의 제왕: 반지원정대>

'산탄총'식 접근법

〈반지의 제왕: 반지원정대〉(이하 〈반지원정대〉)를 스크린으로 가져오는 데 있어 제작자들은 두 가지 어려운 문제에 직면했다. 첫 번째는 J. R. R. 톨킨의 원작 소설 〈반지의 제왕〉 3부작을 이미 읽은 두터운 층의 열렬한 기존 팬들이었다. 그들은 영화화를 위한 각색 시에 이야기의 내러티브에 변화를 주는 것을 완강히 반대하는 입장이었다. 두 번째는 극적 형식으로 옮기기 어려운 방대하고도 복잡한 내러티브 구조 그 자체였다. 한편 〈반지원정대〉는 소설 전체에서 3분의 1분량만을 차지하기 때문에 정밀한 분석이 매우 까다로우며 따라서 전체의 일부로서는 물론 그 자체로서도 완결성을 갖는 작품으로 이해되어야 할 것이다.

이 작품이 비평과 흥행 양쪽에서 거둔 성과를 보면 영화 제작자들이 이 어려운 문제들을 극복하는 데 성공한 것처럼 보이는 것도 무리는 아니다. 그러나 각본 집필의 관점에서 좀 더 자세히 살펴 본다면 시나리오 작가들이 미처 선택하지 않은 스토리텔링의 여러 요소들이 본 작품의 임팩트를 훨씬 더 증폭시켰을 수도 있었을 것으로 보인다. 특히 이 영화가 기초한 원작과 비교했을 때 그런 지점들은 더욱 두드러진다. 따라서 이 작품은 매우 좋은 연구 자료가 되는데, 왜냐하면 영화 제작자들이 선택한 부분들로 인해 거꾸로 선택하지 않은 부분들이 드러나고, 그로 인해 그 선택들이 제공한 장단점이 손쉽게 평가될 수 있기 때문이다.

사실 시나리오 작가가 직업상 외주로 받은 각색 작업이나 각본 상담, 스토리 개발은 물론, 자기와 친구들의 작업물에 대한 재검토 등에서 마주하는 각본들은 대부분 명작이 아니다. 즉 불완전한 결과물을 풍부한 정보를 바탕으로 분석하고, 적절히 수정하는 방법을 강구하는 과정에서 비로소 걸작이 만들어지는 것이다.

따라서 본 장은 앞 장들의 내용과는 약간 다르게 진행될 것이다. 결과물을 분석함에 있어 다양한 선택이 가져온 효과들을 평가할 것이며, 동시에 어떤 선택이 관객에게 감정적으로 가장 큰 영향을 끼칠 수 있었을지를 알아볼 것이다. 이 과정에서 스토리텔링을 위해 내린 시나리오의 선택들을 톨킨의 원작상과 그때그때 비교해 보면 매우 유익할 것이다.

넓게 보면 이 작품은 이 책의 다른 작품들과는 달리 3막 구조에 쉽게 부합되지 않는다. 이는 드라마의 형태에 얽매일 필요가 없었던 톨킨의 원작 소설에 전반적으로 충실했기 때문이며 영화 자체의 단편적 특성에서 기인한 결과이기도 하다. 그것은 즉 이 영화가 톨킨의 원작 전체가 아니라 3분의 1정도만 다루고 있기 때문이다. 이야기의 주 긴장축은 분명 프로도가 반지와 연루되는 것을 중심으로 이뤄져 있다. 영화의 21%쯤 되는 부분에서 프로도는 간달프에게 반지를 의탁받아 여행을 떠난다. 영화의 나머지 부분은 프로도가 반지를 이송하는 것을 다루기 때문에 처음에 프로도가 브리를 향해 여행을 떠나는 부분은 1막의 마지막, 아니면 적어도 도입부의 마지막으로 작용한다.

그러나 이것은 기껏해야 불명확한 미래로 인해 직면하게 되는 문제에 불과하며 이야기의 셋업도 매우 피상적이다. 프로도의 여정의 본질, 그것이 얼마나 오래 걸릴지에 대한 느낌, 목표의 성질 등은 매우 불투명하다. 주 긴장축의 시작을 묘사하는 것은 샤이어에서 멀어지는 여정뿐이다.

한편 주 긴장축의 해소(두 번째 극점) 또한 분명하게 명시되지 않는다. 두 번째 극점이 보통 발생하는 영화의 4분의 3지점에서 간달프는 죽고 원정대는 그를 애도하며 모리아 광산을 빠져나온다. 이 사건이 이 시퀀스의 종료를 표시하긴 하지만, 전형적인 2막의 마지막에서처럼 여정의 본질이 바뀌거나 하지는 않는다. 이 사건은 중요한 캐릭터의 상실로 인해 더 어려워진 여정의 한 통과점에 불과한 것이다.

영화의 85%가 경과된 시점에서 원정대가 로스로리엔에 도착하고나면 긴장감은 사루만의 우르크하이 병사들이 원정대를 쳐부술 것인지의 여부로 쏠리게 된다. 우르크하이와의 전투가 3막 긴장감의 근원이라고 할 수도 있겠지만 그것은 사실상 한 개의 시퀀스(21분 길이의)에만 해당되는 긴장감에 가깝다. 더 나아가 그것은 완전히 새로운 국면의 소개라기보다는 여정 속에서 극복되어야 할 또 다른 장애물 역할을 수행할 따름이다. 따라서 결말은 이 서사극의 다음 속편과 연결될 상기되는 원인들과 함께 열려진 채 남는다.

주 긴장축이 확연하지 않고 그로 인해 막의 구분이 명확하지 않음에도 불구하고 이 작품은 관객의 주의를 미래로 향하게 하기 위해 시퀀스(모두 합쳐 13개 – 프리타이틀 시퀀스를 포함해서)에 의존하고 있다. 또한 톨킨의 원작과 영화 둘 모두 에피소드를 중심으로 이루어져 있다.

〈반지원정대〉를 이 책에서 분석된 다른 영화들과 비교하여 특징짓는 한 가지 차이점은 상대적으로 약한 프로타고니스트이다. 뒤에서 더 자세히 설명되겠지만 프로도는 처음의 두 시퀀스에선 스크린에 거의 등장하지 않으며 그 후에도 동행하는 많은 캐릭터들에 가려 마치 존재하지 않는 것처럼 느껴진다. 특히 주목할 점은 그는 영화의 13개 시퀀스 중에서 단지 3개에서만 프로타고니스트의 역할을 한다는 것이다.

그러나 이런 장편 극영화의 전형적인 형태에서의 일탈을 반드시 결함이라고 할 수만은 없다. 결국 중요한 것은 영화가 관객을 성공적으로 이야기에 끌어들이고 결국 그들을 만족시켰는가의 문제이기 때문이다. 물론 '완전함completeness'의 느낌을 더 철저히 주기 위한 또 다른 방법들도 존재하겠지만, 이 작품은 전반적으로 그런 과업들을 달성하는 데 성공했다. 이 분석의 목적은 그 선택되지 않았던 또다른 방법들이 얼마나 더 효과적이었을지를 저울질 해 보기 위해서이다.

전체적으로 볼 때, 이 시나리오가 택한 방식 때문에 계속 떠오르는 주된 문제는 아마 관객을 관찰자에서 참여자로 바꿀 수 있도록 상황과 캐릭터를 셋업하는 데 실패했다는 점일 것이다.

그 결과 이 영화는 여정의 과정 속에서 관객을 희망과 두려움의 감정을 통해 동참시켜 극적으로 풀어지는 서사극보다는 오히려 여행담(장소에서 장소로 이동하는 과정에서 관객이 새로운 발견 등을 하게되는)처럼 진행된다(이런 점에서 〈아라비아의 로렌스〉와의 비교는 매우 유용하다). 그렇다고 해서 이 작품이 희망과 두려움의 감정을 전혀 일으키지 않는다는 것은 절대로 아니다. 그보다는 그런 감정을 증대시킬 수 있는 기회를 다소 놓쳤다는 점을 지적하고 있는 것이다. 그 결과, 이 영화는 감정적 측면에서는 매우 기본적인 작용만을 한다. 즉 관객은 캐릭터들이 물리적인 피해를 입지 않을 것을 희망하고 그들이 행여 피해를 입을까 두려워할 뿐이다.

더 나아가 그나마 있는 셋업이 발생할 때조차 영화적 스토리텔링의 초창기 때부터 주요 요소 중 하나였던 서프라이즈(놀라움)를 위한 기회를 좌절시키는 방향으로 정보가 텔레그래핑되는 경향이 있다. 따라서 예상치 못한 전개는 거의 없다시피 한 단조로운 3시간짜리 액션 영화가 되고 만 것이다. 어떤 이는 수많은 사람들이 이미 톨킨의 책들과 친숙하다는 점 때문에 이 주장은 설득력을 갖지 못한다고 반론할 수 있을 것이다(즉, 아무도 그런 부분들에서 놀라지 않을 거라는). 그러나 의외의 전개나 반전은 단지 관객에게 즐거움을 주는 것 이상의 기능을 한다. 그것들은 가능한 결과에 대한 다른 힌트들을 제공하며 그럼으로써 이야기에 자연스러움과 생기를 부여하기 때문이다.

프리타이틀 시퀀스
: 엑스포지션에 대한 '산탄총'식 접근법

이 2시간 50분 길이의 영화(엔드 타이틀을 제외하고)는 어두운 스크린 위로 들려오는 여성의 목소리와 함께 시작되며 그 목소리는 관객에게 세상이 바뀌었음을 전한다. 이 실체 없는 음성과 그 낱말들은 매우 강력한 고리(수많은 성공한 영화들의 오프닝 장면에서 보이는 전형적인 퍼즐)를 제공하며 이는 도입부터 관객을 끌어당기는 역할을 한다.

이 서두의 낱말들 다음에 20개의 마법 반지들이 제조된 과정을 묘사하는 7분 길이의 내레이션의 이어진다. 거기에서 19개는 엘프, 드워프, 그리고 인간에게 주어졌고 나머지 하나는 '어둠의 제왕' 사우론에 의해 비밀리에 만들어졌으며 이는 그가 모든 이들을 조종하기 위해서였다는 내용이 전달된다. 방대한 영토를 자기 밑에 예속시킨 사우론은 인간과 엘프로 이뤄진 군대를 맞아 대전大戰을 벌인다. 절대반지를 끼고 나타난 사우론은 가공할 무력을 과시하나 그때 한 사람, 이실두르가 검으로 그의 손가락을 자르는 데 성공함으로써 가까스로 그를 물리친다. 그 후 내레이터는 반지의 사연을 추적한다. 이실두르를 타락시킨 그 반지는 강바닥으로 떨어졌다가 골룸이라 불리는 생물에게 발견되고 그 골룸은 5백년 동안이나 반지에 집착하며 지내지만 결국 그것은 빌보라는 이름의 호빗의 수중에 들어간다. 내레이션은 다음과 같은 상기되는 원인과 함께 끝난다. "머잖아 호빗들이 모두의 운명을 좌우할 때가 올 것이다."

　너무 많은 노골적인 엑스포지션을 영화의 오프닝 7분 안에 위치시킨 선택은 여러 가지 이유 때문에 문제시될 수 있다. 우선, 너무나 많은 정보가 전후 상황에 대한 감정이 전혀 형성되기도 전에 주어질 경우, 관객들이 말 그대로 그것을 받아 적기 전에는 완전히 이해하기가 힘들다. 여기서 이 보이스오버 도입부는 〈이중배상〉(4장)의 오프닝에서 네프가 전달하는 내레이션과 비교해볼 가치가 있다. 네프의 독백은 3분 미만이며 그것조차 밑에 서브텍스트가 흐르고 있다. 네프는 키이즈가 틀린 것을 증명하기 위해 그와 논쟁을 하려는 것이다. 반면 〈반지원정대〉의 오프닝의 보이스 오버는 완전히 중립적이다. 즉 관객은 단순히 정보만을 얻을 수 있으며 관객에게 반지에 대한 호기심을 불러 일으키려는 시도는 존재하지 않는다. 이 지점에서 〈아라비아의 로렌스〉(7장)와의 비교도 주목할 만하다. 그 작품의 스토리텔러는 관객이 주인공을 뚜렷하게 볼 기회를 갖기도 전에 영화의 첫 5분을 그에 대한 호기심을 만드는 데 할애한다.

　오프닝의 긴 모놀로그가 가져오는 또 다른 문제점은 비범한 특수효과들이 아무 준비 없이 관객에게 선보인다는 점이다. 장대한 전투 신들, 무시무시한 오크들, 핵무기의 그것처럼 보이는 거대한 폭발, 그리고 악명 높은 어둠의 제왕조차 아무런 준비나 전후관계의 설명 없이 매우 빠르게 나타났다 사라질 뿐이다. 이는 스토리텔링의 매우 강력한 도구중 하나(준비)가 활용되지 못한 것이다. 그 중에서도 사우론의 안이한 등장은 아까운 기회가 낭비된 것이라고 볼 수 있는데, 이는 이 영화의 중반부에 나오는 발로그의 등장만 보아도 쉽게 비교될 수 있다. 후자의 경우, 스토리텔러들은 간접적 접근법과 지연을 능란하게 사용한다. 즉 괴물이 나타나기 전, 무려 5분 동안 괴물에 대한 암시(음향, 으르렁대는 소리, 진동하는 지면, 활활 타는 듯한 빛)로 관객을 감질나게 만드는 것이다. 그래서 결국 괴물이 나타났을 때 그 시각적 임팩트는 상당하며, 그것은 이 영화 내 캐릭터들의 등장 신들 중 가장 으뜸이다.

사우론은 9시간 길이의 영화(반지 3부작) 내내 액션을 너무나 많이 좌우하는 캐릭터이므로 다른 종류의 판타지 필름인 〈오즈의 마법사The Wizard of Oz〉에서의 또 다른 신비스러운 인물의 등장과 그의 등장을 비교하는 것도 매우 유용할 것이다. 그 1939년도의 고전 작품에서 마법사는 실제로 스크린에 등장하기 전에 무려 한 시간이나 대화와 이야기의 화제로 다뤄지며 결국 등장할 때에도 불, 연기, 그리고 매우 큰 소음을 동반한다. 그 임팩트는 발로그 때와 마찬가지로 매우 강력하다. 또한 사우론의 패배를 극화함에 있어 다소 사소한 문제가 추가되는데 그것은 설정상의 약점을 노출시킨다는 점이다. 즉 절대반지로부터 힘을 부여받은 어둠의 제왕이, 반지를 낀 손가락을 잘림으로써 너무 수월하게 타도되는 것처럼 보이기 때문이다(톨킨의 책에서는 사우론이 죽은 후에야 이실두르가 손가락을 자르는 것으로 되어 있다).

영화를 긴 역사 강의로 시작한 선택 때문에 야기된 문제 중 가장 큰 것은 오프닝 시퀀스에서 미스터리를 다룰 수 있는 기회가 사라진 것이라고 볼 수 있다. 관객에게 정보를 전달하는 데 있어 이런 '산탄총'식 접근법을 사용함으로써 관객은 1막 중 상당한 부분 동안 등장인물들보다 정보면에서 더 앞서 있게 된다. 이런 점에서 〈북북서로 진로를 돌려라〉(6장)를 다시 떠올려 볼 가치가 있는데, 그 작품에서 히치콕과 레만은 영화의 첫 40분 내내 미스터리를 활용했다. 만일 스토리텔러가 반담의 스파이 조직의 활동에 대한 세세한 정보와 그 안에서의 이브의 역할, 그리고 CIA가 존재하지도 않는 요원을 이용해 반담을 속이려고 한다는 사실을, 바쁜 하루를 보내는 로저가 소개되기도 전, 영화의 첫 7분 내내 보이스오버 내레이션을 사용해 설명했다고 상상해 보라. 이로 인해 영화사상 매우 유명한 몇 개의 신이 망쳐졌을 수도 있었을 것이다.

결론적으로 〈반지원정대〉의 첫 7분은 이 영화의 전체적인 스토리텔링 스타일을 상징하고 있다. 관객은 참여자라기보다는 관찰자의 입장으로 남으며 어떠한 기대감, 희망, 두려움의 감정도 갖지 못한 채 일련의 사건들이 눈앞에서 펼쳐지는 것을 목격하게 될 뿐이다. 또한 이런 서사시적인 분량의 대작을 각색할 때에는 상영시간의 일 분 일 초가 귀중하기 때문에 그 시간을 이런 식으로 써 버리는 것은 다른 더 중요한 스토리텔링의 임무를 위한 시간이 줄어든다는 것을 의미한다.

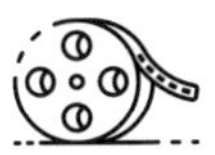

시퀀스 A
: 오랫동안 기다려온 파티

보이스오버 내레이션이 끝나면서 시작되는 첫 번째 시퀀스는 간달프가 샤이어를 떠나는 것과 함께 종료되며 약 19분 30초의 지속시간을 갖는다. 시퀀스를 통합시키는 극적 긴장감은 존재하지 않으며 오히려 시퀀스는 이벤트(빌보의 생일파티)와 파티에서 빠져나와 모험을 떠나는 빌보의 출발로 구체화된다. 액션에 있어 중추가 되는 것은 절대반지의 재소개이다.

시퀀스는 나무 아래 앉아 책을 읽고 있는 프로도에서 시작한다. 그는 곧 말 한 마리가 끄는 마차를 타고 등장한 마법사 간달프를 반기기 위해 뛰어간다. 프로도는 그에게 바깥세상의 소식을 묻는다. 간달프는 그와 대화를 나누기 시작하지만 그 내용은 대부분 관객에게 전달되지 않는다. 두 사람은 텐트와 현수막을 설치하는 호빗들 옆으로 지나가고 그 현수막에는 '생일 축하해요, 빌보 배긴스'라는 문구가 적혀 있다. 간달프는 빌보의 근황에 대해 묻고 파티가 이례적으로 장엄할 것이라는 얘기를 들었다고 말한다. 이는 영화의 두 번째 상기되는 원인이다. 프로도는 간달프에게 빌보가 뭔가 꾸미고 있는 것 같다고 답하는데, 이는 또 다른 상기되는 원인이다. 둘은 간달프와 함께했던 빌보의 과거 모험들에 대해 간접적으로 언급하고, 프로도는 간달프에게 작별 인사를 한 뒤 마차에서 뛰어내린다. 잠시 후, 간달프는 빌보의 집에 도착한다.

마차를 타고 백 엔드Bag End를 들어오는 과정을 사용해 이야기의 세팅을 소개하는 방식은 좋지만 이 3분 길이 신은 두 개의 문제가 있다. 첫 번째, 갈등이 없기 때문에 긴장감이나 기대감이 형성되지 않으며 두 번째, 그 길이를 정당화하기에는 정보의 양이 턱없이 부족하다. 기본적으로, 우리는 호빗들이 조용한 이들이고 빌보(아직 소개되지 않은 캐릭터)는 파티와는 별개로 또 다른 무엇인가를 계획하고 있으며 젊은 시절 꽤나 모험을 경험했다는 것만을 알게 된다.

빌보는 간달프를 집 안으로 초대한다. 둘이 나누는 대화에서 우리는 빌보가 자기 책을 마무리짓기 위해 샤이어를 떠나려 한다는 것과, 그가 늙었다는 느낌 때문에 힘들어 한다는 것, 그리고 떠난 후에는 돌아올 생각이 없다는 사실을 알게 된다. 이 신은 3분 이상 지속되며 그 전 신과 동일한 문제를 겪는다. 갈등이 내재되어 있지 않고, 따라서 극적 긴장감 또한 존재하지 않는다는 것이다. 이 신은 빌보에 대한 엑스포지션이 있고 파티가 끝난 후 무엇을 할지에 대한 빌보의 의도를 텔레그래핑하지만, 정작 문제는 빌보가 영화에서 비교적 덜 중요한 캐릭터라는 사실이다. 따라서 그에게 할애된 시간은 결국 프로타고니스트인 프로도를 관객에게 소개하고 있지 않은 시간으로써, 이로 인해 프로도는 영화가 계속 진행되고 있음에도 불구하고 중요하지 않은 인물처럼 여겨지게 된다.

　　그 후 파티 장면에서는 샘, 메리, 그리고 피핀의 소개를 다루고 뒤의 두 명은 폭죽 하나를 훔쳐 터트리려는 장난을 하려 한다. 이 '용' 폭죽의 비행은 대조를 통한 준비의 간단한 예이다. 언뜻 보기에는 위험할 것 같은 장치가, 두려움을 주는 몇몇 순간들이 지나면 결국 무해한 것으로 판명되기 때문이다. 파티의 극적 최고점은 마지막으로 작별인사를 마친 빌보가 허공 속으로 사라지는 지점이다. 그러고나서 그는 아직 투명 상태인 채 집으로 돌아간다. 집에 도착해 반지(그의 사라지는 묘기를 보이기 위해 사용한)를 빼 다시 주머니에 넣은 그는 집에서 자신을 기다리고 있던 간달프를 만난다. 여기에서 영화의 첫 극적 신이 보여진다. 이상하게도 저항을 하는 빌보에게 간달프가 그 마술 반지를 두고 가라고 설득하는 것이다. 결국 마지막에 반지를 남기고 떠나면서 빌보는 예언한다. 이제 그는 자신의 마지막 날까지 행복하게 살 수 있을 것이라는.

　　빌보가 떠난 후 시작되는 이 시퀀스의 3막은 순수하게 반지에 집중한다. 그것은 반지의 정체를 알아내기 위한 간달프의 노력과, 그것을 안전하게 지키기 위해 프로도에게 맡기는 그의 행위이다. 이 시퀀스는 두 개의 강력한 상기되는 원인과 함께 끝난다. '무언가'를 보고 와야 한다는 간달프의 선언과 프로도에게 그동안 반지를 비밀리에, 안전하게 보관해야 한다는 그의 경고가 그것이다. 오프닝의 내레이션 때문에 이 신에는 극적 아이러니가 붙어 넣어진다. 즉 캐릭터들은 반지의 역사와 진실에 대해 무지하지만 관객은 이미 알고 있는 것이다.

시퀀스 B
: 반지에 대한 진실

두 번째 시퀀스는 10분이 약간 못 되는 길이이며 반지의 진실을 밝혀내기 위한 간달프의 조사를 둘러싸고 벌어진다. 시퀀스는 어둡고 위협적인 성 같은 장소로의 장면 전환과 함께 시작된다. 괴로움에 찬 목소리가 "샤이어!", "배긴스!"라는, 간신히 이해되는 비명을 질러대고, 이 단어들이 언급된 후 얼마 안 돼 화산이 분출되고 검은 복장을 한 몇 명의 기사들이 말을 타고 성문을 나선다.

이 에피소드는 1분이 채 못 되며 시각적으로는 인상적일지 몰라도 이야기 전달상의 기능은 갖지 못한다. 또한 작품의 길이와 효율적 시간 사용의 필요성을 생각한다면 삭제되어도 스토리에 아무런 영향을 주지 않는 장면의 예이다. 물론 나중에, 특히 영화를 다시 보게 될 때 그 장소가 모르도르 영내의 바랏두르 요새이며 목소리의 주인공은 골룸이고 말 탄 기사들은 흑기사들임이 충분히 추측될 수 있기는 하다. 하지만 이 정보들 모두 이 신 안에서는 명확하지 않고 나중에 전적으로 다시 다뤄진다. 더 나아가 여기 이 장면이 존재하는 것자체가 관객의 기대를 증진시킬 수 있는 기회(준비)를 잃게 만든다. 왜냐하면 여기는 어찌 되었든 어둠의 제왕의 본거지이며, 중간계 전체를 위협하는 악의 근원이자 무시무시한 오크들로 이뤄진 군대의 총사령부이기 때문이다. 따라서 기대감은 상당히 쥐어짜져서 향후 속편들까지 관통하는 효과도 볼 수 있었을 것이다. 그러나 이렇게 아무 준비나 설명 없이 이미지들만 삽입하는 것은 나중에 그것의 임팩트를 약화시키기만 할 뿐이다.

그러고서 간달프가 이름 모를 먼 도시에 도착하는 모습이 보인다. 거기에서 그는 먼지 쌓인 도서관을 찾아가 반지에 대해 조사한다. 그가 고서를 읽어내려가면서 오프닝 내레이션의 신들 중 몇 가지가 다시 비치고 그 증거인 반지에 새겨진 글귀의 존재가 드러난다.

그 다음에는 검은 복장의 기사가 어느 호빗을 겁에 질리게 하며 배긴스에 대해 묻고 있는 장면으로 전환된다. 그는 결국 호비튼의 방향으로 안내된다. 이것은 이어지는, 대조를 통한 준비의 신을 셋업하는데, 프로도가 귀가한 어둡고 빈 집은 창문이 열려 있고 종이가 바람에 펄럭거려 그곳에 위험이 도사리고 있다는 느낌을 불어넣는다. 이윽고 어둠 속에서 손이 뻗어 나와 그를 붙잡는데, 곧 그것은 간달프의 손임이 밝혀진다. 그는 이전의 대사를 페이오프하며 첫 번째 시퀀스의 마지막에서 발생한 상기되는 원인을 마무리 짓는다. "비밀은 지켰나? 그것은 안전한가?"

얼마 안 있어 간달프와 프로도는 그것이 바로 다름 아닌 절대반지임을 확인한다. 간달프는 프로도에게 반지의 과거를 간결하게 설명하고(관객은 세 번째로 이 정보를 접한다) 그 후 모르도르의 어둠의 제왕의 부활과, 반지를 회수해 그 힘으로 '제2의 암흑기'를 가져오려는 사우론의 욕망에 관한 엑스포지션을 전달한다. 그는 프로도에게 사우론이 반지를 찾게 해서는 안 된다고 얘기한다. 이는 영화의 나머지 분량에 형태를 부여하게 될 상기되는 원인이다.

간달프는 자신들의 유일한 선택은 프로도가 반지를 샤이어 밖으로 운반하는 것이라고 결론짓는다. 프로도가 짐을 싸는 동안 간달프는 계획을 텔레그래핑한다. 프로도는 교외를 가로질러 여행해야 하고 낮에만 다닐 것이며 브리에 있는 프랜싱 포니 여관에서 간달프와 다시 합류할 것이다. 또한 그는 자기 이름이 배긴스라는 것을 알리면 안 된다. 그 동안 간달프는 자신의 집단의 수장에게 가서 답을 구할 것이다.

프로도가 떠나기 전, 그들은 샘이 그들의 대화를 엿듣고 있었다는 것을 알아낸다. 이 시퀀스는 살려 달라는 샘의 요청에 대한 대답으로 언급된 대사고리와 함께 마무리된다. 간달프가 그에게 "자네를 어디다 써먹으면 좋을지 생각이 났네."라고 말하는 것이다.

이렇게 해서 프로도는 이야기의 주변에서 갑자기 중심으로 밀어 넣어진다. 이 책에서 분석된 다른 영화들처럼 프로타고니스트의 일상의 흐름을, 그것을 방해하게 되는 개시점까지 조심스레 확립해 나가는 대신, 〈반지원정대〉 오프닝의 두 시퀀스는 프로타고니스트에게 할애하는 시간이 너무나 짧기 때문에 결국 그가 본의 아니게 두고 떠나야 하는 그의 일상의 흐름이 느껴지지 않는다. 이는 프로도가 오직 영화의 진행상 필요하기 때문에 존재한다는 잘못된 인상을 심어줄 수도 있는 것이다. 따라서 보다 탁월한 선택은 그의 내부적, 외부적 갈등이 함께 작용해 더 강한 효과를 가져오도록 오프닝 시퀀스들이 그를 둘러싸고 벌어지게끔 구성하는 방법일 것이다.

시퀀스 C
: 브리를 향한 여정

이 13분 길이 시퀀스는 이미 여행길에 오른 프로도와, 따라오는 샘에게 뒤처지지 말라고 재촉하는 간달프를 보여주며 시작된다. 간달프는 둘에게 조심하라고 경고하며(적에게는 수많은 첩자들이 있으며 반지는 안전하게 보관되어야 하는데, 이는 반지 자체가 누군가에게 발견되기를 원하기 때문이다) 바로 앞의 시퀀스에서 시작된 여정의 셋업을 완결 짓는다.

그러나 이 셋업에는 몇 가지 중요한 정보가 누락되어 있다. 이 여정은 얼마나 오래 걸릴 것인가? 여행에는 며칠이 소요되는가? 프로도는 브리에 가본 적이 있는가? 혹은 샤이어 밖이라도?(우리는 샘은 샤이어 밖으로 나가본 적이 없다는 것을 나중에 알게 된다) 그들은 이 여정에 대해 어떻게 생각하는가? 톨킨의 책들에서는 지리(지도들)가 매우 중요한 요소 중 하나이지만 이상하게도 영화에서는 위치(거리, 방향, 그리고 여러 영토들 사이의 공간적 관계)에 대한 느낌이 매우 부족하다. 이와는 대조적으로, 이 책에서 분석된 또 다른 대작 〈아라비아의 로렌스〉에서는 거리와 위험요소, 그리고 여정에서 예상되는 점들을 설정하는 데 상당한 시간이 할애되었다.

얼마 동안 이동한 그들이 노숙을 준비할 때, 흑기사들 중 하나가 광활한 대지위에 깔리는 황혼을 배경으로 위협적인 모습을 드러낸다. 이로 인해 사우론의 첩자들에 대한 간달프의 경고의 상기되는 원인이 재개된다.

그 다음, 전 시퀀스에서 텔레그래핑된 바 있듯이 또 다른 마법사, 사루만을 방문하기 위해 말을 타고 가는 간달프의 모습으로 장면이 전환된다. 둘은 반갑게 인사를 나누고 사루만이 엑스포지션을 전달한다. 사우론이 중간계를 상대로 공격을 개시할 수 있는 거대 규모의 군대를 모으고 있다는 내용이다. 또한 그는 사우론의 세력이 움직이기 시작했으며 흑기사들이 이미 반지를 찾아 출발했다고 한다. 이것은 이 시퀀스의 나머지를 구성하는 따라다니는 원인이다. 이 시점에서 간달프는 프로도에게 경고하기 위해 급히 떠나려 하지만 사루만은 그를 막아서며 자신이 모르도르의 하수인(배반자)임을 드러낸다. 간달프는 손잡기를 거부하고 그와 힘을 겨루지만 결국 패하고 만다.

사루만과의 이 5분 길이 장면에 대해서는 스토리텔링의 두 지점이 문제시될 수 있다. 첫 번째, 준비를 위한 또 한 번의 기회를 잃은 듯 보인다. 앞에서 언급된 바 있듯이 이 영화는 의외의 전개들이 매우 결핍되어 있다. 가까스로 신뢰할 수 있는 조언자를 찾은 간달프가 그가 결국 배반자임을 깨닫게 되는 지점은 이 스토리텔링 기법을 활용할 수 있는 이상적인 기회임에 틀림없다. 그러나 반면 이 장면이 집필되고, 또 촬영된 방식 때문에 사루만이 타락했다는 사실은 매우 처음부터(즉 간달프가 그것을 알아차리기 훨씬 전부터) 확연하게 드러난다.

두 번째, 이 장면이 과연 꼭 필요할까? 물론 이 장면은 영화 제작자들이 비범한 특수효과 기술들을 과시할 수 있게 해 주긴 하지만 그 대신 이야기의 전달 측면에서 대가를 치르게 한다. 간달프가 급습당하는 것을 보여줌으로써, 그 즉시 관객은 프로도와 그의 동료들이 간달프를 예정대로 프랜싱 포니 여관에서 만나지 못할 것이라는 사실을 알게 된다. 그럼으로써 대조를 통한 준비의 기회(그리고 뜻밖의 전개도)가 또 사라지게 되는 것이다(톨킨의 책에서는 그의 운명에 대한 내용이 감춰져 놀라움의 요소가 유지된다). 이 장면을 삭제할 때 얻는 또 다른 장점은 다른 곳에 사용될 수 있는 매우 소중한 5분을 아낄 수 있다는 점이다. 특히 책에서 호빗들이 톰 봄바딜과 갖는 인상적인 조우가 영화에서는 누락되어 있다.

반면 간달프의 수난에 대한 관객의 지식이 호빗들의 신에 극적 아이러니를 더하는 효과를 가져오기는 한다. 그들은 간달프가 브리에서 자신들과 합류하지 못할 것이라는 사실을 모르기 때문이다. 그러나 유감스럽게도 이 신들은 극적 아이러니를 위해 이용되지 않는다. 그것은 그 신들에서 호빗들이 간달프에 대해 언급하는 내용이 전혀 없으며, 또한 간달프와 곧 만날 것이고 그가 자신들을 보호해주리라는 그들의 희망과 기대도 보이지 않기 때문이다.

간달프가 사루만에게 무력화된 것이 보여진 후 영화는 다시 호빗들에게로 전환된다. 거기에서 프로도와 샘은 불꽃놀이 장면에서 소개된 바 있는 두 명의 장난꾸러기, 메리와 피핀과 만난다. 잠시 후 네 호빗은 숲속 길에 다다르는데 거기에서 흑기사와 첫 번째 조우를 갖는다. 브리로 가는 도중에 벌어지는, 달빛 가득한 안개낀 숲속을 통과하는 추격전은 버클베리 나루터에서의 아슬아슬한 탈출로 이어진다.

시퀀스 D
: 브리

브리에 도착하는 호빗들과 함께 시작되는 네 번째 시퀀스는(이로써 시퀀스 B의 마지막에 시작된 상기되는 원인이 마무리된다) 장소(마을)와, 좀 더 작은 범위에서는 극적 긴장감(호빗들을 흑기사들로부터 지키려는 스트라이더의 욕구)으로 인해 통일성을 지닌다.

프로도와 그의 동료들은 프랜싱 포니 여관에 다다르지만 거기에서 그들은 관객이 이미 인지하고 있는 사실을 알게 된다. 그것은 간달프가 거기에 없다는 사실이다. 그 후 매우 신속하게 두 개의 상기되는 원인들이 다시 다뤄진다. 피핀이 바에 앉은 손님들 몇 명에게 프로도의 성이 배긴스임을 밝히고 발이 걸려 넘어진 프로도가 손가락에 반지를 끼게 되는 것이다. 이 두 가지는 모두 시퀀스 B와 C에서 간달프가 경고한 내용을 위반하는 행위이다.

프로도가 그의 손가락에서 반지를 빼기도 전에 흑기사들은 그의 존재를 느낀다. 프로도가 다시 모습을 드러내자 스트라이더는 재빨리 그를 붙잡아 빼돌린다. 대조를 통한 준비의 재치 있는 사용으로 인해, 적처럼 보였던 첫 인상과는 달리 그는 중요한 협력자이자 보호자로 밝혀진다. 스트라이더는 대사고리("놈들이 오고 있다.")와 함께 신을 종료시킨다. 얼마 지나지 않아 흑기사들은 정문을 부수고 들어오고, 또 한 번의 대조를 통한 준비의 효과적인 활용으로 그들은 잠자고 있는 호빗들을 찌르는 것처럼 보이지만 곧 침대가 비어 있다는 사실을 알아차린다.

잠시 후 스트라이더와 호빗들은 얼마 떨어지지 않은 다른 여관의 지저분한 방 안에 머물고 있음이 밝혀진다. 흑기사들이 사라지는 모습을 지켜보며 스트라이더는 그들의 정체를 설명한다. 그들은 사우론에게 종속된, 죽지 않는 인간의 왕들인 나즈굴이다(오프닝의 내레이션 장면에서 등장한 바 있다). 이 시퀀스는 상기되는 원인과 함께 종료된다. "그들은 널 찾는 걸 포기하지 않을 거야."

시퀀스 E
: 리벤델을 향해

다음 신에서는 호빗들을 데리고 광활한 평야를 가로지르고 있는 스트라이더의 모습이 보인다. 프로도가 지금 어디로 가고 있는지 묻자 스트라이더는 엘론드의 거처인 리벤델로 간다고 한다. 이에 샘은 그러면 이제 엘프들을 보게 될 것이라고 짧게 언급한다. 이렇게 16분 길이의 다섯 번째 시퀀스가 시작되며 여기서 보이는 셋업의 엉성함은 다시 한 번 〈아라비아의 로렌스〉와 대조를 이룬다. 다시 말해 여정의 성질에 대해 아무 힌트도 주어지지 않는다. 얼마나 오래 걸리고 얼마나 먼 거리이며 위험요소는 어떤 것이 있는지(흑기사들 이외에), 예상할 수 있는 것은 무엇이며 그들이 성공할 가능성은 얼마나 되고 거기에 도착하면 무엇을 할 것인지 등이 전혀 묘연하다. 그래서 관객은 기대감을 발생시킬 수 있는 엄청난 능력을 보유한 극적 사건이 아닌, 단순한 여행기(보고 경험할 수 있는 새 장소들을 제공하는)와 유사한 장면으로 밀어 넣어진다. 무엇을 기대하고 무엇을 두려워해야 할지 미리 알려주지 않는 한, 관객이 그것을 알고 있기란 불가능하기 때문이다.

호빗들이 애당초 왜 스트라이더를 따르고 있는지에 관해서는 피핀이 다른 이들에게 이렇게 묻는 부분이 나오기는 한다. "어떻게 그가 간달프의 친구라는 것을 알 수 있지?" 그러자 프로도는 거기에 이렇게 답한다. "우린 그를 믿는 수밖에 다른 선택의 여지가 없어." 그러나 그들이 왜 그를 신뢰해야 하는지는 불분명하다. 호빗들이 선택할 수도 있었던 다른 방도들은 언급되지도, 검토되지도 않기 때문에 영화에 있어 매우 중요한 '무한한 가능성'의 느낌은 박탈되고, 이로 인해 호빗들이 스트라이더를 신뢰하는 이유는 그저 이야기가 그들이 그렇게 하는 것을 필요로 하기 때문이라는 인상을 준다. 시퀀스의 셋업에 대한 이런 부족한 배려는 대사 전달 방식에서도 찾아볼 수 있는데, 대사가 주로 캐릭터들이 여러 장소를 도보로 이동할 때 멀리서 들리거나 아니면 화면 밖에서 들리기도 한다. 따라서 이로 인해 셋업을 놓치기가 더욱 쉬워진다. 더 나아가 왜 스트라이더를 믿어야 하는지, 그리고 그가 자신들을 어디로 데려가는지에 대한 호빗들의 의문은 이미 먼 거리를 지나온 지점에서 묻는 것보다는 여정을 시작하기 전에 묻게 하는 것이 더 자연스러울 것이다(원작에서처럼). 작가들이 이를 충분히 발전된 극적 신으로 처리했다면 더 강한 셋업을 제공하고 나중에 큰 이득을 가져왔을 것이다.

그들의 목적지는 리벤델이며 어두워질 때까지 멈추면 안 된다고 스트라이더가 얘기하고 난 후, 영화는 팔란티르를 사용해 사우론과 연락을 취하는 사루만으로 장면이 전환된다. 사우론은 사루만에게 '모르도르에 어울리는' 군대를 만들 것을 지시한다. 이것은 이어지는 몇 개의 신에서 다시 다뤄지고 발전될 상기되는 원인이다. 잠시 후 기형적으로 생겼지만 공손한 괴물들이(나중에 오크들로 밝혀진다) 사루만에게 다가와 '눈'에게서 받은 명령에 대해 묻는다. 이에 사루만은 "우리는 할 일이 있다."라고 답하는데, 이는 나무들이 땅에서 뽑히는 모습이 비치는 다음 신으로의 대사고리이다. 그 다음 지치고 부상을 입은 간달프가 사루만의 탑 위에서 깨어나는 장면이 비치며, 그는 탑 아래에서 저질러지는 악행을 목격한다.

간달프/사루만 서브 플롯으로의 두 번째 장면 전환은 2분이 채 안 되며 스토리텔링의 관점에서 보자면 첫 번째 장면 전환과 마찬가지로 불필요하게 느껴진다. 이 부분은 본질적으로 설명을 위한 것이다. 즉 사루만은 군대를 만들라는 지령을 받고 그 반응으로 아무 설명도 없이 나무들을 뽑기 시작한다. 한편 간달프는 아직 살아 있지만 여전히 감금된 처지이다. 시퀀스의 셋업 부분에서 이 2분간의 상영시간의 사용은 만일 다르게 활용되었다면 극적으로 더 큰 효과를 가져왔을 수도 있었을 것이다.

영화는 다시 스트라이더와 호빗들의 여정으로 전환된다. 방치된 감시탑인 웨더톱에 도착한 그들은 거기에서 밤을 보내기로 한다. 호빗들에게 칼 몇 자루를 나눠준 스트라이더는 정찰을 하고 오겠다며 칼들을 가까이 지니고 있을 것을 당부한다.

얼마 후 잠에서 깨어나는 프로도가 보인다. 일어나는 즉시 그는 동료들이 모닥불을 피운 것을 알고 소스라치게 놀라 황급히 불을 끄지만 이미 때는 늦었다. 나즈굴 다섯이 감시탑의 토대 쪽으로부터 접근해 오는 것이 보이는 것이다. 이는 미리 셋업이 주어지지 않은 상황의 또 한 번의 반복이다. 즉 불을 지피지 말라는 경고도 주어지지 않았고 프로도에 의해 불이 꺼짐과 동시

에 그것이 실수라는 사실이 관객에게 밝혀진다. 따라서 프로도
의 반응에 의해 위험을 추론하는 것 외에는 관객이 미리 위험의
느낌에 동참할 기회가 주어지지 않는 것이다.

　　네 명의 호빗들은 나즈굴의 상대가 되지 못하고 필사적인
상태에서 프로도는 반지를 낀다. 그러나 그가 모습을 감춘 것은
나즈굴을 잠시 동안만 좌절시킬 뿐이다. 결국 프로도는 그들의
칼에 찔리고 마는데 이때 한 손에 칼을, 그리고 한 손에 횃불을
든 스트라이더가 나타나 재빨리 나즈굴들을 퇴치한다. 전투는
너무나 훌륭하게 촬영되었지만 스토리텔링은 또 다시 타격을 입
는다. 만일 불을 사용해 나즈굴들을 그렇게도 쉽게 굴복시킬 수
있다면, 어째서 스트라이더는 처음부터 호빗들을 칼 대신 횃불
로 무장시키지 않았을까? 이것은 하찮은 질문이 아니다. 왜냐하
면 스토리텔러의 임무 중 하나가 바로 그 세계의 법칙을 설정하
는 것이며, 그럼으로써 관객은 무엇을 기대하고 무엇을 두려워
해야 하는지 알 수 있기 때문이다. 예를 들어 만약 나즈굴이 불
에 약하다는 사실을 관객이 미리 알고 있었다면, 불을 끈 프로도
의 행위는 오히려 놀라운 실수로 비쳐졌을 것이다. 그 대신, 관
객은 엑스포지션(불이 효과적이라는 사실)을 전투의 끝자락에서야 얻
게 되고 이는 극적 임팩트를 가져오기에는 너무 늦은 타이밍이
다. 물론 이 문제는 몇 신 뒤에 나즈굴들이 아무 해도 입지 않은
채 다시 돌아오면서 무마되기는 한다. 불에 타는 것은 그들에게
충격을 주는 정도의 효과밖에 없는 것처럼 보이는 것이다(반면 톨
킨의 원작에서는 불을 사용하면 나즈굴을 무력화시킬 수 있다며 스트라이더가 호빗

들에게 모닥불을 피울 것을 지시하고, 그럼으로써 뒤따르는 전투에 매우 중요한 셋업을 제공한다는 사실을 주목할 필요가 있다).

나즈굴을 처치한 스트라이더는 프로도를 살피고 그가 모르도르의 칼날에 상처를 입었다는 불행한 정보를 전달한다. 이는 매우 심각한 상황이며, 치료를 위해선 '엘프의 약재'가 필요한 것이다. 잠시 후 약재를 찾아 숲 속을 헤매고 있는 일행의 모습이 비친다. 그리고 여기서 샘이 리벤델까지는 6일이나 걸릴 거라면서(이 시퀀스에서 처음으로 주어지는 공간/시간적 설명이다) 프로도에겐 가망이 없다고 말한다. 이는 시퀀스 F로 넘어가기 전까지의 액션에 추진력을 부여하는 상기되는 원인이다.

샘은 필사적으로 간달프의 이름을 불러보는데, 이는 아이젠가드로 장면이 전환되는 것의 청각적 고리를 제공한다. 한편 그곳에 간달프는 아직도 감금된 채이며, 무기를 제조하고 새 오크들을 지하의 진창에서 파내는 데 열중하는 오크들의 모습이 보인다.

영화는 다시금 깊은 숲속에 위치한 스트라이더와 호빗들로 장면이 전환되고 그 사이에도 프로도는 기력이 계속 쇠퇴하고 있다. 여기서 그들은 예기치 않게 여자 엘프인 아르웬과 만난다. 그녀는 프로도의 유일한 희망은 자기 아버지에게 데려가는 것이라고 재빨리 결론짓는다. 스트라이더가 그를 맡겠다고 하자 아르웬은 자기가 말을 더 빨리 몰 수 있으며, 만약 강에 닿을 수만 있으면 자기쪽 사람들이 자신을 지켜줄 것이라고 말한다.

이렇게 해서 시퀀스의 나머지 분량을 차지하는 추격 신을 위한 셋업이 완전해졌다. 여행은 6일이 걸리고 데드라인은 제시되었으며(프로도가 죽을지도 모른다) 잠재적으로 위험한 장애물은 나즈굴들이다. 강에 닿을 수만 있다면 아르웬은 안전할 것이다. 그 결과 매우 효과적인 추격전이 진행되고 강가에 도착하는 아르웬의 모습이, 목적이 달성되었다는 느낌을 즉각적으로 전달한다.

마법으로 강을 다스려(도강을 할 수 없다는 그들의 약점은 이미 버클베리 나루터에서 설정된 바 있다) 나즈굴을 물리친 아르웬은 매우 위독해 보이는 프로도를 돌아본다. 아르웬의 절망적인 반응은 대조를 통한 준비의 효과적인 사용을 표시한다. 그녀가 절망을 느끼는 지점은 프로도가 성공적으로 회복되는 장면 바로 직전에 위치하기 때문이다.

시퀀스 F
: 리벤델과 원정대의 결성

다섯 번째 시퀀스는 이 영화에서 가장 길며 장소에 의해 통합된다. 그곳은 엘프들의 도시인 리벤델이다. 이 시퀀스는 그 중심에 엘론드의 회의가 자리잡고 있으며 그 회의에서 반지에 대한 결정이 내려지고 원정대가 결성된다. 이것들은 영화의 남은 분량에서의 액션을 구성하는 두 개의 사건들이다. 이 시퀀스는 몇 개의 극적인 신들을 포함하고 있긴 하지만 그것들은 초점의 부재에 의해 타격을 받는다. 그 중에서도 특히 주목해야 할 지점은 엘론드의 회의가 갖는 중대성과 그로부터 파생되는 결정을 충분히 셋업하는 데에 실패했다는 점이다. 어쨌거나 이 원정대의 결성은 영화의 첫 번째 극점을 구성한다고 할 수 있는데, 이 사건은 영화의 중간점을 조금 넘긴 부분에서 일어나며, 나중에 영화의 마지막에서 원정대가 해체되는 부분과는 정반대의 상황을 제공하기 때문이다.

시퀀스는 의식을 되찾은 프로도가 간달프와 다른 호빗들과 재회하면서 시작된다. 그는 자기 책을 완성한 빌보도 만나게 된다. 이로 인해 첫 번째 시퀀스에서 시작된 상기되는 원인이 마무리된다. 빌보의 책을 들추다 샤이어의 지도를 보게 된 프로도는 그곳으로 돌아가고 싶다는 마음을 비친다. 그리고 자신이 빌보의 모험에 동행해 다른 곳에 가 있는 것을 상상하며 어린 시절을 보냈지만 정작 지금의 모험은 그가 예상한 것과는 다르다고 빌보에게 고백한다.

이 엑스포지션을 여기에 위치시키는 것은 문제가 있다. 이미 다른 곳에서 시사된 바 있듯이 프로도에 관한 이런 성격의 정보는 관객이 영화의 오프닝 시퀀스에서 알게 되었다면 훨씬 유용했을 것이다. 만일 그랬다면 간달프가 그에게 맡긴 임무(반지를 브리까지 운반하는 것)를 수락하는 프로도가 매우 다르게 해석될 수 있었다. 즉 오랫동안 자신을 모험가로 상상해온 호빗이 드디어 소망을 이룰 기회를 얻은 것이다.

또한 이 부분은 이어지는 신들에서 빌보와 샘에게 표출되는, 샤이어로 돌아가고 싶어 하는 프로도의 욕구에 대한 새 시각을 제공할 수도 있었다. 그 신들은 단순한 엑스포지션에 그치지 않고 더 심오하고 울림이 있게 묘사되는 동시에 주인공의 진화에 있어 매우 중요한 전환점을 제공하는 것이 가능했다. 그것은 즉 자신을 모험가로 상상해오던 자가 그런 인생은 자신에게 맞지 않다는 걸 깨닫게 되는 지점이다. 아울러 그럼에도 불구하고 좋든 싫든 이 모험을 계속해야 한다는 것을 깨닫고나면 그의 곤경은 더욱 통절하게 느껴지게 된다. 그것이 바로 '마지못해 행동하는 영웅reluctant hero'의 모습이기 때문이다. 그러나 이 정보는 너무 늦게 제공되는 바람에 큰 효과를 가져오지 못했다.

샘은 프로도에게 자신들이 간달프가 부탁한 일(반지를 리벤델로 가져온)을 완수했으며 이제는 샤이어로 돌아갈 시간이라고 말하고, 이에 프로도는 샘의 말이 맞다는 사실을 돌연 깨닫는 것처럼 보인다. 그들은 처음 계획한 일을 해냈으며 이제는 집으로 돌아갈 시간인 것이다. 그는 반지를 보고는 그것이 리벤델에 있으면 안전할 것이라고 소리내어 결론짓는다. 이 견해는 곧바로 다음 신에서 부정되며 어떻게 보면 그 신을 위한 셋업이라고도 볼 수 있다. 하지만 논리적인 지점과 이야기 전달에 대한 이유, 이 두 가지 측면에서 볼 때 이 논의 역시 매우 뒤늦게 발생한 것이다. 우선 논리적으로 보았을 때, 프로도와 샘이 리벤델에서 무엇을 할 것인지, 도착한 다음에는 어떻게 할 것인지에 대해 아무 생각도 하지 않고 그 먼 길을 왔으리라고는 믿기 어렵다. 다른 곳에서 지적된 바 있듯이 이런 논쟁점은 브리에서 출발하기 전에 제기되고 결정되는 것(그리고 그럼으로써 관객에게 알려지는)이 더 논리적일 것이다. 이런 지식은 그 여정의 성패에 무엇이 걸려 있는지 명확하게 하고 리벤델에서 벌어질 중요한 반전(호빗들에게 그 여정은 아직 끝나지 않았다는 것)을 셋업시킬 수 있었을 것이다. 하지만 그 의문은 반전이 일어나기 몇 분 전에야 비로소 제기되고, 따라서 브리로부터의 여정에 따른 감정적 충격을 고조시키기에는 부족하다.

프로도와 샘이 샤이어로 돌아가려는 서로의 공통적인 욕구를 확인하고 난 후 영화는 간달프와 엘론드에게로 장면이 전환되며 여기에서 이 시퀀스상 처음으로, 충분히 발전된 극적 신이 자리를 잡는다. 그것은 내키지 않아 하는 엘론드에게 반지를 리벤델에 남겨 둬도 된다며 간달프가 설득하는 장면이다. 이는 또한 요약의 신('요약의 신' 참조)의 기능을 지니며 논쟁적 '탄약'에 의해 약간의 엑스포지션을 제공한다. 간달프는 엘론드에게 그 반지는 프로도가 짊어지지 않았어도 될 짐이라고 얘기함으로써 곧바로 바로 전 신에서 발생한 상기되는 원인(집에 돌아가고 싶어하는 프로도의 욕구)을 다시 다룬다. 그리고 대화 중에 간달프는 엘론드에게 사루만이 고블린과 교배시킨 오크들의 군대를 만들고 있고, 그래서 그들은 낮 시간에도 움직이고 공격할 수 있게 될 것이라고 엘론드에게 밝힌다. 이는 일찍이 사루만으로의 장면 전환에서 보였던 이미지들을 지금에야 설명하는 엑스포지션이다. 이로인해 엘론드는 리벤델에서조차 반지가 안전하지 않다고 결론짓는다. 간달프는 자신들이 인간들에게 희망을 걸어야 한다고 한다. 현재 인간들은 지도자가 없긴 하지만 스트라이더의 지도 아래 연합할 수 있을 것이라고 하는데, 이로써 스트라이더가 단순한 경비 대원이 아니라는 사실 또한 여기에서 밝혀진다.

스트라이더가 왕족이었다는 새로운 사실 또한 더욱 철저하게 셋업되었다면 보다 효과적이었을 것이다. 엘론드가 언급하기 전에는 영화 속에서 인간 종족에게 지도자가 없고 이 때문에 그들이 고통받는다는 사실은 전혀 암시된 적이 없다. 그런데 이 문제가 화두가 되었을 때 그 답은 이미 준비되어 있는 것이다. 그것은 바로 스트라이더이다. 여기서 더 효과적인 선택은 이 문제를 더 일찍 소개하여 중간계 인간들에게 지도자가 없다는 사실을 극적으로 표현될 수 있게 하는 것이었으리라. 만일 이런 식으로 극화되었다면 이 새로운 사실(즉 외견상으로는 초라한 스트라이더가 앞으로 나서기만 한다면 백성들이 왕으로 추대할 만한 사람이라는 내용)은 엑스포지션들 사이에 샌드위치처럼 끼어 있는 단순한 또 하나의 엑스포지션이 아니라 매우 의미심장한 강조점으로 활용될 수 있었을 것이다.

간달프와 엘론드의 신이 진행되는 도중에 예고되지도, 해명되지도 않은 세 개의 장면 전환이 일어나 새로 등장하는 캐릭터들을 비춘다. 턱수염을 기른 사람이 홀로 말을 타고 도착하고, 그와 마찬가지로 흰 머리칼의 엘프가 몇 명의 동행들과 함께 나타난다. 또 드워프 한 명이 걸어서 접근해 온다. 나중에 보로미르, 레골라스, 그리고 김리임이 밝혀지는 이들은 잠시 후 이 영화와 책의 제목이 된 반지원정대의 일원이 될 세 명의 주요 캐릭터들이다. 이 침묵 속에서 이뤄지는 세 명의 등장은 〈아라비아의 로렌스〉에서의 알리 족장, 아우다 아부 타이, 그리고 로렌스의 등장은 말할 것도 없이 앞에서 메리와 피핀의 등장 장면이 가졌던 임팩트에도 미치지 못한다는 점에 주목해 볼 만하다.

간달프와 엘론드의 토론 다음에는 조용히 책을 읽고 있던 스트라이더가 보로미르(앞에서 말을 타고 등장한 사나이)와 어떤 사항에 대해 간접적인 대화를 나누는 신이 이어진다. 거기에서 보로미르는 부러진 칼을 집어든 후 도로 바닥에 떨군 후 퇴장한다. 여기서 다시 한 번, 극적이지도, 의미심장하지도 않은 신에 귀중한 상영시간을 낭비하는 것은 이상해 보인다.

이 시점에서 엘프인 아르웬이 등장하고 매우 효과적인 극적 신이 생겨난다. 여기에서 그녀는 스트라이더가 그 자신도 이실두르가 굴복한 유혹에 압도될 수 있다는 두려움에 지도자 자리를 수락하는 것을 꺼린다고 추측한다. 그녀는 이실두르는 실패했지만 그는 성공할 수 있을 것이라며 스트라이더를 안심시킨다. 이것은 강력한 상기되는 원인으로서 영화의 나머지 분량 내내 재차 다뤄지게 될 것이다. 이 신은 아르웬이 스트라이더에게 장신구를 선물하고 사랑을 고백하면서 끝난다.

영화는 이제 간달프, 프로도, 그리고 스트라이더(여기서부터는 곤도르의 왕위 계승자인 아라곤이 된다)가 참석한 회의로 전환되고 보로미르, 레골라스, 김리, 그리고 이름이 밝혀지지 않은 백색 수염의 몇 사람이 동석한 가운데 엘론드가 의장을 맡는다. 엘론드는 자신들 모두가 직면한 위험을 차례차례 꼽은 다음, 자신들에게는 한 가지 선택만이 존재한다고 얘기한다. 반지는 파괴되어져야만 하고 그러기 위한 방법은 모르도르에 있는 운명의 산의 불 속에 던져 넣는 것 뿐이라고 밝힌다. 보로미르는 이에 이견을 제시한다. 모르도르는 접근하기엔 엄청나게 어려운 장소로서 그곳엔 수많은 사악함과 장애물들, 유독한 가스와 적의에 찬 오크들이 득실거린다는 것이다. 이는 바로 탄약처럼 제공되는 중요한 엑스포지션이다. 회의는 얼마 안 있어 격렬한 말다툼으로 번지는데, 그때 프로도가 앞으로 나서서 반지를 모르도르로 가져가겠다고 자원한다. 그러자 다른 이들이 재빨리 그와 함께하겠다고 동의한다. 엘론드는 이 결정을 받아들이고 반지원정대의 결성을 선언한다.

이 회의는 극적 구조를 지니며 프로타고니스트인 엘론드는 자신의 선택을 다른 이들에게 납득시키기 위해 노력한다. 그러나 여기서의 약점은 다른 가능성들이 제시되지 않는다는 것이다. 톨킨의 원작에서는 반지를 배로우 다운스의 톰 봄바딜에게 의탁해 숨기거나 바다 건너로 보내는 가능성도 타진된다. 반지를 모르도르로 다시 반입시키자는 너무나도 가공할 만한 선택은 다른 모든 가능성들이 제거되고 난 후에야 채택된다. 이 작전은 너무나 터무니없고 무모한 탓에 사우론이 그들의 이런 계획을 상상할 수 없으리라는 추가적 장점까지 존재한다. 그러나 영화에서는 이같은 다른 가능성들은 일절 언급되지 않고 엘론드가 유일한 방도를 회의 시작과 함께 선언해 버리기 때문에, 그 결과

회의 신의 나머지 부분은 거의 불필요하다고 볼 수 있다. 그 결정은 미리 정해진 것이 되어 버리고 남은 문제는 오직 모두의 동의 여부뿐이다. 더 나아가 이처럼 다른 가능성이 관객에게 제시되지 않으면서 무한한 가능성의 느낌은 증발해 버리고 이야기가 너무 인위적으로 느껴질 수 있는 위험성이 그 자리를 대신한다. 즉 원정대가 임무를 수행해야 하는 이유는 오로지 이야기가 그것을 요구하기 때문인 것처럼 보이는 것이다.

시퀀스 G
: 카라드라스의 고개를 향해

이 시퀀스는 영화에서 두 번째로 짧은 시퀀스로서 7분이 약간 넘으며 극적 긴장감으로 인해 통일성을 지닌다. 그것은 원정대를 인솔해 카라드라스 고개를 넘고자 하는 간달프의 욕구이다. 시퀀스는 여행을 시작한 원정대가 갖가지 지형을 도보로 통과하는 모습과 함께 시작된다. 여기에서 이 시퀀스는 이전의 두 개의 '여정' 시퀀스(C와 E)들에서 노출된 약점을 답습한다. 즉 기대감을 발생시키는 엑스포지션의 부재이다. 그들은 얼마나 멀리 가야 하는가? 이 여정은 얼마나 오래 걸릴 것인가? 도중에 관객에게 그들의 진도를 가늠하게 해줄 이정표들은 어떤 것이 있는가? 그들이 맞닥뜨릴 가능성이 있는 장애물은 무엇인가? 시퀀스가 1분 정도 경과한 후 간달프는 여정에 대한 계획을 제공한다. 그들은 지금 방향을 40일 동안 유지하여 로한의 협곡에 닿은 후 거기에서 동쪽 모르도르로 향할 것이라는 내용이다. 이는 매우 중대한 정보이지만 보이스오버를 통해서만 전달되기 때문에 관객이 그 내용을 놓치기 쉽다.

한동안 전진한 원정대는 휴식을 위해 멈추고 김리가 간달프의 계획에 대해 다른 의견을 제시한다. 그는 모리아 광산을 통하는 길이 더 나을 것이며 거기 사는 그의 사촌 발린이 그들을 성대하게 반겨줄 것이라고 덧붙인다. 간달프는 어째서인지 이를 거부하지만 그 이유에 대해서는 아무 설명도 제공되지 않는다.

잠시 후 새떼('사루만의 첩자들')가 갑자기 원정대를 향해 덮쳐와 그들은 재빨리 몸을 숨긴다. 이로 인해 간달프는 남쪽 루트가 감시당하고 있다고 판단하고, 그래서 어쩔 수 없이 멀리 보이는 눈 덮인 카라드라스 고갯길을 택해야 한다고 말한다(이로써 셋업의 1막이 완결된다). 이제 목적은 명확해진 것이다.

그 다음으로 오크/고블린 군대를 만드는 데 상당한 진척을 본 사루만에게로 또 한 번 장면이 전환된다. 우리는 검은 새들의 비행을 따라 지하 통로를 지나서 그것들이 보고를 하는 상대인 사루만 앞에 도달한다. 사루만은 중얼거리며 산에게 굴복당하면 간달프는 어쩔 것인지 궁금해 한다. 과연 그는 더 위험한 길을 택할 것인가? 이 상기되는 원인은 잠시 후 사루만이 마법으로 산사태를 일으켜 고개를 통과하려는 원정대의 루트를 막으면서 다시 다뤄진다.

급박한 회의가 눈 속에서 열린다. 보로미르는 로한을 관통하는 길을 택할 것을 주장하고, 김리는 모리아 광산을 통해 가자는 주장을 되풀이한다. 광산이 다시 언급되고 나면 간달프의 모습 위로 사루만의 목소리가 들리면서 간달프가 왜 그쪽으로 가는 것을 꺼리는지 설명한다. 땅속으로 너무 깊이 파고 들어간 드워프들이 매우 무시무시한 괴물('화염과 그림자')을 잠에서 깨웠다는 것이다. 이어서 나중에 발로그라고 밝혀지는 괴물의 그림을 보고 있는 사루만이 비춰진다. 다행히도 이 이미지는 나중에 나오는 이 캐릭터의 효과적인 등장을 훼손할 만큼 지속시간이 길지는 않다.

원정대가 진퇴양난에 빠지자 간달프는 프로도를 돌아보며 "반지를 운반하는 자가 결정하도록 하세."라고 한다. 그러자 프로도는 재빨리 자신의 선택을 밝힌다. 바로 광산이다. 이것 또한 엑스포지션을 다루는 또 한 번의 기묘한 방법이다. 시퀀스 H의 경우와 마찬가지로 모르도르를 향한 최선의 경로에 대한 논의를 여정이 시작된 지 한참 후에야 하는 것은 매우 논리적이지 못하다. 왜 처음에 논의되지 않은 것일까? 그리고 모리아 광산에 대한 간달프의 걱정을 어째서 사루만의 보이스오버에 의존해 설명하는 것일까? 그는 왜 자신의 불안감을 다른 이들과 나누어 그들도 숙고하게 하지 않을까?(원작에서 그는 그렇게 한다) 그리고 마지막으로 프로도는 무슨 근거로 그런 결정을 했을까? 그는 아무 정보도 갖고 있지 않은 것처럼 보이는데도 말이다. 따라서 여기서의 느낌은 엘론드의 회의가 끝난 후 갖게 되는 그것과 동일하다. 프로도는 이 결정을 이야기가 요구하기 때문에 그런 식으로 내리는 것이다. 이 지점은 〈아라비아의 로렌스〉에서 네푸드 사막을 건너는 여정이 끝난 후 가심을 구출하기 위해 다시 돌아가고자 하는 로렌스의 결정과 비교해 볼 만하다. 로렌스가 돌아가려고 마음먹기 전, 그 결정에 따른 장점과 단점, 위험요소와 희망, 두려움 등이 관객과 캐릭터 들을 위해 명백하게 열거된다. 또한 언뜻 보기에 위험하고도 무모한 그의 결정은, 그의 캐릭터를 통찰할 수 있는 기회로 변한다. 그에 비해 프로도가 내린 결정의 근거와 의미는 매우 불분명하다.

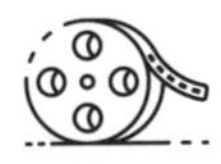

시퀀스 H
: 모리아 광산

원정대가 광산을 통과하는 여정은 28분의 지속시간을 가지며 장소와 액션의 일치라는 점에서 하나의 시퀀스로 볼 수도 있다. 그러나 앞쪽의 18분은 주로 원정대가 오크들을 퇴치하는 부분에 집중하고 있으며 뒤쪽의 9분은 발로그를 피해 카잣둠의 다리로 도망치는 내용을 다루고 있으므로 극적 긴장감의 고저와 흐름이 이들을 두 개의 시퀀스로 이해하는 것을 정당화시킨다(톨킨의 책에서도 흡사한 구획으로 장들이 나눠져 있다).

광산을 통하자는 프로도의 결정에 대한 간달프의 대답("그렇게 하도록 하지.")은 시퀀스 H와 연결되는 대사고리를 제공한다. 모리아로 통하는 돌로 된 정문을 여는 데 약간 시간을 지체한 뒤, 원정대는 드워프들의 환대를 약속하는 김리와 함께 광산 안으로 들어간다. 그런데 안으로 들어가자마자 그들은 동굴의 초입이 오래전 죽은 시체들로 가득한 것을 발견한다. 한 시체에서 화살을 뽑아낸 레골라스는 그것이 고블린의 것이라고 결론짓는다. 그러자 보로미르는 자신의 말이 옳았다며 퇴각해 로한의 협곡 쪽으로 나아갈 것을 주장하지만, 그때 촉수를 가진 괴물이 물속에서 나와 공격하고 원정대가 동굴 안으로 피신하자 입구를 막아버린다. 결국 간달프는 자신의 지팡이에서 빛이 나게 한 다음 동굴 속으로 원정대를 이끈다. 그러면서 그는 오크들보다 훨씬 오래되고 불쾌한 것들이 앞에 나타날 것이라고 경고한다. 이는 시퀀스 I에서 강조되어 다시 다뤄질 상기되는 원인이다.

광산에서 학살이 벌어졌다는 사실의 발견은 어떤 형태로든 간에 준비(직접적이거나 혹은 대조를 이용한)를 사용할 수 있는 기회로 보인다. 그러나 여기서의 셋업은 애매모호하며 엉성하다. 간달프는 재난을 예상하고, 반면 김리는 그 반대를 기대하지만 두 사람 다 자신의 예상을 상대와 공유하지 않기 때문이다. 물론 김리의 기대가 틀렸음은 신속하게 밝혀지지만 '과연 그는 무슨 일이 일어났다고 생각하는 걸까?'라는 의문이 그대로 남는다. 김리의 사촌들에게 무슨 일이 일어났는지, 그리고 그것이 그들에게 무엇을 뜻하는지에 관해 캐릭터들이 의견을 교환하며 토론하는 장면은 존재하지 않는다. 다만 김리의 사촌들은 다 죽었을 수도 있으며 그들을 죽인 누군가가 또 원정대를 노릴 수도 있다는 내용만이 주어진다. 사실 이것은 요약의 신을 위한 전형적인 기회이다('요약의 신' 참조).

김리의 반응에 대한 의문은 나중에 그가 그의 사촌 발린의 무덤을 발견하고 놀라는 부분에서 한층 짙어지며 이로써 우리는 다시 그 의문으로 돌아가게 된다. 그는 대체 무엇을 기대하고 있었을까? 며칠 동안 폐허와 시체들을 지나오면서 진짜로 누가 살아있으리라고 기대했던 것인가?

광산 속 여정이 진행되면서 영화의 되풀이되는 문제점(이어지는 액션을 위한 셋업의 불충분함 또는 부재)이 재발한다. 간달프는 광산의 반대편 출구까지 나흘이 걸린다고 설명하고 자신들의 존재가 발각되지 않기를 바란다는 희망을 비친다. 그런데 이 정보를 극적인 신의 일부로 제공되게 하여 도대체 김리의 친척들에게 무슨 일이 일어났는지 열거할 수 있는 기회로 사용하는 대신, 또 한 번 캐릭터들이 나아가고 있는 도중에 보이스오버 내레이션을 통해 전달한다. 따라서 그 자체로는 놓치기 쉬운 정보가 되고 마는 것이다. 그리고 자신들을 알아차리지 못하길 바라는 대상이 무엇인지도 규명되지 않는다.

광산 안으로 어느 정도 들어온 후 간달프는 멈춰서서 어느 방향으로 일행을 인도할 것인지 고민한다. 이것은 위에서 지적한 점들을 다시 돌아볼 수 있는 요약의 신을 위한 또 한 번의 기회이지만 그 대신 간달프는 프로도에게 기운을 북돋는 충고를 해주는 데 그치고, 덧붙여 자신들을 뒤쫓는 괴물 골룸에 대해 짤막하게 설명한다. 여기에서 간달프는 영화가 끝나고 나서도 지속될 상기되는 원인을 개시시킨다. 그는 골룸이 이 극 안에서 매우 중요한 역할을 할 것이라는 느낌이 든다고 밝히는 것이다.

잠시 후 여행이 재개되고 간달프는 일행을 지하의 거대한 드워프들의 도시로 안내한다. 거기에서 사촌 발린의 무덤을 발견한 김리는 망연자실해한다. 간달프는 승산 없는 싸움을 기록한 일지를 읽어내려간다. 그가 일지를 다 읽고 나자 피핀이 부주의하게 소동을 일으키고, 그럼으로써 일찍이 간달프에 의해 시작된 상기되는 원인(그들의 존재가 발각당하지 않길 바란다는 희망)을 재개시킨다.

소음이 가라앉은 뒤의 대조를 통한 준비는 매우 효과적으로 사용된다. 아홉 명은 자신들의 위치가 노출되지 않았다고 착각하고 안심하는 것이다. 그러나 그것도 잠시, 그들은 발 밑에서 위험을 암시하는 소리를 듣는다. 샘은 프로도의 칼이 푸르게 빛나며 트롤들이 가까이 있음을 경고하는 것을 발견한다. 이 시각적 복선은 리벤델에서 빌보가 프로도에게 칼을 줬을 때 심어진 것이다. 원정대는 오크들과 그들의 동굴 트롤들에 맞서 전투를 시작하고 결국 다 해치우는 데 성공하나, 프로도는 그 와중에 창에 찔린다.

하지만 프로도는 입고 있던 특별한 사슬갑옷 덕에 무사하다는 사실이 밝혀진다. 이는 빌보의 선물 중 하나에 대한 또 한 번의 페이오프다. 한편 더 많은 오크들이 다가오는 소리가 들리자 간달프는 "카잣둠의 다리로!"라고 소리친다. 이는 다음 시퀀스와 연결되는 대사고리이다.

시퀀스 Ⅰ
: 발로그

이 시퀀스 Ⅰ의 약 9분 30초는 스토리텔링의 관점에서 보면 이 영화에서 가장 효과적이라고 할 수 있다. 셋업도 충분하다. 시퀀스의 프로타고니스트는 간달프이며 그의 목적은 원정대의 나머지 여덟 명을 카잣둠의 다리 너머로 인도하는 것이다. 주된 장애물은 발로그이고 보조 장애물로는 오크들과 불안정한 돌계단들이 있다. 또한 이 시퀀스는 준비의 요소를 노련하게 사용하고 있는데 그 중 지연의 방법이 대표적이다. 앞에서 서술된 바 있듯이 발로그의 첫 번째 암시(소리와 빛을 이용한)로부터 5분이나 지난 후에 놈이 지옥의 화염을 내뿜으며 다리에 나타난다. 이렇듯 많은 기대감 뒤에 발생하는 그의 등장은 매우 충격적이다.

　이 시퀀스는 거대한 돌기둥들 사이를 전속력으로 뛰어가는 원정대의 아홉 멤버들과, 그들을 쫓아 위와 아래에서 튀어나오며 기어오는 오크들로 시작한다. 그 오크들은 엄청난 숫자로 그들을 에워쌈으로써 모든 것이 끝난 것처럼 보인다. 그런데 그때 화염의 징후와 함께 크고 나직한 으르렁대는 소리가 먼 복도에서 들려오자 갑자기 오크들이 뿔뿔이 흩어져 도망간다. 하지만 새로 나타난 위협이 발로그임을 확인한 간달프가 그들 중 아무도 그것을 이길 수 없을 것이라고 경고하자 잠시 동안의 안도는 다시 공포로 변한다.

아홉 명은 노화된 돌계단들로 도주하고 그 계단들과 오크들의 방해를 넘어 다리에 도달한다. 여기에서 다른 대원들이 안전하게 다리를 건넌 후 간달프는 돌아서서 발로그와 맞서 싸우고, 짧은 싸움 끝에 그 둘은 깊은 골짜기 아래로 떨어지고 만다.

주요 캐릭터의 사망처럼 보이는 이 사건에는 매우 효과적인 여파의 신이 이어진다. 장엄한 음악이 깔리는 이 신은 바깥세상으로 빠져 나온 원정대 대원들에게 애도의 시간을 제공한다. 이 시퀀스는 아라곤이 대원들에게 전진할 것을 재촉하며 끝나는데, 그 와중에 그는 목적지인 로스로리엔의 숲속을 텔레그래핑하는 동시에 데드라인(밤이 되면 숲은 오크들로 가득찰 것이다)도 설정한다.

시퀀스 J
: 로스로리엔

이 12분 길이 시퀀스는 시퀀스 F와 마찬가지로 장소에 의해 통일성을 지니며 그 장소는 바로 로스로리엔이다. 엘프인 갈라드리엘이 시퀀스의 지배적인 캐릭터이긴 하지만 그녀의 목적(프로도를 시험하는 것과, 그가 시험을 통과하자 그에게 조언을 하려는 것)은 시퀀스 전체보다는 한 신에 편중되어 있다. 또한 이 시퀀스는 2막에서 3막으로의, 혹은 적어도 영화의 중반부에서 종반부로의 전환점을 표시한다. 앞에서 논의된 바 있듯이, 많은 성공적인 영화들에서 보이는 변화와 극점에 이르는 지점들이 이 시퀀스에서는 빠져 있지만, 반면 생존한 대원들과 관객에게 여정을 재개하기 전에 조금이나마 숨을 돌릴 수 있는 기회를 제공하기는 한다. 더 나아가 자신의 개성과 목적으로 지금까지 영화의 많은 부분을 진행시켜 온 간달프가 이제 사라졌기 때문에, 이 시퀀스는 지금보다 더 완전하게(그리고 뒤늦게) 프로도가 직면한 곤경에 이야기의 초점을 맞추는 데 중점을 두고 있다.

이 시퀀스는 다른 시퀀스들과 마찬가지로 최소의 셋업만으로 시작된다. 로스로리엔이 목적지임은 밝혀지지만, 거리와 여행 기간, 그곳이 어떤 곳인지에 대한 예상, 그리고 그들이 그곳에 성공적으로 도착할 가능성 등은 알려지지 않는다. 이런 의문들이 결코 하찮은 것들이 아니라는 사실은 다시 한 번 강조되어야 한다. 그것은 자신의 희망과 두려움이 원정의 성공이나 실패의 예상과 맞물려 있는 관객에게는 이러한 정보가 진행 과정을 가늠하기 위한 주요 열쇠가 되기 때문이다. 참고로 로스로리엔은 앞에서 한 번도 언급된 적이 없다. 그렇다면 그곳으로 간다는 결정은 새로운 방향을 의미하는가? 이는 그들이 계속 전진한다는 것인가, 후퇴한다는 것인가? 그들이 그곳에 도착하면 무엇을 기대할 수 있는가? 그곳은 리벤델 같은 도피처인가, 아니면 모리아 광산처럼 잠재적 위험의 근원지인가? 그곳은 모르도르를 향한 여정의 출발점인가, 아니면 더 멀어진 곳인가? 관객이 이런 점들을 인지하고 있을 때는 희망과 두려움의 느낌이 향상되지만, 반면 모르고 있을 때는 여행기의 느낌만 강화된다. 우리는 여행을 따라가면서 간간히 경치가 바뀔 것이라는 사실 외에는 특별한 기대감을 갖지 못하게 되는 것이다.

넓은 평야를 가로질러 온 원정대는 숲속으로 들어가고 여기에서 준비를 위한 뒤늦은 시도가 이뤄진다. 김리가 프로도와 샘에게 숲속에 살고 있는 여자 마법사에 대해 경고하는 것이다. 이는 논리적 관점(이 내용은 이미 오래전에 다뤄지지 않았을까?)에서 보나 이야기 전달의 관점(기대감을 발생시키기엔 너무 늦은 감이 있다)에서 보나 매우 비효과적이다. 김리는 자기가 매우 신중하기 때문에 그녀의 마법에 홀리지 않을 것이라고 말한다. 이것은 매우 짤막한, 대조를 통한 준비의 사용이다. 왜냐하면 그가 이렇게 동료들을 안심시키고 나자마자 원정대는 활을 겨눈 엘프들에게 자신들이 포위되었다는 사실을 깨닫기 때문이다.

아라곤은 엘프들의 리더인 할디르에게 보호를 요청하지만 김리는 숲속은 위험하다며 돌아갈 것을 계속 주장한다. 할디르는 그들이 '숲의 여왕'의 영지 안에 들어왔으며 그녀가 그들을 기다리고 있다고 말한다. 이는 다음 신과 연결되는 대사고리이다.

계단을 타고 거대한 나무 위를 올라간 프로도와 동료들은 숲의 여왕으로 보이는 갈라드리엘 앞에 선다. 그녀는 그들이 처한 상황을 요약해준다. 원정은 칼날 위에 선 것처럼 위태롭고, 실패할 경우 모두를 파멸시킬 수도 있다는 내용이다. 어째서인지 매우 불안해 하는 보로미르를 위압적인 시선으로 바라보고 나서 그녀는 그들에게 휴식을 취하라고 권유한다. 이는 나무 밑둥 근처에서 쉬고 있는 원정대를 묘사하는 다음 신으로의 대사고리이다.

이어지는 두 개의 요약의 신들이 다음에 오는 시퀀스들을 위한 상기되는 원인들을 셋업한다. 첫 번째에서 보로미르는 병약한 아버지 때문에 곤도르에 예전의 영광을 회복시키지 못할 것 같다는 걱정을 아라곤에게 털어놓는다. 두 번째에서는 조용히 불려온 프로도에게 갈라드리엘이 그들의 원정에 무엇이 걸려 있는지 다시 설명하면서 원정대 대원 중 한 명이 반지를 빼앗으려 할 것이라고 경고한다. 이것은 매우 강력한 상기되는 원인이며 향후의 시퀀스에서의 중요한 질문을 셋업한다. 과연 보로미르는 반지를 강탈할 것인가? 그 후 프로도는 갈라드리엘에게 반지를 권하지만 그녀는 이를 거절한다. 그리고 원정에 대한 걱정을 털어놓는 프로도에게 그녀는 세상에서 가장 하찮은 존재도 미래의 흐름을 바꿀 수 있다고 얘기해준다. 이는 시퀀스를 마무리짓는 또 하나의 상기되는 원인이다.

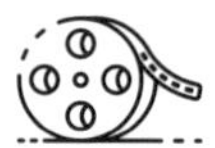

시퀀스 K
: 우크르하이의 습격

영화의 마지막에서 두 번째인 이 시퀀스는 길이가 21분으로 두 번째로 긴 시퀀스이기도 하다. 이 시퀀스는 원정대가 사루만의 오크/고블린 병사들(우르크하이)의 습격을 극복할 수 있을지에 대한 의문을 둘러싸고 진행된다. 이 극적 의문은 영화의 3막 중 많은 부분을 진행시키는 원동력이다.

시퀀스는 사루만으로의 장면 전환으로 시작한다. 그는 병사들에게 사기를 북돋는 연설을 한다. "그들을 추적해라. 놈들을 찾을 때까지 멈춰서는 안 된다. 너희는 고통도, 두려움도 알지 못한다. 너희는 인간의 살 맛을 보게 될 것이다!" 이 상기되는 원인들과 함께 그가 우르크하이의 지휘자인 루츠에게 내리는 명령("호빗들 중 한 놈이 귀중한 물건을 지니고 있다. 녀석들을 산 채로 상처 없이 데려와라. 나머지는 죽여도 상관없다.")이 사실상 이 시퀀스의 셋업 혹은 1막을 완결짓는다. 생존한 원정대 대원들은 여정을 계속해야 하며 주된 장애물은 잔혹한 명령을 받고 추격해 오는 사루만의 우르크하이들이다.

영화는 카누를 타고 강을 거슬러 가는 원정대와 빠른 속도로 행군해 오는 우르크하이들을 교차 편집해 보여준다. 이 시퀀스에서 프로도와 그의 동료들의 복적지는 다른 시퀀스들에서보다 더 막연하다. 그들은 단순히 전진할 따름이며, 그 방향은 모르도르일 것으로 추측될 뿐이다. 이정표가 될 만한 것이 제공되지 않기 때문에 그들의 진행 상황을 가늠할 방법도 없다. 또한 원정대로부터 우르크하이가 얼마나 떨어져 있는지 알 수 있는 방법도 주어지지 않는데, 사실 이런 정보는 관객에게 희망이나 두려움의 느낌을 증대시키는 데 매우 도움이 될 수 있다.

프로도와 동료들은 배를 상륙시키고 야영지에서 아라곤이 처음으로 계획처럼 보이는 내용을 제공한다. 그들은 야간에 호수를 건너 북쪽에서 도보로 모르도르에 접근해야 한다는 것이다. 김리는 도중의 험악한 지형을 지적하며 경로에 이의를 제기하지만 아라곤은 그 계획을 따라야 한다고 주장한다. 이 시점에서 레골라스는 다가오는 위협의 느낌을 아라곤에게 전하고 즉시 떠나자고 재촉한다. 그러나 잠시 후 프로도와 보로미르가 없어졌다는 사실이 밝혀진다.

둘은 나머지 대원들보다 더 깊숙한 숲에 들어와 있는데 그곳에서 보로미르는 프로도로부터 반지를 빼앗으려 한다. 이로써 갈라드리엘의 경고로 인한 상기되는 원인이 다뤄진다. 보로미르에게서 도망치는 데 성공한 프로도는 아라곤과 만난다. 프로도는 그에게 다른 친구들을 돌봐 달라고 부탁함으로써 홀로 떠나려는 의도를 텔레그래핑한다.

이 시점에서 아라곤은 프로도의 검이 푸르게 빛나며 적들이 가까이 왔음을 알리고 있는 것을 발견한다. 이는 이 소품의 두 번째 페이오프이다. 그러나 안타깝게도 두 번의 페이오프 모두(이곳과 모리아 광산에서의) 관객이 그것을 알아챌 기회를 갖기도 전에 캐릭터들이 먼저 알아낸다. 만약 그 순서가 바뀌었다면, 그로 인해 발생했을 아이러니에서 오는 긴장감(우르크하이들이 가까이 있다는 사실을 관객들이 캐릭터들보다 먼저 인지하는 것)은 매우 지대했을 것이다.

프로도는 도망치고 아라곤이 홀로 우르크하이들과 맞서 싸우는 중에 다른 대원들이 돕기 위해 도착한다. 보로미르는 전투 도중 죽게 되고 이로써 곤도르의 영광을 되찾겠다는 그의 맹세로 인한 상기되는 원인이 종료된다. 하지만 아라곤이 그 맹세를 잇겠다고 약속함으로써 이 영화가 끝난 뒤에도 계속 진행될, 또 다른 상기되는 원인이 발생한다. 아라곤, 김리, 레골라스는 전투에서 승리하지만 메리와 피핀이 아이젠가드로 끌려가는 것은 막지 못한다.

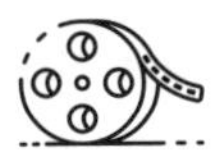

시퀀스 L
: 프로도와 샘, 둘이서 길을 떠나다

마지막 시퀀스는 물가에 서 있는 프로도와 함께 시작된다. 자신에게 주어진 것을 가지고 최선을 다하라는 간달프의 조언을 기억해낸 그는 다시 기운을 차린 후 조각배에 오른다. 잠시 후 뒤따라온 샘이 그를 쫓아 강으로 헤엄쳐 나온다. 샘이 익사할 듯 보이는 몇 번의 서스펜스의 순간이 지나고 프로도는 그를 배 위로 끌어올린다. 샘은 자기는 절대로 프로도 곁을 떠나지 않을 것이라고 말한다. 이는 영화가 끝난 뒤에도 지속될 또 하나의 상기되는 원인이다. 둘은 포옹을 하고 나서 함께 여정을 떠난다.

이제 장면은 아라곤, 레골라스, 김리에게 전환되고 그들은 메리와 피핀을 구출하기로 결정한다. 아라곤은 "오크 사냥을 가자."며 그들을 숲속으로 이끄는데, 이것도 속편에서 재개될 또 하나의 상기되는 원인의 시작이다.

영화의 결말부에서 프로도와 샘은 자신들의 최종 목적지(모르도르)를 바라보고 둘 다 영화에서 마지막으로 보이는 상기되는 원인들을 개시한다. 프로도는 동료들이 더 안전한 경로를 찾기를 바라며 그들을 다시 볼 수 있을지 의심하고, 이에 샘은 분명히 그럴 수 있을 것이라고 프로도를 안심시키는 것이다.

〈반지원정대〉 시퀀스 분석

시퀀스	설명	길이	경과시간
	1막		
	오프닝 내레이션	7:14	7:14 (4%)
A	자신의 생일파티에서 반지의 힘을 빌려 감쪽같이 사라지는 빌보. 반지를 놓고 간달프와 대립하던 빌보는 마침내 오랫동안 준비해 온 여행을 떠난다. 간달프는 홀로 남은 프로도에게 반지를 비밀리에, 그리고 안전하게 보관할 것을 당부한다. 통합하는 요인: 극적 긴장감 프로타고니스트: 빌보 목적: 기억에 남을 퇴장을 연출하는 것.	19:26	26:40 (15%)
B	도서관에서 자료를 찾고 돌아오는 간달프. 한편 흑기사들이 샤이어를 향해 출발한다. 간달프는 프로도와 샘을 브리를 향해 떠나보낸다. 통합하는 요인: 극적 긴장감 프로타고니스트: 간달프 목적: 반지에 대한 정보를 입수하는 것.	9:45	36:25 (21%)
	2막 주 긴장축: 과연 프로도는 반지를 안전한 곳까지 운반할 수 있을 것인가?		
C	간달프는 사루만에게 배반당한다. 프로도와 샘은 메리와 피핀과 합류하고 호빗들은 흑기사들을 피해 간신히 브리에 도착한다. 통합하는 요인: 극적 긴장감 프로타고니스트: 프로도 목적: 브리에 도달하는 것.	12:46	49:11 (29%)
D	프로도와 친구들은 프랜싱 포니 여관에서 스트라이더와 인연을 맺는다. 흑기사들은 그들을 간발의 차이로 놓치고 만다. 통합하는 요인: 극적 긴장감 프로타고니스트: 스트라이더 목적: 호빗들을 돕는 것.	7:53	57:04 (33%)

E	스트라이더는 호빗들을 이끌고 리벤델로 향한다. 한편 사루만은 간달프를 고통스럽게 혹사시킨다. 프로도는 불 때문에 나타난 흑기사들 중 하나에게 부상당한다. 스트라이더가 놈들을 모두 물리치고 난 후, 엘프인 아르웬이 새로운 추격자들을 따돌리고 프로도를 리벤델까지 안전하게 이송하는 데 성공한다. 통합하는 요인: 극적 긴장감 프로타고니스트: 스트라이더 목적: 호빗들을 리벤델까지 인솔하는 것.	16:19	1:13:23 (43%)
F	프로도는 리벤델에서 회복할 기회를 얻는다. 간달프와 엘론드는 반지의 처치 방법에 대해 논의한다. 보로미르, 레골라스, 김리가 소개된다. 엘론드의 의회에서 반지원정대가 결성된다. 통합하는 요인: 장소(리벤델)와 액션(원정대의 결성)	21:55	1:35:18 (56%)
	첫 번째 극점: 원정대의 결성(56%)		
G	여정을 시작한 원정대는 간달프의 인솔하에 카라드라스의 고개로 향하지만 사루만의 마법 때문에 저지당하고 만다. 통합하는 요인: 극적 긴장감 프로타고니스트: 간달프 목적: 원정대를 카라드라스의 고개를 넘어 인솔하는 것.	7:40	1:42:58 (60%)
H	촉수가 달린 괴물과 싸우던 원정대는 모리아 광산으로 도망쳐 들어가나 얼마 지나지 않아 그곳의 드워프들이 학살당했다는 사실을 알게 된다. 원정대는 잠시 후 나타난 오크들과 동굴 트롤과 싸우는데, 그 와중 프로도가 창에 찔리지만 신비한 사슬갑옷 덕에 살아난다. 통합하는 요인: 극적 긴장감 프로타고니스트: 간달프 목적: 원정대를 인도해 모리아 광산을 통과하는 것.	18:43	2:01:41 (71%)
I	발로그로부터 도망치던 원정대는 카잣둠의 다리를 건넌다. 간달프는 다리 위에서 발로그와 맞서지만 결국 놈과 함께 골짜기 아래로 떨어지고 만다. 통합하는 요인: 극적 긴장감 프로타고니스트: 간달프 목적: 원정대를 이끌고 카잣둠의 다리를 건너는 것.	9:19	2:11:00 (76%)

J	로스로리엔에 도착하는 원정대. 다른 이들이 쉬는 동안 엘프인 갈라드리엘은 프로도에게 보로미르의 위협에 대해 경고한다. 통합하는 요인: 장소(로스로리엔)	12:11	2:23:11 (84%)
	두 번째 극점: 원정대의 로스로리엔 도착.		
K	원정대는 배를 이용해 출발하지만 사루만의 우르크하이들에게 따라잡힌다. 보로미르가 반지를 빼앗으려 하나 프로도는 저항에 성공하고, 뒤이어 벌어진 우르크하이와의 전투에서 보로미르가 전사한다. 프로도는 도망치나 메리와 피핀이 포로가 되고만다. 통합하는 요인: 극적 긴장감 프로타고니스트: 프로도 목적: 보로미르와 우르크하이로 인해 처하게 된 곤경에도 불구하고 사명을 완수하려는 것.	21:01	2:44:12 (96%)
L	프로도와 샘은 단둘이서 모르도르를 향해 떠나고, 한편 아라곤, 레골라스, 그리고 김리는 메리와 피핀을 구출하기 위해 적들을 쫓아 출발한다. 통합하는 요인: 극적 긴장감 프로타고니스트: 프로도 목적: 모르도르를 향해 출발하는 것.	6:18	2:50:30 (100%)

더 나은 시나리오, 더 나은 영화를 위하여

언제부턴가 대형서점을 찾을 때마다 새로이 출간된 시나리오 작법서들을 훑어보고 구입하는 것이 버릇이 되어버렸다. 두 군데의 학교에서 영화를 배울 때에도 제대로 인식하지 못했던 시나리오의 중요성을 한국 상업영화의 현장에 뛰어들고 나서야 통감했기 때문일 테지만, 동시에 당시 내가 맹신하다시피 숙지하고 있었던 시드 필드로 대표되는 소위 '3막 구조론'으로는 어딘지 모르게 허전함을 느끼고 있었던 것도 사실이다. 그리고 그때 이 책의 원서를 만난 것이다.

3막 구조를 활용, 대입하여 시나리오를 쓰던 당시, 곧잘 발생했던 현상은 영화의 1막, 즉 첫 30분가량은 비교적 수월하게 진행이 되곤 했으나 그 다음 다가오는 2막, 그러니까 영화의 50% 가량 되는 분량을 다루기 시작할 때마다 길을 잃게 되어버리곤 한다는 것이었다. 그렇게 이리저리 헤매다가 어떻게든 2막을 빠져 나왔을 때, 거기서 얻은 결과가 맞는지 아닌지를 검증할 방도도 없이 그것을 가지고 뒤따르는 3막을 구성하곤 했었던 것이다. 그러다 보니 때론 마무리가 잘 되는 작품들도 있었으나 그러하지 못했던 경우가 더 많았다고 생각한다.

반면 영화를 다루기 쉬운 10~15분 길이의 시퀀스로 나누고, 그 시퀀스들이 모여 영화 전체를 이룬다는 개념은 옮긴이에겐 매우 신선한 패러다임이었으며, 그동안 절감하던 '더 좋은 시나리오 쓰기'에 관한 갈증을 해소해주기에 충분했다. 작품이 15분 길이의 시퀀스로 나누어지고, 그 시퀀스 하나하나가 전체 영화 속에 속하긴 하였으나 마치 독립된 단편영화처럼 다루어지기 시작하자 시나리오는 더 이상 거대해 보이지가 않았고, 이야기가 진행되어야 할 방향이 전보다 훨씬 명확하게 그 모습을 드러내기 시작한 것이다. 또한 시나리오를 쓸 때마다 스스로의 작품에 가졌던 또 다른 불만 중 하나는 "어째서 나의 신들은 뭉쳐진 덩어리 같지가 않고 각각 따로 노는 부스러기 같을까?"라는 것이었다. 말하자면 신과 신들의 인과관계가 강력하지 않고 그 신들 안에서 집중하는 내용이 제각각이니 신들의 위치를 임의대로 재배치했을 때에도 전체적 내용에는 큰 영향을 끼치지 않고, 따라서 부스러기처럼 '뭉쳐지지 않는' 것이 그 이유였다. 그러나 이 불만조차 작업에 시퀀스 어프로치를 적용하고 나면서부터 깨끗하게 사라지게 되었다.

많은 시나리오 작법서들이 하나의 기법이나 개념의 설명을 위해 그때그때 여러 영화에서 예시를 발췌하는 방식과는 달리, 이 책에서는 11편의 영화를 이 대사 혹은 행위가 어떤 기능을 하여 다음에 어떠한 결과를 가져온다는 식으로 분석하고 있다. 마치 시나리오 전문 강좌에서 하나의 영화를 놓고 강의를 하듯 한 작품을 처음부터 끝까지 디테일하게 분석을 해가는 식이라 할 수 있으니 이 또한 시나리오를 직접 쓰고 있는 작가의 입장에서는 매우 환영할 만한 것이라 생각한다. 아울러 분석 하나하나의 말미에 실려 있는 차트들은 시퀀스들이 영화 속에서 차지하는 시간과 퍼센티지들을 제공하는데, 이는 시퀀스와 구조의 관계를 좀 더 깊이 연구하고자 하는 이들에게 분명히 중요한 자료가 될 것이라 믿는다.

함께 일하는 작가들이나 업계 종사자들에게 시퀀스 어프로치의 개념을 설명하려 했을 때 주로 받게 된 오해들은 '그런 공식은 나의 시나리오와 상관없다'라던가, 또는 그 반대로 '그 법칙만 따라하면 시나리오가 잘 써질 것인가' 따위들이었다. 이에 대한 대답으로 《시나리오 어떻게 쓸 것인가(Story: Substance, Structure, Style, and the Principles of Screenwriting)》(황금가지)의 서문에서 로버트 맥기가 언급한 내용을 들고 싶은데, 그것은 바로 "규칙은 '반드시 이런 방법으로 해야 한다'고 말한다. 원칙은 '이런 방법이 효과가 있으며… 기억이 미치는 한 항상 그래왔다'고 말한다. 이 둘 사이에는 중대한 차이가 있다. 당신의 작품은 잘 만들어진 작품을 본뜬 것이 아니라 우리의 예술을 구현해내는 원칙들 속에서 잘 만들어진 것이어야 한다…"라는 내용이다. 이 책의 저자인 폴 굴리노 또한 이와 동일한 맥락에서 시나리오 작가가 이 시퀀스 어프로치를 규칙이 아닌 원칙으로 인식하기 시작할 때, 다시 말하자면 그 어떠한 패턴이나 법칙들도 목적을 위한 단순한 도구일 뿐이라는 사실을 깨닫게 되었을 때 작가는 더욱 더 강력한 힘을 부여받을 수 있다고 강조하고 있다.

시퀀스에 대한 개념 이외에도, 저자는 네 가지의 주된 스토리텔링의 기법들(텔레그래핑/따라다니는 원인/극적 아이러니/극적 긴장감)과 이미 보편적으로 많이 사용되고 있는 시나리오 집필상의 기술들(엑스포지션/준비/요약의 신/간접적 접근/복선/서브 플롯/여파의 신/캐릭터 아크/반전)을 소개하고 있는데, 이 내용 또한 다수의 시나리오 작법서에서 드문드문 언급이 되기는 했었어도 이렇게 체계적으로 정리가 된 것은 옮긴이의 기억으로는 처음인 듯하다. 또한 영화사적으로 탁월하였던 작품들 11편을 시대 순으로 골라 분석을 함에 있어, 그 작품들의 선정에 있어서도 이 스토리텔링의 기법들을 강조하여 설명하기 용이한 작품들뿐만 아니라, 이야기 구조상의 여러 가지 경우의 수를 지닌 영화들을 고심해 고른 흔적이 엿보인다.

매우 모범적인 할리우드 상업영화임에도 불구하고 그동안 이러한 작법서들에서는 외면되어져 왔던 〈토이 스토리〉는 애니메이션이었기 때문에 집필된 그대로 스크린에 옮겨질 수 있었던 사실을 이유로 분석의 시작점으로 채택되었으며, 〈이중배상〉, 〈에어포스 원〉과 더불어 시퀀스의 개념이 도입되어 쓰인 작품 중 하나인 〈모퉁이 가게〉의 분석에서는 복선들의 씨뿌리기와 거둬들이기의 기법을 강조하는 동시에, 극을 진행하고 지탱시키기 위해 보편적으로 사용되는 극적 긴장감 대신 웃음을 자아내기 위해 극적 아이러니가 적극 사용된 지점을 조명한다.

〈이중배상〉의 분석에서는 주인공이 영화의 도입부에서 자신의 비참한 결말을 미리 내레이션을 통해 밝히고 난 후에도 어떻게 작가들이 영화 내내 긴장감을 유지할 수 있었는가에 대해 다루고 있다. 반면 강한 인과관계로 인해 추진력을 갖는 전형적 할리우드 상업영화와는 달리, 주인공의 욕구에 의해 진행되는 단편적인 에피소드들로 구성된 캐릭터 중심의 영화인 〈카비리아의 밤〉 또한 시퀀스 어프로치를 통해 분석하고 있다.

‘스토리’와 ‘스토리텔링’의 차이를 극명하게 제시한 〈북북서로 진로를 돌려라〉의 분석에서는 이야기 자체는 치명적 결함(플롯 구멍)을 안고 있음에도 불구하고, 그 이야기를 전달하는 방식이 워낙 탁월한 나머지 관객이 그 결함을 눈치 채지 못하게 했다는 사실을 밝히고 있다. 또한 〈아라비아의 로렌스〉에서는 인간 생리학에 근거를 둔 하나의 시퀀스의 길이는, 아무리 거대한 서사극일지언정 영화의 전체 길이와는 상관없이 보통 길이를 지닌 영화들의 그것과 비슷하다는 내용과 함께, 이렇듯 길고 또한 여정을 수반하는 작품일수록 관객에게 지금 그들이 어디에 와 있으며 어디로 어떻게 가야 하는지를 명확히 인지시킬 필요가 있다는 지점을 강조한다.

많은 작가들이 꺼려하는 수동적 주인공의 활용에 대해 다루고 있는 〈졸업〉의 분석은 그 시퀀스가 7개밖에 되지 않는다는 점 또한 주목할 만하며, 그와 마찬가지로 통상의 8개가 아닌 9개의 시퀀스를 지니는 〈뻐꾸기 둥지 위로 날아간 새〉에서는 한정된 장소 안의 군상극이 어떻게 펼쳐지는지와, 또한 영화의 중반부에 등장하는 반전이 주인공의 목표를 어떻게 변화시키는가에 대해 살펴 보고 있다.

〈에어포스 원〉은 이 책의 서문을 쓴 앤드류 말로우가 시퀀스 어프로치를 전적으로 사용하여 쓴 할리우드 상업영화의 모범답안 같은 작품으로, 시퀀스 어프로치뿐만 아니라 네 가지의 주된 기법들 또한 능수능란하게 사용한 지점 역시 돋보인다. 반면 비주류 인디영화인 〈존 말코비치 되기〉는 도무지 정확한 구조 따윈 존재하지 않는 듯 보이는 자유분방한 영화에서도 시퀀스들의 흔적을 찾아볼 수 있다는 사실을 증명해 보인다.

마지막으로 〈반지의 제왕: 반지원정대〉에서는 시나리오로 각색될 당시 작가들이 선택한 지점들의 장단점들을 톨킨의 원작과 비교하며, 그들이 미처 택하지 않은 선택들이 가져왔을 또 다른 효과들에 대해서도 숙고해 보는 기회를 가진다. 실제로 〈반지 원정대〉의 분석을 처음 읽었을 때, 앞에서 거의 칭찬 일색으로 풀어나가던 다른 작품들의 분석과는 달리, 지은이가 매우 신랄할 정도로까지 작가들이 내린 선택을 비판하는 것을 보고 놀랐다. 하지만 그 비판은 이 작품에 대해 옮긴이도 또한 내심 석연치 않아하고 있던 지점들을 정확하게 잡아내고 그 이유도 밝히고 있었기에, 추후 이 책에 대한 신뢰가 더욱 커졌던 기억이 난다.

이 책의 출간을 흔쾌히 동의해 주신 팬덤북스의 박세현 대표님과 임직원 여러분, 영화 조금 배웠고 영어 조금 할 줄 안다는 것 외에는 별 내세울 것이 없는 옮긴이에게 번역을 맡게끔 용기를 불어넣어 준 김호연 작가, 그리고 언제나 곁에서 격려를 아끼지 않으시는 부모님과 그밖에 음으로나 양으로나 응원을 해주신 모든 분들에게 이 지면을 빌어 감사의 말씀을 올린다. 끝으로 지금 이 순간에도 더 나은 시나리오, 더 나은 영화를 위해 창작의 고통을 마다 않으며 몸부림치고 있을 이 땅의 모든 영화인들에게 이 책이 조금이나마 도움이 되길 진심으로 바라마지않는 바이다.

참고문헌
▪▪▪▪▪

Archer, William. Play-Making: A Manual of Craftsmanship.
Boston: Small, Maynard & Co., 1912.

Aristotle, Poetics.

Bordwell, David, Janet Staiger, and Kristin Thompson.
The Classical Hollywood Cinema: Film Style and Mode of Production to 1960.
New York: Columbia University Press, 1985.

Bordwell, David.
Narration In The Fiction Film.
Madison: University of Wisconsin Press, 1985.

Clark, Barrett H. European Theories of the Drama.
New York, NY: Crown Publishers, 1970.

Elsaesser, Thomas, and Warren Buckland.
Studying Corrtemporary American Film.
New York: Oxford University Press Inc., 2002.

Field, Syd.
Screenplay: The Foundations of Screenwriting.
New York: Dell, 1994.

Forster, E. M. Aspects of the Novel.
New York, NY: Harcourt Brace, 1927.

Howard, David, and Edward Mabley.
The Tools of Screenwriting.

New York, NY: St. Martin's Press, 1996.

Rimmon-Kenan, Shlomith.
Narrative Fiction: Contemporary Poctics.
London: Routledge, 1983.

Thompson, Kristin.
Storytelling In The New Hollywood: Understanding Classical Narrative Technique.
Cambridge: Harvard University Press, 1999

명작 시나리오의 비밀은 시퀀스에 있다

초판 1쇄 인쇄 2026년 4월 27일
초판 1쇄 발행 2026년 4월 30일

지은이 폴 조셉 굴리노
옮긴이 김현정

펴낸이 박세현
펴낸곳 팬덤북스

기획 편집 곽병완
디자인 김민주
마케팅 전창열
SNS 홍보 신현아

주소 (우)14557 경기도 부천시 조마루로 385번길 92 부천테크노밸리유1센터 1110호

전화 070-8821-4312 | **팩스** 02-6008-4318
이메일 fandombooks@naver.com
블로그 http://blog.naver.com/fandombooks

출판등록 2009년 7월 9일(제386-251002009000081호)

ISBN 979-11-6169-393-4 03680